Le **Routard**

Florence

Directeur de collection et auteur
Philippe GLOAGUEN

Cofondateurs
**Philippe GLOAGUEN
et Michel DUVAL**

Rédacteur en chef
Pierre JOSSE

Rédacteurs en chef adjoints
**Amanda KERAVEL
et Benoît LUCCHINI**

Directrice de la coordination
Florence CHARMETANT

Directrice administrative
Bénédicte GLOAGUEN

Direction éditoriale
Catherine JULHE

Rédaction
**Isabelle AL SUBAIHI
Mathilde de BOISGROLLIER
Thierry BROUARD
Marie BURIN des ROZIERS
Véronique de CHARDON
Gavin's CLEMENTE-RUÏZ
Fiona DEBRABANDER
Anne-Caroline DUMAS
Géraldine LEMAUF-BEAUVOIS
Olivier PAGE
Alain PALLIER
Anne POINSOT
André PONCELET**

Administration
**Carole BORDES
Éléonore FRIESS**

2015

hachette

Remarque importante aux hôteliers et restaurateurs

Les enquêteurs du *Routard* travaillent dans le plus strict anonymat. Aucune réduction, aucun avantage quelconque, aucune rétribution n'est jamais demandé en contre-partie. Face aux aigrefins, la loi autorise les hôteliers et restaurateurs à porter plainte.

Avis aux lecteurs

Le Routard, ce n'est pas comme le bon vin, il vieillit mal. On ne veut pas pousser à la consommation, mais évitez de partir avec une édition ancienne. Les modifications sont souvent importantes.

Les réductions accordées à nos lecteurs ne sont jamais demandées par nos rédac-teurs afin de préserver leur indépendance. Les hôteliers et restaurateurs sont sollicités par une société de mailing, totalement indépendante de la rédaction, qui reste donc libre de ses choix. De même pour les autocollants et plaques émaillées.

Avec routard.com, choisissez, organisez, réservez et partagez vos voyages !

✓ Rejoignez la plus grande communauté francophone de voyageurs : plus de **2 millions** de visiteurs !

✓ Échangez avec les routarnautes : forums, photos, avis d'hôtels.

✓ Retrouvez aussi toutes les informations actualisées pour choisir et préparer vos voyages : plus de 200 fiches pays, une centaine de dossiers pratiques et un magazine en ligne pour découvrir tous les secrets de votre destination.

✓ Enfin, comparez les offres pour organiser et réserver votre voyage au meilleur prix.

Pictogrammes du *Routard*

Établissements

- Hôtel, auberge, chambres d'hôtes
- Camping
- Restaurant
- Pizzeria
- Boulangerie, sandwicherie
- Glacier
- Pâtisserie
- Café, salon de thé
- Café, bar
- Bar musical
- Club, boîte de nuit
- Salle de spectacle
- Office de tourisme
- Poste
- Boutique, magasin, marché
- Accès internet
- Hôpital, urgences

Sites

- Plage
- Site de plongée
- Piste cyclable, parcours à vélo

Transports

- Aéroport
- Gare ferroviaire
- Gare routière, arrêt de bus
- Station de métro
- Station de tramway
- Parking
- Taxi
- Taxi collectif
- Bateau
- Bateau fluvial

Attraits et équipements

- Présente un intérêt touristique
- Recommandé pour les enfants
- Adapté aux personnes handicapées
- Ordinateur à disposition
- Connexion wifi
- Inscrit au Patrimoine mondial de l'Unesco

Le *Routard* est imprimé sur un papier issu de forêts gérées.

TABLE DES MATIÈRES

LES QUESTIONS QU'ON SE POSE LE PLUS SOUVENT 8

LES COUPS DE CŒUR DU ROUTARD 9

ITINÉRAIRES CONSEILLÉS 12

COMMENT Y ALLER ?

● EN AVION	14	● EN VOITURE	25	
● LES ORGANISMES DE VOYAGES	16	● EN BUS	26	
● EN TRAIN	25	● UNITAID	26	

FLORENCE UTILE

● ABC DE FLORENCE	27	● LANGUE	45
● AVANT LE DÉPART	27	● LIVRES DE ROUTE	46
● ARGENT, BANQUES	31	● ORIENTATION	48
● ACHATS	32	● PERSONNES HANDICAPÉES	48
● BUDGET	33	● POSTE	48
● CLIMAT	36	● POURBOIRE ET TAXES	48
● DANGERS ET ENQUIQUINEMENTS	36	● SANTÉ	49
● ÉLECTRICITÉ	37	● SITES INTERNET	49
● ENFANTS	37	● TABAC	50
● FÊTES ET JOURS FÉRIÉS	39	● TÉLÉPHONE – TÉLÉCOMMUNICATIONS	51
● FLORENCE GRATUIT	40	● TRANSPORTS INTÉRIEURS	53
● HÉBERGEMENT	41	● URGENCES	57
● HORAIRES	44		

HOMMES, CULTURE, ENVIRONNEMENT

● ARNO (LE FLEUVE)	59	● LITTÉRATURE	87
● BOISSONS	60	● MÉDIAS	88
● CINÉMA	63	• Votre TV en français : TV5MONDE partout avec vous • Journaux • Télévision • Radio	
● CUISINE	64		
● GÉOGRAPHIE	71		
● HISTOIRE	72	● MÉDICIS (FAMILLE)	89
● LINGUISTIQUE	86	● MUSÉES ET SITES	90

- **PEINTURE TOSCANE (QUELQUES NOTIONS DE)** 93
- **PERSONNAGES CÉLÈBRES** 97
- **RESTAURANTS** 100
- **SITES INSCRITS AU PATRIMOINE MONDIAL DE L'UNESCO** 103
- **SYNDROME DE STENDHAL** 103

INFORMATIONS ET ADRESSES UTILES

- **L'ARRIVÉE À FLORENCE** 105
  - En avion • En train • En bus
- **OFFICES DE TOURISME** 106
- **DÉCOUVRIR FLORENCE AUTREMENT : VISITES GUIDÉES EN FRANÇAIS** 107
- **AGENDA CULTUREL** 107
- **WIFI** 107
- **REPRÉSENTATIONS DIPLOMATIQUES** 108
- **POSTE** 108
- **TRANSPORTS INTRA-MUROS** ... 108
  - Bus • City Sightseeing Florence
  - Location de vélos et scooters
  - Location de voitures • Parkings publics
- **INSTITUT, LIVRES ET JOURNAUX FRANÇAIS** 109
- **SANTÉ** 110
- **URGENCES** 110
- **SUPERMARCHÉS** 110
- **TOILETTES PUBLIQUES** 110

SHOPPING

- **PLAISIRS DE BOUCHE** 112
  - Le vin Huile, charcuteries et autres gourmandises
- **LA MODE ITALIENNE** 113
  - Boutiques vintage • Accessoires et vêtements de créateurs florentins • Achats dégriffés
- **LE CUIR** 115
- **L'ARTISANAT FLORENTIN** 115
  - Terre cuite et céramique • Mosaïque florentine • Papiers marbrés, papiers princiers, aquarelles
- **ENFANTS** 116
- **PAPETERIES** 117
- **BOUTIQUE DE THÉ** 117
- **PARFUMS ET PARFUMS D'INTÉRIEUR** 118
- **DIVERS** 118

QUARTIER DU DUOMO

- **OÙ DORMIR ?** 119
- **OÙ MANGER ?** 121
- **BARS À VINS (VINAI, ENOTECHE)** 123
- **OÙ SAVOURER DE BONNES GLACES ?** 123
- **OÙ SIROTER EN TERRASSE ? OÙ BOIRE UN CHOCOLAT ?** 124
- **OÙ SORTIR ? OÙ ÉCOUTER DE LA MUSIQUE ?** 124
- **À VOIR** 124
  - Piazza del Duomo • Campanile di Giotto • Cattedrale Santa Maria del Fiore ou Duomo • Cripta di Santa Reparata • Cupola del Brunelleschi • Terrazze del Duomo • Battistero • Museo dell'Opera di Santa Maria del Fiore • Galleria degli Uffizi • Piazza della Signoria • Palazzo Vecchio et son musée • Torre di Arnolfo • Museo Gucci • Orsanmichele • Ponte Vecchio • Chiesa Badia Fiorentina • Chiesa Santa Maria dei Ricci • Loggia del Mercato Nuovo • Museo Galileo • Oratorio dei Buonomini di San Martino • Casa di Dante

QUARTIER DE SANTA CROCE

- **OÙ DORMIR ?** 141
- **OÙ MANGER ?** 142
- **OÙ BOIRE UN BON CAFÉ ? OÙ MANGER DES PÂTISSERIES ?** 144

- OÙ SAVOURER DE BONNES
  GLACES ?.................................... 144
- OÙ BOIRE UN VERRE ?
  OÙ SORTIR ? 145
- À VOIR 145

• Museo del Bargello • Piazza di Santa Croce • Basilica di Santa Croce e Museo dell'Opera • Museo della Fondazione Horne • Casa Vasari • Casa Buonarroti

QUARTIER DE SANT'AMBROGIO

- OÙ DORMIR ?.............................. 150
- OÙ MANGER ?.............................. 151
- OÙ SAVOURER DE BONNES
  GLACES ? OÙ DÉGUSTER
  UNE BONNE PÂTISSERIE ? 153
- OÙ BOIRE UN VERRE ?

- OÙ ÉCOUTER
  DE LA MUSIQUE ?....................... 154
- À VOIR 154
  • Sinagoga e Museo di Storia e Arte Ebraici • Chiesa Sant'Ambrogio

QUARTIER DE SAN MARCO

- OÙ DORMIR ?.............................. 156
- OÙ MANGER ?.............................. 158
- BAR À VINS *(ENOTECA)* 159
- OÙ SAVOURER DE BONNES
  GLACES ?..................................... 159
- OÙ BOIRE UN VERRE EN
  ÉCOUTANT DE LA MUSIQUE ?.. 159
- À VOIR 159
  • Palazzo Medici Riccardi • Galleria dell'Accademia • Museo di

San Marco • Chiesa San Marco • Piazza della Santissima Annunziata • Museo dello Spedale degli Innocenti • Chiesa Santissima Annunziata • Museo dell'Opificio delle Pietre dure • Museo archeologico • Museo Leonardo Da Vinci • Cenacolo di Sant'Apollonia • Giardini dei Simplici – Orto botanico

QUARTIER DE SAN LORENZO

- OÙ DORMIR ?.............................. 166
- OÙ MANGER ?.............................. 168
- BAR À VINS *(ENOTECA)* 170
- OÙ SAVOURER UNE BONNE
  GLACE ? 170

- À VOIR 170
  • Chiesa San Lorenzo • Biblioteca medicae Laurenziana • Cappelle Medicee • Macchine di Leonardo da Vinci

AUTOUR DE LA VIA DEI TORNABUONI

- OÙ DORMIR ?.............................. 173
- OÙ MANGER ?.............................. 174
- BAR À VINS *(ENOTECA)* 176
- OÙ BOIRE UN VERRE ? 176
- À VOIR 177

• Museo Marino Marini • Museo di Palazzo Davanzati – Museo dell'Antica Casa • Palazzo Strozzi • Piazza Santa Trinità • Chiesa Santa Trinità • Museo Salvatore Ferragamo

QUARTIER DE SANTA MARIA NOVELLA

- OÙ DORMIR ?.............................. 179
- OÙ MANGER ?.............................. 182
- OÙ SAVOURER
  DE BONNES GLACES ? 182

- OÙ DÉGUSTER
  DE BONNES PÂTISSERIES ? 183
- OÙ DANSER ?.............................. 183
- À VOIR 183

- Chiesa Santa Maria Novella
- Museo di Santa Maria Novella
- Museo del Novecento • Offi-

cina Profumo Farmaceutica di Santa Maria Novella • Chiesa di Ognissanti

QUARTIER DE SAN FREDIANO

- OÙ DORMIR ? 186
- OÙ MANGER ? 187
- OÙ SAVOURER DE BONNES GLACES ? 189
- OÙ BOIRE UN VERRE ?

- OÙ ÉCOUTER DE LA MUSIQUE ? 189
- À VOIR 190
  - Chiesa Santa Maria del Carmine et cappella Brancacci

QUARTIER DE SANTO SPIRITO

- OÙ DORMIR ? 191
- OÙ MANGER ? 192
- BARS À VINS (ENOTECHE) 194
- OÙ SAVOURER DE BONNES GLACES ? 195
- OÙ BOIRE UN VERRE ? 195
- À VOIR 196
  - Piazza Santo Spirito • Chiesa

Santo Spirito • Palazzo Pitti • Galleria Palatina • Galleria d'Arte Moderna • Galleria del Costume • Museo degli Argenti • Giardino di Boboli • Museo della Porcellana • Chiesa Santa Felicità • Chiesa San Felice in Piazza • La via dei Bardi • Giardino Bardini

QUARTIER DE SAN NICCOLÒ

- OÙ DORMIR ? 202
- OÙ MANGER ? 202
- BARS À VINS (VINAI, ENOTECHE) 203
- OÙ SAVOURER DE BONNES GLACES ? OÙ SIROTER UN JUS DE FRUITS FRAIS ? 204
- OÙ BOIRE UN VERRE

- EN ÉCOUTANT DE LA MUSIQUE ? 204
- À VOIR 205
  - Chiesa San Niccolò • Museo Bardini • Giardino delle Rose • Chiesa San Miniato al Monte • San Salvatore al Monte

LES ENVIRONS DE FLORENCE

- ESCAPADE PÉDESTRE AU SUD DE FLORENCE 207
- LA CAMPAGNE FLORENTINE 209
  - Les villas médicéennes : villa La Petraia, villa di Castello, villa di

Poggio a Caiano et villa Medicis di Fiesole • La Certosa del Galluzzo • Settignano
- FIESOLE 213
  - Convento del Monte Senario

QUITTER FLORENCE

- EN TRAIN 218
- EN BUS 218

- EN AVION 218

- INDEX GÉNÉRAL 232

- OÙ TROUVER LES CARTES ET LES PLANS ? 239

Recommandation à ceux qui souhaitent profiter des réductions et avantages proposés dans le *Routard* par les hôteliers et les restaurateurs.

À l'hôtel, pensez à les demander au moment de la réservation ou, si vous n'avez pas réservé, **à l'arrivée.** Ils ne sont valables que pour les réservations en direct et non cumulables avec d'autres offres promotionnelles (notamment sur Internet). Au restaurant, parlez-en **au moment** de la commande et surtout **avant** que l'addition ne soit établie. Poser votre *Routard* sur la table ne suffit pas : le personnel de salle n'est pas toujours au courant et une fois le ticket de caisse imprimé, il est difficile de modifier le total. En cas de doute, montrez la notice relative à l'établissement dans le *Routard* de l'année, bien sûr, et ne manquez pas de nous faire part de toute difficulté rencontrée.

☎ **112 :** c'est le numéro d'urgence commun à la France et à tous les pays de l'UE, à composer en cas d'accident, agression ou détresse. Il permet de se faire localiser et aider en français, tout en améliorant les délais d'intervention des services de secours.

Quelle est la meilleure saison pour y aller ?

Le printemps (avril-mai) et l'automne (septembre-octobre) sont les mois de pleine saison. Le temps y est agréable sans être trop chaud. Attention, en août, de nombreux magasins ferment pour congé annuel.

Quel est le meilleur moyen de transport pour aller à Florence ?

L'avion est la solution la plus rapide, surtout pour un court séjour. Les compagnies pratiquent des prix compétitifs, à condition de s'y prendre tôt. Certaines compagnies *low-cost* desservent Florence.

La vie est-elle chère ?

Tout est cher, à commencer par l'hébergement. Hors saison, les prix des chambres baissent de moitié ! Pour se restaurer, on mange très bien sans pour autant vider son porte-monnaie.

Doit-on envisager un gros budget pour les visites culturelles ?

La *Firenze Card* (72 €) permet de faire de sacrées économies à condition d'avoir un gros appétit culturel (plus de 60 sites et musées à visiter en 72h !). Les jeunes de moins de 25 ans bénéficient de la gratuité dans les musées nationaux.

Peut-on emmener ses enfants ?

Le riche patrimoine florentin risque de fatiguer vos chérubins. Alternez balades dans les espaces verts et les musées. Et question nourriture, c'est le top ! Pizza, pâtes, glaces...

Faut-il parler l'italien pour se faire comprendre ?

Comme partout, il est bien de connaître quelques phrases types et mots courants. Les plus jeunes communiquent plus facilement en anglais.

Quel est le meilleur moyen pour se déplacer ?

Vos pieds, sans aucune hésitation ! Il y a aussi le bus pour les plus paresseux. Le réseau est dense et dessert parfaitement toute la ville et ses proches environs.

Combien de temps faut-il rester à Florence pour avoir « tout vu » ?

Sachez-le : vous n'aurez jamais tout vu ! Le mieux est de rester une semaine pour découvrir la ville à votre rythme.

LES COUPS DE CŒUR DU ROUTARD

● Grimper en haut de la coupole du Duomo réalisée par Brunelleschi et admirer la gigantesque fresque du *Jugement dernier* imaginée par Vasari........ p. 125

● Jeter un œil aux portes du baptistère, qui a généré 27 ans de travail au sculpteur Ghiberti.............................. p. 126

● Parcourir la galerie des Offices et découvrir les grands peintres de Giotto à Léonard de Vinci en passant par Botticelli, Lippi, Rubens, Raphaël, Piero della Francesca, Michel-Ange et tant d'autres... .... p. 128

● Pour les amateurs d'abats, avaler un sandwich aux tripes chez un des derniers tripiers ambulants disséminés un peu partout aux quatre coins de la ville............... p. 151, 168

● S'émerveiller de la délicatesse des personnages dans les surprenantes fresques de la chapelle des Mages, jalousement cachée au Palazzo Medici Riccardi .... p. 159

● Admirer les fesses musclées de *David* à l'Accademia, un chef-d'œuvre de Michel-Ange................................. p. 161

● Admirer les cellules des moines franciscains, divinement peintes par Fra Angelico et ses disciples, au Museo di San Marco..................................... p. 161

● Musarder au petit matin dans les marchés couverts de San Lorenzo ou de sant'Ambrogio, qui regorgent de produits régionaux .... p. 151, 168

● Admirer la chapelle Brancacci (dans le quartier San Frediano dans l'Oltrarno) avec ses fresques somptueuses de Masaccio, Masalino et Lippi............ p. 190

● Se promener dans le Giardino Bardini et le Giardino delle Rose dans l'Oltrarno, parmi les massifs de fleurs et les plantations variés....................... p. 200, 205

● Contempler le coucher du soleil depuis la Chiesa San Miniato al Monte avec une vue panoramique extraordinaire sur Florence .... p. 206

● Profiter de l'heure de l'*aperitivo* et de ses plantureux buffets, pour déguster un verre de chianti, le vin du pays .... p. 102

● Sur une journée, faire une virée shopping dans les nombreux *outlets* (magasins d'usine) des environs de Florence et profiter de larges remises (toute l'année !) dans des boutiques de grandes marques .... p. 144

● Parcourir la campagne environnante et pousser jusqu'à Fiesole, à 7 km de Florence, jolie petite ville qui inspira Boccace et André Gide .... p. 209, 213

Nous tenons à remercier tout particulièrement Loup-Maëlle Besançon, Thierry Bessou, Gérard Bouchu, François Chauvin, Grégory Dalex, Stéphanie Déro, Fabrice Doumergue, Cédric Fischer, Carole Fouque, Michelle Georget, David Giason, Claude Hervé-Bazin, Emmanuel Juste, Dimitri Lefèvre, Fabrice de Lestang, Romain Meynier, Éric Milet, Pierre Mitrano, Jean-Sébastien Petitdemange, Thomas Rivallain et Dominique Roland pour leur collaboration régulière.

Emmanuelle Bauquis
Mathilde Blanchard
Jean-Jacques Bordier-Chêne
Michèle Boucher
Mathilde Bouron
Sophie Cachard
Jeanne Cochin
Agnès Debiage
Jérôme Denoix
Joséphine Desfougères
Tovi et Ahmet Diler
Clélie Dudon
Sophie Duval
Alain Fisch
Cécile Gastaldo
Bérénice Glanger
Adrien et Clément Gloaguen
Bernard Hilaire

Sébastien Jauffret
Blanche-Flore Laize
Virginie Leibel
Jacques Lemoine
Julien Léopold
Jacques Muller
Caroline Ollion
Martine Partrat
Odile Paugam et Didier Jehanno
Julia Pouyet
Émile Pujol
Maud Régent
Anaïs Rougale
Prakit Saiporn
Jean-Luc et Antigone Schilling
Alicia Tawil
Caroline Vallano
Juliana Verdier

Direction : Nathalie Bloch-Pujo
Contrôle de gestion : Jérôme Boulingre et Alexis Bonnefond
Secrétariat : Catherine Maîtrepierre
Direction éditoriale : Catherine Julhe
Édition : Matthieu Devaux, Géraldine Péron, Olga Krokhina, Gia-Quy Tran, Julie Dupré, Pauline Fiot, Camille Loiseau, Béatrice Macé de Lépinay, Emmanuelle Michon, Martine Schmitt et Marion Sergent
Préparation-lecture : Véronique Rauzy
Cartographie : Frédéric Clémençon et Aurélie Huot
Fabrication : Nathalie Lautout et Audrey Detournay
Relations presse France : COM'PROD, Fred Papet. ☎ 01-70-69-04-69.
● *info@comprod.fr* ●
Direction marketing : Adrien de Bizemont, Lydie Firmin et Laure Illand
Contacts partenariats : André Magniez (EMD). ● *andremagniez@gmail.com* ●
Édition des partenariats : Élise Ernest
Informatique éditoriale : Lionel Barth
Couverture : Clément Gloaguen et Seenk
Maquette intérieure : le-bureau-des-affaires-graphiques.com, Thibault Reumaux et npeg.fr
Relations presse : Martine Levens (Belgique) et Maureen Browne (Suisse)
Régie publicitaire : Florence Brunel-Jars

Remerciements

Pour cette édition, nous remercions tout particulièrement :
- Valerio Scoyni, directeur de l'ENIT à Paris.
- Anne Lefèvre, chargée des relations avec la presse à l'ENIT.
- Federica Galbesi et Antonella Botta, du service marketing à l'ENIT.
- Roberta Romoli, responsable des relations presse à l'office de tourisme de Florence pour sa gentillesse et sa disponibilité.
- Laurence Aventin, pour son aide précieuse et ses connaissances inépuisables sur Florence !
- Caroline Yon-Raoux, pour son dynamisme et sa joyeuse compagnie.

IMPORTANT : DERNIÈRE MINUTE

Sauf rare exception, le *Routard* bénéficie d'une parution annuelle à date fixe. Entre deux dates, des événements fortuits (formalités, taux de change, catastrophes naturelles, conditions d'accès aux sites, fermetures inopinées, etc.) peuvent modifier vos projets en voyage. Pour éviter les déconvenues, nous vous recommandons de consulter la rubrique « Guide » par pays de notre site ● *routard.com* ● et plus particulièrement les dernières *Actus voyageurs.*

ITINÉRAIRES CONSEILLÉS

1 JOUR

Pour avoir un bon aperçu de la ville en si peu de temps, mieux vaut privilégier la balade aux visites de musées. Le matin, un petit tour au *Duomo* s'impose. Après avoir admiré la coupole de Brunelleschi et les portes du baptistère de Ghiberti, marchez jusqu'au *Palazzo Vecchio,* le palais-forteresse érigé au XIIIe s et actuelle mairie de la ville. La salle des Cinq-Cents mérite une attention toute particulière. Vous pouvez également grimper à la torre d'Arnolfo. De là, belle vue sur la ville. Après une pause déjeuner dans le coin, poussez jusqu'à l'Accademia pour admirer le célèbre David de Michel-Ange. Autre possibilité, après le Duomo, foncez à la *Galleria degli Uffizi* (réservation obligatoire si vous n'avez pas la *Firenze Card*). Attention, comptez au moins 3h minimum de visite. Après les Offices, traversez l'Arno par le *Ponte Vecchio,* profitez de la vue. Prenez à gauche, vers la direction du quartier San Niccolò. S'il vous reste un peu de force et de temps, grimpez par la via San Salvatore al Monte jusqu'à l'église *San Miniato al Monte.* L'intérieur est magnifiquement conservé et la vue sur la ville est sublime ! Vous pouvez dîner dans le quartier animé de *San Niccolò* ou rejoindre la *piazza del Duomo.* La boucle est bouclée !

3 JOURS

Le 1er jour

Débutez la journée par l'incontournable trio architectural formé par le *Duomo,* le baptistère et le campanile. Ensuite, dirigez-vous vers le quartier San Marco au nord du Duomo, pour contempler les sublimes fresques de Fra Angelico dans le *couvent San Marco,* désormais musée. Une pause déjeuner sur la *piazza San Marco* avant de visiter la *Galleria dell'Accademia,* à deux pas : appréciez le fameux *David* de Michel-Ange sous tous ses angles, mais n'oubliez pas de contempler ses *Esclaves,* également admirables.
Puis revenez flâner du côté de la *piazza della Repubblica* et rêvez un peu devant les boutiques de luxe de la très célèbre *via dei Tornabuoni*... Traversez enfin l'Arno par le Ponte Santa Trinità et laissez-vous tenter par un *aperitivo* dans le quartier animé de San Frediano.

Le 2e jour

Arrivez dès l'ouverture de la *Galleria degli Uffizi* pour profiter au mieux des plus belles peintures italiennes. Laissez-vous emporter par les œuvres de Botticelli, Léonard de Vinci, Michel-Ange, Raphaël... Pause déjeuner dans le quartier et vous voilà prêt pour visiter le *Museo del Bargello,* Musée national de la sculpture, où vous découvrirez les premières œuvres de Michel-Ange ainsi que celles de Donatello et de Verrocchio.
Le soir, un petit tour dans l'Oltrarno, du côté de Santo Spirito, une place toujours animée. S'il vous reste un peu de vitalité, vous découvrirez le charme des nuits florentines.

Le 3ᵉ jour

Les quartiers de l'Oltrarno sont les plus populaires de Florence mais ô combien sympathiques. À l'écart des grands circuits touristiques, les quartiers de Santo Spirito, San Frediano et San Niccolò sont de plus en plus appréciés par les voyageurs de passage. Quelques beaux endroits à ne pas rater : la *piazza di Santo Spirito* et la surprenante façade de la *chiesa Santo Spirito,* le *Palazzo Pitti* avec la sublime *Galleria Palatina* qui regorge de tableaux Renaissance. Ou encore la *Cappella Carmine* avec ses fresques étonnamment bien conservées de Masaccio, Lippi et Masolino. La fatigue vous gagne ? Une petite halte dans le *Giardino di Boboli* ou le *Giardino Bardini* tout à côté ! Tout le charme des jardins à l'italienne. En soirée, flânez dans les rues et laissez-vous tenter par une reposante *trattoria* avec terrasse.

1 SEMAINE

En une semaine, on s'attarde dans les musées, on flâne dans les rues, on s'attable à une terrasse de café, bref, on prend son temps. On explore aussi la campagne avoisinante, comme la jolie ville de Fiesole et on pousse la curiosité jusqu'à la découverte des villas médicéennes, classées Patrimoine mondial de l'Unesco en 2013 *(villa La Petraia, villa de Castello, villa de Poggio a Caiano).* À défaut de voiture, prenez le bus n° 7 sur la piazza del Duomo ou piazza San Marco. Sinon, plus près et à pied, nous vous indiquons en fin de guide une petite balade très agréable dans la campagne florentine, à partir du quartier San Niccolò (attention, à éviter sous forte chaleur). Si l'envie vous prend, n'hésitez pas à faire un saut dans les collines verdoyantes du Chianti (là, la voiture s'impose), une région vinicole (entre Florence et Sienne) réputée pour ses paysages magnifiques, ses cyprès, ses oliviers et... son bon vin. Le rêve quoi !

SI VOUS ÊTES PLUTÔT...

... en famille : le Palazzo Davanzati, le Ponte Vecchio, le Museo Galileo, le Palazzo Vecchio et la Torre di Arnolfo pour la vue, le Giardino delle Rose, le Giardino Bardini, les macchine di Leonardo da Vinci, les marchés couverts de San Lorenzo et Sant'Ambrogio, la Basilica di Santa Croce, le Museo di San Marco, tous les glaciers et les pizzerias de Florence (attention à l'indigestion quand même !) ;

... accro à la peinture et à la Renaissance : la *galleria degli Uffizi,* le *museo* San Marco, le Palazzo Pitti, la Cappella Brancacci, le Palazzo Medici Riccardi ;

... épris de votre moitié : le coucher de soleil depuis la Chiesa San Miniato al Monte, les fresques de Fra Angelico à San Marco, le *David* à l'Accademia, la terrasse du Duomo, le Giardino Bardini ;

... amoureux de la chlorophylle : Fiesole, le Giardino Bardini, le Giardino delle Rose, le Giardino di Boboli, une randonnée aux alentours de Florence.

... mode et... cigale : la via dei Tornabuoni avec ses célèbres enseignes de luxe, les *outlets* (magasins d'usine) des grandes marques au sud-est de Florence, le Museo Gucci, le Museo Ferragamo, l'Officina Profumo Farmaceutica di Santa Maria Novella Aquaflor ;

... fêtard : l'*aperitivo* dans les bars des quartiers Santo Spirito et San Frediano ;

... épicurien et amateur de bons vins et de bonne chair : les marchés couverts de San Lorenzo et de Sant'Ambrogio, les épiceries fines et les traditionnelles *enoteche*.

COMMENT Y ALLER ?

EN AVION

::

▲ AIR FRANCE

Rens et résas au ☎ 36-54 (0,34 €/mn ; tlj 6h30-22h), sur ● airfrance.fr ●, dans les agences Air France (fermées dim) et dans ttes les agences de voyages.

➤ Dessert Florence avec 5-6 vols directs/j. et Pise avec 2-3 vols/j. au départ de Paris-Roissy-Charles-de-Gaulle, aérogare 2.

Air France propose à tous des tarifs attractifs toute l'année. Vous avez la possibilité de consulter les meilleurs tarifs du moment sur Internet, directement sur la page « Meilleures offres et promotions ».

Le programme de fidélisation Air France-KLM permet de cumuler des *miles* à son rythme et de profiter d'un large choix de primes. Avec votre carte *Flying Blue,* vous êtes immédiatement identifié comme client privilégié lorsque vous voyagez avec tous les partenaires.

Air France propose également des réductions Jeunes. La carte *Flying Blue Jeune* est réservée aux jeunes âgés de 2 à 24 ans résidant en France métropolitaine, dans les départements d'outre-mer, au Maroc, en Tunisie ou en Algérie. Avec plus de 1 000 destinations et plus de 100 partenaires, *Flying Blue Jeune* offre autant d'occasions de cumuler des *miles* partout dans le monde.

▲ HOP!

Rens et résas sur ● hop.fr ●, via les canaux de ventes Air France, dans ttes les agences de voyages et au centre d'appel ☎ 0825-30-22-22 (0,15 €/mn, tlj, tte l'année).

De Biarritz, Bordeaux, Brest, Caen, Clermont, La Rochelle, Lille, Limoges, Lorient, Lyon, Marseille, Metz-Nancy, Montpellier, Mulhouse-Bâle, Nantes, Pau, Poitiers, Rennes et Strasbourg, vols vers Florence via Lyon. Également de Bruxelles, Dusseldorf et Prague via Lyon. HOP! propose des tarifs attractifs toute l'année. Possibilité de consulter les meilleurs tarifs du moment sur ● hop.fr ●

▲ ALITALIA

Rens et résas : ☎ 0892-655-655 (0,34 €/mn) ou ☎ 89-20-10 (en Italie) ; lun-ven 8h-20h, w-e 9h-19h. ● alitalia. fr ●

➤ Dessert Florence 5-6 fois/j. et Pise 2 fois/j. en partenariat avec *Air France.* Navettes tlj entre les aéroports de Florence et Pise.

▲ BRUSSELS AIRLINES

Rens et résas : ☎ 0892-64-00-30 (0,37 €/mn) ou ☎ 0902-51-600 (en Belgique ; 0,75 €/mn) ; lun-ven 9h-19h, sam 9h-17h. ● brusselsairlines.com ●

➤ Liaisons à destination de Bruxelles depuis Paris-Roissy-Charles-de-Gaulle, Genève, Lyon, Marseille, Nice, Strasbourg et Toulouse.

➤ De Bruxelles, vols tlj pour Florence.

Les compagnies *low-cost*

Ce sont des compagnies dites « à bas prix ». Elles desservent les capitales européennes ainsi que de nombreuses villes de province. Plus vous réserverez vos billets à l'avance, plus vous aurez de chances d'avoir des tarifs avantageux, mais il ne faut pas trop espérer trouver facilement des billets à prix plancher lors des périodes les plus fréquentées (vacances scolaires, week-end...). N'hésitez pas à

AIRFRANCE ✈

FRANCE IS IN THE AIR

AU DÉPART DE PARIS

FLORENCE   5 VOLS

PAR JOUR

combiner les offres, d'autant plus que les compagnies *low-cost* permettent des vols simples. La résa se fait souvent par Internet et parfois par téléphone (pas d'agence, juste un numéro de réservation et un billet à imprimer soi-même). Des frais de dossier ainsi que des frais pour le paiement par carte bancaire peuvent vous être facturés. En outre, les pénalités en cas de changement d'horaires sont assez importantes. Afin de réduire les files d'attente dans les aéroports, certaines compagnies font même payer l'enregistrement aux comptoirs d'aéroport. Pour l'éviter, vous avez intérêt à vous enregistrer directement sur Internet, où le service est gratuit. Il faut aussi rappeler que plusieurs compagnies facturent maintenant les bagages en soute ou limitent leur poids. En cabine également, le nombre de bagages est strictement limité (attention, même le plus petit sac à main est compté comme un bagage à part entière). À bord, c'est service minimum, et tous les services sont payants (boissons, journaux...). Ne pas oublier non plus d'ajouter le prix du bus pour se rendre à ces aéroports, souvent assez éloignés du centre-ville ou dans des aéroports secondaires quand il s'agit des capitales. Attention également au moment de la résa par Internet à décocher certaines options qui sont automatiquement cochées (assurances, etc.). Au final, même si les prix de base restent très attractifs, il convient de prendre en compte tous ces frais annexes pour calculer le plus justement son budget.

▲ **TRANSAVIA**
Rens et résas : ☎ 0892-058-888 (0,34 €/mn) ou sur ● *transavia.com* ●
➢ Vol direct quotidien au départ de Paris-Orly pour Pise.
La compagnie *low-cost* du groupe *Air France-KLM* dessert de nombreuses destinations vers l'Europe et le Bassin méditerranéen au départ de Paris-Orly-Sud, Nantes, Lyon et Strasbourg. »

▲ **EASYJET**
Rens et résas : ● *easyjet.com* ●
➢ Vols quotidiens de Paris-Orly à Pise. Navettes pour rejoindre Florence.

▲ **RYANAIR**
Rens et résas : ● *ryanair.com* ●
➢ De Paris-Beauvais, navettes tlj entre Pise et Florence.

▲ **VUELING**
Résas : ● *vueling.com* ●
➢ Vols quotidiens de Paris-Orly à Florence.

LES ORGANISMES DE VOYAGES

:::

– Ne pas croire que les vols à tarif réduit sont tous au même prix pour une même destination à une même époque : loin de là. On a déjà vu, dans un même avion partagé par deux organismes, des passagers qui avaient payé 40 % plus cher que les autres. De plus, une agence bon marché ne l'est pas forcément toute l'année (elle peut n'être compétitive qu'à certaines dates bien précises). Donc, contactez tous les organismes et jugez vous-même.
– Les organismes cités sont classés par ordre alphabétique, pour éviter les jalousies et les grincements de dents.

EN FRANCE

▲ **COMPTOIR DE L'ITALIE ET DE LA CROATIE**
– *Paris :* 6, rue des Écoles, 75005. ☎ 0892-237-037 (0,34 €/mn). Fax : 01-53-10-21-71. ● *comptoir. fr* ● Ⓜ Cardinal-Lemoine. Lun-ven 9h30-18h30 ; sam 10h-18h30.
– *Lyon :* 10, quai Tilsitt, 69002. ☎ 0892-230-465. Ⓜ Bellecour. Lun-sam 9h30-18h30.
– *Marseille :* 12, rue Breteuil, 13001. ☎ 0892-236-636. Ⓜ Estrangin. Lun-sam 9h30-18h30.
– *Toulouse :* 43, rue Peyrolières, 31000. ☎ 0892-232-236. Ⓜ Esquirol. Lun-sam 9h30-18h30.
D'un bout à l'autre de ces deux pays aux ambiances souvent similaires, de multiples idées de voyages s'offrent à vous. En Italie comme en Croatie, le Comptoir vous propose un large choix d'autotours et de séjours dans des hôtels de charme, au meilleur prix. Quelles que soient vos envies, une

NOUVEAUTÉ

MADÈRE (mai 2015)

Madère réunit, au milieu de l'océan, un climat à la douceur légendaire et une flore exubérante – bougainvillées, mimosas, amaryllis, oiseaux de paradis (symboles de l'île), flamboyants, jacarandas – qui lui vaut son surnom bien mérité d'« île aux fleurs ». Et aussi des montagnes volcaniques déchirées par l'érosion et de vertigineux à-pics. Le paradis des randonneurs, le long de l'ingénieux système d'irrigation des *levadas*, ces canaux récupérant les eaux de pluie. L'île de Madère est une citadelle entaillée de toutes parts, avec ses parcelles de vigne indomptables accrochées aux pentes et travaillées à la main. À Funchal, capitale anglophile, on se rue dans les églises et les musées, entre deux arrivées de paquebots venus goûter aux tropiques et aux barriques. Au-delà des vagues s'ancre le reste de l'archipel : la petite Porto Santo, réputée pour sa longue plage de sable clair. L'avènement du tourisme, puis l'entrée du Portugal dans l'Union européenne ont toutefois modifié bien des choses et, surtout, inversé la tendance à l'émigration. On vient désormais de toute l'Europe à la recherche d'une vie aussi douce que l'air.

équipe de spécialistes de l'Italie et de la Croatie sera à votre écoute pour créer votre voyage sur mesure.

21 Comptoirs, plus de 60 destinations, des idées de voyages à l'infini. Comptoir des Voyages s'impose depuis 20 ans comme une référence incontournable pour les voyages sur mesure, accessible à tous les budgets. Membre de l'association ATR (Agir pour un tourisme responsable), Comptoir des Voyages obtient depuis 2010 la certification Tourisme responsable AFAQ AFNOR.

▲ DONATELLO

☎ 0826-10-2005   (0,15 €/mn), lun-ven 9h-19h et sam 9h30-12h, 13h-18h. ● donatello.fr ●

Voyage d'exception ou à petits prix, du week-end au séjour ville d'art, du circuit au voyage personnalisé, Donatello le tour-opérateur spécialiste du voyage individuel et sur mesure vers l'Italie, la Sicile, et la Sardaigne propose toutes les formules pour voyager en liberté. Réservez en ligne ou en agence votre voyage à la carte ou votre séjour clé en main.

▲ ITALIE & CO.

– Courbevoie : 169, bd Saint-Denis, 92400. Sur rdv ou à domicile. 📱 06-85-56-30-62. ● carine@italieandco.fr ● italieandco.fr ●

Italie & Co. est une agence dynamique d'un genre nouveau, fondée par deux professionnels italiens partageant la même passion pour leur pays d'origine. Ils sont disponibles tous les jours par mail ou par téléphone pour vous aider à organiser le voyage de vos rêves et pour vous assister tout au long de votre séjour. Seul ou en famille, pour vos loisirs ou pour votre travail, Italie & Co. vous propose des offres sélectionnées et testées par l'agence. Une soirée à la Scala de Milan, à la Fenice de Venise ou aux Arènes de Vérone, un cours de cuisine à l'école Barilla ou juste du farniente sur une belle plage en Sardaigne, Italie & Co. met à votre disposition son carnet d'adresses de charme pour faire de votre voyage une véritable expérience. Offre spéciale lecteurs Routard : un accueil VIP ou un cadeau surprise en donnant la référence « routard » au moment de la réservation.

▲ JEUNESSE ET RECONSTRUCTION

– Paris : 10, rue de Trévise, 75009. ☎ 01-47-70-15-88. ● volontariat. org ● Ⓜ Cadet ou Grands-Boulevards. Lun-ven 10h-13h, 14h-18h.

Jeunesse et Reconstruction propose des activités dont le but est l'échange culturel dans le cadre d'un engagement volontaire. Chaque année, des centaines de jeunes bénévoles âgés de 17 à 30 ans participent à des chantiers internationaux en France ou à l'étranger (Europe, Asie, Afrique et Amérique) et s'engagent dans un programme de volontariat à long terme (6 mois ou 1 an).

Dans le cadre des chantiers internationaux, les volontaires se retrouvent autour d'un projet d'intérêt collectif (1 à 4 semaines) et participent à la restauration du patrimoine bâti, à la protection de l'environnement, à l'organisation logistique d'un festival ou à l'animation et l'aide à la vie quotidienne auprès d'enfants ou de personnes handicapées.

▲ NOUVELLES FRONTIÈRES

Rens : ☎ 0825-000-747 (0,15 €/mn). ● nouvelles-frontieres.fr ● En agence de voyages, agences Nouvelles Frontières et Marmara.

Depuis plus de 45 ans, Nouvelles Frontières fait découvrir le monde au plus grand nombre au travers de séjours aussi merveilleux qu'insoupçonnés, à la découverte de nouveaux paysages et de nouveaux visages ainsi que de rencontres riches en émotions.

Selon votre budget ou vos désirs, plus de 100 destinations à choisir parmi 240 circuits ou bien en séjours et voyages à la carte à personnaliser selon vos envies. Rendez-vous sur le Web ou en agence où les conseillers Nouvelles Frontières seront à votre écoute pour mettre le voyage d'exception à votre portée et composer votre voyage selon vos souhaits.

▲ PROMOVACANCES.COM

☎ 0899-860-878 (1,35 € l'appel puis 0,34 €/mn ; lun-ven 8h-minuit, sam 9h-23h, dim 10h-23h). ● promovacances.com ●

N° 1 français de la vente de séjours sur Internet, Promovacances a fait voyager plus de 2 millions de clients

en 10 ans. Le site propose plus de 10 000 voyages actualisés chaque jour sur 300 destinations : séjours, circuits, week-ends, thalasso, plongée, golf, voyages de noces, locations, vols secs... L'ambition du voyagiste : prouver chaque jour que le petit prix est compatible avec des vacances de qualité. Grâce aux avis clients publiés sur le site et aux visites virtuelles des hôtels, vous réservez vos vacances en toute tranquillité.

▲ VOYAGES-SNCF.COM

– *Infos et résas depuis la France :* ● *voyages-sncf.com* ● *et sur tablette et mobile avec les applis V. (trains) et V. Hôtel (hôtels).*
– *Réserver un vol, un hôtel, une voiture :* ☎ *0899-500-500 (1,35 € l'appel puis 0,34 €/mn).*
– *Une question ? Rubrique Contact ou au* ☎ *09-70-60-99-60 (n° non surtaxé).*
Voyages-sncf.com, distributeur de voyages en ligne de la SNCF, vous propose ses meilleurs prix de train, d'avion, d'hôtel et de location de voitures en France et en Europe. Accédez aussi à ses services exclusifs : billets à domicile (en France), Alerte Résa, calendrier des prix, offres de dernière minute...

▲ VOYAGEURS DU MONDE EN ITALIE

● *voyageursdumonde.com* ●
– *Paris : La Cité des Voyageurs, 55, rue Sainte-Anne, 75002.* ☎ *01-42-86-17-20.* Ⓜ *Opéra ou Pyramides. Lun-sam 9h30-19h.* Avec une librairie spécialisé sur les voyages.
– *Également des agences à Bordeaux, Caen, Grenoble, Lille, Lyon, Marseille, Montpellier, Nantes, Nice, Rennes, Rouen, Strasbourg et Toulouse, Bruxelles et Genève.*
Parce que chaque voyageur est différent, que chacun a ses rêves et ses idées pour les réaliser, Voyageurs du Monde conçoit, depuis plus de 30 ans, des projets sur mesure. Les séjours proposés sur 120 destinations sont élaborés par leurs 180 conseillers voyageurs. Spécialistes par pays et même par régions, ils vous aideront à personnaliser les voyages présentés à travers une trentaine de brochures d'un nouveau type, et sur le site internet, où vous pourrez également découvrir les

hébergements exclusifs et consulter votre espace personnalisé. Au cours de votre séjour, vous bénéficiez des services personnalisés Voyageurs du Monde, dont la possibilité de modifier à tout moment votre voyage, l'assistance d'un concierge local, la mise en place de rencontres et de visites privées, et l'accès à votre carnet de voyage via une application iPhone et Androïd. Voyageurs du Monde est membre de l'association ATR (Agir pour un Tourisme Responsable) et a obtenu sa certification Tourisme Responsable AFAQ AFNOR.

Comment aller à Roissy et à Orly ?

Conservez dans votre bagage cabine, vos médicaments, vos divers chargeurs et appareils ainsi que vos objets de valeur (clefs et bijoux). Et on ne sait jamais, ajoutez-y de quoi vous changez si vos bagages n'arrivaient à bon port avec vous.

Bon à savoir :
– le *pass Navigo* est valable pour Roissy-Rail (RER B, zones 1-5) et Orly-Rail (RER C, zones 1-4). Les week-ends et jours fériés, le *pass Navigo* est dézoné, ce qui permet à ceux qui n'ont que les zones 1 à 3 d'aller tout de même jusqu'aux aéroports sans frais supplémentaires ;
– le *billet Orly-Rail* permet d'accéder sans supplément aux réseaux métro et RER.

À Roissy-Charles-de-Gaulle 1, 2 et 3

Attention : si vous partez de Roissy, pensez à vérifier de quelle aérogare votre avion décolle, car la durée du trajet peut considérablement varier en fonction de cette donnée.

En transports collectifs

🚌 *Les cars Air France :* ☎ *0892-350-820 (0,34 €/mn).* ● *lescarsairfrance.com* ● *Paiement par CB possible à bord.*

Le site internet diffuse les informations essentielles sur le réseau (lignes, horaires, tarifs...), permettant de connaître en temps réel le trafic afin de mieux planifier son départ. Il permet d'acheter à un tarif spécial et d'imprimer les billets électroniques pour accéder aux bus.

➤ *Paris-Roissy* : départ pl. de l'Étoile (1, av. Carnot), avec un arrêt pl. de la Porte-Maillot (bd Gouvion-Saint-Cyr). Départs ttes les 30 mn 5h45-23h. Durée du trajet : 1h env. Tarifs : 17 € l'aller simple, 29 € l'A/R ; réduc enfants 2-11 ans.
Autre départ depuis la gare Montparnasse (arrêt rue du Commandant-Mouchotte, face à l'hôtel *Pullman*), ttes les 30 mn 6h-22h, avec un arrêt gare de Lyon (20 bis, bd Diderot). Tarifs : 17 € l'aller simple, 28 € l'A/R ; réduc enfants 2-11 ans.
➤ *Roissy-Paris* : les cars *Air France* desservent la pl. de la Porte-Maillot, avec un arrêt bd Gouvion-Saint-Cyr, et se rendent ensuite au terminus de l'av. Carnot. Départs ttes les 20-30 mn 5h45-23h, des terminaux 2A et 2C (porte C2), 2E et 2F (niveau « Arrivées », porte 3 de la galerie, 2B et 2D (porte B1), et du terminal 1 (porte 34, niveau « Arrivées »).
À destination de la gare de Lyon et de la gare Montparnasse, départs ttes les 30 mn 6h-22h, des mêmes terminaux. Durée du trajet : env 1h15.

🚌 *Roissybus* : ☎ 32-46 (0,34 €/mn). ● ratp.fr ● Départs de la pl. de l'Opéra (angle rues Scribe et Auber) ttes les 15 mn (30 mn à partir de 22h) 5h15-0h30. Durée du trajet : 1h. De Roissy, départs 6h-0h30 des terminaux 1, 2A, 2B, 2C, 2D et 2F, et à la sortie du hall d'arrivée du terminal 3. Tarif : 10,50 €.

🚌 *Bus RATP n° 351 :* de la pl. de la Nation, 5h35-20h20. Solution la moins chère mais la plus lente. Compter 3 tickets ou 5,70 € et 1h40 de trajet. Ou *bus n° 350,* de la gare de l'Est (1h15 de trajet). Arrivée Roissypôle-gare RER.

🚈 *RER ligne B + navette :* ☎ 32-46 (0,34 €/mn). Départ ttes les 15 mn 4h53-0h20 depuis la gare du Nord et à partir de 5h26 depuis Châtelet. À Roissy-Charles-de-Gaulle, descendre à la station (il y en a 2) qui dessert le bon terminal. De là, prendre la navette adéquate. Compter 50 mn de la gare du Nord à l'aéroport (navette comprise), mais mieux vaut prendre de la marge. Tarif : 10,90 €. *Pass Navigo* valable sans frais supplémentaires pour les aéroports.

– Si vous venez du nord, de l'ouest ou du sud de la France en train, vous pouvez rejoindre les aéroports de Roissy sans passer par Paris, la gare SNCF Paris-Charles-de-Gaulle étant reliée aux réseaux TGV.

En taxi

Pensez à explorer les nouveaux services de transport de personnes qui se développent dans la capitale, et qui pourraient être adaptés à vos besoins.
■ *WeCab :* ☎ 01-41-27-66-77. ● wecab.com ● *Remise de 10% pour nos lecteurs avec le code routard2015 au paiement.* Une formule de taxi partagé (avoir un peu de souplesse horaire donc, maximum 2 arrêts), fonctionnant entre les aéroports parisiens et Paris/ proche banlieue, tarifs forfaitaires (paiement à l'avance en ligne)...
■ *LeCab :* ☎ 01-76-49-76-49. ● lecab.fr ● Tarifs forfaitaires (paiement à l'avance en ligne), pas de facturation des bagages, réservation gratuite sur Internet (y compris smartphone), payante par téléphone, flotte de Peugeot 508, le chauffeur vient vous chercher dans l'aéroport...

En voiture

Chaque terminal a son propre parking. Compter 36 € par tranche de 24h. Également des parkings longue durée (PR et PX), plus éloignés des terminaux, qui proposent des tarifs plus avantageux (forfait 24h 26 €, forfait 7 j. 158 €). Possibilité de réserver sa place de parking via le site ● aeroportsdeparis.fr ● Stationnement au parking Vacances (longue durée) dans le P3 Résa (terminaux 1 et 3) situé à 2 mn du terminal 3 à pied, ou dans le PAB (terminal 2). Formules de stationnement 1-30 j. (115-230 €) pour le P3 Résa. Forfait w-e 4 j. au PAB : 49 €. Résa sur Internet seulement. Les P1, PAB et PEF accueillent les deux-roues : 15 € pour 24h.

Comment se déplacer entre Roissy-Charles-de-Gaulle 1, 2 et 3 ?

Les rames du CDG-VAL font le lien entre les 3 terminaux en 8 mn. Fonctionne tlj, 24h/24. Gratuit. Accessible aux personnes à mobilité réduite. Départ ttes les 4 mn, et ttes les 20 mn minuit-4h. Desserte gratuite vers certains hôtels, parkings, gares RER et gares TGV. Infos au : ☎ 39-50.

À Orly-Sud et Orly-Ouest

En transports collectifs

☞ **Les cars Air France :** ☎ 0892-350-820 (0,34 €/mn). ● lescarsairfrance.com ● Tarifs : 12,50 € l'aller simple, 21 € l'A/R ; réduc 2-11 ans. Paiement par CB possible dans le bus.
➢ Paris-Orly : départs de l'Étoile, 1, av. Carnot, ttes les 30 mn 5h-22h40. Arrêts au terminal des Invalides, rue Esnault-Pelterie (Ⓜ Invalides), gare Montparnasse (rue du Commandant-Mouchotte, face à l'hôtel Pullman ; Ⓜ Montparnasse-Bienvenüe, sortie Gare SNCF) et porte d'Orléans (arrêt facultatif uniquement dans le sens Orly-Paris). Compter env 1h.
➢ Orly-Paris : départs ttes les 20 mn 6h30-23h40 d'Orly-Sud, porte L, et d'Orly-Ouest, porte H, niveau « Arrivées ».

🚆 **RER C + navette :** ☎ 01-60-11-46-20. ● transdevidf.com ● Prendre le RER C jusqu'à Pont-de-Rungis (un RER ttes les 15-30 mn). Compter 25 mn depuis la gare d'Austerlitz. Ensuite, navette pdt 15-20 mn pour Orly-Sud et Orly-Ouest. Compter 6,60 €. Très recommandé les jours où l'on piétine sur l'autoroute du Sud (w-e et jours de grands départs) : on ne sera jamais en retard. Pour le retour, départs de la navette ttes les 15 mn depuis la porte G à Orly-Ouest (5h40-23h14) et depuis la porte F à Orly-Sud (4h45-0h55).

🚌 **Orlybus :** ● ratp.fr ●
➢ Paris-Orly : départs ttes les 15-20 mn de la pl. Denfert-Rochereau. Compter 20-30 mn pour rejoindre Orly (Ouest ou Sud). Orlybus fonctionne tlj 5h35-23h, jusqu'à minuit ven, sam et veilles de fêtes.
➢ Orly-Paris : départ d'Orly-Sud, porte H, quai 4, ou d'Orly-Ouest, porte J, niveau « Arrivées ». Orlybus fonctionne tlj 6h-23h20, jusqu'à 0h20 ven, sam et veilles de fêtes.

🚆 **Orlyval :** ☎ 32-46 (0,34 €/mn). ● ratp.fr ● Compter 11,65 € l'aller simple entre Orly et Paris. La jonction se fait à Antony (ligne B du RER) sans aucune attente. Permet d'aller d'Orly à Châtelet et vice versa en 40 mn env, sans se soucier de la densité de la circulation automobile.
➢ Paris-Orly : départs pour Orly-Sud et Ouest ttes les 6-8 mn 6h-23h.
➢ Orly-Paris : départ d'Orly-Sud, porte K, zone livraison des bagages, ou d'Orly-Ouest, porte A, niveau 1.

En taxi

Pensez à explorer les nouveaux services de transport de personnes qui se développent dans la capitale, et pourraient être adaptés à vos besoins (voir plus haut les solutions en taxi proposées pour se rendre à Roissy).

En voiture

– **Parking aéroports :** à proximité d'Orly-Ouest, parkings P0 et P2. À proximité d'Orly-Sud, P1, P2 et P3 (à 50 m du terminal, accessible par tapis roulant). Compter 28,50 € pour 24h de stationnement. Les parkings P0 et P2, à proximité immédiate des terminaux, proposent des forfaits intéressants, dont le « Week-end » au P0 et P2 pour Orly-Ouest et P6 pour Orly-Sud. Forfaits disponibles aussi pour les P4, P5 (éloignés) : 24-27 € pour 24h. Il existe des forfaits « Vacances » intéressants à partir de 6 jours et jusqu'à 45 jours (100-300 €) aux P2 et P6.
Les P4, P7 (en extérieur) et P5 (couvert) sont des parkings longue durée, plus excentrés, reliés en 10 mn par navettes gratuites aux terminaux. Rens : ☎ 01-49-75-56-50. Comme à Roissy, possibilité de réserver en ligne sa place de parking (P0 et P7) sur ● aeroportsdeparis.fr ● Les frais de résa (en sus du parking) sont de 8 € pour 1 j., de 12 € pour 2-3 j. et de 20 € pour 4-10 j. de stationnement pour le P0. Les parkings P0-P2 à Orly-Ouest et P1-P3 à

Orly-Sud accueillent les deux-roues : 6,20 € pour 24h.
– À proximité, ***Econopark :*** possibilité de laisser sa voiture à Chilly-Mazarin *(13, rue Denis-Papin, ZA La Vigne-aux-Loups, 91380 ; env 10 mn d'Orly ; proche A 6 et A 10).* De 1 à 28 j., compter 30-166 €. Trajet A/R vers Orly en minibus (sans supplément). Option parking couvert possible. *Résa et paiement en ligne :* ● *econopark.fr* ● *ou par tél :* ☎ *01-60-14-85-62.*

Liaisons entre Orly et Roissy-Charles-de-Gaulle

🚌 ***Les cars Air France :*** ☎ *0892-350-820 (0,34 €/mn).* ● *lescarsair france.com* ● Départs de Roissy-Charles-de-Gaulle depuis les terminaux 1 (porte 32), 2A et 2C, 2B et 2D, 2E et 2F (galerie de liaison entre les terminaux 2E et 2F) vers Orly 5h55-22h30. Départs d'Orly-Sud (porte K) et d'Orly-Ouest (porte H) vers Roissy-Charles-de-Gaulle 6h30 (7h le w-e)-22h30. Ttes les 30-45 mn (dans les 2 sens). Durée du trajet : env 1h30. Tarif : 21 € ; 35,50 € A/R, réduc.

🚆 ***RER B + Orlyval :*** ☎ *32-46 (0,34 €/mn).* Depuis Roissy, navette puis RER B jusqu'à Antony et enfin Orlyval entre Antony et Orly, 6h-22h15. Tarif : 19,50 €.

EN BELGIQUE

▲ AIRSTOP

Pour ttes les adresses Airstop, un seul numéro de tél : ☎ *070-233-188.* ● *airstop.be* ● *Lun-ven 9h-18h30 ; sam 10h-17h.*
– *Bruxelles : bd E.-Jacquemain, 76, 1000.*
– *Anvers : Jezusstraat, 16, 2000.*
– *Bruges : Dweersstraat, 2, 8000.*
– *Gand : Maria Hendrikaplein, 65, 9000.*
– *Louvain : Mgr. Ladeuzeplein 33, 3000.*
Airstop offre une large gamme de prestations, du vol sec au séjour tout compris à travers le monde.

▲ CONNECTIONS

Rens et résas : ☎ *070-233-313.* ● *connections.be* ● *Lun-ven 9h-19h ; sam 10h-17h.*

Fort d'une expérience de plus de 20 ans dans le domaine du voyage, Connections dispose d'un réseau de 30 *travel shops,* dont un à Brussels Airport. Connections propose des vols dans le monde entier à des tarifs avantageux et des voyages destinés à tous ceux désireux de découvrir la planète de façon autonome et de vivre des expériences uniques. Connections propose une gamme complète de produits : vols, hébergement, location de voitures, autotours, vacances sportives, excursions, assurance « protection »...

▲ NOUVELLES FRONTIÈRES

● *nouvelles-frontieres.be* ●
– *Nombreuses agences dans le pays, dont Bruxelles, Charleroi, Liège, Mons, Namur, Waterloo, Wavre, et au Luxembourg.*
Voir texte dans la partie « En France ».

▲ SERVICE VOYAGES ULB

● *servicevoyages.be* ● *25 agences dont 12 à Bruxelles.*
– *Bruxelles : campus ULB, av. Paul-Héger, 22, CP 166, 1000.* ☎ *02-650-40-20.*
– *Bruxelles : pl. Saint-Lambert, 1200.* ☎ *02-742-28-80.*
– *Bruxelles : chaussée d'Alsemberg, 815, 1180.* ☎ *02-332-29-60.*
Service Voyages ULB, c'est le voyage à l'université. Billets d'avion sur vols charters et sur compagnies régulières à des prix compétitifs.

▲ TAXISTOP

Pour ttes les adresses Taxistop : ☎ *070-222-292.* ● *taxistop.be* ●
– *Bruxelles : rue Thérésienne, 7 A, 1000.*
– *Gent : Maria Hendrikaplein, 65, 9000.*
– *Ottignies : bd Martin, 27, 1340.*
Taxistop propose un système de covoiturage, ainsi que d'autres services comme l'échange de maisons ou le gardiennage.

▲ VOYAGEURS DU MONDE

– *Bruxelles : 23, chaussée de Charleroi, 1060.* ☎ *02-543-93-50.* ● *voyageurs dumonde.com* ●
Le spécialiste du voyage en individuel sur mesure.
Voir texte dans la partie « En France ».

COMMENT Y ALLER ?

EN SUISSE

▲ STA TRAVEL

☎ 058-450-49-49. ● statravel.ch ●
– Fribourg : rue de Lausanne, 24, 1701.
☎ 058-450-49-80.
– Genève : rue de Rive, 10, 1204.
☎ 058-450-48-00.
– Genève : rue Vignier, 3, 1205.
☎ 058-450-48-30.
– Lausanne : bd de Grancy, 20, 1006.
☎ 058-450-48-50.
– Lausanne : à l'université, Anthropole,
1015. ☎ 058-450-49-20.

Agences spécialisées notamment dans les voyages pour jeunes et étudiants. 150 bureaux STA et plus de 700 agents du même groupe répartis dans le monde entier sont là pour donner un coup de main *(Travel Help)*.

STA propose des tarifs avantageux : vols secs *(Blue Ticket)*, hôtels, écoles de langues, *work & travel*, circuits d'aventure, voitures de location, etc. Délivre la carte internationale d'étudiant et la carte *Jeune*.

▲ TUI – NOUVELLES FRONTIÈRES

– Genève : rue Chantepoulet, 25, 1201.
☎ 022-716-15-70.
– Lausanne : bd de Grancy, 19, 1006.
☎ 021-616-88-91.

Voir texte dans la partie « En France ».

▲ VOYAGES ARTISANS AUX PIEDS NUS

– Carouge : rue de Saint-Victor, 3,
1227. ☎ 022-301-01-50. ● apnvoya
ges.ch ● En sem sur rdv.

Voyages APN propose des destinations hors des sentiers battus, particulièrement en Europe (Grèce, Italie et pays du Nord), avec un contact direct avec les prestataires, notamment dans le cadre des agritourismes. Certains programmes sont particulièrement adaptés aux familles. L'accent est mis sur le tourisme responsable et durable. Dans ce cadre, une sélection de destinations telles que la Bolivie ou le Bénin est proposée.

AU QUÉBEC

▲ INTAIR VACANCES

Intair Vacances propose un vaste choix de prestations à la carte incluant vol, hébergement et location de voitures en Europe, aux États-Unis ainsi qu'aux Antilles et au Mexique. Également au menu, des courts ou longs séjours, en Espagne (Costa del Sol) et en France (hôtels et appartements sur la Côte d'Azur et en région). Également un choix d'achat-rachat en France et dans la péninsule Ibérique.

▲ TOURS CHANTECLERC

● tourschanteclerc.com ●
Tours Chanteclerc est un tour-opérateur qui publie différentes brochures de voyages : Europe, Amérique du Nord, Amérique du Sud, Asie et Pacifique sud, Afrique et le Bassin méditerranéen en circuits ou en séjours. Il s'adresse aux voyageurs indépendants qui réservent un billet d'avion, un hébergement (dans toute l'Europe), des excursions ou une location de voiture. Également spécialiste de Paris, le tour-opérateur offre une vaste sélection d'hôtels et d'appartements dans la Ville Lumière.

▲ TRANSAT DECOUVERTES

● transatdecouvertes.com ●
Ce voyagiste propose quelque 25 destinations à la carte ou en circuits organisés. De l'Inde à la Thaïlande en passant par le Vietnam, la Chine, Bali, l'Europe centrale, la Russie, la Grèce, la Turquie, l'Italie, la Croatie, le Maroc, l'Espagne, le Portugal, la Tunisie ou l'Égypte. Également des programmes en Scandinavie, l'Italie en circuit, ou Israël en combiné avec l'Égypte.

▲ VOYAGES CAMPUS / TRAVEL CUTS

● voyagescampus.com ●
Voyages Campus / Travel Cuts est un réseau national d'agences de voyages spécialisées pour les étudiants et les voyageurs qui disposent de petits budgets. Le réseau existe depuis 40 ans et compte plus de 50 agences dont 6 au Québec. Voyages Campus propose des produits exclusifs comme l'assurance « Bon voyage », le programme de vacances-travail (SWAP), la carte d'étudiant internationale (ISIC) et plus. Ils peuvent aider à planifier un séjour autant à l'étranger qu'au Canada et même au Québec.

EN TRAIN

➤ *Société italienne Thello au départ de Paris-gare de Lyon ou de Dijon :* un train part tous les soirs de Paris-gare de Lyon et de Dijon pour Milan (Stazione Centrale). Même fréquence pour le trajet retour. Puis, à Milan, train pour Florence. Compter 1h40 de trajet avec le train rapide *(Frecciarossa).*
– Point de vente à Paris-gare de Lyon : espace Esterel-galerie des Fresques, pl. Louis-Armand, 75571 Paris Cedex 12. ☎ 01-83-82-00-00. Tlj 10h-20h.

Les avantages européens avec la SNCF

– Internet : ● voyages-sncf.com ● tgv. com ● corailteoz.com ● coraillunea.fr ●
– Téléphone : ☎ 36-35 *(0,34 €/mn).*
– Également dans les gares, les boutiques SNCF et les agences de voyages agréées.
– Avec les *Pass InterRail,* les résidents européens peuvent voyager dans 30 pays d'Europe, dont l'*Italie.* Plusieurs formules et autant de tarifs, en fonction de la destination et de l'âge. À noter que le *Pass InterRail* n'est pas valable dans votre pays de résidence. Pour les grands voyageurs, l'*InterRail Global Pass* est valable dans l'ensemble des 30 pays européens ; intéressant si vous comptez parcourir plusieurs pays au cours du même périple. Il se présente sous 5 formes au choix. 2 formules « flexibles » : utilisables 5 j. sur une période de validité de 10 j. (184 € pour les 12-25 ans, 281 € pour les plus de 25 ans) ou 10 j. sur une période de validité de 22 j. (269 € pour les 12-25 ans, 399 € pour les plus de 25 ans). 3 formules « continues » : pass 15 j. (312 € pour les 12-25 ans, 442 € pour les plus de 25 ans), pass 22 j. (345 € pour les 12-25 ans, 517 € pour les plus de 25 ans), *pass* 1 mois (442 € pour les 12-25 ans, 668 € pour les plus de 25 ans). Ces 5 formules existent aussi en version 1re classe ! Les voyageurs de plus de 60 ans bénéficient d'une réduc de 10 % sur le tarif de l'*InterRail Global Pass* en 1re et 2de classes (tarif senior). Si vous ne parcourez que l'Italie, le *One Country Pass* vous suffira. D'une période de validité de 1 mois et utilisable selon les formules 3, 4, 6 ou 8 j. en discontinu : à vous de calculer avant votre départ le nombre de jours dont vous aurez besoin pour voyager. Pour connaître les différents tarifs : ● *interrailnet.eu* ● Là encore, ces formules se déclinent en version 1re classe (mais ce n'est pas le même prix, bien sûr !). Pour voyager dans 2 pays, vous pouvez combiner 2 *One Country Pass.* Au-delà, il est préférable de prendre l'*Inter Global Pass.* InterRail vous offre également la possibilité d'obtenir des réductions ou avantages à travers toute l'Europe avec ses partenaires bonus (musées, chemins de fer privés, hôtels, etc.).
Tous ces prix sont applicables en 2015. Pour plus de renseignements, adressez-vous à la gare ou boutique SNCF la plus proche.

EN VOITURE

➤ *À partir de Paris :* prendre l'A 6 (en direction de Lyon) jusqu'à Mâcon. Puis Bourg-en-Bresse et Bellegarde. Autoroute vers Chamonix (A 6-E 15). Suivre l'A 40-E 21 direction Milan, puis prendre l'A 40-E 25 direction Annecy. Traverser le tunnel du Mont-Blanc (compter 42 € la traversée ; 51 € l'A/R ; attention : le retour doit se faire 8 jours après la date d'émission du ticket). Arrivé en Italie, prendre ensuite la direction de Turin (A 5-E 25), Alessandria (A 26-E 25) et Gênes (A 10-E 80), puis rejoindre l'autoroute jusqu'à Pise (toujours l'A 12) et prendre l'A 11-E 76 pour Florence. Compter 11h de trajet, sans les pauses.
➤ *Par l'autoroute du Sud :* de Marseille (A 7-E 712), prendre la direction d'Aix-en-Provence (A 8-E 80), puis Nice (A 10-E 80) et la frontière italienne, Menton et Vintimille. Le voyage se poursuit sur les autoroutes à péage italiennes via Gênes (A 10-E 80) en longeant la côte ligure (San Remo, Imperia, Savona). À Gênes, prendre l'A 12 jusqu'à Lucques (Lucca), puis l'A 11 jusqu'à Florence. Compter 7h de trajet, sans les pauses.
➤ *Par le tunnel du Fréjus :* autoroute du Sud jusqu'à Lyon, autoroute A 43 Lyon-Chambéry-Montmélian, puis la vallée de la Maurienne jusqu'à Modane. Péage pour le tunnel : compter environ

52 € l'A/R (valable 7 jours), puis direction Turin, Gênes et Florence.

➤ **Ceux qui habitent l'est ou le nord de la France** ont intérêt à prendre l'autoroute en Suisse **à partir de Bâle.** Passer par Lucerne et le tunnel du Gothard, puis direction Milan, Bologne et Florence. À prendre en compte : le droit de passage (35 € pour l'année) en Suisse. **Attention :** en Italie, sur autoroute, les panneaux indicateurs sont de couleur verte ; les bleus concernent les autres routes, notamment les nationales ou les routes secondaires. Par ailleurs, **les feux de code sont également obligatoires le jour sur les routes italiennes... sous peine d'amende.**

Le covoiturage

Le principe est économique, écologique et convivial. Il s'agit de mettre en relation un chauffeur et des passagers afin de partager le trajet et les frais, que ce soit de manière régulière ou de manière exceptionnelle (pour les vacances, par exemple). Les conducteurs sont invités à proposer leurs places libres sur • covoiturage.fr • (BlaBlaCar). Disponible sur Internet et sur mobile. L'inscription est gratuite.

EN BUS
::

▲ **CLUB ALLIANCE**
– Paris : 33, rue de Fleurus, 75006. ☎ 01-45-48-89-53. Ⓜ Rennes, Saint-Placide ou Notre-Dame-des-Champs. Lun-ven 11h-19h, sam 14h-19h.
Spécialiste des week-ends et des ponts de 3 ou 4 jours (Rome, Venise, Florence, lac Majeur, lac de Garde...). Circuits économiques de 1 à 16 jours en Italie, dont un circuit combiné de 6 jours Florence-Rome-Venise. Brochure gratuite sur demande.

▲ **EUROLINES**
☎ 0892-89-90-91 (0,34 €/mn). • euro lines.fr • Vous trouverez également les services d'Eurolines sur • routard. com • Eurolines propose 10 % de réduc pour les jeunes (12-25 ans) et les seniors. 2 bagages gratuits/pers en Europe et 40 kg gratuits pour le Maroc.
– Gare routière internationale à Paris :

28, av. du Général-de-Gaulle, 93541 Bagnolet Cedex. Ⓜ Gallieni.
– 19 agences en France.
Première low-cost par bus en Europe, Eurolines permet de voyager vers plus de 600 destinations en Europe et au Maroc avec des départs quotidiens depuis 90 villes françaises. Eurolines propose également des hébergements à petits prix sur les destinations desservies.
– Pass Europe : pour un prix fixe, valable 15 ou 30 jours, vous voyagez autant que vous le désirez sur le réseau entre 51 villes européennes. Également un minipass pour visiter 2 capitales européennes (7 combinés possibles).

▲ **NOVO.TRAVEL**
☎ 0899-18-00-18 (1,35 € l'appel, puis 0,34 €/mn), lun-ven 10h-12h et 14h-18h. • novo.travel •
Spécialiste des voyages en autocar à destination de toutes les grandes cités européennes. Week-ends, séjours et circuits en bus toute l'année, grands festivals et événements européens, formules pour tout public, individuel ou groupe, au départ de toutes les grandes villes de France.

UNITAID
::

UNITAID a été créé pour lutter contre le VIH/sida, le paludisme et la tuberculose, les trois principales maladies meurtrières dans les pays en développement. UNITAID intervient dans 94 pays en facilitant l'accès aux médicaments et aux diagnostics, et en en baissant les prix, dans les pays en développement. Le financement d'UNITAID provient principalement d'une contribution de solidarité sur les billets d'avion, mise en place par 6 pays membres, dont la France. Les financements d'UNITAID ont permis à près d'un million de personnes atteintes du VIH/sida de bénéficier d'un traitement, et de délivrer plus de 19 millions de traitements contre le paludisme. Moins de 5 % des fonds sont utilisés pour le fonctionnement du programme, 95 % sont utilisés directement pour les médicaments et les tests. Pour en savoir plus : • unitaid.eu •

ABC DE FLORENCE

▶ *Superficie :* 806 km² (Florence et les environs).
▶ *Population :* 371 282 habitants (900 000 avec l'agglomération).
▶ *Capitale régionale de la Toscane.*
▶ *Principales ressources :* tourisme, cuir, textile.
▶ *Altitude :* 50 m.
▶ *Tourisme :* 10 millions de visiteurs par an.
▶ *Patrimoine culturel :* Florence abrite la moitié des œuvres d'art conservées en Italie.

AVANT LE DEPART

Adresses utiles

En France

ℹ *Office national italien de tourisme (ENIT) :* 23, rue de la Paix, 75002 Paris. ☎ 01-42-66-03-96. ● infoitalie.paris@enit.it ● enit.it ● italia.it ● (site très complet à consulter avt de partir). Ⓜ Opéra. RER A : Auber. Lun-ven 11h-16h45. Pas d'info par courrier postal, uniquement par mail.

■ *Consulats d'Italie en France :*
– Paris : 5, bd Émile-Augier, 75016. ☎ 01-44-30-47-00 (lun-ven 9h-17h ; standard automatique qui oriente en fonction de la demande). ● segreteria. parigi@esteri.it ● consparigi.esteri.it ● Ⓜ La Muette; RER C : Boulainvilliers. Lun-ven 9h-12h ; mer également 14h30-16h30.
– Autres *vice-consulats d'Italie* à Bordeaux, Dijon, Lyon, Marseille, Metz, Nice et Toulouse.

■ *Ambassade d'Italie :* 51, rue de Varenne, 75007 Paris. ☎ 01-49-54-03-00. ● ambasciata.parigi@esteri. it ● ambparigi.esteri.it ● Ⓜ Rue-du-Bac, Varenne ou Sèvres-Babylone. Superbe hôtel particulier ouvert au public uniquement lors des Journées du patrimoine en septembre.

■ *Institut culturel italien (hôtel de Gallifet) :* 73, rue de Grenelle, 75007 Paris. ☎ 01-44-39-49-39. ● iicparigi. esteri.it ● Ⓜ Varenne, Rue-du-Bac ou Sèvres-Babylone. Lun-ven 10h-13h, 15h-18h. Bibliothèque de consultation : ☎ 01-44-39-49-25. Mêmes horaires sf lun mat. Fermé de mi-juil à début sept.

Loisirs

■ **CCI (Centre culturel italien) :** 4, rue des Prêtres-Saint-Séverin, 75005 Paris. ☎ 01-46-34-27-00. ● info@cen treculturelitalien.com ● centrecultu relitalien.com ● ⓜ ou RER B ou C : Saint-Michel. Lun-ven 10h30-13h30, 14h30-19h ; sam 10h30-13h30. Propose des séjours linguistiques, des cours d'italien, mais également des expos, des conférences, des ateliers de conversation, et même des cours de cuisine italienne et de chant ! On peut demander le programme des activités culturelles par téléphone ou par mail.

■ **Radici :** ☎ 05-62-17-50-37. ● radici-press.net ● Revue bimestrielle centrée autour de l'actualité, la culture et la civilisation italiennes. Articles en français et en italien.

■ **Théâtre de la Comédie italienne :** 17, rue de la Gaîté, 75014 Paris. ☎ 01-43-21-22-22. ● comedie-ita lienne.fr ● ⓜ Gaîté.

■ **Radio Aligre :** ☎ 01-40-24-28-28. ● aligrefm.org ● FM 93.1. Le dimanche, 8h-11h, journalistes et invités débattent sur les problématiques franco-italiennes dans le magazine *Cappuccino*. Accès aux émissions via le site internet.

En Belgique

🛈 **Office de tourisme :** pl. de la Liberté, 12, 1000 Bruxelles. ☎ 02-647-11-54. ● brussels@enit.it ● Lun-ven 11h-16h.

■ **Ambassade d'Italie :** rue Émile-Claus, 28, 1050 Bruxelles. ☎ 02-643-38-50. ● ambbruxelles. esteri.it ●

■ **Consulat d'Italie :** rue de Livourne, 38, 1000 Bruxelles. ☎ 02-543-15-50. ● segreteria.bruxelles@esteri.it ● cons

bruxelles.esteri.it ● Lun-ven 9h-12h30, plus lun et mer 14h30-16h.

En Suisse

🛈 **Office de tourisme :** Uraniastrasse, 32, 8001 Zurich. ☎ 04-346-640-40. ● zurich@enit.it ● Lun-ven 9h-17h. (En restructuration depuis le 1er novembre ; consulter l'office de tourisme de Francfort ; Barckhausstrasse 10, Francfort D60325, ☎ 49-69-23-74-34.)

■ **Ambassade d'Italie :** Elfenstrasse, 14, 3006 Berne. ☎ 031-350-07-77. Fax : 031-350-07-11. ● ambasciata. berna@esteri.it ● ambberna.esteri.it ● Lun-jeu 9h-13h, 14h-17h, ven 8h30-13h, 13h30-16h30.

■ **Consulats d'Italie :**
– Lausanne : rue du Petit-Chêne, 29, 1003. ☎ 021-341-12-91. ● segreteria. losanna@esteri.it ● ⓜ Lausanne-CFF. Téléphoner pour prendre rdv.
– Genève : rue Charles-Galland, 14, 1206. ☎ 022-839-67-44. ● consolato. ginevra@esteri.it ● consginevra.esteri. it ● Lun-mer-ven 9h-12h30, mar-jeu 14h-17h.
– Autres consulats à Bâle, Lugano, Neufchâtel, Sion, Saint-Gall, Wertigen et Zurich.

Au Canada

🛈 **Office italien du tourisme :** 110 Yonge St, Suite 503, Toronto (Ontario) M5C 1T4. ☎ (416) 925-4882. ● italian tourism.com ● Toronto@enit.it ● enit. it ● Lun-ven 9h-17h.

■ **Ambassade d'Italie :** 275 Slater St, 21st Floor, Ottawa (Ontario) K1P 5H9. ☎ (1-613) 232-2401. ● ambasciata. ottawa@esteri.it ● ambottawa.esteri. it ● Lun et ven 9h-12h ; mer 9h-12h, 14h-17h.

Formalités d'entrée

Pas de contrôle aux frontières, puisque l'Italie fait partie de l'espace Schengen. Néanmoins, quelques précautions d'usage :
– *Pour un séjour de moins de 3 mois :* pour les ressortissants de l'Union

européenne et les Suisses, carte d'identité en cours de validité ou passeport. Pour les ressortissants canadiens, passeport en cours de validité.
– *Pour les mineurs accompagnés ou voyageant seuls,* quel que soit

l'âge, ils doivent impérativement posséder une carte nationale d'identité à leur nom.

– *Pour une voiture :* permis de conduire à 3 volets, carte grise et carte verte d'assurance internationale. Se munir d'une procuration si vous n'êtes pas propriétaire du véhicule.

➢ *Pensez à scanner* passeport, visa, carte bancaire, billet d'avion et *vouchers* d'hôtel. Ensuite, adressez-les-vous par mail, en pièces jointes. En cas de perte ou de vol, rien de plus facile pour les récupérer dans un cybercafé. Les démarches administratives seront bien plus rapides !

Assurances voyage

■ *Routard Assurance :* c/o AVI International, 40-44, rue de Washington, 75008 Paris. ☎ 01-44-63-51-00. ● avi-international.com ● Ⓜ *George-V.* Depuis 20 ans, Routard Assurance en collaboration avec AVI International, spécialiste de l'assurance voyage, propose aux voyageurs un contrat d'assurance complet à la semaine qui inclut le rapatriement, l'hospitalisation, les frais médicaux, le retour anticipé et les bagages. Ce contrat se décline en différentes formules : individuel, senior, famille, light et annulation. Pour les séjours longs (2 mois à 1 an), consultez notre site. L'inscription se fait en ligne et vous recevrez, dès la souscription, tous vos documents d'assurance par email.

■ *AVA :* 25, rue de Maubeuge, 75009 Paris. ☎ 01-53-20-44-20. ● ava.fr ● Ⓜ *Cadet.* Un autre courtier fiable pour ceux qui souhaitent s'assurer en cas de décès-invalidité-accident lors d'un voyage à l'étranger, mais surtout pour bénéficier d'une assistance rapatriement, perte de bagages et annulation. Attention, franchises pour leurs contrats d'assurance voyage.

■ *Pixel Assur :* 18, rue des Plantes, BP 35, 78601 Maisons-Laffitte. ☎ 01-39-62-28-63. ● pixel-assur.com ● RER A : Maisons-Laffitte. Assurance de matériel photo et vidéo tous risques dans le monde entier. Devis basé sur le prix d'achat de votre matériel. Avantage : garantie à l'année.

Carte internationale d'étudiant (carte ISIC)

Elle prouve le statut d'étudiant dans le monde entier et permet de bénéficier de tous les avantages, services et réductions dans les domaines du transport, de l'hébergement, de la culture, des loisirs, du shopping... C'est la clé de la mobilité étudiante !

La carte ISIC permet aussi d'accéder à des avantages exclusifs sur le voyage (billets d'avion spécial étudiants, hôtels et auberges de jeunesse, assurances, cartes SIM internationales, location de voiture...).

Pour l'obtenir en France

– *Commandez-la en ligne :* ● isic.fr ●
– *Rendez-vous dans la boutique ISIC* (2, rue de Cicé, 75006 Paris ; ☎ 01-40-49-01-01) muni de votre certificat de scolarité, d'une photo d'identité et de 13 € (12 € + 1 € de frais de traitement). Émission immédiate sur place ou

envoi à domicile le jour même de la commande en ligne.

En Belgique

La carte coûte 12 € (+ 1 € de frais d'envoi) et s'obtient sur présentation de la carte d'identité et de la carte d'étudiant auprès de l'agence *Connections* : rens au ☎ 070-23-33-13 ou 479-807-129. ● isic.be ●

En Suisse

Dans toutes les agences *S.T.A. Travel* (☎ 058-450-40-00 ou 49-49), sur présentation de la carte d'étudiant, d'une photo et de 20 Fs. Commande de la carte en ligne : ● isic.ch ● statravel.ch ●

Au Canada

La carte coûte 20 $Ca (+ 1,50 $Ca de frais d'envoi). Disponible dans les agences *Travel Cuts / Voyages Campus,* mais aussi dans les bureaux d'associations d'étudiants. Pour plus d'infos : ● *voyagescampus.com* ●

Carte d'adhésion internationale aux auberges de jeunesse (carte FUAJ)

Cette carte vous ouvre les portes des 4 000 auberges de jeunesse du réseau HI-Hostelling International en France et dans le monde. Vous pouvez ainsi parcourir 90 pays à des prix avantageux et bénéficier de tarifs préférentiels avec les partenaires des auberges de jeunesse HI. Enfin, vous intégrez une communauté mondiale de voyageurs partageant les mêmes valeurs : plaisir de la rencontre, respect des différences et échange dans un esprit convivial. Il n'y a pas de limite d'âge pour séjourner en auberge de jeunesse. Il faut simplement être adhérent.

Pour l'obtenir en France

– *En ligne,* avec un paiement sécurisé, sur le site ● *hifrance.org* ●
– *Dans toutes les auberges de jeunesse.* Liste des AJ sur ● *hifrance. org* ●
– *Par correspondance* auprès de l'antenne nationale *(27, rue Pajol, 75018 Paris ;* ☎ *01-44-89-87-27),* en envoyant une photocopie d'une pièce d'identité et un chèque à l'ordre de la FUAJ du montant correspondant à l'adhésion + 2 € pour les frais d'envoi.

Les tarifs de l'adhésion 2015

– *Carte internationale individuelle FUAJ - de 26 ans :* 7 €. Pour les personnes de 16 à 25 ans (veille des 26 ans) – Français ou étrangers résidant en France depuis plus de 12 mois –, les étudiants français et les demandeurs d'emploi sur présentation d'un justificatif. Pour les mineurs, une autorisation parentale et la carte d'identité du parent tuteur sont nécessaires pour l'inscription.
– *Carte internationale individuelle FUAJ + de 26 ans :* 11 €.
– *Carte internationale FUAJ Famille :* 20 €. Pour les familles ayant un ou plusieurs enfants de moins de 16 ans. Les enfants de plus de 16 ans devront acquérir une carte individuelle FUAJ.
– *Carte internationale FUAJ partenaire :* gratuite. Réservée aux personnes licenciées, aux adhérents d'une association ou fédération sportive partenaire de la FUAJ, sur présentation de leur licence.
Liste complète des associations et fédérations sportives sur ● *hifrance. org* ●, rubrique « Partenaires ».

En Belgique

Réservée aux personnes résidant en Belgique. La carte d'adhésion est obligatoire. Son prix varie selon l'âge : entre 3 et 15 ans, 4 € ; entre 16 et 25 ans, 10 € ; après 25 ans, 16 €.
Votre carte de membre vous permet d'obtenir de 3 à 20 € de réduction sur votre première nuit dans les réseaux LAJ, VJH et CAJL (Luxembourg), ainsi que des réductions auprès de nombreux partenaires en Belgique.

Renseignements et inscriptions

■ *À Bruxelles : LAJ, rue de la Sablonnière, 28, 1000.* ☎ *02-219-56-76.* ● *lesaubergesdejeunesse.be* ●

En Suisse (SJH)

Réservée aux personnes résidant en Suisse. Le prix de la carte dépend de l'âge : 22 Fs pour les - de 18 ans, 33 Fs pour les adultes et 44 Fs pour une famille avec des enfants de - de 18 ans.

Renseignements et inscriptions

■ *Schweizer Jugendherbergen (SJH) : service des membres, Schaffhauserstr. 14, 8006 Zurich.* ☎ *044-360-14-14.* ● *youthhostel.ch* ●

Au Canada

Elle coûte 35 $Ca pour une durée de 16 à 28 mois et 175 $Ca pour une carte valable à vie (tarifs hors taxes). Gratuit pour les enfants de - de 18 ans.
■ *Auberges de jeunesse du Saint-Laurent / St Laurent Youth Hostels :* 3514, av. Lacombe, Montréal (Québec) H3T 1M1. ☎ 514- 731-1015. N° gratuit (au Canada) : ☎ 1-800-663-5777.
■ *Canadian Hostelling Association :* 301-20 James St, Ottawa (Ontario) K2P 0T6. ☎ 613-237-7884. ● *hihostels.ca* ●

Pour réserver votre séjour en auberge de jeunesse HI

– *En France :* ● *hifrance.org* ● Réservez vos séjours dans 120 auberges de jeunesse. Accès aux offres spéciales et dernières minutes.
– *En France et dans le monde :* ● *hihostels.com* ● Si vous prévoyez un séjour itinérant, vous pouvez réserver plusieurs auberges en une seule fois !

ARGENT, BANQUES

Banques

Les banques sont généralement ouvertes du lundi au vendredi de 8h30 à 13h30 et de 14h45 à 15h30 ou 16h. Fermées les week-ends et jours fériés, la plupart disposent d'un distributeur de billets à l'extérieur. Certaines sont ouvertes le samedi matin, mais c'est plutôt rare. Il faut souvent s'armer de patience car le service peut être très long. Nos amis francophones, en particulier les Suisses et les Québécois, peuvent convertir leurs monnaies d'origine en euros dans les bureaux de change : ouverts tous les jours, même les jours fériés.

Cartes de paiement

Afin d'éviter d'être limité, vous pouvez demander à votre banque de relever votre plafond de carte de crédit pendant votre déplacement. Utile surtout avec les cautions pour les locations de voiture et les garanties dans les hôtels.

La majorité des restaurants, hôtels et stations-service les accepte. Prudence toutefois avec les stations-service : à l'heure de la sieste ou le soir, toutes les pompes 24h/24 n'acceptent pas les cartes étrangères ; il est donc plus sage de faire le plein durant les horaires d'ouverture. Sur place, vous verrez en principe l'autocollant *Carta Si* sur les vitrines des établissements prenant les cartes. Nous vous signalons, dans la mesure du possible, nos adresses qui les refusent (et elles sont de plus en plus nombreuses, prévoyez du liquide).
– Petite mesure de précaution : si vous retirez de l'argent dans un distributeur, utilisez de préférence les distributeurs attenants à une agence bancaire. En cas de pépin (carte avalée, erreurs de numéro...), vous aurez un interlocuteur dans l'agence, pendant les heures ouvrables du moins.

En cas d'urgence – Dépannage

Quelle que soit la carte que vous possédez, chaque banque gère elle-même le processus d'opposition et le numéro de téléphone correspondant ! Avant de partir, notez donc bien le numéro d'opposition propre à votre banque (il figure souvent au dos des tickets de retrait, sur votre contrat ou à côté des distributeurs de billets), ainsi que le numéro à 16 chiffres de votre carte. Bien entendu, conservez ces informations en lieu sûr et séparément de votre carte. Par ailleurs, l'assistance médicale se limite aux 90 premiers jours du voyage, et l'assistance véhicule aux cartes haut de gamme (renseignez-vous auprès de votre

banque). N'oubliez pas aussi de VÉRIFIER LA DATE D'EXPIRATION DE VOTRE CARTE DE PAIEMENT !
– *Carte Bleue Visa :* assistance médicale ; numéro d'urgence (Europe Assistance) : ☎ (00-33) 1-41-85-85-85. ● *visa-europe.fr* ● Pour faire opposition, contactez le numéro communiqué par votre banque.
– *Carte MasterCard :* assistance médicale incluse ; numéro d'urgence : ☎ (00-33) 1-45-16-65-65. ● *master cardfrance.com* ● En cas de perte ou de vol, composez le numéro communiqué par votre banque, ou à défaut le numéro général : ☎ (00-33) 892-69-92-92 pour faire opposition.
– *Carte American Express :* téléphonez en cas de pépin au ☎ (00-33) 1-47-77-72-00 (numéro accessible tlj 24h/24). ● *americanexpress.fr* ●
– *Pour toutes les cartes émises par La Banque postale :* composez le ☎ (00-33) 5-55-42-51-96 depuis les DOM ou l'étranger.

Western Union Money Transfer

● *westernunion.com* ●
En cas de besoin urgent d'argent liquide, vous pouvez être dépanné en quelques minutes grâce au système *Western Union Money Transfer.* Pour cela, demandez à quelqu'un de vous déposer de l'argent en euros dans l'un des bureaux *Western Union ;* les correspondants en France de *Western Union* sont *La Banque postale* (fermée sam ap-m, n'oubliez pas ! ☎ 0825-00-98-98 ; 0,15 €/mn) et la *Société financière de paiements* (SFDP ; ☎ 0825-825-842 ; 0,15 €/mn). L'argent vous est transféré en moins d'un quart d'heure. La commission, assez élevée, est payée par l'expéditeur. Possibilité d'effectuer un transfert en ligne 24h/24 par carte de paiement (*Visa* ou *Master-Card* émises en France).
En Italie, se présenter à une agence *Western Union* (nº Vert : ☎ 800-788-935 – tlj 8h-23h) avec une pièce d'identité.

ACHATS

Quelques idées (voir plus loin le chapitre « Shopping »).
– La *maroquinerie,* pas donnée mais de bonne qualité en général (méfiez-vous des contrefaçons, voir plus bas) ! Vêtements, ceintures, sacs, porte-monnaie, chaussures. Marques : *Raspini, Ferragamo* (un peu moins cher qu'à Paris), *Tod's, Beltrami, Furla, Gabs, Mywalit...*
– Les *vêtements de jeunes créateurs,* dont les boutiques sont concentrées dans le quartier Sant'Ambrogio et dans l'Oltrarno.
– Les *bijoux* : *Gherardi* (corail), *Piccini, Settepasi Faraone* (sur le Ponte Vecchio) ou encore les créatrices florentines comme *Angela Caputi* ou *Aprosio & Co.*
– Les *parfums* : deux maisons historiques : Santa Maria Novella et Acqua Flor, juste derrière Santa Croce.
– Les *céramiques* (pots, vases, assiettes peintes à la main avec des motifs Renaissance ou modernes et les *terracotte* (nombreux objets décoratifs, grandes jarres, cruches...) en terre cuite. Réputées à juste titre, les céramiques toscanes sont du meilleur effet pour décorer la maison ou le jardin. Mais pour s'y retrouver dans la jungle des boutiques qui n'hésitent pas à proposer des contrefaçons asiatiques bon marché aux touristes crédules, mieux vaut s'adresser aux gens de métier. Beaucoup d'ateliers d'artisans à Impruneta et ses environs (à une dizaine de kilomètres au sud de Florence).
– La *papeterie de luxe* : cartes de vœux, agendas, cahiers en papier marbré, spécialité de Florence.
– Le *vin* : du chianti, naturellement, mais bien d'autres encore, comme le *Brunello di Montalcino* ou encore le *vino nobile di Montepulciano,* par exemple.
– Les *produits alimentaires locaux* : piments à l'huile d'olive, tomates séchées, cœurs d'artichauts, olives, saucissons de sanglier, *panforte, focaccie,* miel de tournesol, etc.
– *Bon plan, les magasins d'usine (outlets) :* on en trouve plusieurs à l'est de Florence, facilement accessibles en voiture car situés à proximité d'une sortie de l'autoroute A1. En principe ouverts tous les jours, ce sont de véritables petites villes vouées au commerce des grandes marques de la mode vestimentaire italienne

et internationale. Les prix, de 30 à 70 % inférieurs aux boutiques classiques, valent vraiment le déplacement (et encore mieux en période de soldes : janvier et juillet). Nous les indiquons dans nos pages « Shopping ».

Sachez qu'il existe une différence (de taille !) entre les étiquettes du prêt-à-porter français et italien.

Tailles en France	34	36	38	40	42	44	46	48	50
Tailles en Italie	38	40	42	44	46	48	50	52	54

Pour les chaussures, la pointure française taille une unité de plus que l'italienne, ce qui donne :

France	36	37	38	39	40	41	42	43	44
Italie	35	36	37	38	39	40	41	42	43

BUDGET

::

Hébergement

La Toscane reste une destination onéreuse, et Florence en particulier. L'hébergement risque de plomber le budget (majoration de 25 à 30 %).

Les prix sont très élevés en haute saison, qui correspond aux saisons intermédiaires : le printemps et l'automne. Il y fait moins chaud ; c'est donc une période idéale pour visiter Florence. C'est une idée répandue de croire que la période estivale est la plus dense pour les hôtels : c'est tout le contraire ! Les hôteliers pratiquent des prix intéressants pour remplir leurs hôtels en juillet et août. C'est à cette saison que les visiteurs délaissent la chaleur étouffante de Florence et ses musées (rarement climatisés) pour la région plus verte et ombragée du Chianti. Hors saison (de novembre à mars), tout devient plus raisonnable... Attention cependant aux périodes de Noël et du Nouvel an où les hôteliers en profitent ! Quelques conseils :
– les personnes voyageant seules sont désavantagées : le prix des chambres simples est pratiquement identique à celui des doubles.
– N'oubliez pas la grande différence de prix entre la haute et la basse saison (cela peut aller du simple au double !).
– **Sur Internet,** on peut faire de bonnes affaires. N'hésitez pas à vous connecter régulièrement aux sites des hôtels ou *B & B* qui vous intéressent.

PROMOTIONS SUR INTERNET

C'est un fait aujourd'hui, de plus en plus d'hôtels modulent les tarifs sur Internet en fonction du taux d'occupation. Il y a donc les prix officiels (ceux que nous indiquons) et les promos proposées sur le net. Le prix des chambres évolue en permanence.

Ces promotions sont extrêmement variables d'une semaine à l'autre, voire d'un jour à l'autre. Elles sont particulièrement intéressantes et tout le monde à tendance à s'y mettre, histoire d'optimiser le chiffre d'affaires !

Des centrales de réservations proposent des tarifs attractifs sur leurs sites, prélevant au passage une commission plus ou moins importante sur la marge de l'hôtelier. Pour pallier cette dépendance, les chefs d'établissements alignent volontiers leurs tarifs sur leur propre site ou par téléphone.

– **Réservez votre hébergement le plus tôt possible.** Méfiez-vous toutefois des réservations faites par téléphone, car l'hôtelier les « oublie » parfois. Faites-vous confirmer ces réservations par mail ou par courrier. C'est plus sûr.
Pour une chambre double en haute saison :

– **Bon marché :** moins de 70 €.
– **Prix moyens :** de 70 à 110 €.
– **Chic :** de 110 à 190 €.
– **Très chic :** des établissements exceptionnels et d'un prix très élevé, au-delà de 190 €, que nous citons surtout en fonction de leur renommée et de leur décor. Pour faire des économies, reste les solutions camping (même s'ils ne sont pas vraiment donnés en haute saison), auberges de jeunesse, couvents, certains *B & B* (quoique certains soient onéreux), *agriturismi* ou location d'appartements. Cette dernière peut constituer une alternative avantageuse, surtout à plusieurs. Économies non seulement sur les nuits, mais aussi, et ce n'est pas négligeable, sur les repas (voir plus loin la rubrique « Hébergement »).

Restaurants

– Les restaurants ont des cartes très complètes avec tous les prix indiqués. Faites cependant attention aux poissons, facturés la plupart du temps au poids en fonction du prix du jour (et vraiment chers).
– Pour un repas complet (entrée, plat, dessert, boisson, pain et couvert), compter environ 25-30 €, voire beaucoup moins pour un menu touristique (mais qualité moindre évidemment). Au-dessus de 35-40 € : la classe... ou l'arnaque dans certains endroits touristiques stratégiques.
– Attention, sauf rares exceptions, il vous faudra penser à ajouter à l'addition le *pane e coperto* (de 1,50 à 3 € en moyenne ; au-delà de 4 €, c'est du vol) ainsi que la bouteille d'eau minérale (environ 2 €). Il arrive, en plus du couvert et de l'eau minérale, qu'on vous compte le service (10 à 15 %). L'addition peut donc monter très vite !
– Pour les routards aux budgets un peu serrés, nous avons sélectionné également quelques adresses « Où manger sur le pouce ? » où l'on peut très bien se régaler d'une part de pizza *al taglio*, d'un *panino*, d'une salade ou d'un plat chaud, le plus souvent debout mais en économisant en plus sur le service et le couvert. Sinon, vous pouvez aussi faire vous-même votre *panino* en allant dans un *alimentari* (magasin d'alimentation) ; on choisit une ou deux *rosette* (au singulier, *rosetta* : « petit pain individuel ») ou bien un morceau de *pizza bianca* (« pizza blanche »), dans lesquels on met ce que l'on veut (mozzarella, jambon fumé, etc.). Également de bonnes parts de pizzas, *focaccie*, tartes sucrées et salées, et autres petits gâteaux secs concoctés dans les boulangeries *(panetteria)*.
Voici notre fourchette ; les prix s'entendent par personne, boisson non comprise.
– **Sur le pouce :** moins de 12 €.
– **Très bon marché :** de 12 à 20 €.
– **Bon marché :** de 20 à 25 €.
– **Prix moyens :** de 25 à 35 €.
– **Chic :** de 35 à 45 €.
– **Très chic :** plus de 45 €.

Visites des sites et musées

Important : la mairie de Florence a mis en place la **Firenze Card**. Elle coûte **72 € et est valable 72h** (3 jours à partir de l'oblitération du premier ticket d'entrée). Avec cette carte, on bénéficie d'entrées dans une soixantaine de sites, comme l'incontournable galerie des Offices, l'Accademia ou le palais Pitti. Les églises Santa Croce et Santa Novella, dont les entrées sont payantes, font aussi partie de la carte. Le tout sans faire de réservation préalable. Sont compris, aussi, les transports en commun. Vite rentable, on vous conseille de l'acheter dès votre arrivée à Florence. Disponible dans les offices de tourisme, au Palazzo Pitti, au Palazzo Vecchio, au museo Stefano Bardini, à la cappella Brancacci, au museo Nazionale del Bargello et à la galleria degli Uffizi. Pour les moins de 18 ans qui accompagnent un des parents détenteurs de la carte, c'est gratuit. Pour plus de renseignements : ● *firenzecard.it* ●

– L'entrée des églises est gratuite (sauf l'accès aux « trésors », l'éclairage de certaines chapelles ou œuvres et des églises considérées comme des musées comme Santa Croce, Santa Maria Novella ou San Lorenzo).
– Pour les grands sites ou musées, leurs tarifs varient en moyenne de 6 à 13 € d'un lieu à l'autre et selon que s'y déroule une exposition temporaire (et elles sont fréquentes !) ou pas, et si on a effectué une réservation avant de venir. **Car il est aujourd'hui quasi impossible de visiter certains grands musées, sites ou expos sans avoir réservé plusieurs jours à l'avance à moins de s'être procuré la *Firenze Card* (voir encadré ci-dessous). Prenez donc vos dispositions, surtout si vous envisagez de ne passer qu'un court séjour à Florence. Les frais de réservation sont en général de 3 à 4 € par personne.** Les musées moins importants présentent généralement des entrées allant de 4 à 8 € (sans compter les « extras » avec les expos temporaires).
Pour ceux qui préfèrent acheter leurs entrées au cas par cas, sachez que les professeurs, à condition d'être ressortissants de l'Union européenne, ont souvent droit à une réduction de 50 % dans bon nombre de musées d'État et sites nationaux. Cette gratuité a été aussi étendue aux étudiants du monde entier. Les étudiants en architecture et en histoire de l'art bénéficient de la gratuité dans les musées d'État seulement. Munissez-vous donc de votre carte d'identité et renseignez-vous à l'office de tourisme dès votre arrivée. Les musées n'acceptent pas toujours les cartes de paiement ; prévoir des espèces !

Nouveaux horaires et nouveaux tarifs pour les musées nationaux
– Gratuité pour les moins de 18 ans et réductions jusqu'à 25 ans pour les membres de l'UE. Par contre, la gratuité pour les plus de 65 ans est supprimée.
– Gratuité tous les 1ers dimanches du mois. Elle s'applique à tous les lieux de culture nationaux : monuments, musées, galeries, sites archéologiques, parcs.
– Nocturne le vendredi jusqu'à 22h (galerie des offices par exemple).
– La *Notte al Museo,* la nuit au musée à 1 € qui aura lieu deux fois par an.

– **Petite astuce :** pour ceux qui ne veulent pas se procurer la *Firenze Card,* ou qui restent très peu de temps sur place, mais qui souhaitent faire des résas pour un musée bien précis comme les Offices ou l'Accademia, possibilité de le faire grâce à un minuscule kiosque situé via Calzaioli, attenant à la Chiesa Orsanmichele *(zoom détachable D3).* Pas de queue mais moyennant 3-4 € supplémentaires en plus de l'entrée, vous êtes sûr d'avoir immédiatement votre sésame ! Pratique et rapide !
– D'autre part, ceux qui ont la chance d'être à Florence le **18 février** se verront offrir la gratuité des musées d'État. C'est la date anniversaire d'Anna-Maria-Luisa, fille de Cosme III, et la dernière des Médicis, qui décida à sa mort de léguer le patrimoine culturel des Médicis à la Ville de Florence. Pendant les **journées du Patrimoine** (en septembre généralement), et lors de la **Notte Bianca** (en avril), certains sites offrent également la gratuité.

Réductions

Recommandation à ceux qui souhaitent profiter des réductions et avantages proposés dans le *Routard* par les hôteliers et les restaurateurs.

À l'hôtel, pensez à les demander au moment de la réservation ou, si vous n'avez pas réservé, **à l'arrivée.** Ils ne sont valables que pour les réservations en direct et non cumulables avec d'autres offres promotionnelles (notamment sur Internet). Au restaurant, parlez-en **au moment** de la commande et surtout **avant** que l'addition ne soit établie. Poser votre *Routard* sur la table ne suffit pas : le personnel de salle n'est pas toujours au courant et une fois le ticket de caisse imprimé, il est difficile de modifier le total. En cas de doute, montrez la notice relative à l'établissement dans le *Routard* de l'année, bien sûr, et ne manquez pas de nous faire part de toute difficulté rencontrée.

Attention, si vous voulez bénéficier des avantages, remises et gratuités (apéro, café, digestif) que nous avons obtenus pour les lecteurs de ce guide, n'oubliez pas de les réclamer AVANT que le restaurateur ou l'hôtelier n'établisse l'addition. La loi italienne l'oblige à vous remettre une *ricevuta fiscale* qu'il ne peut en aucun cas modifier après coup. Ce serait dommage qu'il vous les refuse pour cette raison.

CLIMAT

La Toscane est une région de transition entre le Nord et le climat franchement méditerranéen du Mezzogiorno. La topographie de Florence fait qu'en juillet et août, il peut y faire très, très chaud... comme on peut craindre par ailleurs des pluies diluviennes (surtout au mois d'août). Normal que les Florentins (fortunés) aiment se réfugier en été dans leur maison de campagne, sur les hauteurs de la ville, à la recherche d'un peu de fraîcheur...

Les meilleures saisons sont la fin du printemps (il peut pleuvoir beaucoup en avril) et l'automne, avec des températures agréables (autour de 25 °C) et des lumières caressantes du plus bel effet.

DANGERS ET ENQUIQUINEMENTS

Sécurité

Comme partout, le risque de vol existe, donc attention ! Quelques petits rappels qui ne font jamais de mal...

– Ne portez jamais de sac sur l'épaule mais toujours en bandoulière et maintenez-le fermement (plutôt sur le ventre) si vous prenez un moyen de transport collectif.

– Ne laissez jamais rien dans vos poches, surtout arrière, trop facilement accessibles.

– Si vous avez la chance (ou le malheur) d'avoir un véhicule, ne mettez rien en évidence et laissez le moins possible vos bagages dans le coffre. Bloquez le volant, les voleurs adorent visiter les voitures, surtout les étrangères !

– En cas de perte ou de vol (passeport, permis de conduire, papiers, argent, objets divers...), se rendre immédiatement au poste de *carabinieri* (la police italienne) le plus proche. Ils établiront un constat en italien qui vous servira ensuite auprès de votre compagnie d'assurances, ou de l'administration française. Adressez-vous à l'antenne du consulat français uniquement en cas de vol ou de perte des papiers d'identité (passeport, carte d'identité).

Contrefaçons

Beaucoup de vendeurs à la sauvette dans les rues de Florence, tout autour des sites touristiques : autour du Duomo, à côté des Offices, sur le Ponte Vecchio, dans les quartiers du *Mercato centrale* à San Lorenzo... Évitez de succomber aux imitations d'articles de grande marque. Acheter ce genre de produits est rigoureusement interdit et passible d'une très forte amende. À la douane, en rentrant chez vous, si vous êtes pris la main dans le sac, vous risquez là encore amende et emprisonnement. Depuis quelque temps, les autorités italiennes et françaises ont renforcé les contrôles...

Les amendes

Si vous devez payer une amende (PV) après avoir été verbalisé (excès de vitesse, mauvais stationnement, infraction au code de la route...), faites-le ! Ne quittez pas l'Italie sans avoir payé votre amende. La police italienne vous rattrapera, même en France, et vous devrez payer le double ou même le triple du montant initial. Cela concerne aussi les voitures de location.

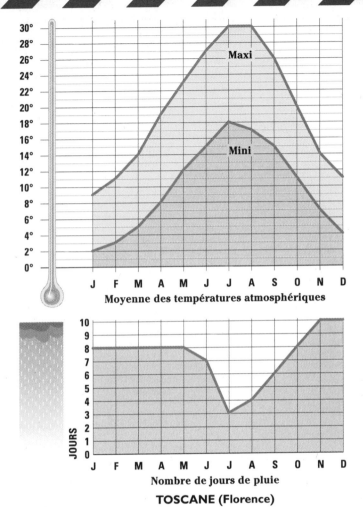

Moyenne des températures atmosphériques

Nombre de jours de pluie

TOSCANE (Florence)

ÉLECTRICITÉ

Tension électrique : 220 V, mais les prises sont différentes. Les adaptateurs sont peu encombrants et assez faciles à trouver.

ENFANTS

Quelques conseils et infos pratiques

– Tous les musées sont gratuits pour les moins de 18 ans, sauf dans les musées privés.

– Les bus ATAF sont gratuits pour les enfants de moins de 1 m (4 ans environ).
– Les restaurants sont parfois équipés de chaises hautes et proposent des menus *bambini*. Ils se composent généralement d'un plat de *pasta* et d'un dessert, bien souvent une glace au parfum de son choix. De quoi tenter les petites bouches, même les plus difficiles !
– Équipez-les avec de bonnes chaussures et veillez toutefois (même si l'envie ne manque pas d'arpenter la ville de long en large) à ne pas surcharger les journées...
– Avec un très jeune enfant, emportez toujours avec vous un biberon d'eau ou une gourde (il fait très chaud en été, ne l'oubliez pas) et assurez-vous que votre poussette tiendra le choc pendant votre séjour.
– En cas de problème, contactez l'hôpital pédiatrique *Meyer* situé au nord de Florence (voir les coordonnées dans « Informations et adresses utiles. Urgences »).

Les sites à ne pas manquer

Florence regorge de trésors artistiques et culturels. Voici quelques musées et monuments qui remporteront à coup sûr un vif succès auprès de nos petits voyageurs :
– le *Palazzo Vecchio* se met à la portée des plus petits en leur consacrant des espaces bien spécifiques : dans la *salle des histoires et des jeux de Bia et de Garcia,* vos bambins découvriront l'histoire de la peinture racontée par des acteurs, avec des jeux de lumières et d'ombres. Faites le parcours secret avec eux : une visite palpitante des lieux insolites et secrets du musée. Pour les petits curieux, sachez que la salle multimédia propose des CD-Rom pour enfants. Des contes (parfois en français) sont également proposés.
– Au *Palazzo Pitti,* montrez-leur des « incontournables » : *La Madone à l'Enfant* de Raphaël et quelques impressionnantes fresques. Le palais offre d'autres visites originales comme le *musée du Costume* ou la *salle des appartements royaux* qui émerveilleront petits et grands par la magnificence des lieux... Emmenez-les ensuite se dégourdir les jambes dans les *jardins de Boboli* juste à côté : un cadre verdoyant fait de fontaines et grottes...
– Le *Giardino Bardini,* tout à côté de Boboli, offre une vue magnifique sur la ville. De plus, il a été joliment aménagé avec moult parterres de fleurs, de plantes. Vos enfants pourront aussi dévaler la pergola de glycine...
– Le *Palazzo Davanzati* est un bel exemple de palais Renaissance ; dans ces immenses pièces, les plus jeunes pourront se projeter à l'époque du XIVe s. On y voit la reconstitution d'un salon, d'une chambre à coucher, de la cuisine et même des toilettes...
– Le *Museo di San Marco* déclenche toujours une série de questions sur la vie austère des moines. En voyant les cellules monastiques, les enfants ont bien du mal à imaginer leur quotidien...
– Le *Museo Leonardo da Vinci,* situé via dei Servi, non loin du Duomo : ils pourront y actionner certaines machines et en comprendre le fonctionnement.
– Le *Museo Ferragamo,* situé via dei Tornabuoni. Il pourra amuser les petites filles déjà attirées par la mode. D'autant que les expos temporaires sont toujours très intéressantes et joliment mises en valeur.
– Le *Museo Galileo,* conseillé à partir de 8 ans. Entièrement rénové. Les enfants seront subjugués par les astrolabes, les globes terrestres... Cette collection de plus de 1 500 pièces suscitera de bien nombreuses questions.
– Et, comme ils ont été très sages, la meilleure des récompenses : la glace ! Nul doute que devant la multitude de glaciers, le choix sera cornélien...

Idées shopping

– Consacrez une demi-journée pour flâner et faire découvrir à vos enfants les marchés alimentaires qui se tiennent presque tous les matins (San Lorenzo à l'ouest de la ville et Sant'Ambrogio à l'est). N'hésitez pas à leur faire observer les riches

étals colorés et à les initier aux saveurs locales. Ils y découvriront des produits typiques dans une ambiance animée, une bonne idée pour revoir (ou apprendre !) les noms des fruits et légumes.
– Faites un petit tour dans quelques boutiques traditionnelles, en visitant par exemple l'herboristerie *La Bizzari* pour découvrir des arômes rares, la très célèbre *Officina profumo Farmaceutica di Santa Maria Novella,* ou encore *Acqua Flor,* véritable boutique-écrin aux senteurs florales particulièrement délicates.
– Ne quittez pas Florence sans rendre visite à Pinocchio ! Même si l'auteur de la célèbre marionnette n'est pas originaire de la ville (Collodi est tout à côté quand même), vous trouverez de nombreuses boutiques où les artisans fabriquent de belles marionnettes et des Pinocchio en bois *(La Bottega di Mastro Geppetto, via San Spirito, 16 r ; voir la rubrique « Shopping »).*

FÊTES ET JOURS FÉRIÉS
::

En Italie, les festivités religieuses émaillent le calendrier civil. Chaque localité a son saint patron et ne manque pas de l'honorer avec faste ; chaque quartier a son saint protecteur et chaque église son dédicataire. Mais il y a aussi les fêtes profanes, comme les célèbres carnavals. La population locale est viscéralement attachée à ses traditions. Vous verrez aussi de nombreuses manifestations à reconstitutions historiques.

Fêtes et festivals

– *Scoppio del Carro (Explosion du Char) :* le mat du dim de Pâques, piazza del Duomo. Cortège en costumes Renaissance comprenant, notamment, les représentants des différents quartiers de Florence ainsi que les équipes du Calcio Storico. Mais la pièce maîtresse du défilé consiste en un char haut de plusieurs mètres qui, au terme du défilé, sera mis à feu... par une colombe pyromane. Du cou de la patronne de la ville, sainte Réparate (décapitée en Palestine), une colombe se serait échappée vers le ciel...
– *Mostra mercato internazionale dell'Artigianato :* en avr (fête des Artisans d'Europe). ● mostraartigianato.it ●
– *Festa del Grillo (fête du Grillon) :* le 1er dim après l'Ascension. C'est la fête du printemps qui se déroule dans le parc de l'ouest de la ville. Les enfants libèrent les grillons achetés la veille. Symbole de liberté et de bonheur.

La Settimana della Cultura

En théorie, pendant 8 jours au printemps (généralement entre fin mars et début mai), dans toute l'Italie, musées, sites et monuments sont gratuits, et certains sites habituellement fermés ouvrent exceptionnellement leurs portes. Malheureusement, la crise a eu raison de cette belle et heureuse initiative, et certaines éditions n'ont pas eu lieu. Espérons que des jours meilleurs verront son retour de manière pérenne. À suivre sur ● beniculturali.it ●
Et n'oublions pas les *journées du Patrimoine,* où certains palais et autres sites privés ouvrent exceptionnellement leurs portes au public. Infos : ● giornatafai.it ●
– *Maggio musicale fiorentino (Mai musical florentin) :* en mai et juin. Concerts, opéras et ballets non-stop pendant 2 mois. Les manifestations ont lieu principalement au *Teatro Comunale (plan détachable A3),* corso Italia, 16, au *Teatro della Pergola (plan détachable E3),* via della Pergola, 12-32, et au *Teatro Verdi (plan détachable E4),* via Ghibellina, 99. Infos : ☎ 055-277-93-50, tlj 10h-18h. Vente de billets (call center) : ☎ 899-666-805, lun-ven 8h-20h, sam 8h-15h. ● maggio fiorentino.com ●

– **Calcio Storico** : *à partir du 7 juin (finale le 24 juin), piazza di Santa Croce.* On voit s'affronter devant Santa Croce les adeptes du Calcio Storico, l'ancêtre du football, qui est un curieux mélange de trois sports (football, rugby, lutte). Deux parties, avant la finale, opposent les quatre quartiers de la ville, San Giovanni, Santa Maria Novella, Santa Croce et Santo Spirito. Chaque équipe ne compte pas moins de 27 joueurs, dont 15 attaquants (pour favoriser le spectacle). Cette manifestation est précédée d'un grand défilé, en costumes Renaissance, réunissant 500 participants. Un banquet clôt les festivités. ☎ 055-26-16-052.

Assiégés par les troupes impériales (en février 1530), les Florentins continuaient de vivre et de s'amuser, comme si de rien n'était... Depuis, en souvenir d'une partie demeurée célèbre, le Calcio Storico, malgré quelques interruptions, perdure. Le 24 juin (jour de la Saint-Jean, patron de Florence), c'est le bouquet final avec le feu d'artifice tiré du Belvédère.

– **San Lorenzo** (Saint-Laurent) : *le 10 août.* Dans le quartier de San Lorenzo. Diverses festivités accompagnent la fête du saint patron.

– **Rificolona** : *le 7 sept.* Dans les rues de Florence, et plus précisément autour des fenêtres des maisons de la piazza Santissima Annunziata. *Rificolona* signifie « lampion ». La veille de la naissance de la Vierge, en souvenir des lanternes utilisées à l'époque médiévale par les paysans marchant jour et nuit pour écouler leurs marchandises lors de la Foire des festivités mariales, Florence et ses nombreuses maisons resplendissent de mille lumières de toutes les couleurs.

– **Festival dei Popoli** (Festival du cinéma) : *1 sem début déc.* Au palais des Congrès, nombreux films en version originale.

Jours fériés

Attention aux faux amis : *giorno feriale* signifie « jour ouvrable » soit du lundi au samedi. *Giornio festivo* correspond aux dimanches et jours fériés. Les jours fériés et chômés sont à peu près identiques aux nôtres, même si moins nombreux (l'Ascension et la Pentecôte, par exemple, ne sont pas des jours fériés).

– **1er janvier** : *Primo dell'Anno.*
– **6 janvier** : *Epifania.*
– **Lundi de Pâques** : *Pasquetta.*
– **25 avril** : *liberazione del 1945.*
– **1er mai** : *festa del Lavoro.*
– **2 juin** : *festa della proclamazione della Repubblica.*
– **15 août** : *festa dell'Assunta, Ferragosto.*
– **1er novembre** : *Ognissanti.*
– **8 décembre** : *Immacolata Concezione.*
– **25 et 26 décembre** : *Natale* et *Santo Stefano.*

SORCIÈRE D'UN JOUR

Pour les Italiens, l'Épiphanie est le jour de la Befana, une gentille sorcière qui circule à califourchon sur son balai de paille. Elle rend visite aux enfants : aux méchants, elle dépose du charbon dans la chaussette suspendue à la cheminée ; et aux gentils, des confiseries et des cadeaux. Ah ! qu'il est loin le bon temps de l'enfance...

Sont aussi considérés comme des jours semi-fériés les *14 août, 24* et *31 décembre (Capodanno).* Certaines fêtes, comme celle du 15 août, peuvent durer plusieurs jours et paralyser une grande partie de la vie économique. Attention aux fermetures des banques, notamment. Renseignez-vous auprès de l'office de tourisme.

FLORENCE GRATUIT

La capitale toscane offre quelques possibilités de visiter à peu de frais, notamment les églises qu'on peut voir gratuitement. Elles vous permettent de découvrir les courants architecturaux de la ville, notamment la période Renaissance, dont

Florence est la digne représentatrice. Pour les plus importantes, on ne peut que vous conseiller la visite de la très belle église *Orsanmichele* datant du XIVᵉ s, la *Chiesa Badia Fiorentina* (ouverte seulement le lundi 15-18h) qui renferme le chef-d'œuvre de Filippino Lippi, *L'Apparition de la Vierge à Saint-Bernard,* la *Chiesa di Ognissanti* avec un tableau de Botticelli représentant saint Augustin. Et si vous le pouvez, grimpez les dizaines de marches (oups ! la grimpette est un peu rude) pour accéder à la *Chiesa San Miniato Al Monte* dans l'Oltrarno, d'où la vue sur Florence est magnifique. Et encore beaucoup d'autres églises gratuites dans la ville à visiter. Attention, la Basilica di Santa Croce, la Chiesa San Lorenzo ou la Chiesa Santa Maria Novella sont en revanche payantes.

D'autres endroits, outre les églises, les ponts, les places, peuvent se visiter gratuitement, les magasins historiques comme l'*Officina profumo Farmaceutica di Santa Maria Novella,* un endroit pour retrouver des parfums d'antan (on peut acheter savons, lotions et parfums) : le décor n'a pratiquement pas bougé depuis 1612, date de son ouverture au public, seul l'accueil un peu trop commercial devient pesant.

Toujours pour tous, mais ponctuellement, la plupart des musées et sites de la ville sont gratuits lors de la *Notte Bianca* : une nuit où certains musées sont gratuits et ouverts très tard (jusqu'à minuit), ainsi que le *18 février.* Des concerts sont organisés également un peu partout dans la ville.

Enfin, les **ressortissants de l'Union européenne de moins de 18 ans** bénéficient de la gratuité dans les musées nationaux et communaux. Attention cependant, ils ne seront pas exemptés des frais de réservation (3-4 €) comme pour la Galleria degli Uffizi ou encore la Galleria dell'Accademia.

HÉBERGEMENT

Ainsi que l'indique notre rubrique « Budget », la majeure partie de vos dépenses sera consacrée à l'hébergement. Il est parfois plus prudent de réserver depuis la France. Pensez aussi aux périodes de fêtes, aux festivals locaux, aux salons et aux foires. Si vous séjournez au moins une semaine au même endroit, pensez à une location d'appartement : formule moins chère que l'hôtel, par exemple. Attention, lorsque vous demandez une chambre double, précisez « *doppia, matrimoniale* » si vous êtes en couple, sinon vous risquez de vous retrouver avec deux lits séparés ! Enfin, sachez que le petit déjeuner est majoritairement inclus dans les prix des *B & B,* hôtels et pensions : nous mentionnons donc le petit déj uniquement pour nos adresses qui ne le proposent pas ou demandent un supplément. Exceptionnellement, lorsqu'il est très copieux, nous indiquons « petit déj compris ».

Agences de location d'appartements et de maisons depuis la France

C'est devenu depuis quelques années la solution idéale. De nombreux particuliers ont rénové la vieille maison de famille qui n'était plus guère habitée afin de la louer aux visiteurs de passage. Il est très intéressant de louer un appartement en plein centre de Florence. C'est une solution pratique et plutôt économique (pour les familles notamment), à condition de rester plusieurs jours. Votre budget nourriture s'en trouvera sérieusement allégé, car il y a toujours un supermarché à proximité indiqué par l'agence qui gère les lieux.

■ *Casa d'Arno :* 36, rue de la Roquette, 75011 Paris. ☎ 01-44-64-86-00. ● *info@casadarno.com* ● casadarno.com ● Ⓜ Bastille. Location d'appartements de standing à Florence.

Également une sélection de *B & B* pour un séjour de plus courte durée. Accueil et conseils par une Italienne qui connaît parfaitement bien son pays ; il est préférable de téléphoner pour prendre rendez-vous. Possibilité de réserver une location de voiture, un transfert de l'aéroport (attention, pas de billets d'avion), des cours de cuisine et des visites guidées sur mesure.

■ *Loc'agritourisme&bnb by Loc'appart :* 75, rue de la Fontaine-au-Roi, 75011 Paris. ☎ 01-45-27-56-41. ● locappart.com ● Ⓜ *Goncourt ou République. Accueil téléphonique assuré à Paris par des responsables de destinations ayant une bonne connaissance de l'Italie, lun-jeu 10h30-13h, 14h-19h ; ven 9h30-13h, 14h-18h. Réception sur rdv de préférence. Après les appartements dans les grands villes d'art italiennes, Loc'agritourisme&bnb propose aujourd'hui des appartements et des B & B en ville, ainsi que des logements à la campagne dans des* agritourismes souvent tournés vers le vin et l'huile d'olive. Chacun de ces biens a été soigneusement sélectionnés par l'équipe de *Loc'appart* (avec une ou plusieurs visites sur place). Présence en Toscane et en Ombrie (Lucques, Florence, Sienne, Chianti, Orvieto, Todi...) et dans les principales régions italiennes. Accueil professionnel. Agence sérieuse et compétente que nous recommandons.

■ *Locatissimo :* 8, rue Saint-Marc, 75002 Paris. ☎ 01-40-13-97-87. ● locatissimo@gmail.com ● *locatissimo.com* ● Ⓜ *Bourse ou Grands-Boulevards.* Propose un grand choix de locations à la campagne dans les *agriturismi,* fermes restaurées dans le respect des structures originelles, simples ou luxueuses. Catalogue gratuit sur simple demande et aussi sur le site internet.

Les campings

Les campings étoilés classés par catégorie sont généralement ouverts d'avril à octobre. Toutefois, certains restent ouverts toute l'année. Il n'est plus rare de payer plus de 30 € pour deux avec une petite tente et une voiture en haute saison. Se faire préciser si la douche (chaude) est comprise dans le prix et à tout moment de la journée. Toutefois, en cherchant bien, on trouve encore des campings (2 étoiles ou l'équivalent) pratiquant des prix raisonnables, autour de 20-25 € pour deux en haute saison. Si vous êtes accompagné d'enfants, il existe généralement un tarif « spécial *bambini* » pour les moins de 12 ans. Demandez-le ! Beaucoup d'établissements se transforment de plus en plus en parkings pour camping-cars et autres mobile homes, qui s'avèrent bien plus rentables que les emplacements pour les tentes. D'aucuns consacrent une partie de leur terrain à des bungalows, autrement plus lucratifs. Certains campings disposent d'une piscine (prévoir un bonnet de bain, souvent exigé). Vous pourrez vous procurer une brochure avec la liste complète des terrains de camping éditée par la Confédération italienne de camping, *Guida ai Campeggi,* dans des librairies de la péninsule ou, avant le départ, à l'adresse suivante :

■ *Fédération française des campeurs, caravaniers et campingcaristes :* 78, rue de Rivoli, 75004 Paris. ☎ 01-42-72-84-08. ● info@ffcc. fr ● ffcc.fr ● Ⓜ Hôtel-de-Ville. Lun-ven 9h-12h30, 13h30-17h30 (17h ven). Possibilité de se procurer le guide *Europe du Sud* (14,85 €, frais d'envoi compris) qui regroupe 3 000 campings de 9 pays d'Europe du Sud dont l'Italie. Existe aussi le guide des aires de services camping-car (Italie incluse). Possibilité d'acheter la *Carte FFCC Multi-avantages* qui permet de bénéficier d'assurances spécifiques, dont l'assurance annulation/interruption de séjour, ainsi que de nombreuses réductions chez quelque 1 500 partenaires. La *Carte FFCC* comprend également la *Camping Card International,* qui vous permettra d'obtenir de multiples réductions dans les campings d'Europe dont l'Italie.

Les auberges de jeunesse

On compte plus d'une centaine d'auberges de jeunesse *(ostello della gioventù)* en Italie (mais seulement deux à Florence !). Elles sont généralement bien entretenues, mais n'ont pas toujours (comme dans la plupart des pays voisins) une

cuisine à disposition des hôtes. La carte internationale est obligatoire. Vous pouvez vous la procurer en France auprès de *Hostelling International,* représenté à Paris par la *Fédération unie des auberges de jeunesse (FUAJ).* Coordonnées plus haut, dans la rubrique « Avant le départ ». On peut acheter la carte sur place, mais, bien sûr, c'est plus cher. En cas d'oubli, on peut également se la procurer sur Internet. En haute saison, il est conseillé de **réserver.** Plusieurs possibilités :
– *Réserver par e-mail* (c'est la meilleure solution, car vous gardez une trace) ou éventuellement par téléphone ou Internet sur ● *hihostels.com* ●
– Vous pouvez aussi vous adresser au central de réservation des auberges de jeunesse italiennes pour plus d'informations :

■ *Associazione italiana alberghi per la gioventù :* via Nicotera 1 (entrata Via Settembrini 4), 00195 | *Roma.* ☎ 00-39-06-487-11-52. ☎ 06-487-11-52. ● *info@aighostels. it* ● *aighostels.it* ●

Des auberges de jeunesse privées *(ostello)* permettent de compenser le manque de lits « officiels » et proposent le même type d'hébergement en dortoirs : elles pratiquent d'ordinaire les mêmes tarifs et sont bien mieux situées.

Le logement dans les communautés religieuses

– Pour être hébergé dans les monastères, il n'est pas nécessaire d'être pratiquant. L'essentiel est de se montrer respectueux. Toutefois, les couples non mariés se renseigneront avant. De plus, certaines communautés n'acceptent que les filles.
– Le logement s'effectue, le plus souvent, dans des chambres communes, qui sont généralement des cellules monacales de cinq ou six lits. À Florence toutefois, les établissements cités proposent des chambres doubles. Deux points forts : la tranquillité et la propreté.
– Deux légers inconvénients cependant : le réveil matinal (merci les cloches) et le couvre-feu le soir (horaires souvent contraignants, mais pas forcément systématiques, se renseigner). Par ailleurs, certains couvents n'hésitent pas à afficher des prix identiques à un hôtel bon marché...

Les agrotourismes *(agriturismo)* et gîtes ruraux

Le tourisme vert a percé dans la région de la Toscane et surtout aux alentours de Florence, pratiquant des prix moins élevés que dans le centre historique.
Se procurer le *Guida dell'ospitalità rurale, agriturismo e vacanze verdi,* auprès d'*Agriturist :* corso Vittorio Emanuele II, 101, 00186 Roma. ☎ 06-685-22-45. ● *agriturist.it* ● Voir aussi le très populaire site internet : ● *agriturismo.it* ● Les adresses y sont classées par région et pourvues d'une description signalétique assez détaillée : situation, nombre de chambres, commodités, catégories de confort et de prix... Adressez-vous aussi aux offices de tourisme de Florence, qui ont un bel éventail d'adresses.

Les *Bed & Breakfast*

Une formule qui voit ses adeptes se multiplier... Mais attention, la prestation offerte est souvent moins élaborée que dans d'autres pays : on prépare parfois son petit déj soi-même, la chambre proposée peut être très imbriquée dans la maison du proprio (peu d'intimité) ou, au contraire, dans un appartement que l'on partage seul avec d'autres touristes. Bref, la qualité y est généralement, mais on peut avoir quelques surprises. Le plus souvent, le propriétaire n'y habite pas. Dans ce cas, il est conseillé de fixer un rendez-vous avec lui par téléphone à l'avance pour préciser l'heure d'arrivée. Sur place, leur numéro de téléphone portable est souvent indiqué à l'extérieur sur la porte d'entrée du *B & B.* En revanche, contrairement à l'hôtel, *il arrive qu'un séjour de 2 nuits minimum soit exigé* (et il n'est pas rare non plus que les prix soient plus doux pour les séjours un peu prolongés).

■ *Central de réservation de* **Bed & Breakfast Italia** *à Rome :* *Palazzo Sforza Cesarini, corso Vittorio Emanuele II, 282, 00186 Roma.* ☎ *01-76-60-74-75 (en français 9h-18h30).* ● *bbitalia.it* ●
■ *Airbnb :* *résas sur* ● *airbnb.fr* ● Des milliers de logements à tous les prix dans tous les quartiers. 10 € de réduction à Florence avec le code « FLORENCE2015 » au moment de payer.
■ *Association nationale de* **B & B** **ANBBA :** ☎ *089-76-31-15.* ● *anbba.it* ● *Lun-mer et ven 9h-13h.*

Les pensions

Les pensions, appelées *pensioni* ou *locande*, sont souvent plus abordables et plus familiales que les hôtels. On n'est pas obligé d'y prendre ses repas ni de rester un minimum de nuits. En ville, il n'est pas rare qu'elles occupent un étage dans un immeuble et ressemblent à un grand appartement avec plusieurs chambres réparties de part et d'autre du couloir. Un certain nombre d'entre elles proposent encore quelques chambres avec salle de bains commune, sur le palier ; le prix est alors beaucoup plus doux (et la chambre parfois plus spacieuse car, justement, il n'a pas fallu y caser une salle de bains !). Hélas, elles ont tendance à changer d'appellation suite à des petits travaux de rénovation et donc à augmenter leurs prix. Théoriquement, elles sont contrôlées par l'office de tourisme et donc de qualité correcte.

Les hôtels

Ils sont classés en six catégories (L pour luxe et de 5-étoiles à 1-étoile pour les plus simples). Cette classification est très surfaite par rapport à la nôtre. De plus, les prix sont très supérieurs pour un confort et un service souvent discutables. Bien souvent, sous prétexte d'avoir un passé à vendre, ils ont oublié le confort du présent. Dans la course au gain de place, beaucoup de salles de bains disposent d'une cabine de douche de type *box* dont l'exiguïté fait que l'on doit parfois laisser les portes ouvertes pour se savonner. Les prix doivent toujours être affichés dans les chambres ; ils sont (évidemment) indicatifs et quasiment jamais exacts. Il faut savoir que les hôtels consentent des réductions importantes aux tour-opérateurs ou proposent des prix défiant toute concurrence sur Internet. Voir plus haut la rubrique « Budget ».
– Un conseil : ne prenez pas le petit déjeuner à l'hôtel s'il n'est pas inclus dans le prix de la chambre. Il est souvent cher et décevant. Préférez les bars-*pasticcerie* où l'on sert des brioches (pas des croissants en sachet !) et de vrais cafés italiens !

L'échange d'appartements et de maisons

Une formule de vacances originale, pour les propriétaires d'une maison, d'un appartement ou d'un studio. On échange son logement contre celui d'un adhérent du même organisme, dans le pays de son choix, pendant la période des vacances. Cette formule est avantageuse, en particulier pour les jeunes couples avec enfants. Voici deux agences qui ont fait leurs preuves :

■ **Homelink France :** *19, cours des Arts-et-Métiers, 13100 Aix-en-Provence.* ☎ *04-42-27-14-14 ou 01-44-61-03-23.* ● *homelink.fr* ● *Adhésion annuelle : 125 € avec annonce sur Internet valable 1 an.*

■ **Intervac France :** *230, bd Voltaire, 75011 Paris.* ☎ *05-46-66-52-76 ou 0820-888-342 (n° Indigo).* ● *intervac.fr* ● *echange-vacances.com* ● *Adhésion annuelle internationale et nationale avec diffusion d'annonce sur Internet : 115 €.*

HORAIRES

Les horaires officiels, que nous vous donnons à titre indicatif, ne sont pas toujours respectés. Inutile, donc, de nous écrire pour nous injurier : la mise à jour est faite avec soin, mais entre le moment où nous soumettons le guide à l'imprimeur et le moment où il sort en librairie, il y a déjà des modifications... Il s'agit surtout des horaires des sites et des monuments, des musées et des églises mais aussi des transports publics (trains, bus). On vous conseille donc de vous adresser à l'office de tourisme, qui distribue gratuitement une liste hebdomadaire et régulièrement mise à jour des heures et des prix des sites (très utile pour les expos temporaires).

– **Restaurants :** 12h30-15h, 19h-23h (plus tard dans les endroits touristiques). La possibilité d'être servi jusqu'à 23h, et au-delà, n'a rien d'exceptionnel.

– **Banques :** du lundi au vendredi 8h30-13h30, 15h-16h. Certaines sont ouvertes le samedi matin.

– **Églises :** ouvertes, généralement, tôt le matin pour la messe (souvent dès 6h30). Ferment ensuite au moment du déjeuner, pour rouvrir, souvent, à partir de 15h ou 16h. On ne peut les visiter le week-end, en raison de nombreuses cérémonies religieuses. Les églises-musées ont des horaires plus étendus, mais il faut savoir que certains édifices religieux n'ouvrent jamais leurs portes.

– **Musées :** voir la rubrique « Musées » dans « Hommes, culture, environnement ».

– **Postes :** du lundi au vendredi 8h15-19h environ ; le samedi 8h-12h30. À Florence, la poste centrale est ouverte, également, l'après-midi. Dernière levée du courrier à 16h.

– **Bureaux et administrations :** ouverts le matin seulement.

– **Magasins :** en général 9h-13h, 16h-19h30, sauf le dimanche et une demi-journée par semaine (souvent, le lundi matin ou après-midi, à l'exception des magasins d'alimentation qui ferment le mercredi après-midi). Fermeture fréquente le samedi après-midi en été.

LANGUE

Comme vous le découvrirez vite, l'italien est une langue facile pour les francophones. En peu de temps, vous pourrez apprendre quelques rudiments suffisants pour vous débrouiller. **Pour vous aider à communiquer, n'oubliez pas notre** *Guide de conversation du routard en italien.* L'Italie, c'est aussi le foisonnement des dialectes. En tendant l'oreille, vous remarquerez peut-être que les Florentins ont tendance à aspirer le « c ». Si vous demandez une chambre, qui se dit *camera,* ils prononceront « hamera », un peu comme la *jota* espagnole. Toutefois, ne vous découragez pas : il vous restera toujours la possibilité de joindre le geste à la parole. Ci-dessous, un petit vocabulaire de secours.

Quelques éléments de base

Politesse

Bonjour	*Buongiorno*
Bonsoir	*Buona sera*
Bonne nuit	*Buona notte*
Excusez-moi	*Scusi*
S'il vous plaît	*Per favore*
Merci	*Grazie*

Expressions courantes

Parlez-vous français ? anglais ?	*Parla francese ? inglese ?*
Je ne comprends pas	*Non capisco*
Parlez lentement	*Parla lentamente*
Pouvez-vous me dire ?	*Può dirmi ?*
Combien ça coûte ?	*Quanto costa ?*
C'est trop cher	*È troppo caro*
L'addition, s'il vous plaît	*Il conto, per favore*

Le temps

Lundi	*Lunedì*
Mardi	*Martedì*
Mercredi	*Mercoledì*
Jeudi	*Giovedì*
Vendredi	*Venerdì*
Samedi	*Sabato*
Dimanche	*Domenica*
Aujourd'hui	*Oggi*
Hier	*Ieri*
Demain	*Domani*

Les nombres

Un	*Uno*
Deux	*Due*
Trois	*Tre*
Quatre	*Quattro*
Cinq	*Cinque*
Six	*Sei*
Sept	*Sette*
Huit	*Otto*
Neuf	*Nove*
Dix	*Dieci*
Quinze	*Quindici*
Cinquante	*Cinquanta*
Cent	*Cento*

Transports

Un billet pour...	*Un biglietto per...*
À quelle heure part... ?	*A che ora parte... ?*
À quelle heure arrive... ?	*A che ora arriva... ?*
Gare	*Stazione*
Horaire	*Orario*

À l'hôtel

Hôtel	*Albergo*
Pension de famille	*Pensione familiare*
Je désire une chambre	*Vorrei una camera*
À un lit (double)	*con un letto (matrimoniale)*
À deux lits	*con due letti*

LIVRES DE ROUTE
::

En voyage, le livre audio, c'est malin. **Écoutez** un extrait de *Inferno* de **Dan Brown**, lu par François d'Aubigny, et vous serez déjà à Florence. *Extrait offert par Audiolib.*

– *Histoire de l'Italie,* de Catherine Brice, Perrin, coll. « Tempus », 2003. Ouvrage général sur l'histoire de l'Italie ou « des Italies » retracée depuis la fin de l'âge du bronze à aujourd'hui. Ce livre est notre « botte » secrète pour comprendre tous les aspects du caractère contrasté et bouillonnant des Italiens. Et tout ça en moins de 500 pages, abordable donc (même pour les plus pressés) !

– *Rome, Naples, Florence,* de Stendhal, dir. P. Brunel, Gallimard, coll. « Folio » n° 1845, 1987. Grand connaisseur de l'Italie, Stendhal retrace ses souvenirs de voyages. Il décrit avec réalisme la ville et ses monuments et nous fait aussi partager ses émotions (le fameux « syndrome de Stendhal », voir la rubrique dans « Hommes, culture, environnement »), sensations et plaisirs éprouvés au cours de son passage à Florence.

– *Lorenzaccio,* d'Alfred de Musset, Gallimard, coll. « Folio classique » n° 8, 2003. L'intrigue débute à Florence au XVIe s, en plein carnaval ; vous découvrirez au milieu des masques l'histoire de l'assassinat, en 1536, du tyrannique Alexandre de Médicis par son cousin Lorenzo.

– *Les Mystères de Florence,* de Carlo Collodi, éd. Joëlle Losfeld, 2001. Le très célèbre créateur de Pinocchio est aussi l'auteur d'un roman historique dont l'intrigue et l'humour nous entraînent dans les lieux les plus troubles de la capitale toscane. Véritable tableau satirique de la société florentine aux mœurs dissolues et corrompue par l'argent.

– *Voyage en Italie,* de Jean Giono (1954), Gallimard, coll. « Folio » n° 1143, 1979. Hors de sa Provence, Giono est perdu. Dès lors, la découverte de l'Italie en 1953 par ce vieux jeune homme de près de 60 ans est un hasard heureux pour la littérature. Cette escapade de quelques semaines dans une guimbarde sur les routes de Toscane et de la plaine du Pô, Giono la vit comme une renaissance et un éblouissement.

– *Les Pierres de Florence,* de M. Mac Carthy, Payot, coll. « Petite Bibliothèque Payot », n° 468, 2003. Un récit coloré, nourri de nombreuses anecdotes et informations rares. L'auteur restitue, grâce à ses longs voyages à Florence, l'histoire des Florentins, de l'aristocratie et du peuple : un excellent compagnon de voyage !

– *Le Décaméron,* de Giovanni Boccaccio, dit Boccace, Gallimard, coll. « Folio classique » n° 4352, 2006. Lors de la grande peste de 1348 à Florence, sept femmes et trois hommes, réfugiés à la campagne, décident que chacun d'entre eux racontera, chaque jour, dix histoires aux autres. Texte classique par excellence, les 100 nouvelles du *Décaméron* composent un tableau haut en couleur, comique, licencieux, sentimental, tragique et pathétique aussi, de l'Italie du XIVe s.

– *Le Clan des Médicis,* de Jacques Heers, Perrin, 2008. Un portrait juste de la famille Médicis, son ascension, sa grandeur et sa faillite. Un livre qui va à l'encontre des idées reçues et nous permet d'approfondir l'histoire unique d'une famille qui a fait d'une ville son territoire personnel.

– *Le Dernier des Médicis,* de Dominique Fernandez, Grasset, 1994. Une peinture impitoyable de la dégénérescence d'un grand-duc toscan, dernier descendant d'une illustre famille, dans une Florence tiraillée entre les factions politiques rivales.

– *Vies des artistes,* de Giorgio Vasari, Grasset, 2008. Paru pour la première fois en... 1550 avec un succès immédiat. Cette bible, qui est un classique pour les férus d'histoire de l'art, retrace la biographie des artistes qui ont marqué la Renaissance.

– *L'Art italien,* d'André Chastel, Flammarion, coll. « Tout l'Art », 1999. Panorama complet de l'art italien jusqu'au XXe s par celui qui fut le spécialiste en la matière.

– *La Renaissance à Florence,* de Richard Turner, Flammarion, coll. « Tout l'Art », 2008. Même collection que ci-dessus. Un ouvrage de synthèse plus orienté sur l'art toscan mais toujours accessible à tous.

– *Avec vue sur l'Arno* (1970), de E. M. Forster, 10/18, coll. « Domaine étranger », n° 1545, 2006. Un roman initiatique dans le plus pur esprit british, dont la première partie se déroule à Florence et dans les collines du Chianti. Entre bienséance et amour véritable, le cœur de la jeune Lucy Honeychurch balance... Roman à l'origine du film *Chambre avec vue,* de James Ivory.

– *Une année à Florence : impression de voyages,* de A. Dumas, F. Bourin, 1991. Ce récit raconte le voyage effectué par Dumas de Marseille à Florence en 1837-1838. Les descriptions et anecdotes se mêlent aux évocations historiques. Lire le très beau chapitre sur Florence.

– *La Saga des Médicis,* de Sarah Frydman, LGF, « Livre de Poche », 2006. Récit en trois tomes qui retrace la dynastie des Médicis, LA riche famille florentine qui a fait la gloire de la ville durant 3 siècles.

– *Journal de l'année du désastre,* de Kathrine Kressmann Taylor, Autrement, 2012. Un témoignage de la terrible crue qui ravagea Florence en 1966. L'auteur, témoin de la tragédie, raconte avec précision les scènes de désolation. Elle décrit surtout d'une manière très juste le regard désespéré des Florentins.

– Et si vous vous intéressez à la littérature italienne contemporaine, nous vous conseillons de lire les œuvres majeures de ces talentueux auteurs : Eco, Tabucchi, Buzzati, Baricco, Levi, Benacquista...

ORIENTATION

Le numérotage des maisons est doté d'une double numérotation : les plaques sont noires ou rouges et, même s'ils sont côte à côte, les chiffres ne se suivent pas ; les plaques rouges sont réservées aux entreprises commerciales (notamment aux restaurants), et les noires (parfois bleu foncé) aux maisons particulières et aux hôtels. Les chiffres sont suivis d'un « r » pour les plaques rouges et d'un « n » (ou plus souvent de rien du tout) pour les noires et les bleues.

PERSONNES HANDICAPÉES

On a pu constater que les Italiens étaient plus en avance que nous (pas difficile !) pour tous les aménagements concernant les personnes à mobilité réduite. Ainsi, de nombreux hébergements sont équipés d'au moins une chambre pour personnes handicapées (mais pas les pensions, souvent situées aux deuxième ou troisième étages sans ascenseur). N'hésitez pas à appeler pour vous renseigner, même si le symbole ⚡ ne figure pas dans l'adresse que nous indiquons, car de plus·en plus d'hôtes aménagent leur structure en conséquence. L'office de tourisme de Florence distribue quatre itinéraires dans la ville sous forme de petit fascicule pour des personnes à mobilité réduite. On indique les principaux musées et sites où un ascenseur est à disposition. Quant aux personnes mal voyantes, plusieurs monuments proposent également des visites guidées spécifiques. Saluons la belle initiative de la ville qui offre, sur la piazza della Repubblica (en face du *Caffè Paszkowski*), une maquette en bronze de la rive droite de Florence avec les explications en braille ou encore aux Offices celle du *Printemps* de Botticelli.

POSTE

– Les bureaux de poste sont ouverts en général du lundi au vendredi de 8h15 à 19h, le samedi de 8h à 12h30 ; fermés les dimanche et jours fériés.

– La poste italienne a mis en circulation un timbre *Posta prioritaria* obligatoire vers les pays européens à 0,85 € qui permet d'envoyer une lettre en un temps record (2-3 jours pour l'étranger). Pour l'Italie (0,70 €) : compter une journée. Un peu plus cher que le tarif normal, mais en principe, ça marche ! Ce timbre peut être acheté dans un bureau de tabac *(tabacchi),* signalé par un grand T blanc sur fond noir.

– Pour se faire adresser du courrier en poste restante, tenir compte des délais d'acheminement et demander à l'expéditeur de rédiger l'enveloppe avec la mention : « *Fermo posta, posta centrale di... »,* et le nom de la ville en italien, précédé, si possible, du code postal comme en France.

POURBOIRE ET TAXES

Pourboire

La tradition de la *mancia* (la « manche », en quelque sorte...) voulait que l'on donne un pourboire aux sacristains qui montraient les peintures des églises. Mais elle se

perd peu à peu. Aujourd'hui, les sacristains ont été remplacés par des tirelires élec-
triques qui permettent d'admirer les chefs-d'œuvre sans forcer la main (0,50-2 €).
En revanche, la grande majorité des restos comptent le couvert et le service à part.
Personne ne vous obligera à donner un pourboire, à moins que la tête du serveur
ne vous plaise, ou que plus simplement vous ayez bien mangé. Mais les Français
ont une telle réputation de radinerie (si, si !) qu'un petit geste fera peut-être changer
cette image qu'ils trimballent depuis des lustres !

L'addition

Ne vous étonnez pas de voir votre addition majorée du traditionnel *pane e coperto*
(lequel a théoriquement été supprimé, mais il continue d'être appliqué dans la
majorité des restos). Celui-ci peut varier entre 1,50 et 3 € ; au-delà, cela devient du
vol ! Il doit être signalé sur la carte, quand il y en a une ! Les 10 à 15 % de *servizio*
d'antan ont tendance à disparaître mais pas partout. Ajoutez à cela une bouteille
d'eau minérale (environ 2 €), et vous comprendrez rapidement pourquoi l'addition
grimpe si vite. N'oubliez pas de la vérifier avant de payer.
Si on ne vous propose pas de carte en arrivant dans un resto, demandez-la.
Sachez que si vous décidez de faire confiance au patron pour le choix des plats,
vous mangerez sûrement délicieusement bien, mais l'addition peut faire mal (et
peut parfois être établie à la louche si vous n'avez pas vu les prix avant). Nombre
de nos lecteurs ont eu ainsi l'impression de se faire avoir.

SANTÉ

Carte européenne d'assurance maladie

Pour un séjour temporaire à Florence, pensez à vous procurer la *carte européenne
d'assurance maladie*. Il vous suffit d'appeler votre centre de sécurité sociale (ou
de vous connecter au site internet de votre centre, encore plus rapide !), qui vous
l'enverra sous une quinzaine de jours. Cette carte fonctionne avec tous les pays
membres de l'Union européenne (y compris les 12 petits derniers), ainsi qu'en
Islande, au Liechtenstein, en Norvège et en Suisse. C'est une carte plastifiée bleue
du même format que la carte Vitale. Elle est valable un an, gratuite et personnelle
(chaque membre de la famille doit avoir la sienne, y compris les enfants). Bien
conserver toutes les factures pour obtenir le remboursement au retour.

Vaccins

Aucun n'est obligatoire, mais il est préférable d'avoir son rappel antitétanique à
jour, surtout si l'on fait du camping. Nous vous recommandons chaudement un
répulsif antimoustiques (ces charmantes petites bêtes étant très virulentes en
période estivale).

■ *Catalogue Santé Voyages (Astrium) :* les produits et matériels utiles aux voyageurs, assez difficiles à trouver, peuvent être achetés par correspondance sur le site de *Santé Voyages* ● sante-voyages.com ● Infos complètes toutes destinations, boutique web, paiement sécurisé, expéditions Colissimo Expert ou Chronopost. ☎ 01-45-86-41-91 (lun-ven 14h-19h).

SITES INTERNET

Sites généraux

● *routard.com* ● Rejoignez la plus grande communauté francophone de voyageurs !
Échangez avec les routarnautes : forums, photos, avis d'hôtels. Retrouvez aussi toutes
les informations actualisées pour choisir et préparer vos voyages : plus de 200 fiches

pays, une centaine de dossiers pratiques et un magazine en ligne pour découvrir tous les secrets de votre destination. Enfin, comparez les offres pour organiser et réserver votre voyage au meilleur prix. ● *routard.com* ●, le voyage à portée de clics !

● *enit.it* ● En français. Site de l'office de tourisme, très riche en informations. Nombreuses rubriques pratiques qui aideront à préparer votre séjour. Permet également de faire un tour d'horizon complet de la culture italienne. À consulter avant de partir.

● *paginegialle.it* ● Correspond à nos Pages jaunes. Très utile pour chercher une adresse.

● *museionline.it* ● En anglais et/ou en italien. Un site incontournable si vous vous apprêtez à visiter tous les musées d'Italie. Ils y sont tous, répertoriés par catégories, avec les prix, les horaires et le site web de chaque musée. En plus, il vous donne la liste des expos temporaires (régulièrement mise à jour). On vous le recommande chaudement.

● *ambafrance-it.org* ● Le site français en Italie avec la liste complète des ambassades, consulats, centres culturels et alliances françaises, ainsi qu'un dossier sur les rapports économiques franco-italiens. Infos intéressantes pour les étudiants qui veulent y séjourner.

● *gelatoartigianale.it* ● En italien. Le site de la très sérieuse *Accademia del Gelato*. Spécialement conçu pour les gélatophiles avertis ! Vous saurez tout sur les quelque 400 000 t de glaces, annuelles, sur les 25 000 *gelatiere* et les 14 kg ingurgités par an et par personne ! Son histoire, sa fabrication, sa conservation et ses nombreux parfums classiques ou originaux n'auront plus de secrets pour vous. Adhésion en ligne possible au *club del Gelato* !

● *italien-pasta.com* ● En français. Ce site vous fera voyager en Italie au travers de sa gastronomie, qu'elle soit sucrée ou salée. Très complet, simple d'utilisation et interactif, il propose de délicieuses recettes (avec photos), des articles et des conseils culinaires. En bref, l'Italie par la cuisine.

● *italieaparis.net* ● Un site qui vous donnera un avant-goût de la Botte ou qui pourra, tout aussi bien, essayer de vous guérir du mal du pays à votre retour. Comme son nom l'indique, il ne conseille que des adresses parisiennes, mais les infos culturelles profiteront à tout le monde !

Sites sur Florence et la Renaissance italienne

● *renaissance-amboise.com* ● Onglet « Les dossiers Renaissance ». Site assez complet avec photos, pour ceux qui veulent une approche basique de la Renaissance. Bons dossiers sur la peinture italienne (*Quattrocento* à Florence, Renaissance...).

● *aparences.net* ● Un peu austère de prime abord, ce site à la richesse encyclopédique détaille parfaitement l'âge d'or de la peinture florentine. Il propose également des dossiers sur les grands hommes de cette époque ainsi que des tableaux de maîtres commentés.

● *uffizi.firenze.it* ● Le site officiel de la galerie des Offices à Florence, où l'on peut voir les tableaux de grands maîtres, notamment Botticelli. Site en anglais et en version italienne avec le classement par ordre alphabétique des auteurs, des peintures et un plan du musée.

● *wga.hu* ● En anglais. Un site d'une très grande qualité d'image, car on a accès à toutes les œuvres d'art des principaux musées d'Europe avec, à chaque fois, un commentaire très complet.

● *regione.toscana.it* ● Site officiel de la région, très bien documenté.

● *cultura.toscana.it* ● Site consacré uniquement à la culture.

TABAC

En Italie, **la cigarette est interdite dans TOUS les lieux publics** (restaurants, cafés, bars et discothèques). Si les partisans du *vietato fumare* se réjouissent de pouvoir désormais dîner sans craindre l'asphyxie, les accros au tabac ont, quant à eux, la vie dure. Cette loi est scrupuleusement respectée par la population. Alors, à bon entendeur... En cas d'infraction, une grosse amende les attend : 27 € à la moindre cigarette allumée (275 € s'il y a des enfants ou des femmes enceintes à proximité). Quant aux restaurateurs, ils encourent une peine de 2 200 € s'ils ne font pas respecter cette loi dans leur établissement.

Le soir, lorsqu'ils ferment, les *tabacchi* laissent place à un distributeur automatique qui n'est pas toujours bien approvisionné.

Quant à la *e-cigarette,* son développement a du plomb dans l'aile ! Sa taxation a augmentée de plus de 37 % en janvier 2014, emportant ainsi un espoir de santé publique améliorée.

TÉLÉPHONE – TÉLÉCOMMUNICATIONS

Téléphone

Avertissement : ne vous étonnez pas de trouver des numéros de téléphone dont le nombre de chiffres varie (généralement de 8 à 10), c'est normal !

Le téléphone portable en voyage

Le routard peut utiliser son propre téléphone portable en Italie avec l'option « Europe ».

– **À savoir :** pour être sûr que votre appareil est compatible avec votre destination, renseignez-vous auprès de votre opérateur.

– **Activer l'option « international » :** pour les abonnés récents, elle est en général activée par défaut. En revanche, si vous avez souscrit à un contrat depuis plus de 3 ans, pensez à contacter votre opérateur pour souscrire à l'option (gratuite). Attention toutefois à le faire au moins 48 h avant le départ.

– **Le « roaming » :** c'est un système d'accords internationaux entre opérateurs. Concrètement, cela signifie que lorsque vous arrivez dans un pays, au bout de quelques minutes, le nouveau réseau s'affiche automatiquement sur l'écran de votre téléphone.

– Vous recevez rapidement un sms de votre opérateur qui propose un **pack voyageurs** plus ou moins avantageux, incluant un forfait limité de consommations téléphoniques et de connexion internet. À vous de voir...

– **Tarifs :** ils sont propres à chaque opérateur et varient en fonction des pays (le globe est découpé en plusieurs zones tarifaires). N'oubliez pas qu'à l'international, vous êtes facturé aussi bien pour les appels sortants que les appels entrants. Ne papotez donc pas des heures en imaginant que c'est votre interlocuteur qui payera !

– **Internet mobile :** si vous utilisez le réseau 3G (et non le wifi), les connexions à l'étranger ne sont pas facturées selon le temps de connexion, mais en fonction de la quantité de données échangées... Il peut suffire de quelques clics sur sa boîte mail et d'un peu de surf pour faire exploser les compteurs, avec au retour de voyage des factures de plusieurs centaines d'euros ! Le plus sage consiste à **désactiver la connexion 3G/4G** dès que vous passez les frontières. En effet, certains mobiles se connectent d'eux-mêmes sur Internet à intervalles réguliers afin d'effectuer des mises à jour (c'est le cas des *Blackberry* par exemple). Résultat, même sans surfer, vous êtes connectés... et vous payez ! Il faut également penser à **supprimer la mise à jour automatique de votre messagerie** qui consomme elle aussi des octets sans vous avertir (option « Push mail »). Opter pour le mode manuel.

Bons plans pour utiliser son téléphone à l'étranger

– **Acheter une carte SIM/puce sur place :** c'est une option très avantageuse. Il suffit d'acheter à l'arrivée une carte SIM locale prépayée chez l'un des nombreux opérateurs *(Vodafone, Tim, Wind)* représentés dans les boutiques de téléphonie mobile des principales villes d'Italie et souvent à l'aéroport. On vous attribue alors un numéro de téléphone local et un petit crédit de communication, généralement 10 €. Avant de signer le contrat et de payer, essayez donc, si possible, la carte SIM du vendeur dans votre téléphone – préalablement débloqué – afin de vérifier si celui-ci est compatible. Ensuite, les cartes permettant de recharger votre crédit de communication s'achètent facilement en Italie. C'est toujours plus pratique pour trouver son chemin vers un *B & B* paumé, réserver un hôtel, un resto ou une visite guidée, et bien moins cher que si vous appeliez avec votre carte SIM personnelle.

– *Se brancher sur les réseaux wifi* est le meilleur moyen de se connecter à Internet gratuitement ou à moindre coût. De plus en plus d'hôtels, restos et bars disposent d'un réseau, payant ou non. Une fois connecté grâce au wifi, à vous les joies de la *téléphonie par Internet !* Le logiciel *Skype,* le plus répandu, vous permet d'appeler vos correspondants gratuitement s'ils sont eux aussi connectés, ou à coût très réduit si vous voulez les joindre sur leur téléphone. Autre application qui connaît un succès grandissant, *Viber* permet d'appeler et d'envoyer des SMS, des photos et des vidéos aux quatre coins de la planète, sans frais. Il suffit de télécharger – gratuitement – l'appli sur son smartphone, celle-ci se synchronise avec votre liste de contacts et détecte automatiquement ceux qui ont *Viber*. Même principe, mais sans la possibilité de passer un coup de fil, *What'sApp Messenger* est une messagerie pour smartphone qui permet de recevoir ou envoyer des messages photo, notes vocales et vidéos. La première année d'utilisation est gratuite, ensuite elle coûte 0,99 US$/an.

Urgence : en cas de perte ou de vol de votre téléphone portable

Suspendre aussitôt sa ligne permet d'éviter de douloureuses surprises au retour du voyage ! Voici les numéros des quatre opérateurs français, accessibles depuis la France et l'étranger :

– *SFR :* depuis la France, ☎ 1023 ; depuis l'étranger, 📱 + 33-6-1000-1023.
– *Bouygues Télécom :* depuis la France comme depuis l'étranger, ☎ 0800-29-1000 ; depuis l'étranger, ☎ + 33-1-46-10-86-86.
– *Orange :* depuis la France comme depuis l'étranger, 📱 + 33-6-07-62-64-64.
– *Free :* depuis la France, ☎ 32-44 ; depuis l'étranger, ☎ + 33-1-78-56-95-60.
Vous pouvez aussi demander la suspension de votre ligne depuis le site internet de votre opérateur.

Appels internationaux et nationaux

Italie ➙ *France :* 00 + 33 + numéro à 9 chiffres de votre correspondant (c'est-à-dire le numéro à 10 chiffres sans le zéro).
Code des autres pays francophones : *Belgique,* 32 ; *Luxembourg,* 352 ; *Suisse,* 41 ; *Canada,* 1.
France ➙ *Italie :* 00 + 39 + 0 + indicatif de la ville (**55** pour Florence) + numéro de votre correspondant (6 ou 7 chiffres).
Italie ➙ *Italie :* principaux indicatifs de villes italiennes, à faire précéder d'un 0.
– *Rens :* ☎ 12 (gratuit).
– Pour un appel d'*urgence,* composez le ☎ 112.

Tarification

Les prix des télécommunications varient beaucoup selon le type de forfait souscrit. Pour s'y retrouver, ce n'est pas toujours évident. N'hésitez pas à faire jouer la concurrence, les opérateurs proposent maintenant les communications gratuites vers certains pays européens (dont l'Italie). Renseignez-vous ! C'est toujours pratique quand on veut préréserver les musées ou hôtels.
– Un conseil : sur place, évitez d'appeler de votre hôtel, vous auriez la mauvaise surprise de voir votre communication fortement majorée !

Internet, wifi

On trouve des centres internet partout dans Florence. Ils sont généralement ouverts tous les jours (sauf dans de rares cas le dimanche) et ferment leurs portes vers 21h ou minuit. Munissez-vous d'une pièce d'identité, elle vous sera demandée en arrivant. Les connexions sont de bonne qualité. Sinon, presque tous les hébergements proposent un accès internet, bien souvent gratuit. Et de plus en plus d'hôtels sont équipés en wifi.

Le service *Firenzewifi* permet 1h de navigation gratuite par jour à condition d'avoir un portable avec un numéro italien (voir plus haut), dans une douzaine d'endroits de la ville, comme piazza della Signoria, piazza Santa Croce, piazza Santo Spirito, piazza Santíssima Annunziata, piazzale Michelangelo... *Demande préalable au* ☎ *055-465-00-34 ou sur ● info-wifi@comune.fi.it ●*

TRANSPORTS INTÉRIEURS

L'avion

Il permet de gagner beaucoup de temps. Les compagnies *low-cost* sont très avantageuses à certaines périodes.

Le train

Réservations et informations

– Les chemins de fer italiens *(Trenitalia)* proposent des réductions intéressantes, quel que soit votre âge, pour voyager à travers toute l'Italie, mais également pour rejoindre les grandes villes européennes (comme Paris ou Bruxelles). Pour toute information, consultez le site internet ● *trenitalia.com* ● Possibilité de réserver en ligne. Vous pouvez également les joindre au ☎ 89-20-21 (numéro unique pour toute l'Italie).

– Les agences de voyages autorisées vendent tous les types de billets de train possibles et imaginables. Vous pouvez également

SUIVEZ LE GUIDE !

Pour le train, gare aux faux amis ! Le diretto, *par exemple, n'est pas si direct que ça ! Il relie les différentes gares d'une région et les villes des régions limitrophes. Il est cependant un peu plus rapide et s'arrête moins souvent que les* regionali, *des trains à desserte locale qui s'arrêtent partout. Pour accéder à la vitesse supérieure, on passe aux trains* interregionali, *qui couvrent des destinations touristiques (leur circulation est pour cette raison souvent limitée aux fins de semaine et à certaines périodes de l'année).*

acheter et retirer vos billets aux guichets automatiques des grandes gares.

Horaires

– Retards rares sur les grandes lignes mais fréquents sur les petites. Si votre train a un retard de plus de 30 mn, vous pouvez demander une indemnisation, sous forme d'avoir. Présentez-vous assez tôt à la *stazione*, car il arrive qu'un train annoncé au départ sur un quai parte d'un autre quai... Prévoyez large pour les correspondances.

– Les horaires sont disponibles chez certains marchands de journaux. On peut aussi utiliser les digiplans dans les gares. Ils donnent des infos sur les horaires des trains partant de la gare émettrice et sur ceux des trains reliant les principales villes du pays ou même le réseau européen. Tout ça régi par un code couleur, à savoir : vert et noir pour les trains régionaux et interrégionaux, rouge pour les trains *Intercity,* bleu pour les *Eurostar.*

Quelques remarques

– Pour accéder à la vitesse supérieure et limiter les arrêts, on passe aux trains *interregionali* qui relient des distances plus grandes et, le plus souvent, des destinations touristiques (leur circulation est pour cette raison souvent limitée à des fins de semaine et à certaines périodes de l'année). Tous ces trains ont en tout cas un point commun : leur manque de confort.

– Pour rejoindre plus rapidement et plus confortablement les villes de moyenne importance aussi bien que les plus grandes villes de toute l'Italie, vous utiliserez l'*Intercity.* Sur ces trains, la réservation est optionnelle et coûte 3 €. Enfin, les routards pressés et plus aisés emprunteront les trains à grande vitesse, les *Eurostar,* qui relient les grandes villes entre elles (Naples, Rome, Florence, Bologne, Venise, Milan ou Turin). Réservation automatique à l'émission du ticket et donc obligatoire. Le mieux question rapidité et confort, mais aussi le plus cher. Beaucoup de lignes secondaires, peu rentables, ont été remplacées par des services de bus.

Comme chez nous, les billets de train se compostent aux oblitérateurs jaunes avant le départ (en cas d'oubli ou de manque de temps, partez à la recherche du contrôleur après être monté dans le train).

La voiture

C'est bien entendu le moyen idéal pour visiter la campagne italienne, mais un handicap terrible dès qu'il s'agit de s'infiltrer dans les cœurs historiques exigus des vieilles cités toscanes. Florence ne déroge pas à la règle. La vieille dame ne se livre qu'aux vrais pèlerins, *« pedibus cum jambis »* ! En revanche, la voiture sera d'une grande utilité pour sillonner ses environs sans contrainte, ou même envisager une ou deux excursions vers ses voisines Sienne, Lucques ou Pise. Les stations-service sont fréquentes sur les autoroutes, où elles ne ferment pratiquement jamais. Elles affichent 24h/24. Les stations-service en ville sont généralement fermées entre 12h30 et 15h30, mais tout dépend du temps, de l'endroit et... de l'âge du capitaine.

Location de voitures

La solution la plus heureuse (mais pas la moins onéreuse) si l'on envisage un séjour florentin prolongé, assorti d'une ou deux journées de balades extra-muros. Pas d'angoisse de parking !

■ *Auto Escape :* ☎ 0892-46-46-10 (0,34 €/mn). ● autoescape.com ● *Vous trouverez également les services* d'Auto Escape *sur* ● routard. com ● Auto Escape *offre 5 % de remise sur la location de voiture aux lecteurs du* Routard *pour toute réservation par Internet avec le code de réduction « GDR15 ».* L'agence *Auto Escape* réserve auprès des loueurs de véhicules de gros volumes d'affaires, ce qui garantit des tarifs très compétitifs. Il est recommandé de réserver à l'avance.

■ *BSP Auto :* ☎ 01-43-46-20-74 (tlj 9h-21h30). ● bsp-auto.com ● Les prix proposés sont attractifs et comprennent le kilométrage illimité et les assurances. *BSP Auto* vous propose exclusivement les grandes compagnies de location sur place, vous assurant un très bon niveau de services. Les plus : vous ne payez votre location que 5 jours avant le départ + réduction spéciale aux lecteurs de ce guide avec le code « routard ».

■ Et aussi *Hertz (en France :* ☎ 0825-861-861 – 0,35 €/mn – ou ● hertz. com ●), *Avis (en France :* ☎ 0821-230-760 – 0,08 €/mn – ou ● avis.fr ●) et *Europcar (en France :* ☎ 0825-358-358 – 0,15 €/mn – ou ● europcar.fr ●).

Circulation et stationnement

> ▶ Pour le plan des stationnements et de la circulation,
> se reporter au plan détachable en fin de guide.

Stationner à Florence est un véritable enfer. Même les Florentins y perdent leur latin, c'est dire ! La municipalité tente par tous les moyens de décongestionner le réseau du centre-ville en instaurant la ZTL (zone à trafic limité) et surtout de protéger les monuments qui s'altéraient sérieusement avec la pollution : rues piétonnes uniquement accessibles aux taxis, bus et autres habitants possédant le permis de résidant. Hormis ces bénéficiaires, la circulation est interdite entre 7h30 et 19h30 (18h le samedi) et les jours fériés. Également les mercredi, vendredi, samedi de 23h à 4h pendant la haute saison de mi-mai à mi-septembre. Dans le centre historique, des rues sont désormais entièrement piétonnes : quartier du Duomo, quartier Santa Maria Novella, quartier du Palazzo Pitti, San Spirito, quartier de la via dei Tornabuoni, le quartier Sant'Ambrogio. Un vrai bonheur pour les touristes et les Florentins !
– Tout ce qu'il faut voir à Florence étant rassemblé dans un petit périmètre, mieux vaut découvrir la ville à pied. Si vous êtes motorisé, le mieux est de laisser votre voiture dans l'un des principaux parkings de la ville (voir « Transports intra-muros ». Parkings publics » dans le chapitre « Informations et adresses utiles »). En dehors de ces parkings payants (et des emplacements signalés par un « P » blanc sur fond bleu), il n'est plus guère possible de garer sa voiture gratuitement. Sachez simplement que le stationnement dans le centre historique est réservé exclusivement aux riverains. Les Florentins doivent garer leur véhicule dans le quartier où ils résident ! Des caméras, placées stratégiquement aux quatre coins de la ville, vous photographient en flagrant délit et vous envoient la contravention directement chez vous en France (150 € quand même !). Vous pensez y échapper parce que vous avez une voiture de location ? Non seulement, on vous retrouve (une agence de recouvrement s'en charge), mais l'agence de location vous ponctionne 40 € de plus pour frais de dossier. Seuls les touristes qui ont réservé une chambre d'hôtel peuvent pénétrer dans la zone à trafic limité en ayant au préalable le numéro d'immatriculation à l'hôtelier, qui se chargera de faire annuler l'amende auprès du parking privé (les caméras photographient systématiquement chaque automobile). Conseil de routard : venez sans voiture !
Dernière information : si jamais vous recevez votre contravention plus de 360 jours après avoir franchi la ligne interdite, selon la loi italienne, vous n'êtes plus dans l'obligation de payer. Mais il vous faudra alors exercer un recours auprès du juge de la paix de Florence, en italien et après avoir payé des frais de dossiers ! Pas simple donc.
– **Types de stationnement :** seuls les emplacements marqués au sol en bleu sont autorisés aux véhicules non résidents. On en trouve principalement sur les boulevards circulaires ou aux abords immédiats du centre, comme le long du *lungarno della Zecca Vecchia* sur les berges de l'Arno *(plan détachable E-F4)*. Les marquages en jaune ou blanc sont réservés à des véhicules prioritaires. Le parcmètre que nous connaissons bien a une place privilégiée par rapport aux cartes de stationnement (à gratter, genre loto, et à acheter dans les débits de tabac). *Attention* : à la différence de la France, les patrouilles de contractuels sont parfois épaulées par des gardiens permanents affectés à une zone délimitée. En l'absence de machine, c'est même à eux que vous devrez vous adresser pour payer. Autrement, c'est 40 € l'amende ! Quant aux panneaux indicatifs des stationnements, c'est une véritable jungle. Les paiements s'effectuent en fonction des jours ouvrables ou fériés, des heures de la journée ou même de la nuit, et des événements (foires, travaux) prévus. Signification des sigles : les deux marteaux croisés signifient jours ouvrables ; la croix signifie dimanche et parfois jours fériés.

Presque toujours, le stationnement autorisé et payant est limité dans le temps : cela va de 10 mn à 2h, rarement plus ; même pour un parking de supermarché. Lorsqu'il devient gratuit, il faut souvent apposer son disque de stationnement sur son pare-brise. Car, même dans ce cas-là, le stationnement est limité en temps. Dernière recommandation : Florence est divisée en cinq quartiers nettoyés à tour de rôle. En raison de l'étroitesse des rues, les automobilistes sont priés de vider les lieux pour laisser passer les machines. Des panneaux indiquent le jour désigné (mais cela ne concerne que certains secteurs étroits, les marquages n'étant que rarement concernés). Pour plus d'infos, consultez le site avant de vous aventurer dans Florence en voiture : ● ztl.comune.fi.it ●

Et si malgré tout vous étiez victime d'un **enlèvement de véhicule** : ☎ 055-783-882. Viadotto all'Indiano, località Ponte a Greve.

Limitation de vitesse

Elle est calculée en fonction de la cylindrée des véhicules. Dans les agglomérations, elle est de 50 km/h.

	Route	**Autoroute**
Autos (jusqu'à 1 099 cm^3)	90 km/h	110 km/h
Motos (de 150 à 349 cm^3)	90 km/h	110 km/h
Autos (plus de 1 099 cm^3)	90 km/h	130 km/h
Motos (plus de 349 cm^3)	90 km/h	130 km/h
Autobus de plus de 8 t	70 km/h	90 km/h

Les excès de vitesse et autres infractions sont sanctionnés essentiellement par des amendes qui coûtent un tiers de moins si on les règle sur-le-champ ou par les autovelox (radars) plutôt discrets.

Attention, n'oubliez pas de rouler feux de code allumés en permanence car la gendarmerie est assez pointilleuse là-dessus.

Vos pieds !

La mairie a rendu piétonnes toutes les rues tout autour du Duomo (borgo San Lorenzo, via dei Martelli et via Ricasoli). Forte de son succès, elle a étendu la zone, à l'ouest de la ville, à la via dei Tornabuoni, via Por Maria, via Guicciardini, au sud, la piazza Pitti et, à l'est, le quartier Santo Spirito et le quartier Sant'Ambrogio (borgo degli Albizi, via Pietrapiana).

Le bus

Les bussini

Pour gagner du temps, n'hésitez pas à emprunter ces petits **bus** orange de la compagnie **ATAF** (● ataf.it ● ; ☎ 800-42-45-00 d'un fixe ou 📱 199-10-42-45 d'un portable), spécialement conçus pour les rues étroites du centre-ville.

Billets et tarifs

– Les tickets *(biglietti)* s'achètent dans les bars-tabac ou les distributeurs automatiques dispersés aux quatre coins de la ville. Un ticket coûte 1,20 € et est valable 90 mn (on peut prendre plusieurs bus et emprunter différentes lignes sans changer de ticket). Vous ne pouvez pas payer dans le bus, sauf lorsque les boutiques délivrant les tickets sont fermées (du moins en théorie). Votre ticket sera alors majoré et vous coûtera 2 €. Outre le simple billet valable 90 mn, vous pouvez acheter 2 billets de 90 mn (2,40 €), 4 billets de 90 mn (4,70 €), un billet valable 24h (5 €), 3 jours (12 €) ou 7 jours (18 €). Si vous êtes en famille, le *Daily Family* est intéressant. Au prix de 6 €, il est valable 24h pour deux adultes et deux enfants.

– Pour se repérer, il est préférable de se munir d'un plan des différentes lignes, disponible dans les différents offices de tourisme (vous n'en verrez ni aux arrêts ni dans les bus) ou à l'agence *ATAF* en face de la gare Santa Maria Novella. Distributeurs automatiques 24h/24 dans la gare et sur la piazza San Marco.
– N'oubliez pas qu'avec la *Firenze Card,* les transports en commun sont gratuits pendant 3 jours.

Quelques lignes importantes à retenir
– n° 7 : gare centrale SMN – San Marco – San Dominico – Fiesole ;
– n° 10 : gare centrale SMN – San Marco – Settignano ;
– n° 23 : gare centrale SMN – San Marco – Duomo – Ponte alle Grazie ;
– n° 25 : gare centrale SMN – Independenza – San Marco – Libertà – Pratolino ;
– n° 28 : gare centrale SMN – Fortezza da Basso – Sesto Fiorentino ;
– n° 37 : gare centrale SMN – Serragli – Porta Romana – Certosa del Galluzzo.

Le tramway

La ligne 1 s'avère écolo, rapide, ponctuelle et confortable... Elle relie la gare centrale Santa Maria Novella à Scandicci, au sud de Florence et est composée de 14 stations.
Les lignes 2 et 3 sont en projet, mais le tracé reste un vaste débat entre les Florentins (depuis un référendum en 2008, c'est le statu quo...). Pour plus d'infos :
● *gestramvia.it* ●

Le scooter

Qui n'a pas rêvé de parcourir, cheveux au vent, l'Italie à scooter ? Un conseil : si vous n'en avez jamais fait, ce n'est pas le moment de commencer. Le port du casque est obligatoire (contrairement aux clichés). Vérifiez que vous êtes bien assuré ; un accident est vite arrivé...

ET PIAGGIO NE SE DÉMONTE PAS

Pendant la guerre, Piaggio construisait des bombardiers. Bien entendu, cette activité leur fut interdite après la capitulation italienne. Voilà pourquoi, en 1946, ils sortirent le premier deux-roues : la Vespa *(qui signifie « la guêpe » !). Les roulettes arrière des avions furent réutilisées pour les petites roues des pétrolettes.*

La bicyclette

Un moyen de transport qui se répand de plus en plus dans le centre historique. Seul problème : la quasi-absence de pistes cyclables. De plus, tout comme pour le scooter, il faut savoir slalomer entre les voitures et rouler sur le pavé florentin. Pas évident ! Disséminés dans la ville, quelques points de parcs de vélos (à la manière des Vélib' parisiens). Il suffit d'acheter une carte à la borne sur place et de la créditer du montant de son choix.

Le taxi

Ne prendre que les taxis officiels qui sont de couleur blanche. Des suppléments, affichés dans tous les taxis, peuvent être exigés pour les bagages, les services de nuit ou les jours de fêtes. Exigez la mise en marche du compteur dès que vous montez dans le taxi.

URGENCES

On ne vous demande pas de les apprendre par cœur, mais c'est bon à savoir au cas où...

☎ **112 :** c'est le numéro d'urgence commun à la France et à tous les pays de l'UE, à composer en cas d'accident, agression ou détresse. Il permet de se faire localiser et aider en français, tout en améliorant les délais d'intervention des services de secours.

■ **Police :** ☎ 113.

En cas de vol ou d'agression, appelez le ☎ 112 ou ☎ 113 ; on vous communiquera l'adresse du commissariat *(questura)* le plus proche de l'endroit où vous êtes.

■ **Commissariat de police principal à Florence :** via S. Vitale, 15. ☎ 06-46-861.

■ **Croce rossa italiana** (CRI) **:** ☎ 118.

■ **Pompiers** (Vigili del Fuoco) **:** ☎ 115.

■ **Pompiers pour les incendies de forêt :** ☎ 1515.

■ **Assistance routière :** ☎ 803-803.

■ **Automobile Club Italia :** ☎ 803-116 (avec répondeur).

■ **Dépannage routier (ACI) :** ☎ 803-116 (☎ 800-116-800 pour un portable étranger).

Florence est sans conteste l'une des plus belles villes d'Italie. À elle seule, elle rassemble 25 % d'œuvres du patrimoine artistique italien ! On ne peut pas parler de Florence sans évoquer la famille Médicis qui a régné en maître pendant toute la Renaissance. De leur dynastie, elle conserve jalousement tous les attraits de son riche passé. En effet, cette célèbre famille toscane a permis une nette évolution de la ville, en multipliant les interventions en matière culturelle, économique et politique. De plus (ou concours de circonstance !), la ville n'a jamais manqué de personnalités (artistes, politiques) à cette période clé de l'histoire de la Toscane.

Florence a aussi su préserver son charme durant des siècles. Elle est entourée d'une campagne verdoyante. Dans un rayon d'une dizaine de kilomètres, on admire de superbes villas médicéennes, repaires estivaux de Florentins fortunés, installés depuis des siècles. Aujourd'hui, certaines sont classées au Patrimoine mondial de l'Unesco. Il suffit de prendre un peu de hauteur (de la Torre di Arnolfo du palazzo Vecchio ou de la chiesa San Miniato dans l'Oltrarno) pour apercevoir collines et cyprès à perte de vue. Enchanteur !

Florence n'est pas seulement une ville-musée, c'est aussi (méfiez-vous des apparences) une ville qui bouge et qui s'amuse. Laissez-vous gagner par la magie de la ville en vous perdant au gré des venelles, c'est le meilleur moyen de la connaître... Promenez-vous en début de soirée, à l'heure de l'*aperitivo*, dans l'Oltrarno du côté de San Frediano et de la piazza Santo Spirito. Les bars et les *enoteche* sont légion et ne demandent qu'à vous faire partager des moments de convivialité.

Et puis on peut aussi apprécier une certaine solitude en prenant le chemin des écoliers et en découvrant des endroits insolites, bien loin de la foule de visiteurs. Tout alors devient calme et douceur...

ARNO (LE FLEUVE)

Comme l'a si bien dit Jean Giono à propos de cette rivière : « C'est un torrent qui a du caractère... C'est un fleuve comme un chat est un tigre. » Long seulement de 241 km, l'Arno prend sa source au Mont Falterona (1 385 m) dans les Apennins, puis il décrit une boucle vers le sud, traverse Florence et coule vers l'ouest en passant par Empoli, Pontedera et Pise. Puis, en fin de parcours, il descend vers la mer Ligure où il se jette à 10 km au nord de Livourne. À Florence, ce fleuve marque la séparation entre les deux rives : l'Oltrarno (rive gauche) et Lungarno (rive droite). Construite au fond d'une vallée encaissée, Florence fut engloutie, le 4 novembre 1966, par les eaux dévastatrices de son fleuve. Les Florentins assistèrent alors impuissants à cette catastrophe qui s'abattit sur leur cité avec une violence inouïe. Il fallut presque remonter à l'an 1333 pour trouver le souvenir d'une telle catastrophe naturelle. Dans le quartier de l'église Santa Croce, le niveau des eaux atteignit 5 m ! Les portes de bronze du baptistère de la piazza del Duomo furent défoncées par le courant : certains panneaux furent arrachés et retrouvés à plus de 2 km. De nombreux chefs-d'œuvre exposés dans les églises de la ville furent défigurés par la boue mazoutée et rongés par l'humidité ; nombre d'entre eux sont toujours en restauration. D'ailleurs, on peut encore voir sur certains tableaux les dégâts de la crue (en particulier le *Christ en Croix* de Cimabue, dans le musée accolé à la basilique de Santa Croce, bien que restauré est resté endommagé). On remarque aussi à certains endroits de la ville, notamment sur les places, un trait ou une discrète plaque commémorative avec le niveau de l'eau en 1966 : impressionnant !

Chaque année en octobre et en novembre, le niveau de l'Arno monte irrésistiblement, sans provoquer d'inondation. Cependant, certains observateurs estiment que les risques d'une nouvelle catastrophe ne sont pas totalement écartés. Malgré les travaux de canalisation entrepris après 1966 et la construction de digues, Florence ne serait toujours pas, selon eux, à l'abri d'une nouvelle inondation destructrice. Ce grave problème, Léonard de Vinci l'avait déjà pensé. Vers 1503-1504, le génie de la Renaissance avait présenté à la cité de Florence un projet de déviation de l'Arno pour construire une sorte de canal reliant la ville des Médicis à la mer. Le souci de Léonard était le même qu'aujourd'hui : éviter les terribles inondations.

BOISSONS

Le vin

On fait du vin en Italie depuis l'Antiquité. Colons grecs, Romains, puis Étrusques, tous s'y sont adonnés avec passion, mais c'est à l'époque médiévale que la viticulture a pris une place importante autour des grandes abbayes. Aujourd'hui, l'Italie est même devenue le premier producteur mondial avec plus de 50 millions d'hectolitres par an (ou le deuxième, quand la France ne subit pas trop d'intempéries) !

L'Italie a mis tardivement de l'ordre dans ses vins en créant, dans les années 1960, quatre catégories correspondant à des appellations contrôlées. Les *vino da tavola* sont les vins de table ordinaires. Les *IGT (indicazione geografica tipica)* sont des vins de pays portant une indication géographique. Les *DOC (denominazione di origine controllata)*, avec étiquettes rondes et roses autour du goulot, sont des appellations d'origine contrôlée qui doivent être conformes à des critères stricts (zone de production définie, type de raisin, méthodes de culture et de vinification). Certains producteurs qui ne souhaitent pas se plier à ces règles, en utilisant par exemple des cépages non autochtones à la place des traditionnels (comme le cabernet sauvignon et le merlot), n'ont alors plus droit à l'appellation et commercialisent des vins parfois d'une très grande qualité (l'*ornellaia,* et le *tignanello*) sous le nom surprenant de vins de pays. Des vins de pays dont les tarifs atteignent des sommes à trois chiffres pour les plus prestigieux ! Quant au célèbre *sassicaia* qui a porté cette révolution dans les années 1970, il a désormais droit à sa DOC ! Restent les prestigieuses *DOCG (denominazione di origine controllata e garantita)*, qui subissent une réglementation encore plus contraignante. Cette dernière appellation est accordée par le président de la République lui-même, sur avis du ministère de l'Agriculture et des Forêts. Les grands noms du vin italien *(barolo, brunello di montalcino, vino nobile di montepulciano, chianti classico...)* appartiennent à cette dernière catégorie. Noblesse oblige.

Les contrôles de qualité, de plus en plus sérieux, sont assurés par l'Institut national pour la surveillance des appellations d'origine, constitué lui-même par le ministère de l'Agriculture et des Forêts. Un contrôle supplémentaire, dans l'intérêt des producteurs, est assuré par des *consorzi* dans des conditions qui pourraient être optimisées. La régionalisation étant assez poussée, on trouve surtout les grands vins près de leur lieu d'origine.

Les vins de Toscane

Symbole du renouveau des vins italiens, la Toscane est aujourd'hui la région productrice la plus dynamique du pays, celle qui a su se remettre en question il y a une trentaine d'années et caracole en tête des ventes. Il est loin le temps du mauvais chianti vendu en flasque...

La Toscane fournit moins de 5 % de la production nationale. Près de la moitié de celle-ci correspond à des appellations d'origine contrôlée, voire garantie (les DOC et DOCG italiennes). Pas moins de 10 appellations ont droit à la DOCG, le top du top en Italie.

– La première d'entre elles est le *chianti,* qui couvre un large territoire entre Florence et Sienne. On dit du chianti que c'est un vin « polyvalent » : jeune, il accompagne les charcuteries, les pâtes et la viande blanche ; vieilli, c'est un vin pour les viandes rouges et le gibier. On le sert à température ambiante (donc souvent chaud), même si nos palais y sont peu habitués. C'est dans le cœur de cette région que nous trouvons le *chianti classico,* reconnaissable au coq noir qui figure sur le col des bouteilles (c'est l'emblème de la Ligue du chianti médiéval, qui défendit âprement ses droits !). Pour les puristes, rien de ce qui se fait en dehors du secteur du *chianti classico,* qui couvre 7 000 ha n'est véritablement du chianti. L'essentiel, en termes de production, ne serait donc pas du chianti. Propos un peu exagéré qui n'est pas sans expliquer la naissance d'un deuxième consortium, à côté du *chianti classico,* sous l'appellation de *chianti putto.* Il regroupe les autres dénominations : colli fiorentini, rufina, montalbano, colli senesi, colli d'aretini (d'Arezzo), colli pisane (de Pise). Pour info, *putto* veut dire « petit amour », ce qui explique la présence du petit chérubin décorant le col des bouteilles desdites dénominations.

De couleur rouge rubis, il devient grenat en vieillissant. Charpenté, son parfum est intense. Les chianti de base sont des vins à boire jeunes. Ils peuvent être pétillants *(frizzante).* Mais bon nombre d'entre eux ne manqueront pas de vous décevoir. Sans faire une fixation sur le *chianti classico* (il y a de très bons chianti parmi les *chianti putto*), soyez plutôt attentif à ce que vous dit la bouteille. S'il s'agit d'une *riserva,* cela signifie que votre vin a vieilli 3 ans avant d'être commercialisé ; c'est une garantie de qualité.

UN VRAI FIASCO !

Le *fiasco (« fiasque »),* bouteille recouverte d'une enveloppe de paille, ne se retrouve guère que sur les tables pour entretenir le folklore. Elle fut pourtant à l'origine du succès du chianti et servait à protéger les bouteilles lors du transport. Cet emballage a quasiment disparu au profit des bouteilles « bordelaises », plus sérieuses. Sachez d'ailleurs que la plupart des housses de paille sont aujourd'hui importées des Philippines !

Pour avoir la main sûre, retenez les *cantine* ou autres *fattorie* (producteurs) suivants : Marchese Antinori, Badia a Coltibuono, Castello dei Rampolla, Castello di Ana, Castello di Brolio, Castello di Verrazzano, Marchese de Frescobaldi, Nozzole, Poliziano...

– Un autre vin rouge fait la renommée de la Toscane : le *vino nobile di montepulciano.* C'est un vin de garde plutôt généreux en bouche, souvent très puissant. Les impatients se jetteront sur le *rosso di montepulciano,* un vin plus jeune, plus souple, qui n'est pas à dédaigner pour autant (votre porte-monnaie vous conduira d'ailleurs naturellement vers lui). Les autres pourront adhérer à la devise « *Il montepulciano d'ogni vini è il re* » (« Le montepulciano de tous les vins est le roi »). Produit par les familles nobles de Montepulciano (ville située à 45 km au sud de Sienne), vous retiendrez les producteurs suivants pour goûter au meilleur de ce vin : Avignonesi, Fattoria del Cerro, Poliziano... Là encore, il vous faut privilégier la *riserva.*

Le second, le *brunello di montalcino,* de grande renommée aussi, est une véritable merveille... malheureusement trop méconnue des Français. C'est un vin de grande garde qui peut vieillir sans problème 25 ans avant d'atteindre son apogée.

La *riserva* ne peut être vendue avant 5 ans. Un minimum, car ce vin exige beaucoup de patience... contrairement au *rosso di montalcino,* qui provient de vignes plus jeunes. Le *brunello,* d'un prix élevé, est dur et tannique. Très complexe, il ne déçoit qu'exceptionnellement. Les plus grands producteurs sont le Castello Banfi, Biondi-Santi (le nec plus ultra), Lisini, Caparzo, Col d'Orcia...

– D'autres appellations ont droit au titre honorifique DOCG comme le *morellino di scansano* et le *montuccio sangiovese* (DOCG en 2011 seulement !), deux appellations de Maremme qui se distinguent par des vins fruités moins puissants que les traditionnels toscans, ou le *val di cornia rosso* et le *suvereto* produits sur la côte tyrrhénienne. Enfin, le *carmignano,* tout petit vignoble d'à peine 120 ha à l'ouest de Florence, qui produit un excellent vin rouge nettement moins cher que les précédents (deux producteurs à retenir : Capezzana et la Fattoria di Artimino). Et le *vernaccia di san gimignano,* un vin blanc généralement sec. Très doux (et non plus sec), il peut être légèrement poivré. Vous aurez plus de chance de le rencontrer sur l'autel de l'église du coin que dans votre verre. À l'origine, il s'agit en effet d'un vin de messe.

Nous passerons sur la quantité d'autres appellations que l'on rencontre en Toscane (une trentaine de DOC) pour vous dire à nouveau tout le bien qu'il faut penser de certains vins de pays, notamment ceux que l'on appelle désormais les *supertoscans.* Conçus pour séduire les esthètes et pour convaincre le petit monde du vin que l'Italie était capable de faire des vins modernes, ces nouveaux vins se sont affranchis de la tradition en utilisant des cépages « interdits » (ou non réglementaires pour la zone concernée, comme le cabernet, le merlot, le syrah et le pinot noir), en privilégiant les assemblages et en préférant les petites barriques aux fûts d'origine. Le résultat est spectaculaire. Ceux qui découvriront un *tignanello* (Antinori), un *ornellaia* (Tenuta dell'Ornellaia) ou un *sassicaia* (Tenuta San Guido) qui a donc fini par décroché une DOC, ne jugeront plus de haut le vin italien.

Alors, comment faire son choix parmi tous ces crus d'exception ? Chance inouïe pour l'amateur, les restaurateurs cèdent généralement leurs bouteilles sans majoration excessive. Du coup, chaque repas donne l'occasion d'une nouvelle dégustation... De quoi établir sa petite liste avant de rentrer à la maison ! Par ailleurs, la qualité des crus toscans est telle que même le vin en carafe *(vino della casa)* se laisse boire sans hésitation. Du moins la plupart du temps... De quoi se faire plaisir à moindres frais !

Le vin santo et la grappa

Un peu partout en Toscane vous sera proposé en guise de dessert un verre de *vin santo* accompagné des *biscotti di Prati (cantucci)* qu'il faut tremper dans cet élixir. Ce dernier s'obtient par la vinification de raisins séchés à l'ombre après avoir été suspendus aux poutres des greniers. D'une couleur ambre foncé, doré, le « vin pour les saints » (à l'origine consommé par les prêtres) vous séduira par sa douceur qui compense une forte teneur en alcool. Il accompagnera également très bien un assortiment de *crostini.*

La *grappa* est le nom italien du marc... donc de l'eau-de-vie obtenue par la distillation du marc de raisin. Sa teneur en alcool avoisine les 45° et elle n'est donc pas à conseiller aux plus inexpérimentés. Elle n'est pas toujours médiocre, contrairement à certaines idées reçues. Que les sceptiques trempent leurs lèvres dans la *grappa de brunello di montalcino* pour réviser leur jugement. Vous retrouverez la *grappa* un peu partout en Italie... y compris dans votre café (il s'agira alors d'un *caffè corretto*).

Chianti – coq noir (la légende)

Un mystérieux coq noir sert d'emblème aux caves de certains chianti, dont celles du *Conzorzio del Gallo Nero.*

Au Palazzo Vecchio de Florence, sur le plafond de la salle du *Cinquecento,* vous pourrez admirer une peinture de Vasari représentant un coq noir *(gallo nero).* Alors, pourquoi un coq noir ? La légende du coq noir tient à la naissance même de la ville et ressemble curieusement à la fois à un conte de fées et à une fable de La Fontaine. Il était une fois deux villes, Florence et Sienne, qui n'arrêtaient pas de se battre pour la conquête de nouveaux territoires. Un jour, la sagesse l'emporta ; au lieu de continuer ces luttes meurtrières, les deux villes misèrent le sort des conquêtes sur deux coqs. Au chant du coq choisi par chaque cité, un coureur devait partir en direction de l'autre ville, le point de rencontre devenant frontière. Sienne la magnifique se devait d'avoir le plus beau coq. On choisit un superbe coq blanc qui fut bichonné et nourri, comme... un coq en pâte. Florence, ville naissante et pauvre, n'avait qu'un coq noir et maigre qu'il lui fut difficile d'entretenir. Le jour J, le pauvre coq noir se mit à chanter tant il avait faim, alors que l'aurore n'était pas encore levée, tandis que son alter ego faisait la grasse matinée. C'est, paraît-il, la raison pour laquelle le territoire de Florence est bien plus important que celui de Sienne.

Le café

Tout le monde connaît l'incontournable *espresso,* mais rares sont les Italiens qui le demandent. En effet, certains le souhaitent *ristretto* (serré), voire *ristrettissimo,* ou au contraire *lungo* (préciser *una piccola tassa,* ça fait toujours une gorgée de plus). D'autres le veulent *al vetro* (dans un verre) ou bien *macchiato* (« taché » d'une goutte de lait froid, tiède ou chaud). Le café au lait se demande : *caffè latte, latte macchiato.* À ne pas confondre avec le fameux *cappuccino, espresso* coiffé de mousse de lait et saupoudré, si on le demande, d'une pincée de poudre de cacao. Sublime quand il est bien préparé ! À moins que vous ne préfériez le *caffè corretto,* c'est-à-dire « corrigé » d'une petite liqueur. Mieux vaut le boire debout au comptoir, à l'italienne (souvent moins de 1 €)... Assis, il peut coûter jusqu'à cinq fois plus cher !

Le chocolat

C'est un marchand florentin du nom d'Antonio Carletti qui découvrit le chocolat à boire lors d'un voyage en Espagne en 1606. La *cioccolata* (et non le *cioccolato* qui est le chocolat à croquer) est, pour certains, meilleur que le *cappuccino* qui, dans bien des endroits touristiques, se transforme, de plus en plus, en un banal café au lait. Ce chocolat chaud, réalisé dans les règles de l'art, est tellement onctueux, voire très épais (la cuillère tient quasiment toute seule), qu'on dirait de la crème (en fait, on remplace le lait par de la crème fraîche et on peut demander en plus de la crème montée par-dessus – *con panna* –, bonjour les calories !). Un vrai régal !

L'eau

L'eau du robinet est potable, mais on vous proposera systématiquement de l'eau minérale dans les restaurants. Précisez *naturale* si vous souhaitez de l'eau plate, *frizzante* ou *con gas* pour de l'eau gazeuse. Pour l'eau du robinet, si vous y tenez vraiment, demandez *acqua del rubinetto,* mais le goût est parfois métallique (de plus, c'est plutôt mal vu et ça vous catalogue illico *turista,* voire touriste radin). Et puis elle est quand même facturée dans certains endroits !
L'été, des fontaines d'eau fraîche gratuites sont mises à la disposition des touristes. On les trouve sur la piazza della Signoria, piazza del Duomo, piazza Santa Croce ou encore piazza Tasso dans le quartier San Frediano.

CINÉMA

La Toscane offre un cadre privilégié pour les tournages de films en raison de l'exceptionnelle beauté de ses paysages et de Florence dans une mesure encore plus grande. Figure de la région, **Franco Zeffirelli,** né à Florence, est premier assistant de **Visconti** au début des années 1950 et réalisateur de nombreux films comme *Jésus de Nazareth, Un thé avec Mussolini* ou *Callas Forever.* Passionné par Shakespeare, il réalise *La Mégère apprivoisée* avec Elizabeth Taylor et Richard Burton (1967), *Roméo et Juliette* (1968), et bien plus tard,

PAPARAZZO

En 1959, Fellini sort son chef-d'œuvre, La Dolce Vita, *avec Marcello Mastroianni. On y raconte les tribulations d'un photographe pour vedettes, plutôt sans foi ni loi. Dans le film, il s'appelle Paparazzo. Ce qui donne, au pluriel, paparazzi. Ce nom propre deviendra vite un nom commun.*

en 1990, *Hamlet* avec Mel Gibson et Glenn Close. Il s'attaque aussi à l'opéra en adaptant pour le grand écran *La Traviata.*

Paolo et Vittorio Taviani, eux, sont nés dans le village de San Miniato, dans la province de Pise. Leur premier documentaire sera d'ailleurs consacré au massacre perpétré par les nazis dans la cathédrale de ce village, avant de tourner, en 1982, *La Nuit de San Lorenzo* au même endroit. Ensuite se dérouleront plusieurs autres fictions en Toscane : à Florence et Pise *(Les Affinités électives, Good Morning Babilonia),* à San Gimignano *(Le Pré)...*

Auteur de nombreux films, essentiellement comiques, sur le thème de la critique sociale, **Mario Monicelli** a tourné *Mes chers amis,* avec Philippe Noiret et Ugo Tognazzi, à Florence, et *Pourvu que ce soit une fille* dans la campagne siennoise. C'est également à Florence que se déroule l'action de *Metello* et de *La Viaccia (Le mauvais chemin* avec Belmondo et la belle Claudia Cardinale) de **Mauro Bolognini** (réalisateur des *Garçons* avec Laurent Terzieff et Jean-Claude Brialy). C'est aussi le lieu de tournage privilégié de **Leonardo Pieraccioni,** dont les films comiques ont beaucoup de succès en Italie *(Le Cyclone).* Comédies « à l'italienne » également avec **Luigi Comencini,** qui fit un triomphe avec *Pain, Amour et Fantaisie.* Il abandonna ensuite le genre pour se consacrer à des films plus « sérieux » dont *La Ragazza,* film psychologique et historique qui recrée l'atmosphère de l'après-guerre en Toscane. C'est également l'endroit que choisit **Bernardo Bertolucci** en 1996 pour *Beauté volée* avec Liv Tyler, l'histoire d'une jeune Américaine qui va émoustiller le sens quelque peu endormis d'un groupe d'artistes locaux. Et encore, comment ne pas oublier les scènes magnifiquement interprétées par **Roberto Benigni** à Arezzo dans *La vie est belle* ?

Mais la région a aussi inspiré des réalisateurs du monde entier dont James Ivory *(Chambre avec vue),* Ridley Scott *(Hannibal),* Brian de Palma *(Obsession)* pour ce qui est de la ville de Florence, ou encore Marco Tullio Giordana *(Nos meilleures années),* qui retrace la grande crue de Florence en 1966. Également Kenneth Branagh, qui a tourné le magnifique *Beaucoup de bruit pour rien* dans la région du Chianti, ou Jane Campion, dont le *Portrait de femmes* (avec Nicole Kidman) est situé à Lucques, sans oublier Anthony Minghella, qui a fait de nombreuses prises à Pienza pour *Le Patient anglais,* ou encore Ridley Scott pour *Gladiator.* Et puis, si on remonte dans le temps, Gérard Oury a filmé beaucoup de scènes du *Corniaud* à Pise et dans sa région.

CUISINE

La carte des restaurants se divise en cinq grands thèmes : *gli antipasti, il primo, il secondo, i contorni* et *i dolci.* Il faut faire un choix en sachant que les Italiens eux-mêmes, en dehors de certains repas de fête, se contentent d'*antipasti* et d'un plat de pâtes, voire d'un plat de viande selon leur faim. Sinon, bonjour l'addition ! La cuisine est aussi très marquée régionalement, plus encore qu'en France, du fait de l'unification tardive de l'Italie. Chaque région a ses recettes, ses spécialités, et finalement, la cuisine est restée cloisonnée bien après 1870. D'ailleurs, pour les amateurs de cuisine italienne, n'hésitez pas à vous procurer *Delizia, une histoire culinaire de l'Italie*, le livre de John Dickie qui raconte avec précision l'histoire passionnante de cette gastronomie tant convoitée !

Les spécialités florentines

La cuisine est simple mais variée. Sobre, rigoureuse, voire sévère, elle n'est pas sans faire penser aux Toscans eux-mêmes. Elle est, en fait, le pur produit de leur caractère. Des influences étrusques seraient toujours visibles. Au moment de la Renaissance, la cuisine florentine s'est enrichie de produits étrangers provenant d'Amérique, à commencer par la tomate... devenue incontournable.

Les anciennes recettes florentines se retrouvent au travers de la *ribollita*, de la *pappa al pomodoro*, de la *panzanella*, de la *bistecca*... Mais beaucoup ont été perdues. Des mouvements italiens poussent cependant à redécouvrir la gastronomie régionale, comme en témoigne la floraison des gargotes traditionnelles (les fameuses *osterie*), et plus spécialement le mouvement *slow food*

POURQUOI TOMATE SE TRADUIT PAR POMODORO ?

Les grands navigateurs découvrirent la tomate chez les Aztèques, au Mexique. Elle avait bien la forme d'une pomme et valait le prix de l'or parce qu'elle était particulièrement difficile à conserver. D'où son nom en italien.

(voir plus loin « Le succès du *slow food* »). De plus en plus, on peut voir aussi afficher sur les menus, la mention « locavore », qui consiste à faire travailler les petits producteurs locaux de la région. Ça peut aller de la viande aux fruits, en passant par les légumes mais aussi par les vins... Bref, une large palette pour réveiller les papilles des consommateurs !

On trouvait autrefois dans les rues de Florence de nombreux tripiers installés dans des camionnettes de fortune pour quelques euros en échange d'un sandwich aux tripes... Cette tradition se perd mais on peut encore voir à certaines heures de la journée ces vendeurs ambulants... du côté de la piazza Sant'Ambrogio, de la via Cimatori, ou de la piazza Romana. Si vous êtes curieux, allez donc faire un tour au marché San Lorenzo vers 8h, vous verrez que les travailleurs sont déjà attablés avec un sandwich aux abats... Rien de tel pour commencer sa journée ! En toute objectivité, il faut avoir le cœur bien accroché !

Antipasti

– **Les crostini :** tartines légèrement grillées, garnies en principe de pâté de foie de volaille ou de légumes mais en réalité on en trouve de toutes sortes en fonction de l'inspiration du cuisinier. Elles sont servies partout comme entrée.

– **La bruschetta :** tranche de pain grillée frottée d'ail, recouverte d'huile, de tomates coupées en petits morceaux et d'un peu de basilic. Sa version régionale ? la *fett'unta*. Simple et délicieux.

– **La charcuterie :** *lardo di colonnata*. À l'origine, le *lardo di colonnata* était la nourriture des pauvres tailleurs de pierre de la région de Carrare (nord de la Toscane). Il se mange sur des morceaux de pain grillé. Délicat, il tire

UNE TAXE BIEN SALÉE

Au Moyen Âge, les Florentins se sont révoltés face à la hausse des taxes. Pour calmer les habitants, les autorités de la ville ont simplement cessé de faire payer la gabelle, l'impôt sur le sel. En résulte une conséquence encore bien présente de nos jours puisque le pain présenté dans les restaurants n'est jamais salé.

son nom de sa blancheur marmoréenne et de ses veines rosées qui évoquent des colonnes de marbre. À savourer également : le *finocchiona*, un saucisson aromatisé de graines de fenouil sauvage, et divers *prosciutti* (jambons)...

I primi

– Ici, un peu moins qu'ailleurs cependant, la **pasta** occupe une place de choix. On trouve souvent des *taglioni al tartuffo* (fines tagliatelles aux truffes) ou les *spaghetti al ragù* (avec une sauce à la viande). Les *pappardelle al sugo di lepre* (avec une sauce au lièvre) sont une petite merveille qui ne demande pas moins de 2h30 de préparation.

– **Le risotto toscano** est préparé avec du foie de poulet, de l'oignon, de l'ail, du persil et du céleri.

– **Les minestre e zuppe :** la variété et le charme de la cuisine toscane passent également par de nombreux et délicieux potages et autres soupes. La **ribollita** est avant tout une soupe épaisse faite à base de légumes dont le *cavolo nero* (chou noir). On y trouve aussi du pain, qui est le seul ingrédient nutritif et tenant un peu au corps. Ce plat est emblématique d'une certaine cuisine diététique : on choisira du pain toscan rassis et sans sel pour ne pas dénaturer le goût. Son nom originel est *minestra di pane*. Le nouveau nom, *ribollita*, tient au fait que la soupe est cuisinée pour quelques jours et qu'à partir du deuxième elle est réchauffée et rebouillie. Et, bien sûr, le plat du second jour n'a rien à voir avec le plat du premier jour.

– À noter, d'autres **soupes** : l'*acquacotta* (bouillon agrémenté de coulis de tomates, de cèpes, ail, persil, servi avec des tranches de pain huilé), les *minestre di farro* (épeautre), *di ceci* (pois chiches), *di fagioli* (haricots), *di cavolo nero con le fette* (chou noir avec pain), et la *zuppa di vongole* (palourdes, donc servie sur la côte seulement).

– **La pappa al pomodoro :** soupe à la tomate et aux croûtons. Un des incontournables de la cuisine toscane, au même titre que la *ribollita*. Une version moins liquide, la **panzanella,** une salade au pain avec les indéboulonnables tomates et huile d'olive.

I secondi

– **La bistecca :** une merveille mais un peu ruineuse. Attention aux prix qui sont souvent mentionnés *per un'etto* (pour 100 g), à moins qu'il ne soit précisé que c'est au kilo. Compter entre 300 et 500 g par personne. La *bistecca* est une viande de grande qualité provenant d'un élevage bovin du val di Chiana (région au sud d'Arezzo). Cette tranche de bœuf épaisse, comprenant l'aloyau et le filet, se cuisine à la braise et se consomme saignante voire bleue.

– **Les viandes de gibier :** le lièvre est cuisiné avec les fameuses *pappardelle al sugo di lepre* ou à l'aigre-doux *(lepre in dolceforte)*. Le sanglier et le lapin « façon chasseur » *(coniglio alla cacciatora)* sont aussi appréciés des carnivores.

– **Les abats :** la *trippa fiorentina*, le *lampredotto* ou encore la *zampa alla parmigiana* témoignent du goût des Toscans pour les abats. Certains tripiers ambulants ont encore leurs stands dans certains quartiers de la ville (voir plus haut).

– **Le poulet** *(pollo)* n'est pas oublié non plus : le *pollo alla toscana*, le *pollo alla diavola* (à la diable) ou le *collo di pollo ripieno* sont des recettes à base de poulet.

– **Des fritures** *(cervelli e carciofi fritti, pollo e coniglio fritto)*.

– **Le poisson :** on rencontre des spécialités de poisson principalement sur la côte, comme le *cacciucco alla livornese* (sorte de bouillabaisse), la *baccalà* (morue) *alla livornese*, la *baccalà con i ceci*, les *calamari in zimino* ou bien encore le *tonno e fagioli*.

I contorni

Sachez que lorsque vous commandez un plat de viande ou de poisson, il n'est jamais accompagné de légumes. Ceux-ci se demandent séparément (et en supplément) si vous en désirez.

– **Les fagioli** (haricots) constituent la véritable viande des pauvres *(carne dei poveri)*. Importés en Italie depuis la découverte de l'Amérique, ils sont une des bases de l'alimentation toscane. On les utilise pour enrichir les soupes et potages ou en guise de *contorni* pour accompagner les viandes (la *bistecca* notamment) et le gibier. Les plus fréquents dans le coin portent le nom de *cannellini* (à ne pas confondre avec... les *cannelloni*). Petits et blancs, ils n'ont rien à voir avec les *fagiolini di Sant'Anna* qui ne manqueront pas de vous impressionner par leur longueur.

– En dehors des *fagioli,* vous rencontrerez les *patate in umido* (pommes vapeur), le fameux *cavolo nero* (chou noir), les *funghi porcini* (cèpes) et quantité d'autres légumes.

Les fromages

– C'est surtout **le pecorino** qui sort du lot dans cette région et qui se décline de multiples façons selon sa provenance régionale : *siciliano, romano, sardo...* et (évidemment !) *toscano*. Ce dernier a longtemps été le seul à garnir la table du peuple. Plus qu'un simple fromage, le *pecorino* était aussi la « viande » des pauvres. On le produit dans différentes zones de Toscane. Le secret du *pecorino* est dans les herbes savoureuses et parfumées de Toscane qui donnent au lait son goût inimitable, et dans le choix des races de brebis.

Il peut être consommé frais *(fresco)* ou affiné (*semi stagionato* ou *stagionato*). On trouve parfois aussi du *pecorino con le pere* (poire), à l'automne, ou *con i baccelli* (fèves), au printemps.

I dolci (desserts)

Les spécialités de desserts sont liées aux saisons ou à un événement précis : la *schiacciata con l'uva* (pain garni de raisins que l'on trouve uniquement en période de vendanges) ou bien encore la *schiacciata alla fiorentina* (sorte de pain plat aromatisé aux agrumes ; c'est un mets typique du carnaval).

– **Le bugie :** beignet frit saupoudré de sucre, qu'on prépare surtout au moment du carnaval.

– **Le zuccotto :** spécialité de Florence à base de chocolat et de fruits confits.

– **Le castagnaccio :** mélange de farine de châtaigne cuisiné dans un four et agrémenté de pignons, d'huile, de romarin et de raisins secs.

– **La colomba :** brioche aux fruits confits et amandes en forme de colombe, qu'on mange traditionnellement à Pâques.

– **Le panforte :** spécialité de Sienne. Riche d'épices, de fruits confits et d'amandes. Consommé à Noël, on en trouve désormais toute l'année en Toscane.

– **Les biscotti di Prato** (ou *cantucci*) sont des biscuits secs parfumés aux amandes que l'on trempe dans un verre de *vin santo*.

Les *gelati* (glaces)

Pas d'Italie sans glaces... après la sieste, vers 17-18h, le rituel immuable de la *passeggiata* conduit naturellement le promeneur vers son glacier attitré pour déguster un *cornetto* de son parfum préféré. Entre amis, on se donne volontiers rendez-vous devant son glacier habituel.

On sait que la glace existait déjà en Chine et au Moyen-Orient bien avant notre ère : des glaces fruitées étaient servies aux banquets d'Alexandre le Grand. Les khalifes de Bagdad adoraient déguster des fruits mélangés à de la neige, appelant ce mélange *sharbet* qui signifie « glaçon fruité » en arabe. C'est Marco Polo qui aurait rapporté cette trouvaille en Italie, et sa consommation se serait développée à la cour des Médicis à Florence sous le nom de *sorbetti,* grâce au bien nommé Bernardo Buontalenti.

Par les mariages, notamment entre Catherine de Médicis et le futur Henri II, les glaces italiennes furent popularisées à la cour de France. À la fin du XVIIe s, déjà, on servait des glaces dans les cafés et restaurants parisiens. Le Sicilien *Francesco*

Procopio dei Coltelli est le premier à les avoir proposées à la vente. En 1686, il ouvrit le célèbre *Café Procope* à Paris, qui devint rapidement l'un des plus célèbres cafés littéraires de France.

Les gros fabricants de glaces industrielles en Italie sont des multinationales bien connues mais leurs produits ne sont pas comparables aux glaces réalisées de manière artisanale. Ils contiennent souvent moins de lait, et généralement du lactosérum, des protéines concentrées, des émulsifiants, des stabilisateurs et des colorants artificiels.

Quant aux glaces artisanales, il existe encore une multitude de petits artisans-glaciers qui utilisent des ingrédients comme le lait et la crème, le sucre, les arômes naturels, ou les œufs. Elles se reconnaissent immédiatement à leur texture exceptionnelle et leur goût délicieux. Depuis quelques années, ce sont même ces glaciers qui ont tendance à l'emporter, favorisés par la mode du bio et du locavore. Tant mieux !

L'huile d'olive

Que serait la *bruschetta* sans l'huile d'olive de Toscane ? Ce produit de haute tradition est le meilleur de toute l'Italie. Sa réputation, due à sa fragrance et à son onctuosité, est exceptionnelle. Les oliviers reçoivent les mêmes attentions et les mêmes soins que les pieds de vigne. Comme pour le vin, il y a des crus, et les goûteurs d'huile doivent avoir les mêmes compétences que les œnologues. Il y a également différentes qualités dans la même variété. Celles-ci dépendent du sol des plantations, de leur exposition et du type de presse utilisée pour l'extraction. Les meilleures huiles se font avec des olives noires, écrasées avec des presses de pierre, mais celles-ci sont de plus en plus rares. Actuellement, les presses automatiques en acier sont naturellement les plus utilisées. L'huile la plus recherchée est celle de première pression à froid, elle a pour nom *Extra Vergine*. Elle a moins de 1 % d'acidité. Viennent ensuite les huiles de deuxième pression à froid ou à chaud ; elles ont pour nom *Sopra Vergine* et *Fina Vergine*. Dans toute la région du Chianti, de nombreuses *fattorie* (fermes) produisent leurs propres huiles. Elles se valent toutes et sont vraiment excellentes.

La pizza

Si la Toscane n'est pas le vrai royaume de la pizza, Florence compte quelques très bonnes *pizzerie* traditionnelles. Évidemment, la qualité n'est que rarement au rendez-vous, mais certains pizzaiolos ayant fait leur classe à bonne école, ou venant carrément de la région napolitaine, plusieurs adresses relèvent le niveau et régalent les amateurs. La pizza naquit, il y a longtemps, dans les quartiers pauvres de Naples où c'était la

PIZZA ROYALE !

C'est en l'honneur de la reine Marguerite de Savoie, femme d'Umbert Ier (fin XIXe s), que l'on prépara, lors d'une réception, une pizza spéciale. Sans ail évidemment, rapport à l'haleine ! On décida alors de rendre hommage à la nation nouvellement unifiée, en évoquant le drapeau italien : tomate pour le rouge, mozzarella pour le blanc et basilic pour le vert. La Margherita était née.

nourriture des dockers. La pâte, agrémentée d'un petit quelque chose suivant la richesse du moment (huile, tomate, fromage...), que l'on roulait sur elle-même, constituait leur casse-croûte de midi. Depuis, elle a fait du chemin : il semblerait qu'il y aurait plus de 200 façons de la préparer. Les bonnes pizzas sont cuites au feu de bois uniquement et préparées par un pizzaiolo, responsable de la fabrication de la pâte (les meilleures lèvent jusqu'à une trentaine d'heures), de sa cuisson et de ses ingrédients. Tout un art !

La *pasta* (les pâtes)

Petite histoire de la pasta

L'Antiquité nous fournit bon nombre de preuves, comme le bas-relief de Cerveteri (célèbre nécropole étrusque au nord de Rome) représentant différents instruments nécessaires à la transformation de la *sfoglia* en tagliatelles. Ou encore le livre de cuisine d'Apicius, où nous retrouvons l'ancêtre de la lasagne, la *patina*.

Au travers de ces témoignages étrusques et romains, les Italiens pourraient revendiquer la paternité de la *pasta*. Mais cet italianisme n'est pas si incontestable que cela. La Sicile arabe (IXe-XIe s) n'est pas pour rien, en effet, dans l'introduction de la *pasta secca* en Italie, les Arabes semblant avoir inventé la technique de séchage pour se garantir des provisions lors de leurs déplacements dans le désert. Le savoir-faire aurait ensuite rayonné à travers l'Italie.

Avalant les siècles goulûment, nous voici, à la fin du XIXe s, à Naples, qui peut être considérée par bien des côtés comme étant la patrie de la *pasta secca*. C'est ici qu'une véritable industrie se mit en place, favorisant la diffusion à travers toute l'Italie des pâtes sèches... qui voyagent mieux, il va sans dire, que la *pasta fresca*.

Pâtes et sauce tomate : une grande histoire d'amour

Pendant des siècles, les pâtes furent l'apanage des tables royales et aristocratiques. Il fallut attendre l'invention des pâtes sèches pour qu'elles se démocratisent et passent au rang d'aliment populaire. Sain, simple et nourrissant, le plat de pâtes mit néanmoins du temps à conquérir son public. C'est seulement à la fin du XVIIIe s, quand on eut l'idée d'associer pâtes et tomate, que les pâtes connurent le succès. Il faut dire que l'alchimie est parfaite. La magie de la sauce tomate, c'est qu'elle est la seule à s'accorder à toutes les pâtes, longues ou courtes, lisses ou striées, plates ou tarabiscotées. Il est une affirmation qui pourrait passer au rang de proverbe ou de dicton : « À chaque sauce, sa pâte ! »

Les macaronis (maccheroni)

Par ce mot d'origine grec (*macarios* signifiant « heureux »), on désigne l'ancêtre de toutes les pâtes, un peu comme le mot « nouille » chez nous. D'ailleurs, le sens figuré de *maccherone* (« nigaud à la tête vide ») n'est guère plus gentil et ne manquera pas de nourrir l'humeur caustique de nos compatriotes. En Italie du Sud, *maccheroni* désignait aussi l'ensemble des pâtes sèches, d'où la fréquente confusion entre *maccheroni* et macaronis, ces derniers étant à ranger définitivement dans la famille des pâtes courtes.

Les pâtes courtes

Il en existe une grande variété, surtout depuis l'invention des pâtes sèches industrielles, les machines permettant toutes sortes de fantaisies.

Les *fusilli* (originaires de Campanie) sont le résultat d'évolutions techniques considérables. Au début, les *fusilli* étaient des cordons de pâte de blé dur enroulés en spirale autour d'une aiguille de fer. L'aiguille était retirée une fois la pâte sèche. On pourrait également citer les *farfalle* (ou papillons), ces derniers étant originaires de la région de Bologne. Plus traditionnelles : *penne, maccheroni, tortiglioni, giganti, bombardoni*... (à noter que les *penne rigate* représentent à elles seules près du quart du marché des pâtes sèches, juste derrière les *spaghetti*).

Les pâtes courtes et grosses, comme les *orecchiette* ou les *trofie*, aiment les sauces à base d'huile (par exemple, le *pesto*) ou de légumes, tandis que les courtes et creuses comme les *rigatoni* ou les *conchite* aiment les sauces plus épaisses à la viande.

Les spaghetti, ou les pâtes longues

Cette forme de pâtes se mange depuis belle lurette dans toute l'Italie. Garibaldi et sa fameuse expédition des Mille en 1860 n'y seraient pas pour rien.

Remontant du Sud vers le Nord, il aurait en effet fortement contribué à la généralisation des pâtes sèches et des *spaghetti* en particulier. *Unità per la pasta !*

– Les larges et plates : comme les *lasagnette*, les *fettucine,* les *tagliatelle*... À utiliser de préférence avec des sauces au beurre,

SPAGHETTI ALLA PUTTANESCA

Cette sauce composée d'ail, piment, câpres, tomates et anchois au sel est plutôt relevée. On dit que ce plat permettait aux prostituées de le préparer rapidement entre deux clients.

à la crème, au coulis de courgettes, de poivrons, de tomates...

– Plus larges encore : les *parpadelle* (très populaires à Florence) jusqu'aux *lasagne* (que l'on fait cuire au four).

– Les longues et fines : comme les *linguine,* les *linguinette,* les *fettucelle* et bien sûr les *spaghetti*... Elles raffolent des sauces à base d'huile mais sont finalement assez polyvalentes...

– Les ultrafines : les *vermicelli, capelletti* (dites également *capellini,* c'est-à-dire « fins cheveux »), *capelli d'angelo* (cheveux d'ange), que l'on utilise principalement en soupe et en bouillon.

– Les *bigoli* ou les *bucatini* sont des pâtes bâtardes, à la fois spaghettis creux et macaronis longs. On les réserve volontiers aux sauces à la viande. Les plus gros sont les *ziti*.

Petit lexique

Pâtes sans œufs
– *Spaghetti :* longs et ronds.
– *Bucatini :* spaghettis géants avec un tout petit trou.
– *Ziti :* spaghettis géants avec un grand trou.
– *Rigatoni :* courts, en forme de polochon.
– *Penne :* sorte de tuyaux biseautés, en forme de plume.
– *Conchiglie :* en forme de coquillage.
– *Puntine :* petits points.
– *Farfalle :* papillons.
– *Maccheroni :* macaronis.
– *Fusilli :* pâtes en forme de spirale.

Pâtes aux œufs
– *Fettuccine :* longues et plates.
– *Tagliatelle :* comme les *fettuccine.*
– *Tonnarelli :* spaghettis carrés, blancs ou verts.
– *Lasagne :* larges, longues et plates et en pile, blanches ou vertes.
– *Cannelloni :* en forme de polochon, fourrés.
– *Ravioli :* en forme de coussin, fourrés.
– *Tortellini :* en forme d'anneau, fourrés.
– *Tortelloni :* la taille au-dessus, fourrés.
– *Quadrucci :* comme les *fettuccine.*
– *Capellini :* « fins cheveux ».

Le succès du *slow food*

De nombreux restaurants florentins affichent l'autocollant *slow food* (reconnaissable au symbole du petit escargot). Ce mouvement culinaire (« écogastronomique » pour être plus précis), né en Italie en 1989 (le siège de l'association se trouve à Bra, dans le Piémont), a décidé de défendre les valeurs de la cuisine traditionnelle, particulièrement celles des petites *trattorie* du terroir. Il était grand temps de sauvegarder les bons produits du terroir et les plats de tradition.

Le retour du bien-manger et la volonté de préserver la biodiversité sont apolitiques. Le *slow food* n'est pas contre la modernisation à condition qu'elle soit au service du goût. L'idée, c'est aussi de respecter la nature et d'attendre la bonne saison pour apprécier un légume ou un fruit. À quoi cela sert-il de manger une fraise (insipide) en décembre ?

La carte est souvent remplacée par l'ardoise, et surtout, on prend le temps de manger... et d'apprécier. Les restaurants *slow food* (on en sélectionne certains) ne sont pas forcément bon marché car ils privilégient justement la cuisine dite « du marché ». Attention cependant, un resto *slow food* n'est pas une assurance de qualité, car on peut avoir de bons produits et ne pas savoir les cuisiner ; mais n'ayez pas trop d'inquiétude, la plupart du temps, vous vous régalerez.

Si vous voulez plus de renseignements, vous pouvez vous rendre sur le site
● *slowfood.com* ●

Petit lexique culinaire

Aglio	Ail
Arrosto	Rôti
Asparagi	Asperges
Bistecca alla fiorentina	Steak épais assaisonné de poivre et d'huile d'olive
Carciofi	Artichauts
Casalinga	Comme à la maison, « ménagère »
Contorno	Garniture de légumes
Fagioli	Haricots blancs
Fagiolini	Haricots verts
Formaggio	Fromage
Funghi	Champignons
Gelato	Glace
Insalata	Salade
Maiale	Porc
Pane	Pain
Panna	Crème épaisse
Pasticceria	Pâtisserie
Peperoni	Poivrons verts ou rouges
Pesce	Poisson
Pollo	Poulet
Ragù	Sauce à la viande
Risotto	Riz cuisiné
Sarde	Sardines
Spumone	Glace légère aux blancs d'œufs
Torta	Gâteau, tarte
Tortelli	Raviolis farcis d'herbes et de fromage frais
Uovo	Œuf
Verdure	Légumes
Vitello	Veau
Vongole	Palourdes ou clovisses
Zucchero	Sucre
Zucchine	Courgettes
Zuppa	Soupe

GÉOGRAPHIE
::

La géographie, qu'elle soit humaine, économique ou électorale, réserve à Florence et plus grande échelle à la Toscane une position charnière entre le Nord et le Mezzogiorno. Presque enclavée au nord et à l'est par les montagnes des Apennins et ouverte sur la vaste plaine du Latium romain, cette région est trop diverse pour en faire un ensemble homogène.

– **Au nord,** on trouve des massifs schisteux et argileux, terrains de prédilection des châtaigniers et des rendements céréaliers qui déchantent. La mise en valeur du sol est relativement limitée et peu gratifiante.

– **Au sud,** sous les taillis, les bocages et les petites parcelles de céréales se trouve un substratum rocheux prépliocène (dixit les manuels spécialisés), comme du côté des monts Métallifères dans les environs de Massa Marittima. Du côté de Sienne, vers l'abbaye du *monte Oliveto Maggiore,* les mêmes collines datent de l'âge plaisancien. Très fertiles, elles sont modelées en mamelons et n'en finissent plus d'onduler. Sur leurs hauteurs se réfugient les petits villages médiévaux comme Pienza, Montalcino ou Montepulciano.

– **Au centre,** entre Florence et Sienne, le cépage San Giovanese du Chianti, mais aussi les oliviers et les cultures fruitières s'épanouissent sur des dépôts à la fois sableux, caillouteux, argileux et gréseux. La relative richesse minérale du val d'Elsa reste inexploitée pour des raisons principalement économiques. Seul le *monte Amiata* étrusque procurait jusqu'à une période récente une part importante de la production de mercure, mais, pour des questions de rentabilité, l'exploitation a cessé en 1975.

– **À l'est,** la majeure partie de l'Ombrie non montagneuse est formée par une vallée centrale ouverte par le cours du Tibre *(Tevere),* alimentée par une succession de cours d'eau disposés perpendiculairement. Les flancs de ces vallées sont pour la plupart couverts d'immenses champs d'oliviers et exploités sous la forme du métayage. Ils sont aussi intensément utilisés, grâce à leur exposition, à la culture de la vigne.

– **Le val d'Arno :** axe majeur (pour ne pas dire le seul) de la région, il concentre à lui seul la majeure partie de l'habitat des deux régions. C'est le cœur de l'activité toscane.

L'ensemble de la région est caractérisé par des failles qui entaillent de part en part ce cœur de l'Italie. Cela explique le caractère spectaculaire des tremblements de terre, comme ceux de 1997.

HISTOIRE

Histoire vraie ou légende ?

Selon une très vieille histoire (légendaire ?), 108 ans après le Déluge, Noé naviguant sur le Tibre découvrit la vallée de la Chiana. Il s'y plut, s'y installa, eut une descendance, et notamment un certain Crano qui aurait fondé **Cortona (Cortone)** et un petit royaume appelé **Turrenia.** Ce serait la première appellation antique connue de la Toscane. Le roi Crano eut à son tour des descendants qui durent s'enfuir en Grèce où ils fondèrent la ville de Troie. De retour en Turrenia, on les aurait surnommés Étrusques en souvenir de Troie... C'est une hypothèse. Parmi ces émigrés quelques noms célèbres : Ulysse et Pythagore... Selon Homère, Ulysse serait en effet venu en Italie après son interminable périple en Méditerranée... Si l'on regarde de près son itinéraire, le héros n'est pas monté aussi au nord car il accosta à Circé, au sud de Rome. Quant à Pythagore, le célèbre philosophe et mathématicien grec, il serait mort à Cortone. On voit dans cette ville aujourd'hui une sépulture de style gréco-hélennestique nommée la « tanella di Pitagora »... Vasari pensait que c'était la tombe d'Archimède.

Les Étrusques

Berceau de la civilisation étrusque, l'actuelle Toscane connut à partir du IIᵉ millénaire av. J.-C. deux vagues successives d'envahisseurs. Les Indo-Européens vinrent en effet se mêler aux éléments méditerranéens indigènes (la population « villanovienne ») pour donner naissance à des peuples très diversifiés sur les plans culturel, linguistique et technique. Si les Phéniciens et les Grecs (775 av. J.-C.) eurent également un rôle civilisateur considérable, les premiers à tenter l'unification politique et culturelle de la péninsule italienne furent les Étrusques.

Le B.A.-BA de l'abc étrusque

Caton l'Ancien, Virgile ou Catulle y sont allés de leur couplet sur les Étrusques, ce peuple mystérieux qui défia les Romains. La langue étrusque a fasciné très tôt les spécialistes pour la bonne et simple raison qu'elle n'avait aucun lien de parenté avec les autres langues du Bassin méditerranéen. Hérodote s'était même amusé à brouiller les pistes puisqu'il fit remonter son origine jusqu'au fils du roi lydien, Tyrrhenos (d'où la mer Tyrrhénienne, *il mare Tirreno,* tire son nom).

Hormis les bandelettes de la momie de Zagreb, achetées à un antiquaire d'Alexandrie par un aristocrate croate, finalement bien maigres, seuls subsistent les statues, vases et autres objets qui portent une inscription « J'appartiens à untel » ou « J'ai été offert par ». Sans possibilité de l'apparenter aux autres langues, la conclusion actuelle des spécialistes est que la langue serait tout bonnement autochtone. Comme le basque ou l'ibère, autres grains de beauté de l'histoire, elle aurait résisté pour des raisons économiques et sociales à la vague indo-européenne qui forgea le socle commun des langues du Vieux Continent.

L'alphabet étrusque

L'écriture apparaît en Étrurie (Toscane actuelle) aux alentours de 700 av. J.-C., au moment où les contacts entre les Étrusques et les Grecs, qui sont arrêtés au sud de l'Italie, se font plus intenses.

Pour adapter l'alphabet grec aux exigences de leur langue, les Étrusques le modifièrent en procédant à des suppressions et des ajouts qui entraînèrent des variantes dans les différentes zones de l'Étrurie. Avec 13 000 inscriptions en langue étrusque, le vocabulaire était donc très pauvre. On a cru faire une découverte décisive avec l'apparition mystérieuse de la pierre de Cortone, une plaque de bronze sur laquelle sont gravées 40 lignes de texte qui correspondent à une sorte de contrat. Cependant, l'étude de ce texte n'a apporté qu'une maigre contribution aux études réalisées sur la langue étrusque. Car, tant que l'on ne trouvera pas de textes bilingues étrusque-latin, étrusque-grec ou étrusque-phénicien, aucune vraie révolution ne pourra avoir lieu.

Géopolitique étrusque

En 396 av. J.-C., Furius Camillus prospectait dans les environs de Véies. Lui et ses hommes, armés de leurs glaives, s'introduisirent dans l'un des boyaux construits par les Étrusques qui conduisirent aux puits de la ville. Il ne leur restait que quelques centimètres pour déboucher à la surface quand ils entendirent une voix : celle d'un haruspice de la cité. En effet, les Étrusques, comme les Grecs, avaient l'habitude de lire le futur dans les entrailles des volailles ou des moutons. Ils en déduisaient la volonté divine et agissaient en fonction. À Véies, l'haruspice annonçait que la victoire reviendrait aux possesseurs du foie posé sur l'autel. Les Romains sortirent de leur trou comme d'une boîte de Pandore et se mirent à massacrer tout le monde. L'haruspice avait dit vrai.

Quoi qu'il en soit de cette histoire digne d'une bande dessinée, la pierre d'achoppement sur laquelle butèrent les Étrusques fut le début de leur fin. Les 12 cités étrusques (Cerveteri, Chiusi, Cortone, Orvieto, Pérouse, Populonia, Roselle, Tarquinia, Véies, Vetulonia, Volterra et Vulci) formaient le cœur de leur civilisation qui n'avait pour équivalent que celles d'Athènes ou de Phénicie. Cette civilisation n'avait cessé de s'épanouir et d'essaimer son pouvoir depuis le nord de Ravenne jusqu'au sud du territoire romain pendant près de huit siècles (du XIe au IIIe s av. J.-C.). Elle s'appuyait sur de petites cités-États dirigées par des oligarchies familiales. Leurs seuls liens fédérateurs, et leurs principaux problèmes, étaient la religion et peut-être une conscience trop orgueilleuse de leur singularité. Les 12 cités se jalousaient leur autonomie, et aucun commandement commun ne pouvait prendre la direction des affaires politiques et militaires. Leur seule force provenait de la mer. L'île d'Elbe accouchait chaque année de 10 000 t de minerai, transformé dans les hauts fourneaux de Populonia par leurs esclaves. Les Grecs et les Phéniciens y accouraient et lestaient leurs navires pour ensuite transformer le matériau en armes. Le *monte Amiata* fournissait quant à lui du cuivre, de l'étain et du plomb argentifère. Le rayonnement économique des Étrusques s'étendait sur une zone géographique considérable : l'actuel Danemark, le cours du Rhin, Londres, la Bretagne gauloise, la côte ouest de la péninsule Ibérique depuis la Galice jusqu'à Cadix, Carthage, la Sicile, le cours du Danube, Naucratis (le supermarché égyptien de l'Antiquité)... Bref, les Étrusques étaient d'infatigables voyageurs et de sacrés commerçants. Et, en plus, ils avaient réussi à s'allier aux Carthaginois, ce qui leur conférait un contrôle (relatif) des mers.

De 616 à 509 av. J.-C., l'Étrurie domina Rome et lui donna même deux rois dont Tarquin l'Ancien. L'alliance fonctionna à merveille avec Carthage, mais en 474 av. J.-C. ce furent les Syracusains qui sonnèrent le glas de l'Étrurie. Les Étrusques y perdirent la domination des routes commerciales. Comme la scène se passait à Cumes et que, depuis 509 av. J.-C., Rome n'était plus sous leur jurisprudence, ils furent acculés et ne purent communiquer avec leurs positions de Campanie. Les amis d'hier sont les ennemis d'aujourd'hui. Les Syracusains ne se borneront pas à leur flanquer une déculottée ; ils vinrent même jusque sur leurs terres chercher l'embrouille. Dans le même temps, les Étrusques virent également leurs territoires au nord menacés par les Gaulois. Le vaisseau des « Tusques » (sobriquet donné par les Romains) avait pris l'eau de toutes parts, et Rome eut désormais les coudées franches pour se jeter sur sa dépouille.

À la recherche de la civilisation étrusque...

Le Moyen Âge n'a pas été très riche en découvertes étrusques. Il fallut attendre le XVIᵉ s, quasiment 1 000 ans après leur âge d'or, pour que les Étrusques sortent de l'ombre. Les Médicis, et notamment Laurent le Magnifique, figuraient parmi les premiers à s'y intéresser. Dans l'œuvre de Michel-Ange, pour ne citer que lui, de nombreuses références y font allusion, comme la *Pietà* de la cathédrale de Florence où l'on repère un personnage qui a enfilé une tête de loup. Celui-ci est clairement inspiré des nombreuses fresques des nécropoles qui présentent le « Dieu du monde d'en bas » des Étrusques. Mais le tournant des recherches apparaît à la fin du XVIIIᵉ et au XIXᵉ s. Ce sont les Anglais qui se passionnèrent pour l'étude de cette civilisation. Un noble, Thomas Coke, donna le *la,* et vers 1760, James Byres publia un ouvrage richement illustré ; un véritable manuel du parfait étruscologue. À la fin des guerres napoléoniennes, les premières aventurières anglo-saxonnes, les *ladies* de la haute, parcoururent la campagne toscane pour visiter les tombeaux et constater, déjà, la détérioration des nombreuses peintures. Plus tard, la guerre inventa la télédétection. À partir de photographies prises de montgolfière puis de clichés effectués en 1944, on constata des taches plus ou moins sombres révélant au sol la présence de tumulus. Bradford, un agent des services de renseignements de Sa Majesté, cartographia en quelque sorte les nécropoles étrusques. Il inventa même une méthode pour connaître leur contenu sans les ouvrir. À l'aide de deux électrodes fichées en terre de part et d'autre d'un tumulus, sachant que la terre est plus conductrice que l'air, il pouvait détecter la présence d'objets. Plus tard, un petit trou permettait à une caméra miniature de détailler avec plus de précision l'intérieur des tombes.

L'Empire romain

Après la mort de César, le monde romain connut un moment de flottement avant qu'Octave (futur Auguste), le neveu de César, ne puisse s'imposer. Son principal rival fut Marc-Antoine, ancien lieutenant de César ; Marc-Antoine fut le maître de Rome après l'assassinat de son ancien maître et dictateur. Devenu l'amant de Cléopâtre, il fut définitivement battu par Octave à Actium en l'an 31 av. J.-C.

Pour la première fois, toutes les terres bordant la Méditerranée appartenaient à un même ensemble politique. Octave, à qui le Sénat avait reconnu une autorité souveraine en lui décernant le titre d'*Augustus* le 16 janvier 27 av. J.-C., allait tenter d'en faire un État unifié et d'y instaurer un ordre nouveau. Il commença par

> ### CHAUVE QUI PEUT !
> *César était très préoccupé par la perte de ses cheveux. Il fit voter par le Sénat une loi l'autorisant à porter en permanence une couronne de lauriers, pour cacher sa calvitie. Un attribut certes honorifique mais surtout pratique. Il ramenait sur son front les rares cheveux qui lui restaient à l'arrière. Sa copine Cléopâtre, qui était de mèche, lui préparait une décoction à base de graisse d'ours et de souris grillées. Bonjour l'odeur.*

garantir les frontières et réorganiser l'administration des provinces. La longueur de son règne (47 ans !) lui permit d'édifier, lentement mais sûrement, la nouvelle civilisation impériale (lui et ses successeurs prendront le titre d'*Imperator* comme prénom) qui tentait de concilier la satisfaction des besoins nouveaux et le respect de l'ancien patrimoine culturel romain.

Le « siècle d'Auguste » vit le triomphe de la littérature latine classique : Virgile, Tibulle, Properce, Ovide et Tite-Live.

L'âge d'or de l'Empire romain et son déclin

L'apogée de l'Empire romain se situe autour du règne des empereurs de la dynastie des Antonins : Nerva, Trajan, Hadrien, Antonin et Marc Aurèle, période qui va de l'an 96 à l'an 192.

En 180, le fils de Marc Aurèle, Commode – qui ne l'était pas du tout –, se tourna vers un régime absolutiste et théocratique. On

> ### PRÊTER SERMENT
> *Dans l'Antiquité, on prêtait serment en posant la main droite non pas sur la Bible mais sur ses testicules. Voilà pourquoi les attributs masculins ont pour origine latine* testis *qui signifie « témoin ».*

assassinait beaucoup dans l'Empire romain à cette époque, et être empereur était presque une garantie de ne pas mourir dans son lit. Commode lui-même fut victime de la manière de régler les différends qu'il avait tant contribué à « populariser ». Il fut trucidé dans son bain le 31 décembre 192. Entre-temps, et ce depuis les dernières années du régime de Marc Aurèle, les Barbares s'agitaient aux limites de l'Empire (Orient et Germanie), et certaines garnisons commençaient à devenir nerveuses, allant parfois jusqu'à se soulever.

À partir des années 230, l'Empire romain subit un assaut généralisé de la part des Barbares, dû à des mouvements inhérents au monde germanique et à l'attitude offensive du nouvel empire perse des Sassanides. À plusieurs reprises, Alamans, Francs, Goths et Perses ravagèrent les provinces. Pourtant, l'Empire se maintint, tant son organisation était solide. Ainsi, avec Aurélien et les autres empereurs illyriens (268-285), aidés par une litanie de soldats compétents et acharnés, entraînés dans des guerres frontalières incessantes, l'Empire sembla retrouver un second souffle. Le dernier empereur, Dioclétien, marqua le siècle avec sa tétrarchie.

Essor de la chrétienté

Le 25 juillet de l'an 306, Constantin Ier fut proclamé premier empereur chrétien par ses légions de Germanie. Au même moment à Rome, Maxence, porté par sa garde prétorienne, devenait lui aussi empereur ! Le choc final se produisit le 28 octobre 312, à la bataille du Pont-Milvius. Durant la bataille, Constantin aurait vu une croix dans le ciel avec les mots *In hoc signo vinces* (« Par ce signe tu vaincras. »). C'est effectivement après cette bataille, dont il sortit vainqueur, que Constantin favorisa ouvertement la religion chrétienne par l'édit de Milan en 313. Il donna au monde le « dimanche férié », en ordonnant que le « jour vénérable du Soleil » soit un jour de repos

L'AURÉOLE DES SAINTS

Partout dans la chrétienté, l'auréole est le symbole des saints. Au départ, on apposait un disque métallique juste pour protéger la tête des statues de la chute de pierre ou de la tombée des eaux qui suintent des plafonds. Peu à peu, les fidèles ont cru que cette protection était l'attribut de la sainteté...

obligatoire pour les juges, les fonctionnaires et les plébéiens urbains. Ce jour, célébré par les adeptes du culte solaire dont fit longuement partie Constantin lui-même, correspondait aussi au « jour du Seigneur » des pratiques chrétiennes. Par cette loi – qui fut comme un pont jeté entre deux religions – se trouvait aussi officialisée l'organisation du temps en semaines qu'ignorait le calendrier romain. Enfin, le 20 mai 325, pour la première fois de son histoire, l'Église chrétienne triomphante rassembla ouvertement et librement à Nicée tous les évêques de l'Empire romain en un concile œcuménique qui devait régler le délicat problème de la Sainte-Trinité.

Peu de temps après avoir été baptisé, Constantin mourut en 337. Sa dépouille fut ensevelie dans l'église des Saints-Apôtres de Constantinople. À sa mort, Rome, qui n'était plus résidence impériale depuis 285, vit s'élever les premières basiliques chrétiennes grâce aux donations de l'empereur. Elles s'installèrent à la périphérie de la ville, sur les emplacements des cimetières chrétiens devenus lieux de pèlerinage.

Où l'Église prend goût au pouvoir

Débuts et expansion de l'Église romaine

Théodose le Grand fut le dernier empereur (379-395) à régner sur l'ensemble du territoire de l'Empire. Il le partagea entre ses deux fils : Honorius pour l'Occident et Arcadius pour l'Orient. C'est sous le règne de Théodose que le christianisme devint religion d'État, mais cela ne l'empêcha pas de connaître quelques déboires avec l'Église : saint Ambroise l'excommunia

A VOTÉ !

Dans la Rome antique, les coquillages en général, et les coquilles d'huîtres en particulier, servaient de bulletin de vote. En inscrivant sur la coquille le nom d'un politicien – souvent – influent de la cité, on demandait son bannissement. C'est de là que vient le mot ostracisme (du latin ostrea*, « huître »).*

pour avoir massacré 700 insurgés en l'an 390. Ainsi, pour la première fois, l'État romain se soumit-il à la puissance de l'Église.

Rome perd sa toute-puissance

Sous le règne d'Honorius, le 24 août 410, les Wisigoths, avec le roi Alaric à leur tête, pénétrèrent dans Rome. Honorius était alors dans sa résidence à Ravenne et refusa d'accorder à Alaric l'or et les dignités qu'il convoitait. En représailles, les Wisigoths pillèrent Rome. La chute de la ville, inviolée depuis plus de huit siècles, provoqua un énorme retentissement, faisant douter les païens de sa puissance. Huit ans plus tard, le roi Wallia obtint de l'Empire – ou plutôt de ce qu'il en restait ! – le droit d'installer ses Wisigoths en Aquitaine : c'était la première fois qu'un royaume barbare s'établissait sur le sol romain !

Puis ce fut au tour des Vandales, cousins germains – ou plutôt germaniques – des Wisigoths, qui, après avoir pris Carthage en 439, pillèrent Rome en 455. Vinrent ensuite les Ostrogoths – les Goths de l'est du Dniepr – qui, eux, occupèrent carrément toute l'Italie, la France méridionale jusqu'à Arles et les Balkans.

Charlemagne et son grand empire

L'an 771 vit l'avènement de Charlemagne, qui finit par écraser les

POLTRON

À l'époque romaine, les peureux qui ne voulaient pas aller à l'armée, se coupaient le pouce (polex truncatus signifie « pouce coupé »), ce qui les empêchait de manier les armes et donc de combattre, d'où le mot.

Lombards et conquérir toute la moitié nord de l'Italie (774). Le 25 décembre de l'an 800, il fut sacré empereur d'Occident par le pape Léon III. L'Empire carolingien s'étendait alors de la mer du Nord à l'Italie et de l'Atlantique (plus l'Èbre sous les Pyrénées) aux Carpates (Elbe et Danube). À la mort de Charlemagne, son fils Louis le Pieux hérita de l'Empire. Miné par les querelles intestines et une incapacité à lutter contre les raids vikings, l'ensemble constitué par Charlemagne fut divisé en 843 entre ses trois petits-fils. Une fois le royaume de Lothaire Ier disparu (Lotharingie), le partage fut à l'origine de deux pôles majeurs de l'Europe médiévale : le royaume de France et le Saint Empire. Bien plus tard, Frédéric Ier Barberousse entérina son héritage en prenant Naples en 1162, et en faisant reculer les hordes de Vikings qui avaient envahi la région. Cependant, sur la question politique se greffa un abcès religieux, celui de la querelle des Investitures. En 1059, le pape Nicolas II décida que l'élection du souverain pontife sera soustraite à l'influence de l'empereur. Il s'ensuit une longue lutte d'influence entre le Saint Empire romain germanique et le Saint-Siège. Elle n'aboutit qu'en 1122, avec le concile de Worms : le pouvoir spirituel est dévolu à la seule autorité religieuse ; le pouvoir temporel ne doit pas s'en mêler. En Bavière, les ducs se firent appeler les *Welfs* (d'où les « guelfes ») et défendirent leur bout de gras, bec et ongles, pour pouvoir s'installer dans la Ville éternelle (Rome). Mais les seigneurs de Souabe (les *Waiblingen,* d'où les « gibelins ») ne l'entendirent pas de cette oreille et voulurent eux aussi pouvoir influer sur la nomination du vicaire de Jésus-Christ. Le débat se transpose en Italie, puisque Barberousse avait un pied dans la péninsule et compte bien mettre la main sur les possessions du pape et des Angevins.

En Toscane, donc, les partisans du pape et de Charles d'Anjou, les guelfes, s'opposèrent aux partisans de Barberousse, les gibelins. Sur le cours de l'Arno et dans les environs de Sienne, les cités s'organisèrent en mini-républiques indépendantes, gouvernées par une aristocratie « locale » tantôt guelfe, tantôt gibeline. C'est dans cet état d'esprit de rivalité, ponctué de raids punitifs, que s'épanouit la Renaissance.

L'âge d'or de la Toscane

Les compagnies commerciales de Florence, de Pise ou de Lucques jouissaient dans l'Europe médiévale d'une place primordiale. La région de Toscane était le cœur névralgique de l'économie de la péninsule italienne. Ses satellites étaient les foires de Champagne et du Lyonnais, les villes hanséatiques du nord de l'Europe, les comptoirs commerciaux de Londres et les îles de la Méditerranée. Ses ports : Gênes, Venise et Pise. Au XIIIe s, cette dernière connut un essor fantastique grâce aux industries drapières. Mais elle attira la jalousie de ses proches et, en 1284, sa flotte se fit littéralement damer le pion par les Génois. Du coup, Pise tomba dans la sphère d'influence de Florence qui concentra alors tous les pouvoirs. Le val d'Arno devint le Manhattan de l'Italie. La plupart des commerçants étaient des banquiers qui supportèrent l'industrie lainière naissante. L'une des plus grandes familles de l'époque, les Borromeo, provient de San Miniato, petite bourgade équidistante de Pise et de Florence. La victoire de Charles d'Anjou donna un coup de fouet au dynamisme naissant. Les hommes de Florence et de Sienne qui l'avaient soutenu eurent alors les coudées franches pour pouvoir s'imposer dans le domaine du commerce, de la banque, de la frappe de la monnaie, de l'assurance, de la poste, de l'information et du renseignement. Florence était désormais le siège où convergeaient les commandes, les lettres de change, les chèques (qu'ils furent les premiers à adopter) ; l'Arno était bordé d'entrepôts. Tout ce qui était vendable était acheté. Les denrées alimentaires locales, comme l'huile et les vins, partaient à destination de l'Aragon, des pays du Nord et des côtes tunisiennes ; la soie, les produits tinctoriaux, le poivre provenaient de Chine et du Moyen-Orient et étaient redistribués dans l'ensemble de la chrétienté ; les métaux et les armes achetés en Pologne, en Scandinavie et à Londres étaient écoulés en petite quantité sur le chemin du retour ; les laines (sous forme de toison) d'Angleterre, du Pays basque ou de Bourgogne passaient dans les « petites mains » pisanes puis étaient réexportées. Cette puissance commerciale était tentaculaire. Ainsi, pour armer les troupes d'Édouard Ier et d'Édouard II, les Italiens prêtèrent-ils aux souverains 122 000 livres sterling gagées sur les mines d'argent du Devon. Tout le monde y trouvait son compte, les Italiens étaient exempts d'impôts et de droits de douane, et les souverains pouvaient concrétiser leurs ambitions de puissance.

Mais à la fin du XIVe et au début du XVe s, une conjonction de facteurs va amorcer leur déclin. La peste noire, tout d'abord, puis le lourd passif des rois de France incapables de rembourser leurs dettes de la guerre de Cent Ans. Enfin, la fermeture des routes commerciales orientales, à cause de la prise de Constantinople par les Turcs en 1453, fit chanceler l'édifice. Henri VIII, en mauvaise tenue avec le pape, et Louis XI bannirent les Italiens. Mais les causes externes chapeautaient une situation intérieure instable. Florence fut acculée. Les Génois tentèrent tant bien que mal de résister en essayant de contourner l'Afrique pour trouver une route maritime directe et supplanter ainsi les routes de la soie, terrestres mais dangereuses. Parmi eux, le fils d'un tisserand, cabaretier à ses heures, s'embarqua sur un bâtiment en 1476 pour l'Angleterre. Peu après le détroit de Gibraltar, le navire sombra, attaqué par un corsaire à la solde du roi de France. Le jeune homme gagna à la nage (ou dériva ?) les côtes de la péninsule Ibérique. Il s'appelait Cristoforo Colombo...

La Renaissance (XVe s)

La nouvelle pensée

Dès le XIIIe s, Florence devint une ville de grande tradition festive, laquelle se développa au moment du règne de Laurent le Magnifique. Plusieurs fois par an, et à chaque événement un peu extraordinaire, la ville se transformait en une sorte d'immense carnaval pendant lequel se déployaient la fantaisie, l'exotisme, la richesse et les déguisements les plus extravagants.

FLORENTINER

La Renaissance née à Florence s'intéressait bien plus aux arts qu'à la guerre et la haine. C'était le règne de la tolérance. Les homosexuels vivaient leur sexualité sans être méprisés. D'ailleurs, avoir des relations avec des personnes du même sexe donnera même un verbe : « Florentiner ».

Aux XIVe, XVe et XVIe s, elle fut, avec Venise, la seule république d'Italie, mais une république gouvernée seulement par les familles riches et influentes ! La richesse était bien mieux acceptée que la noblesse à Florence à cette époque. C'est pourquoi les Médicis, bourgeois issus du peuple, purent prendre le pouvoir et régner si longtemps. Ce fut aussi l'une des seules cités à accorder un rôle très important à la critique et à la discussion. On organisait même des concours publics où s'affrontaient les goûts, les styles et les idées ! L'archétype humain de la Renaissance, le génie universel complet de cette époque faste n'est autre que **Léonard de Vinci**

(1452-1519), né près du village de Vinci, entre San Miniato et Pistoia. À la fois peintre, dessinateur, ingénieur, inventeur, humaniste... il est le symbole intellectuel et artistique de l'âge d'or de la Toscane.

Pas surprenant donc que ce soit à Florence que se manifestèrent les premiers signes révélateurs d'un changement d'état d'esprit dans tous les domaines.

En peinture, un des vecteurs majeurs de la nouvelle esthétique fut la mise au point des lois de la perspective. Les peintures de Pompéi (Ier s apr. J.-C.) – qui, de toute évidence, sont des copies de modèles grecs – comportaient déjà de véritables trompe-l'œil. La Renaissance remit à l'honneur l'idée de « profondeur de champ » et la développa selon des règles de perspective. En outre, par l'avènement d'une vision « naturaliste » du monde, les problèmes de volume et de relief aboutirent à une peinture « sculpturale ». Une véritable révolution, qui donna naissance dès 1390 au *Libro dell'arte* (« Livre de l'art ») de Cennino Cennini (d'où sortirent les admirables œuvres des Toscans Masaccio, Giotto – premier peintre naturaliste de l'histoire de l'art –, Leonardo da Vinci, Botticelli, Fra Angelico, Piero della Francesca...). L'apparition de la peinture à l'huile en Italie aux alentours de 1460 – telle que Van Eyck l'avait mise au point dans les Flandres – allait sérieusement influencer l'orientation de toute une génération de peintres habitués à la seule pratique de la fresque et de la détrempe.

En architecture, le grand traité *De re aedificatoria,* rédigé par Alberti, influença les Donatello et Brunelleschi, auteurs du Dôme de Florence.

En sculpture, Donatello et Ghiberti rompirent avec les conventions gothiques pour épouser un réalisme inspiré de l'Antiquité.

La littérature s'épanouit avec des poètes comme Pétrarque, le Pogge, Laurent de Médicis et des narrateurs comme Dante et Boccace. Tous abandonnent le latin pour le toscan, langue jugée plus vivante et alerte.

En politique, l'art de gouverner fut réinventé et décrit en 1513 par le Florentin Niccolò Machiavelli (1469-1527) dans son célèbre ouvrage à portée universelle, *Le Prince.* Homme politique et philosophe, il nous a donné une vision des mécanismes politiques qui reste tout à fait actuelle, en particulier dans des régimes politiques à parti unique où le pouvoir est absolu. Il est évident que ses écrits ont été à l'origine de nouveaux courants de pensée qui, liés aux récentes facilités de transmission du savoir et des idées, ont ouvert grand les portes à l'humanisme.

En commerce, les nouvelles données furent brillamment analysées dans *La Pratica della mercatura* du Florentin Pegolotti.

On a l'habitude d'appeler la Renaissance italienne du XVe s le *Quattrocento,* et celle du XVIe s le *Cinquecento.*

L'unification de l'Italie

Du rêve à la réalité

Quand Napoléon se lança dans sa campagne d'Italie, le 11 avril 1796, il ne pouvait se douter qu'il serait à l'origine de l'émergence du sentiment nationaliste. Cette nouvelle occupation française dura jusqu'en 1814. Entre le Vatican et Napoléon, les relations n'étaient pas au mieux : le pape Pie VII refusait d'accorder l'annulation du mariage de Jérôme Bonaparte et Mlle Paterson ; de son côté, Napoléon voulait contrôler l'Église tant en France qu'en Italie.

Le traité de Paris, en 1814, rendit l'Italie aux Autrichiens, mais le mouvement nationaliste devint de plus en plus actif, et dès 1821 eurent lieu les premières insurrections, notamment à Turin. En 1825, un Génois, Mazzini, créa le Mouvement de la jeune Italie ; la conscience de faire partie d'une même nation était désormais dans le cœur de tous les Italiens. Même le pape Pie IX, fervent lecteur des philosophes, adhéra aux théories de Vincenzo Gioberti, prêtre philosophe et homme politique qui prôna l'idée d'une fédération... sous la direction du pape. Mais il fut aussi un sympathisant des idées de Mazzini qui, lui, souhaitait une république. En 1848, toutes les villes italiennes connurent une certaine agitation, et le roi de Piémont-Sardaigne, Charles-Albert Ier – qui, par ailleurs, n'avait aucune sympathie pour ces mouvements – déclara la guerre à l'Autriche. La cause italienne fut rapidement écrasée, même si Venise résista jusqu'en août 1849. De ces événements allait sortir la leçon suivante : peu importe la forme que prendrait une Italie unifiée, royaume, fédération ou république, l'essentiel était d'expulser d'abord les Autrichiens, et ça ne pourrait se faire qu'avec une aide extérieure.

Les acteurs de l'Unité

Camillo Benso Cavour créa en 1847 le journal *Il Risorgimento,* modéré mais libéral. Appelé à jouer des rôles ministériels pour le roi Charles-Albert et son successeur et fils Victor-Emmanuel II, il devint le véritable maître de la politique piémontaise. Il fonda une société dans laquelle un autre jeune homme allait très vite se distinguer dans cette marche vers l'indépendance : Garibaldi. Né en 1807, Giuseppe Garibaldi fut contraint de s'exiler au Brésil en raison de ses sympathies pour Mazzini. Après ce séjour aux Amériques, où il prit part à une insurrection brésilienne et combattit pour l'Uruguay, il revint en Italie, d'abord en 1848, échouant militairement, puis en 1854 au côté de Cavour. Et petit à petit se dessina la force qui allait renvoyer les Autrichiens de l'autre côté des Alpes.

Le 14 janvier 1858 se produisit un autre événement : la tentative d'assassinat de Napoléon III par Orsini. Avant d'être exécuté, Orsini écrivit à Napoléon III pour le supplier d'intervenir en faveur de l'unité italienne. Impressionné par la teneur de la lettre, l'empereur conclut un accord avec Cavour : la France fournirait 200 000 hommes pour aider à la libération, mais en échange, le Piémont céderait la Savoie et le comté de Nice. Un peu réticent au début, Cavour réalisa plus tard la nécessité de ce sacrifice. En 1859, Garibaldi leva une armée de 5 000 chasseurs et vainquit les Autrichiens à Varese et à Brescia. L'année suivante, il s'empara de la Sicile et de Naples grâce aux Chemises rouges, une armée formée de volontaires internationaux. Élu député par la suite, Garibaldi – natif de Nice – ne tarda pas à entrer en conflit avec Cavour au sujet de la cession du comté de Nice aux Français, puis à propos du problème des États pontificaux.

Les premiers pas de l'Italie naissante

Victor-Emmanuel II fut proclamé roi d'Italie en mars 1861. Son royaume comprenait – outre le Piémont et la Lombardie – la Romagne, Parme, Modène, la Toscane, le royaume des Deux-Siciles, les Marches et l'Ombrie. Il restait le problème de la Vénétie et de Rome, laissé en suspens avec la mort de Cavour. Victor-Emmanuel II prit la tête de l'armée italienne pour tenter de récupérer Venise. Ce fut un échec cuisant, mais, par un extraordinaire tour de passe-passe diplomatique (et la défaite des Autrichiens à Sadowa contre les Prussiens),

SACRÉ PAPE !

Le gouvernement italien proposa, le 15 mai 1871, un acte connu sous le nom de loi des Garanties papales, où l'Italie reconnaissait l'idée d'une Église libre dans un État libre, la personne du pape étant considérée comme sacrée. Il lui fut accordé annuellement une somme de 3 225 000 lires, les propriétés du Vatican et du palais du Latran, ainsi que la villa de Castel Gandolfo. Il put aussi entretenir une petite armée pontificale : les fameux gardes suisses.

Venise fut remise aux mains de Napoléon qui, à son tour, la céda aux représentants vénitiens ! Après un vote de 647 246 voix contre 69, Venise intégra l'union italienne, et le roi Victor-Emmanuel déclara : « C'est le plus beau jour de ma vie : l'Italie existe, même si elle n'est pas encore complète... » Il faisait allusion à Rome, que les Français, pas plus que le pape, n'avaient l'intention d'abandonner... Le 18 juillet 1870, le XXIe concile œcuménique proclama l'infaillibilité du pape. Bien que les forces armées françaises se fussent retirées du territoire dès le mois de décembre 1861, les forces pontificales se composaient largement de Français.

Le 16 juillet 1870, Napoléon III eut la malencontreuse idée de déclarer la guerre aux Prussiens, et le 3 septembre, la nouvelle de la chute de l'Empire français parvint en Italie. Les troupes pontificales baissèrent les armes devant les Italiens, et Rome rejoignit la jeune nation.

De 1870 à nos jours

L'entrée dans le XXᵉ s

Tout d'abord, un régime parlementaire fut institué et le système des élections devint habituel. À peine 10 ans après la fin des luttes pour l'unité, la droite se retrouva en minorité et la gauche arriva au pouvoir. L'Italie connaissait alors de grosses difficultés : le fossé économique et culturel entre le Nord et le Sud continuait de se creuser, et 80 % de la population rurale était illettrée. Au début du XXᵉ s, l'ouvrier italien était l'un des plus mal payés d'Europe et il travaillait plus qu'ailleurs, quand il pouvait travailler.

Avec l'unification, la croissance démographique connut son taux le plus haut. C'est aussi à ce moment que l'émigration fut la plus forte : entre 1876 et 1910, environ 11 millions de personnes émigrèrent, surtout vers les Amériques, enrichissant les pays d'accueil des particularismes italiens.

« L'Italie fasciste »

Au terme de la Grande Guerre, la paix rendit à l'Italie Trieste, le Trentin, le Haut-Adige et l'Istrie, mais l'après-guerre se vit accompagnée de grèves et d'une succession de gouvernements, ce qui créa le terrain favorable à la montée du fascisme. Mussolini et ses Chemises noires donnèrent un temps l'illusion d'une prospérité qui profita surtout à la petite bourgeoisie. Engagé dans la conquête éthiopienne et rejeté par les démocraties occidentales, Mussolini finit par s'allier

> ## QUAND MUSSOLINI VOULUT EXCOMMUNIER HITLER
>
> *Mussolini avait peur que le Führer envahisse les régions germanophones d'Italie du Nord. En 1938, il demanda au pape d'excommunier Hitler, qui était de religion catholique. Et puis les deux leaders fascistes se rencontrèrent à Rome. Peu après, ils signèrent « le Pacte d'acier » entraînant l'Italie dans la guerre.*

avec Hitler, après avoir été son plus fervent adversaire. Il fit notamment capoter la première tentative d'*Anschluss* (intégration de l'Autriche à l'Allemagne) en 1934, en massant ses chars à la frontière autrichienne. Beaucoup plus faible que son allié allemand, le régime fasciste italien rencontra au sein du pays une résistance ouverte dès 1941-1942. Littéralement occupée par les Allemands, l'Italie fut la première des forces de l'Axe à subir l'assaut des Anglais et des Américains. Et Mussolini fut exécuté par des partisans italiens en 1945.

Après la Seconde Guerre mondiale, l'Italie était dans une situation dramatique : usines, réseau de chemin de fer, villes, tout n'était que ruines.

L'après-guerre et les « années de plomb »

Devenue républicaine par référendum en juin 1946, après l'abdication de Victor-Emmanuel III et la mise à l'écart de son fils Umberto II, l'Italie connaît une vie politique particulièrement agitée.

La première république italienne, il est vrai, rencontra toutes sortes de difficultés : terrorisme d'extrême gauche (les Brigades rouges) et d'extrême droite, de type néofasciste, corruption généralisée grippant les rouages de l'État et touchant les plus hauts responsables gouvernementaux, scandales divers (la loge secrète P2 et ses relations avec les banquiers du Vatican)... Sans parler des remous sociaux, de la crise économique... L'Italie paraissait ingouvernable, livrée aux jeux d'alliance (et surtout de retournements d'alliance).

Après l'embellie du « miracle économique » des années 1960, l'Italie revint sur terre et se réveilla avec la gueule de bois. Une vague d'attentats d'une violence inouïe (et sans précédent) déferla sur toute la péninsule. Mais déjà, en 1968, la révolte grondait dans les universités italiennes. Des universités, la contestation se propagea au monde ouvrier qui entra dans une période de grève générale, entraînant d'impressionnantes manifestations à travers le pays. À l'orée des années 1970, la tension sociale était maximale et le pays se révéla être une véritable poudrière. Il ne manquait plus que l'étincelle. Cette étincelle interviendra le 12 décembre 1969, avec l'attentat de la *piazza Fontana* à Milan. La responsabilité de l'attentat fut imputée, à juste titre, à un mouvement d'extrême droite, qui dès lors adopta la « stratégie de la tension », tactique visant à instaurer délibérément un climat de violence politique, dans le but de favoriser l'émergence d'un État autoritaire.

Puis en septembre 1970 fut créé un mouvement d'extrême gauche : les Brigades rouges *(le Brigate rosse)* revendiquèrent leur premier attentat à Milan. Devant l'échec de ses revendications en milieu étudiant et dans le monde ouvrier, ce groupuscule révolutionnaire décida de se lancer dans une lutte armée et violente afin de renverser le modèle capitaliste en place. Dès lors, des actes de violence en tout genre (enlèvements, séquestrations, attentats, assassinats...) vont proliférer durant toutes les années 1970, faisant régner un climat de terreur provoqué par des mouvements d'extrême gauche, mais aussi d'extrême droite. En 1974, des factions des Brigades rouges se développèrent à Padoue, Porto Marghera, Turin et Gênes. L'acte le plus marquant des Brigades rouges restera l'enlèvement et l'exécution d'Aldo Moro en mars 1978. Moro était alors le dirigeant de la Démocratie chrétienne italienne et s'apprêtait à conclure une alliance de gouvernement (« le compromis historique ») avec les communistes. Dès le printemps 1979, l'État italien durcit le ton et adopta une série de mesures exceptionnelles afin d'éradiquer le terrorisme. Cette stratégie portera rapidement ses fruits puisqu'en avril 1981 Mario Moretti, l'un des chefs historiques des Brigades rouges, fut arrêté. L'année 1983 fut marquée par l'ouverture des grands procès : plus de 4 000 activistes de gauche sont condamnés. En dressant un bilan, les « années de plomb » (de 1969 à 1986 environ) auront provoqué près de 14 600 attentats, 415 morts et 1 180 blessés.

La politique anti-corruption des années 1990

Tout semblait prendre une nouvelle tournure dans les années 1990 avec, enfin, des signes forts de l'État, apparemment décidé à se faire entendre : rigueur économique, opération « mains propres » conduisant à un grand nettoyage de la vie politique (1 500 personnes mises en examen, dont des parlementaires). Le socialiste Bettino Craxi, ancien président du Conseil, prit alors la fuite pour échapper à la justice et se réfugia en Tunisie, où il resta jusqu'à sa mort. Giulio Andreotti, autre ancien président du Conseil, de couleur démocrate chrétienne, fut finalement blanchi, faute de preuves, de l'accusation d'« association mafieuse ». Sa carrière politique était néanmoins terminée et sa formation politique balayée.

L'Italie se débarrassa de politiciens corrompus, mais de nouveaux visages apparurent. Ainsi Umberto Bossi qui chercha à fanatiser les Italiens du Nord pour leur vendre son concept de Padanie indépendantiste, « pays » aux frontières incertaines. Le fondateur de la *Lega Nord* (la Ligue du Nord), nommé ministre à deux reprises aux côtés du Cavaliere, démissionnera en 2012 de ses fonctions de dirigeant du parti, accusé de détournement de fonds publics... De nouvelles têtes donc... La gauche revint au pouvoir en 1996. L'Italie semblait alors reprendre sa route vers l'Europe dans une relative sérénité, le gouvernement essayant de travailler dans la durée. Mais « l'Olivier » (nom de la coalition de gauche) était miné par les divisions internes, affaibli par le long exercice du pouvoir ainsi que par l'accomplissement de la marche forcée vers l'Europe.

L'Italie de Berlusconi

Silvio Berlusconi, alors 23e fortune planétaire et ancien chanteur sur des bateaux de croisière, commença dans les années 1970 une carrière dans l'immobilier, qui se poursuivit avec la construction de l'empire médiatique qu'on lui connaît.

En 1993, il se redirigea en politique, en créant le parti de centre droit *Forza Italia*. Soutenu en grande partie par ses chaînes de télévision, il gagna les élections en 1994 et choisit un premier gouvernement qui ne tiendra que 8 mois. Passé dans l'opposition, le Cavaliere incarnait le populisme en resserrant petit à petit le contrôle médiatique. En 2001, il fut à nouveau président du Conseil. Il mit en place un programme de politique ultralibérale (notamment dans le domaine de la fiscalité), de privatisations et de grands travaux.

Malgré l'échec de sa politique, les nombreuses controverses et dérapages verbaux, il resta à la tête du Conseil des ministres jusqu'aux élections législatives d'avril 2006, après quoi il fut remplacé par Romano Prodi, le leader de l'*Unione* (coalition de centre gauche), sorti vainqueur des élections. Mais la parenthèse fut courte, Berlusconi pointant de nouveau le bout de son nez à l'occasion des élections anticipées d'avril 2008, et, en dépit d'une participation en baisse, la coalition qu'il conduisait, *il Popolo della Libertà*, obtint la majorité absolue dans les deux Chambres (Sénat et Assemblée nationale), ce qui lui permit de caresser deux rêves : faire à nouveau l'intégralité de ses 5 ans de mandat... et postuler plus tard à la présidence de la République. Néanmoins, il lui fallut compter avec la Ligue du Nord, le parti d'extrême droite, qui obtint 8,2 % des voix et exigea des mesures plus strictes contre l'immigration clandestine.

Mais, chassez le naturel, il revient au galop. L'année 2009 fut marquée par les frasques multiples du Cavaliere, tant dans sa vie privée que dans sa vie publique. Des manifestations géantes furent organisées dans tout le pays : les « *No Berlusconi days* », orchestrées sur les réseaux sociaux par *il Popolo Viola* qui affichaient un ras-le-bol évident. Parallèlement, la justice suivait son cours, et des procès suspendus reprirent...

Dans le même temps, les élections régionales de mars 2010 renforcèrent la présence et la puissance de la Ligue du Nord dans la vie politique italienne. L'année 2011 fut marquée par l'exaspération des Italiens vis-à-vis du président du Conseil, mouillé, entre autres, dans le scandale du *Rubygate* et autres soirées privées *(Bunga bunga)* dans ses villas près de Milan et en Sardaigne... Comme à son habitude il n'a pas daigné répondre aux convocations des juges. Ajoutons à cela une situation de crise à laquelle il ne semblait pouvoir faire face, discrédité par les marchés financiers, critiqué par les médias ainsi que par l'Église (pour les raisons qu'on sait), le Cavaliere remit sa démission le 12 novembre 2011.

Libéré de ses fonctions 4 jours plus tard, l'économiste et universitaire Mario Monti, n'appartenant à aucun parti politique, prit sa place aux commandes de l'État à la tête d'un gouvernement « technique » soutenu par toutes les tendances présentes au Parlement, à l'exception de la Ligue du Nord. Mario Monti jouissait d'une certaine popularité malgré une politique de réformes et d'austérité pénible, mais semble-t-il nécessaire... jusqu'en décembre 2012 où celui-ci... démissionna.

Depuis 2013

Au lendemain des élections législatives des 24 et 25 février 2013, aucune majorité politique ne se dégageait. C'est l'impasse. Le président Napolitano (réélu à 88 ans !) nomma en avril Enrico Letta, de centre gauche, à la tête d'un nouveau gouvernement formant une coalition d'unité nationale inédite, réunissant des hommes politiques de gauche comme de droite. Il a été poussé vers la sortie par Matteo Renzi (parti démocrate). Ce dernier est président du conseil depuis février 2014. Le nouvel « homme pressé » de la gauche. L'ex maire de Florence a invité les élus à sortir du « marécage ». Le plus jeune Premier ministre que l'Italie n'ait jamais connu va trouver en Manuel Valls le partenaire idéal pour rétablir un axe franco-italien correspondant à la dynamique européenne qu'ils rêvent tous deux de restaurer.

Petite chronologie

Avant J.-C.

– **900 :** installation dans la région (en plus de l'Ombrie et du Latium) des Étrusques. Ils donnent le nom de Tusci à cette région.
– **753 :** fondation de Rome.
– **509 :** Brutus chasse les Étrusques et fonde la république.
– **500 (environ) :** installation des Étrusques dans la plaine du Pô.
– **390 :** conquête des Gaulois à Rome et dévastation des villes étrusques.
– **295 :** Rome bat les Étrusques à Sentinum.
– **254 :** chute de Volsinies (Orveto), dernière cité étrusque libre.
– **205 :** les cités étrusques aident Scipion contre Carthage.
– **59 :** fondation de Florentina (Florence).
– **42 :** Octave détruit Pérouse.
– **27 :** fondation de l'Empire romain par Auguste qui crée l'Étrurie.

Après J.-C.

– **250 :** introduction du christianisme par des marchands orientaux.
– **313 :** statut officiel accordé au christianisme.
– **405 :** les Ostrogoths assiègent Florence.
– **800 :** Charlemagne est sacré empereur.
– **1065 :** Pise conquiert la Sicile et devient le premier port de la Méditerranée.
– **1115-1200 :** lutte des empereurs allemands contre la papauté. Les cités toscanes se rangent sous la bannière des premiers (gibelins) ou des seconds (guelfes). Elles acquièrent leur indépendance.
– **1250 :** développement du système bancaire et des prêts aux papes et aux rois.
– **1284 :** Gênes bat Pise et prend sa place en Méditerranée. Florence prend alors le dessus et met les villes de Toscane sous sa coupe, à l'exception de Lucques et de Sienne.
– **1294 :** décret public en vue de la construction du *Duomo* de Florence. Début des travaux en 1296.
– **1350 :** construction de la tour de Pise.
– **1400-1500 :** apothéose de la Toscane. Époque dorée de la Renaissance et de l'humanisme.
– **1494-1498 :** les Français de Charles VIII entrent à Florence ; les Médicis sont chassés et Savonarole prend le pouvoir.
– **1499 :** la République est réinstaurée.
– **1512 :** les Médicis reviennent au pouvoir.
– **1513 :** Jean de Médicis devient Léon X.
– **1523 :** Jules de Médicis devient pape sous le nom de Clément VII.
– **1530 :** Alexandre de Médicis devient premier duc de Toscane.
– **1532 :** publication du *Prince* de Machiavel.
– **1537 :** Cosme Ier est élu duc de Florence et réunit les différentes cités de la région.
– **1569 :** création du grand-duché de Toscane.
– **1737 :** fin des Médicis, remplacés par la maison de Lorraine.
– **1801 :** traité de Lunéville. Napoléon récupère les territoires italiens des Habsbourgs. Création du royaume d'Étrurie au profit de Louis de Bourbon-Parme, gendre du roi d'Espagne.
– **1802 :** la France hérite de l'île d'Elbe.
– **1806 :** occupation par les troupes de Napoléon et création de trois départements rattachés à l'Empire.
– **1809-1814 :** résurrection du grand-duché de Toscane pour Élisa Bacciochi, sœur aînée de Napoléon.
– **1814-1848 :** le grand-duché est dirigé par les Habsbourgs, et s'agrandit en 1847 du duché de Lucques.

– *1848-1849 :* interlude de la République.

– *1849-1859 :* rétablissement du grand-duché par les Habsbourgs.

– *1859 :* Napoléon III conduit avec Victor-Emmanuel II les armées franco-piémontaises. Après la victoire de Solferino, Cavour intègre la Lombardie au Piémont, puis les duchés d'Italie centrale. Nice et la Savoie seront rattachées à la France après plébiscite.

– *1860 :* montée du *Risorgimento*. L'expédition des Mille, ou Chemises rouges, conduite par Garibaldi, achève le mouvement de l'unité italienne.

– *1861 :* proclamation de l'unité italienne.

– *1866 :* guerre austro-prussienne. La Vénétie devient italienne par l'échec autrichien contre la Prusse.

– *1870 :* avec la défaite de la France face à l'Allemagne tombe le dernier obstacle pour faire de Rome la capitale du royaume d'Italie.

– *1918 :* la paix donne à l'Italie Trieste, le Trentin, le Haut-Adige et l'Istrie.

– *1922 :* la « marche sur Rome » d'un certain Mussolini ouvre l'ère fasciste.

– *1924 :* dictature fasciste de Mussolini.

– *1929 :* la papauté recouvre sa souveraineté sur le Vatican et l'État italien, un bel allié.

– *1940 :* entrée en guerre de l'Italie.

– *1943 :* campagne d'Italie.

– *1945 :* exécution de Mussolini et de ses ministres.

– *1946 :* plébiscite pour la République italienne, caractérisée par une forte instabilité ministérielle.

– *1962-1965 :* concile de Vatican II convoqué par Jean XXIII. Concile œcuménique en vue d'adapter l'Église catholique au monde moderne.

– *1970 :* fondation des Brigades rouges par Renato Curcio.

– *1978 :* Aldo Moro, enlevé par les Brigades rouges, est assassiné. Lois sur le divorce et l'avortement. Élection du pape Jean-Paul Ier, qui décède 2 mois après son intronisation. Karol Wojtyla, cardinal de Cracovie, entre en scène.

– *1980 :* attentat néofasciste à la gare de Bologne, faisant plus de 85 morts. Le cabinet de Francesco Cossiga tombe.

– *1981 :* début des arrestations des chefs historiques des Brigades rouges.

– *1987 :* aux élections législatives, la Démocratie chrétienne reste largement le premier parti italien (34 %), tandis que le PCI recule (26,6 %). Les Verts entrent au Parlement avec 13 députés.

– *1989 :* le PCI amorce sa transformation en parti démocratique de la gauche (PDS) sans la mention du mot « communiste ».

– *1992 :* élections législatives avec une émergence de la Ligue lombarde. Démission du président Francesco Cossiga. Assassinat des juges Falcone et Borsellino, à Palerme.

– *1993 :* l'enquête « mains propres » sur la corruption liée aux partis politiques met en cause Bettino Craxi, secrétaire général du parti socialiste, et plus de 150 politiciens, provoquant aussi la démission de plusieurs ministres. Levée de l'immunité parlementaire de Giulio Andreotti, ancien président du Conseil et démocrate-chrétien, accusé de collusion avec la mafia. Arrestation en janvier du n° 1 de la mafia, Salvatore Riina, recherché depuis 23 ans, suivie en mai de celle du n° 2, Nitto Santapaola.

Attentat à la voiture piégée, en mai, à Florence, provoquant la mort de 5 personnes et des dégâts importants à la galerie des Offices. Attentats à Rome contre deux monuments du patrimoine national : Saint-Jean-de-Latran et San Giorgio al Velabro.

– *1994 :* retour de la droite au pouvoir. Démission de Berlusconi en décembre, suite à une manifestation géante dans les rues de Rome.

– *1995 :* ascension de la Ligue du Nord et de son leader, Umberto Bossi, une « nouvelle » droite fasciste.

– *1996 :* véritable alternative depuis 1946. Victoire de la coalition de gauche au nom prometteur de « l'Olivier », conduite par Romano Prodi.

– **1998 :** l'Italie entre dans la zone euro le 1er mai.

– **2000 :** élections régionales remportées par la droite, autour de Silvio Berlusconi ; démission de Massimo d'Alema. Giuliano Amato lui succède à la présidence du conseil.

– **2001 :** en mai, élections législatives et sénatoriales : majorité confortable à la Maison des Libertés, la coalition menée par Berlusconi, nommé président du Conseil.

– **2003 :** soutien de Berlusconi à l'intervention militaire des États-Unis en Irak, malgré la vive opposition de l'opinion publique italienne.

– **2005 :** défaite de la droite lors des élections régionales. Mort de Jean-Paul II. Son successeur, Benoît XVI, n'est autre que son bras droit, le cardinal allemand Ratzinger.

– **Avril 2006 :** élections législatives et sénatoriales des plus rocambolesques ! L'équipe de Romano Prodi l'emporte de justesse au Sénat et à la Chambre des députés.

– **Mai 2006 :** élection du sénateur centre gauche, Giorgio Napolitano, au poste de président de la République. Il est le premier président issu du Parti communiste italien (PCI).

– **2007 :** retrait définitif des troupes italiennes en Irak. Le *Dico,* projet de loi sur le concubinage (homosexuels compris), est rejeté en mars, créant ainsi des manifestations dans la capitale italienne. Un nouveau projet, le *CUS (contratto di unione solidale)...* est aussi rejeté.

– **2008 :** chute du gouvernement Prodi et élections générales anticipées les 13 et 14 avril. Berlusconi de nouveau nommé président du conseil, contre le maire de Rome, Walter Veltroni.

– **2009 :** frasques privées et publiques de Berlusconi, qui voit une partie de ses amis politiques le lâcher.

– **2010 :** succès des « No Berlusconi days ».

– **2011 :** scandale du *Rubygate* avec Berlusconi. Fuite de nombreux Tunisiens et Libyens débarquant sur les côtes italiennes. En juin, échec cuisant de la politique berlusconienne à la suite des référendums concernant la privatisation de l'eau, le retour au nucléaire et le refus de son immunité.

– **1er mai 2011 :** béatification du pape Jean-Paul II.

– **Novembre 2011 :** démission de Berlusconi, remplacé par Mario Monti.

– **Mai 2012 :** succession de tremblements de terre en Émilie-Romagne. Le bilan s'élève à 27 victimes. Dégâts matériels et conséquences économiques considérables.

– **Décembre 2012 :** dissolution du Parlement italien par le chef de l'État suite à la démission du président du Conseil Mario Monti.

– **Mars 2013 :** élection du nouveau pape argentin, François.

– **Avril 2013 :** nomination d'Enrico Letta, nouveau président du Conseil, qui compose un gouvernement hétéroclite.

– **Août 2013 :** condamnation à 1 an de prison ferme pour Berlusconi.

– **Février 2014 :** nouveau président du Conseil, Matteo Renzi (parti démocrate). Natif de Florence dont il était maire depuis 2009, il est le plus jeune chef (40 ans) que le gouvernement italien n'ait jamais eu.

LINGUISTIQUE

Le toscan, langue des Italiens ?

Le toscan a été choisi comme langue officielle italienne grâce au rayonnement et au prestige de la culture toscane à travers l'histoire de l'Italie. En effet, à partir du XIIe s, Florence se distingue par son dynamisme politique, économique et commercial, et impose sa langue par le biais de sa littérature florissante (Dante,

Boccace et Pétrarque). Supplantant petit à petit le latin, le toscan s'étendra dans la Botte, consacré par les grammairiens du XVIe s. En réalité, il aurait dû totalement uniformiser le pays, linguistiquement parlant. Mais ce n'est pas le cas. Chose hautement improbable pour les Français, les dialectes occupent une place prépondérante dans les diverses régions italiennes. Depuis l'Antiquité jusqu'à la proclamation de l'unité italienne (1870), la péninsule et ses îles ont constamment subi des invasions de toutes parts, devenant le terrain de jeu favori des grandes puissances alentour et morcelant le territoire entre royaumes, duchés, États... La présence de ces occupants a insidieusement bouleversé les us et coutumes des territoires occupés. Les dialectes tels que nous les connaissons aujourd'hui sont simplement un héritage du latin et des anciennes populations. L'Italie présente donc une importante fragmentation dialectale et politique, attribuable à la présence de multiples polycentrismes (villes importantes exerçant leur influence tout autour) et à l'attraction des pays limitrophes (France, Autriche, Croatie...). Dans certaines régions, les dialectes sont fréquemment utilisés en famille, dans la rue et même au travail. Mais depuis l'unification, les dialectes perdent du terrain. En effet, le nouvel État italien s'efforce d'imposer le toscan par le biais de la scolarité, du service militaire et, depuis les années 1950, grâce à l'apparition de la télévision. Les disparités linguistiques sont telles que certains dialectes diffèrent selon les villes (pendant la Seconde Guerre mondiale, certains soldats italiens ne se comprenaient pas, car ils parlaient des dialectes différents). Les traditions, les coutumes, les rivalités, l'histoire propres à chaque ville, en partie héritées du Moyen Âge, ont provoqué des différences de parler et génèrent par la même occasion une certaine rivalité entre les habitants de deux villes proches (Florence et Sienne, Pise et Livourne...). À noter que cinq régions d'Italie possèdent un statut spécial d'autonomie : la vallée d'Aoste pour sa communauté francophone, le Trentin-Haut-Adige pour sa minorité germanophone, le Frioul-Vénétie-Julienne pour ses communautés slovène et yougoslave, la Sicile et la Sardaigne pour leurs volontés indépendantistes. Comme quoi, l'Italie n'est pas si unifiée que ça...

LITTÉRATURE

Le rapport entre la Toscane et la littérature est essentiellement florentin. **Dante,** grand poète devant l'Éternel, est né à Florence en 1265 et a écrit la plus belle partie de son œuvre pour une certaine Béatrice, croisée deux fois en tout et pour tout, et à qui il n'a jamais adressé la parole (ah, l'amour !). On doit à cette femme mystérieuse l'existence de la *Vita nuova,* et son ombre flotte sur *La Divine Comédie.* Son œuvre sera commentée par **Boccace,** qui aura, lui, pour égérie la fille illégitime du roi de Naples, Maria de Conti d'Aquino, la *Fiammetta* de son récit. De 1348 à 1353, il écrit le *Décaméron,* œuvre magistrale dans laquelle dix personnes se réfugient à la campagne pour fuir l'épidémie de peste qui sévit à Florence.

SANS MENTIR !

On doit à Carlo Lorenzini, journaliste florentin du XIXe s, dit Carlo Collodi, la plus mythique des marionnettes : Pinocchio. La légende voudrait que ce soit à la suite de dettes contractées au jeu qu'il commence l'écriture des aventures du petit garçon désobéissant, publiées d'abord en feuilleton et maintes fois adaptées depuis au cinéma. Pinocchio, qui signifie « pignon » en toscan, est connu pour avoir le nez qui grandit à chaque mensonge et une conscience qui lui parle. Les bonnes valeurs du travail et de la famille prônées dans ce chef-d'œuvre ont été traduites en 400 langues et dialectes depuis 1881. Voilà un bon exemple pour les enfants pas sages.

De son côté, son ami **Pétrarque,** originaire d'Arezzo, aime d'un amour platonique (décidément !) Laure de Noves, rencontrée en Avignon. Elle lui inspire ses 300 poèmes, essentiellement des sonnets, regroupés dans le *Canzoniere,* qui célèbrent cet amour impossible et qui ont donné forme au « pétrarquisme ».

Quant à **Machiavel,** mêlé de politique par tradition familiale et excellent négociateur, il est écarté du pouvoir lorsque Florence se soumet aux Médicis (1512). Il dédie tout de même *Le Prince* à Laurent de Médicis qui ne lit même pas l'ouvrage (il aurait pu en prendre de la graine !). Selon Machiavel, le pouvoir n'est pas compatible avec la morale, et il vaut mieux être craint qu'être aimé.

Les siècles suivants furent plutôt calmes côté littérature toscane.

Plus moderne et dans la vague du roman noir italien de ces dernières années, **Nino Filasto,** fin connaisseur des milieux de l'art florentin *(Cauchemar de dame)* et de la politique (il est avocat de formation), propose aussi des livres sombres à la limite du fantastique *(L'Éclipse du crabe).*

MÉDIAS

Votre TV en français : TV5MONDE partout avec vous

TV5MONDE est reçue partout dans le monde par câble, satellite et sur IPTV. Dépaysement assuré aux pays de la francophonie avec du cinéma, du divertissement, du sport, des informations internationales et du documentaire.

En voyage ou au retour, restez connecté ! Le site internet ● *tv5monde.com* ● et son application iPhone, sa déclinaison mobile (● *m.tv5monde.com* ●), offrent de nombreux services pratiques pour préparer son séjour, le vivre intensément et le prolonger à travers des blogs et des visites multimédia.

Demandez à votre hôtel le canal de diffusion de TV5MONDE et n'hésitez pas à faire part de vos remarques sur le site ● *tv5monde.com/contact* ●

Journaux

Deux grands quotidiens nationaux se partagent le gâteau : *Il Corriere della Sera* et *La Repubblica.* Vous les trouverez posés sur les tables des cafés dès le petit déjeuner pour que les clients puissent les feuilleter. Il existe également une myriade de journaux locaux, parfois pour toute une région mais aussi simplement pour une ville (*La Nazione* à Florence). La presse spécialisée talonne de près ces journaux généralistes, puisque *La Gazetta dello Sport* arrive en troisième position des ventes (sur près de 90 titres pour un lectorat qui oscille entre 5 et 6 millions) avec plus de 400 000 exemplaires vendus par jour. Les ventes ont même dépassé les 2 300 000 exemplaires lorsque l'Italie a été sacrée championne du monde de football en 2006, un record ! De même, le quotidien économique *Il Sole 24 Ore* est diffusé à près de 400 000 exemplaires.

Dans les grandes villes telles que Florence, certaines librairies ont un rayon d'ouvrages français et de presse française ainsi qu'un choix de livres de poche. Les librairies et les centres culturels français proposent des expositions, des conférences, des projections de films et des bibliothèques de prêt.

Télévision

On aurait pu quasiment intituler ce chapitre « Pollution visuelle », vu l'état actuel de la télévision italienne. Difficile de parler de celle-ci sans évoquer le groupe Fininvest de « Monsieur Télévision », Silvio Berlusconi. Le monopole d'État ayant été levé en 1975, les chaînes privées ont envahi le petit écran. C'est en 1970 que Silvio Berlusconi a pris le contrôle de *Canale 5,* puis, au début des années 1980, s'est porté acquéreur de *Italia 1* et de *Rete Quattro,* regroupés sous *Mediaset.* Pour info, depuis la loi Maccanico de 1997, *Rete 4* ne devrait plus émettre sur les ondes hertziennes nationales. En effet, cette loi stipule qu'une entreprise privée ne peut détenir plus de deux chaînes nationales. L'État avait ensuite adjugé les droits à *Europa 7* ; cette station est, depuis 1999, autorisée à émettre. En 2004, la Cour constitutionnelle a décrété que *Rete 4* devait cesser toute émission et être transférée sur le câble. Depuis 2011, *Rete 4* émet toujours en toute illégalité.

DES PLANTES ET DES JEUX

Les veline *sont ces potiches pulpeuses qui ont envahi les plateaux de la télévision italienne, à l'époque de Berlusconi. Avec leur forte poitrine, leur décolleté ouvert jusqu'au nombril et leur jupe courte, elles n'ont généralement pas droit à la parole. Ce sont les reines des jeux débiles. L'une d'entre elles est quand même devenue ministre (de l'Égalité des chances !).*

Pour la petite histoire, l'empire médiatique de Berlusconi lui a valu le surnom de *Sua Emittenza* : une combinaison du qualificatif des cardinaux catholiques *Sua Eminenza* et du mot italien *emittente,* qui signifie « émetteur ». Quel meilleur nom pour qualifier sa puissance et son influence dans le monde des médias ?

Radio

Il existe plus de 1 300 stations de radio, pour la plupart locales, réparties sur tout le territoire. La radio d'État, la *RAI (Radio Audizione Italia),* est toute-puissante, mais on compte aussi des dizaines de radios libres dont *Radio Kiss Kiss,* spécialisée dans la variété, et *Radio Marte,* la préférée de la jeune génération. De plus, sur les grandes ondes, selon l'endroit où l'on se trouve, on peut parfois capter certains postes français tels que *Radio Monte-Carlo, Europe 1, France Inter,* etc. La réception n'est pas toujours fabuleuse cependant. *Radio Vaticana* diffuse des informations en français plusieurs fois par jour.

MÉDICIS (FAMILLE)

La famille Médicis est indissociable de Florence, dont elle est originaire. Cette grande lignée a, durant quatre siècles, régné sur la ville et contribué à l'épanouissement économique et (surtout) culturel de la capitale toscane.

Florence, aux XIVe et XVe s, était régie par une constitution oligarchique : le pouvoir était dans les mains de la famille la plus influente de la cité. Quand l'occasion se présenta, Cosme l'Ancien (1389-1469) ne la laissa pas passer : profitant du fait que la famille en place était déstabilisée, il prit le pouvoir à la mort de son père en 1429, et ne le céda qu'à sa propre mort (et encore, à son fils Pierre...). Il n'exerça pas lui-même les magistratures, il les confia à ses partisans dévoués. Mais il n'empêche qu'il fut le personnage politique le plus important de Florence. Homme d'État d'une grande habileté, il

« DITES 33 »

Les Médicis étaient des médecins apothicaires depuis le XIIe s. Le succès et la fortune rapides les transformèrent en hommes d'affaires, puis en banquiers. Leurs armoiries, formées de cinq boules rouges sur un fond d'or (bien sûr), représentent cinq comprimés, ou pilules, surmontés de trois fleurs de lys (symbolisant la monarchie française). Elles furent ajoutées lorsque le roi de France, Louis XI, les anoblit. Certains pensent qu'il s'agit de pièces de monnaie, vu la forme arrondie des pilules. D'autres pensent à des poids pour peser l'or.

fut également un mécène remarquable (Brunelleschi, Fra Filippo Lippi, Donatello firent partie des artistes qu'il favorisa) et surtout un excellent homme d'affaires. Il amplifia l'héritage déjà considérable que lui avait légué son père, en particulier une compagnie bancaire et commerciale qui prêtait de l'argent aux rois et aux princes et qui n'avait pas moins de 10 filiales dans la péninsule et à l'étranger. Sans jamais quitter son image de marchand, par sa modestie et sa simplicité il sut conquérir le cœur des Florentins. À sa mort, ils lui donnèrent le titre de « Père de la Patrie ».

Son fils, Pierre le Goutteux, eut moins de prestige et ne resta au gouvernement que 5 ans. À sa mort, son fils aîné, Laurent le Magnifique (1449-1492), prit la relève. Son surnom de Magnifique ne lui vint pas de sa beauté (il était même plutôt laid !) mais de sa générosité (surtout financière...) envers les Florentins (*magnifico* : « généreux »). Lui et son frère Julien étaient tellement aimés dans la cité que lors de l'attentat qui coûta la vie à Julien, en 1478, le peuple sortit spontanément dans les rues en criant le nom des Médicis, ce qui contribua grandement à sauver la vie de Laurent.

Dur et cynique, Laurent le Magnifique sut pourtant charmer son monde et exerça un véritable ascendant sur ceux qui l'entouraient. Mais, moins avisé que son grand-père, il laissa s'affaiblir la compagnie familiale, et des filiales firent faillite. Son mécénat manqua d'ampleur ; les grands artistes de sa génération (Alberti et Botticelli, par exemple) furent soutenus par d'autres que lui. En revanche, son œuvre d'écrivain est d'une indéniable qualité. Très à l'aise avec les princes, il fut traité par eux comme un des leurs ; il faut dire que sa Cour était des plus brillante. Son fils Pierre prit la succession, mais fut chassé en 1494, lors de la venue en Italie du roi de France, Charles VIII.

Exilés, les Médicis gardèrent cependant des partisans dans Florence, et, si leur fortune était touchée, elle ne fut pas anéantie. Ils furent toujours traités en égaux par les grands, et au début du XVIe s, deux Médicis devinrent papes sous les noms de Léon X et de Clément VII. En 1512, ils se réinstallèrent au pouvoir pour 15 ans. Après 3 ans de république, ils revinrent aux affaires grâce aux armées pontificale et impériale. À partir de 1530 et pendant 207 ans, Florence fut gouvernée par les Médicis, qui portèrent désormais le titre prestigieux de duc, puis de grand-duc de Toscane. Le premier duc, Alexandre, fut assassiné en 1537 par son cousin Lorenzino, plus connu sous le nom de Lorenzaccio (le mauvais Laurent), qui subit le même sort.

En dehors de ces querelles de famille, les Médicis se débrouillèrent plutôt bien. Des alliances consolidèrent leur pouvoir, les heureuses épouses étant choisies parmi les plus grandes familles européennes. Les mariages du reste de la famille ne furent pas moins prestigieux. N'oublions pas les reines de France, Catherine et Marie de Médicis, respectivement femmes d'Henri II et d'Henri IV.

Le règne des Médicis s'arrêta à la mort sans descendance du dernier d'entre eux en 1737 ; mais ses prédécesseurs, qui ne gouvernaient plus réellement, régnaient-ils encore ?

MUSÉES ET SITES

Petit B.A.-BA à l'usage des visiteurs « muséivores »

Horaires

– *Chiuso* est un petit mot italien signifiant « fermé » et qui décore parfois la porte d'un musée qui devrait être ouvert. La crise est telle qu'il n'est pas rare de voir certains horaires réadaptés en fonction de nouvelles coupes budgétaires...

– En principe donc, les musées sont ouverts de 9h ou 10h à 18h ou 19h (pour certains jusqu'à 22h vendredi) et fermés le lundi, mais parfois le mardi ou le mercredi. Les horaires changent fréquemment, selon la saison et l'année. De plus, il y a parfois des travaux de rénovation dans l'un ou l'autre musée, qui ferme alors

ARBRE GÉNÉALOGIQUE SIMPLIFIÉ DES MÉDICIS

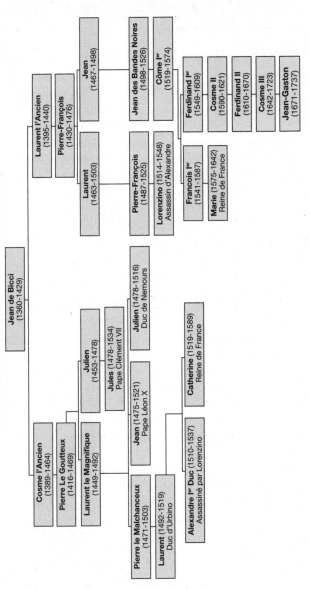

temporairement. Ne boudez donc pas votre guide préféré si vous trouvez porte close. Heureusement, *l'office de tourisme distribue une liste mensuelle de mise à jour* qu'il faut absolument vous procurer dès votre arrivée à Florence. Sachez également que les billetteries ferment généralement 30-40 mn avant le musée lui-même.
– Sachez que de nombreux sites à ciel ouvert sont accessibles de 9h à l'heure précédant le coucher du soleil.
– *Le 8 septembre, tous les bâtiments de la piazza del Duomo sont gratuits* pour célébrer la naissance de la Vierge Marie. Profitez-en !
– La plupart des musées ont des jours fériés fixes. Généralement, c'est le 1er janvier, le 25 avril, le 1er mai, le 2 juin, le 15 août, ainsi que les 25 et 26 décembre. Cela évitera à nos lecteurs de se retrouver nez à nez avec des portes closes.

Réservation

– Elle s'impose pour certains musées (si vous ne vous êtes pas procuré la *Firenze Card*), comme la *Galleria degli Uffizi (galerie des Offices)* et la *Galleria dell'Accademia (galerie de l'Académie)*. En haute saison, prévoir au minimum 1 semaine à l'avance ! ☎ 055-29-48-83 *(lun-ven 8h30-18h30, sam jusqu'à 12h30 ; répondeur vocal en anglais ou en italien, qui vous dirige vers une personne parlant ttes les langues ou presque, en tt cas, le français). Supplément de 4 € pour les Offices et l'Accademia ; 3 € pour les autres musées ; ce n'est pas donné, mais ça permet d'échapper aux queues délirantes en hte saison (3h d'attente). Imprimer ses billets ou les retirer sur place dans le bâtiment au bureau des musées de Florence (ouv lun-ven 8h30-18h30, sam 8h30-12h30), en face des Offices, à la porte n° 3 sous les arcades (attention, levez bien la tête car ce n'est pas évident à trouver), muni du numéro de résa. Pour plus de rens :* ● firenzemusei.it ●
– Pour ceux que la réservation par Internet rebute, on peut tout simplement prendre ses billets dès l'arrivée à Florence aux guichets des Offices (n'espérez tout de même pas avoir des places pour le jour même !). Il existe une petite billetterie très pratique via dei Calzaiuoli *(zoom détachable D3)*. Elle se trouve accolée à la Chiesa Orsanmichele. *Ouv lun-sam 10h-17h20 (16h20 sam).* On peut directement faire ses réservations (majoration de 4 € sur le prix d'entrée).
– *Avertissement :* méfiez-vous des sites internet fantaisistes proposant des réservations à prix exorbitants aux marges délirantes. De nombreux lecteurs ont été escroqués par certaines pratiques qui consistent à faire croire à l'intéressé qu'il achète ses billets sur le site officiel, alors qu'ils en sont subtilement détournés....

Tarifs

– La ville de Florence propose la *Firenze Card,* valable 72h, au prix de 72 €. Plus de 60 sites sont intégrés à cette carte qui permet non seulement l'accès aux collections permanentes mais aussi aux expos temporaires. Tout comme certaines églises comme Santa Croce, Santa Maria Novella ou tout le complexe du Duomo (avec le baptistère, la crypte et le musée). Voir plus haut « Florence utile », rubrique « Budget ».
– Pour ceux qui ne sont intéressés que par quelques musées, sachez que les prix des entrées au cas par cas demeurent élevés.
– Les étudiants en histoire de l'art ou en architecture peuvent entrer gratuitement dans les musées. Le mieux est de demander un laissez-passer à l'office de tourisme, munis de leur carte d'étudiant.
– Quant aux jeunes de moins de 18 ans faisant partie de l'Union européenne (UE), ils bénéficient de la gratuité dans bon nombre de musées et sites nationaux. Pour les enseignants de l'UE, 50 % de réduction sont accordés sur présentation d'une pièce justificative. Munissez-vous donc de votre carte d'identité. Attention cependant, certains guichetiers ne sont pas toujours au courant. Les musées concernés sont : les *Cappelle Medicee*, le *Cenacolo di Sant'Apollonia*, le *Cenacolo di San Salvi*, la *Crocifissione del Perugino*, la *Galleria degli Uffizi*, le *Palazzo*

Pitti (Galleria del Costume, Galleria Palatina, Museo delle Porcellane, Museo degli Argenti, Galleria d'Arte moderna), la Galleria dell'Accademia, le Museo archeolo-gico, le Palazzo Davanzati, le Museo del Bargello, le Museo dell'Opificio delle Pietre Dure et le Museo di San Marco.

– En revanche, depuis juillet 2014, le gouvernement italien a annulé la gratuité pour les personnes de plus de 65 ans. En période de crise, il n'y a pas de petits profits ! Seule concession, la gratuité pour tous le 1er dimanche du mois dans les musées d'État. Par ailleurs, la *nuit des musées* (en principe deux fois par an) devrait per-mettre à tous de visiter les musées pour 1 € symbolique.

Infos pratiques

– **Les audioguides** sont disponibles la plupart du temps à l'accueil des musées. Compter autour de 4-5 €. Si vous le pouvez, profitez-en, car ils s'avèrent dans bien des cas utiles pour comprendre toute la complexité de l'art italien.

– Attention à votre *tenue ves-timentaire* pour la visite des églises. En effet, la nécessité d'une tenue correcte et d'un minimum de discrétion semble parfois échapper à certains visiteurs. Évitez le short et le marcel, par exemple, ou le por-table qui sonne... Le mieux est de glisser dans votre sac tout au long de votre séjour un foulard ou un paréo, qui vous sera utile pour vous couvrir les épaules au moment opportun. Sinon, vous risquez d'attendre vos compar-ses à l'extérieur...

L'AMOUR À DOUBLE TOUR

Les amoureux ont pris l'habitude de sceller leur amour en accrochant un cadenas sur les grilles du buste de Cellini, sur le Ponte Vecchio. Ils jettent ensuite la clé dans l'Arno ! Depuis quelques années, la ville interdit cette pratique, sous peine d'une très forte amende (160 €), car le poids des cadenas abîmerait la statue. Qu'à cela ne tienne, les amoureux cadenassent désormais le Ponte alle Grazie...

Les musées et sites incontournables à Florence

– La galerie des Offices, la galerie de l'Académie, le palais Pitti avec la galerie Pala-tine et le jardin de Boboli, le Ponte Vecchio, le musée Bargello, le palais Vecchio.
– Après le *Duomo* et son baptistère, Santa Croce, San Lorenzo, Orsan-michele et Santa Maria Novella sont les quatre églises à ne pas rater à Florence.

PEINTURE TOSCANE (QUELQUES NOTIONS DE)

La Toscane : berceau de la Renaissance ?

La révolution artistique apparue en Toscane entre la fin du XIIe s et le XVIe s tient presque du miracle. La situation politique, géographique, démographique, éco-nomique, religieuse et intellectuelle a permis une véritable révolution artistique (peintres, sculpteurs, architectes...) avec, en tout premier lieu, une montée en puissance de l'humanisme. Cette évolution a été paradoxalement, et en partie, à l'initiative de l'Église, qui fit la promotion des artistes en les finançant et parfois en les censurant.
L'extraordinaire variété des terroirs italiens et le développement des cités-États ont, par ailleurs, entraîné une concurrence féroce, chaque souverain désirant, au même titre que le Vatican, construire une image « marketing » idéale de lui-même et de son royaume. Les artistes de la Renaissance italienne furent en quelque sorte les premiers grands publicitaires de l'Histoire...

En ce qui concerne Florence, la cité des Médicis apparaît aujourd'hui à la fois initiatrice et dépositaire de la Renaissance italienne dans l'imaginaire occidental. Si une telle affirmation est en partie vraie, et ce notamment grâce au succès du fameux ouvrage du XVIe s sur la vie des grands peintres italiens écrit par Giorgio Vasari, peintre florentin maniériste au service des Médicis – et donc d'un parti pris proflorentin sans égal –, elle mérite toutefois d'être quelque peu nuancée. En effet, au cours des Xe, XIe et XIIe s, la culture gothique francilienne a largement essaimé dans l'Europe entière. C'est à la fin du XIIe s que la sculpture italienne s'émancipa, redécouvrant un certain naturalisme issu de l'Antiquité romaine, incarnée par exemple par le célèbre sculpteur pisan Nicola Pisano. Peu à peu, les peintres suivront les sculpteurs, s'affranchissant quant à eux de la rigidité et du formalisme byzantin.

C'est à Assise, à la fin du XIIIe et au début du XIVe s, au sein de la basilique francis-caine, que le célèbre peintre florentin Cimabue et son élève Giotto vont révolution-ner la peinture occidentale. Le chantier d'Assise fut une aventure extraordinaire, car les plus grands peintres italiens de l'époque (siennois, romains, florentins...) s'y retrouvèrent pour partager leurs expérimentations au service de la toute nouvelle idéologie franciscaine dédiée à une foi sincère, faite d'humilité et de proximité, sentiments parfaitement incarnés par le naturalisme « giottesque ». Les personna-ges semblent être des portraits d'époque, développés au sein d'un cadre architec-tural et d'une nature environnante bien plus proches de la réalité qu'auparavant.

Cependant, le XIVe s ne fut pas le triomphe de la peinture « giottesque ». Si, à Florence, les suiveurs de Giotto furent nombreux, le courant artistique dominant était siennois, mené par Simone Martini et les frères Lorenzetti qui couvrirent de fresques les palais siennois et influencèrent tout l'art occidental via Avignon où se réfugièrent un temps la papauté et certains peintres siennois. Or, l'art siennois était très ornemental, gothique. On apprécie encore les décors dorés en stuc, l'émotion prime sur le réalisme, d'où un certain expressionnisme, aux antipodes du natura-lisme idéalisé florentin. Par ce passage en Avignon des Siennois, un courant de peinture, élégant, précieux et décoratif, appelé gothique international, va alors dominer l'Occident de Prague à Rome. Ses représentants sont Pisanello, Masolino ou Gentile Da Fabriano. Toujours pas de Florentins à l'horizon.

Entre-temps, la grande peste de 1348 a, en partie, dévasté la grande génération siennoise et orienté les représentations picturales vers plus de pessimisme. Mais les survivants voulurent croquer la vie à pleines dents, l'économie redémarrait.

C'est seulement au début du XVe s que l'assistant de Masolino, le Florentin Masac-cio, va reprendre à son compte l'ancienne leçon de Giotto (soit près d'un siècle après !). C'est dans la chapelle Brancacci de Florence qu'on peut admirer ces deux grands artistes et apprécier la modernité sculpturale et réaliste de Masaccio. De là découle toute la première génération florentine (plus toscane que florentine, en fait) de la première moitié du *Quattrocento* (Fra Angelico, Filippo Lippi, Andrea del Castagno, Piero della Francesca, Paolo Uccello, Donatello, Ghiberti, Brunel-leschi...), pleine d'équilibre, d'harmonie, de majesté et de puissance. Les couleurs sont froides et le dessin ciselé. À cette époque, le nombre d'artistes majeurs se formant ou travaillant à Florence était impressionnant. Viendront ensuite Ghirlan-daio, Verrocchio, Botticelli... Bref, le *Quattrocento* florentin constitua une véritable explosion picturale, architecturale et sculpturale.

Cependant, cette situation hors norme ne doit pas faire oublier l'influence majeure, à cette même époque, des peintres flamands par leur souci du réalisme, leur découverte de la peinture à l'huile et leur perspective naturelle (Van Eyck, Van der Weyden, Van der Goes).

Peintres toscans : la bande des trois de la Renaissance

Le *Quattrocento* est en réalité la période la plus féconde de l'art florentin. Mais, alors même que Rome, dès le début du XVIe s, reprenait la main en faisant travailler les plus grands artistes, l'année 1504 vit séjourner ensemble à Florence pour quelques mois les trois figures artistiques centrales de ce siècle : Léonard de Vinci (le plus vieux), Michel-Ange (le seul Florentin) et Raphaël (originaire des Marches, à Urbino). La conscience de la Renaissance était accompagnée chez chacun d'eux d'une vocation universaliste. Tous trois apportèrent la preuve de l'accession de l'artiste à une dignité nouvelle. Léonard mit un fin aux rapports d'humilité en traitant d'égal à égal avec les « grands » de ce monde.

De ces trois génies, Raphaël fut certainement celui qui incarna le mieux l'idéal de la Renaissance.

IMPERFECTIONS AU PLUS-QUE-PARFAIT

Michel-Ange a eu l'audace de rompre, en sculpture, avec la tradition du retour aux sources romaines. Il n'a pas hésité à faire une grosse main pour qu'un buste ait l'air élancé. Pour donner l'idée d'une qualité physique (associée à une qualité morale, d'ailleurs), il l'a imposée en proportionnant une partie du corps par rapport à une autre. S'il a toujours réussi à faire que la statue conserve des traits humains, aucune n'est anatomiquement valable, affirment les médecins ! L'important est de comprendre les sentiments qui animent le sujet, répondent les artistes.

Son œuvre est le triomphe du beau à la fois idéalisé et réaliste. Cet équilibre ne se retrouve ni chez Léonard de Vinci ni chez Michel-Ange. Son amour de l'expérimentation et son génie scientifique conduisirent Vinci à un certain « inachèvement ». Pour ce qui est de Michel-Ange, il privilégia le dessin, au détriment de la couleur, apportant un sens tragique aux destinées humaines, ouvrant ainsi la voie au baroque. Le pape en personne, Jules II, ne s'était pas trompé et ira jusqu'à bouleverser l'ordonnance des travaux au Vatican pour lui confier les fresques du plafond de la chapelle Sixtine !

Le XVIe s et le maniérisme

Derrière ces trois monstres, la génération suivante se devait d'innover afin d'éviter une certaine répétition, fadeur ou froideur. On savait représenter la réalité, pas de problème. D'où un retour aux sentiments, à l'émotion ; le cadre architectural devint alors secondaire et anecdotique : on utilisait des couleurs froides auparavant jamais associées, comme le fit Michel-Ange à la chapelle Sixtine. Comme lui également, on s'affranchit du réel, l'anatomie et les mouvements devinrent subjectifs, au service de l'émotion qui primait. Finalement, ces maniéristes étaient très proches de notre modernité artistique ! Là encore, Florence prédominait avec Pontormo et Rosso Fiorentino (qui acceptera l'invitation de François Ier à Fontainebleau où il sera à l'origine du maniérisme français, dit « bellifontain »), les élèves d'Andrea del Sarto, immense artiste lui aussi. Parmi les maniéristes, citons Beccafumi, Parmesan...

Venise prit aussi à son tour une place fondamentale dans l'histoire de l'art avec le trio Tintoret, Véronèse et bien sûr Titien. L'école vénitienne privilégia les couleurs chaudes et les sujets intimistes, la lumière est dorée et scintillante. Leur maniérisme était plus décoratif et classique que le maniérisme florentin.

LE SECRET DU CARAVAGE

Le peintre aurait mis au point le premier la chambre noire de Léonard de Vinci. Éclairant ses modèles sous une lumière zénithale (d'où son goût du clair-obscur...), il aurait projeté leur image à travers une lentille sur une toile enduite d'éléments sensibles, le temps de les peindre à grands traits. On note le grand nombre de gauchers dans ses œuvres, preuve que la lentille inversait l'image !

Le caravagisme et le baroque au XVIIe s

Cette période consacra définitivement la fin de la prééminence florentine sur l'art italien au profit de Rome, où travaillait un OVNI de la peinture, à l'origine d'une révolution réaliste : le Caravage. Par ailleurs, les frères bolonais Carrache inventèrent la peinture baroque, financée par l'Église toute-puissante du concile de Trente, désireuse de faire rêver les foules et de concurrencer le protestantisme. Le baroque en peinture est un art protéiforme, mélange de classicisme dans les couleurs (un retour à l'art de Raphaël, en quelque sorte), de réalisme et d'explosion des repères picturaux (la peinture déborde du cadre, les stucs sont foisonnants).

Quelques peintres toscans

– **Giotto** ou **Giotto di Bondone** (1266-1337) : né à Colle di Vespignano dans une famille paysanne. Son talent aurait été décelé alors qu'il était encore berger et s'amusait à faire des croquis de ses brebis. Peintre et architecte, il apporta des nouveautés dans l'art de la fresque en se démarquant des peintres du Moyen Âge et en assurant une meilleure conservation. Giotto représenta l'homme et chercha à introduire des décors. Il décora la chapelle de la Madeleine de la basilique inférieure de San Francesco d'Assise et travailla dans d'autres chapelles, à Santa Croce de Florence, par exemple. À partir de 1320-1325, son œuvre se rapprocha du gothique. De 1328 à 1333, il fut au service de Robert d'Anjou à Naples. Rénovateur de l'art pictural, son atelier a rayonné dans toute l'Italie. Son œuvre n'a eu une influence en Europe qu'à partir de la seconde moitié du XIVe s.

– **Donatello** ou **Donato di Niccolò di Betto Bardi** (1386-1466) : né à Florence, il suivit une formation artistique sous la direction du peintre Bicci di Lorenzo. Il fit preuve d'un talent précoce : à 16 ans seulement, on lui demanda son avis sur les projets présentés pour la porte du baptistère ! En 1404, il entrait dans l'atelier de Ghiberti, côtoyait Uccello et acquit une belle réputation qui s'étendit au-delà de Florence. Il a réalisé, notamment, pour la seigneurie de Florence, un bronze de Judith et Holopherne.

– **Botticelli** ou **Sandro di Mariano Filipepi** (1445-1510) : né à Florence. Son surnom vient de *botticello*, qui signifie « petit tonneau », attribué à son frère aîné ou à l'orfèvre chez qui Sandro a été mis en apprentissage. Vers 1460, il entra dans l'atelier de Fra Filippo Lippi, peintre florentin de renom. Il y apprit la peinture, l'orfèvrerie, la gravure, la ciselure et les émaux jusqu'en 1467, date à laquelle Lippi quitta Florence. Botticelli ouvrit son propre atelier à Florence (via della Porcellana). En 1468, il peignit l'*Adoration des Rois mages*.

LA « SANS PAREILLE »

Une des plus belles femmes de la Renaissance, Simonetta Vespucci, était la cousine du navigateur Amerigo Vespucci. Sa grâce, son sourire triste, l'or de sa chevelure inspirèrent les maîtres du Quattrocento, surtout Botticelli, qui en fit son modèle d'élection. On dit d'elle qu'elle galvanisa les timides, intimida les audacieux (les Médicis) et fut aimée par l'un d'entre eux, Julien, frère de Laurent le Magnifique. Elle mourut en 1476 à l'âge de 23 ans, emportée par la tuberculose.

Le tableau représentant *La Force* en 1470 lui apporta une certaine reconnaissance. En 1481 et 1482, l'artiste travailla à Rome à la réalisation de fresques pour la chapelle Sixtine. Il reçut des commandes de toutes les grandes familles de Toscane. Botticelli utilisait la technique de la détrempe, alors que la peinture à l'huile était couramment utilisée à Florence depuis 1475. En 1482, il peignit la fresque *Le Printemps* pour la famille Médicis. En 1483, il réalisa *Vénus et Mars* et, en 1485, *La Naissance de Vénus* qui représentait pour la première fois une femme non biblique nue (la fameuse Simonetta Vespucci). En 1487, il peignit la *Madone à la grenade*. Dans la dernière période de sa vie,

son art se consacra exclusivement aux thèmes religieux. En 1501, il créa notamment la *Nativité mystique*. Il est considéré comme le plus grand peintre de son époque.
– **Michel-Ange ou Michelangelo Buonarroti** *(1475-1564) :* né à Caprese près d'Arezzo, il a été à la fois sculpteur, peintre, architecte et poète. Lié aux Médicis par son père, il a fait montre de son talent dès son jeune âge. Entre 1501 et 1504, il sculpta un *David* géant en marbre pour la seigneurie de Florence. Son premier tableau est le *Tondo Doni* (galerie des Offices), dans lequel il a essayé d'appliquer à la peinture la matière de la sculpture.

Repères artistiques

– *1296 :* construction du *Duomo* à Florence.
– *1320 :* début de la construction de la cathédrale Santa Maria del Fiore à Florence, avec Giotto comme maître d'œuvre.
– *1401 :* Ghiberti remporte par concours la porte nord du baptistère à Florence, puis la porte est en 1425 (surnommée la « porte du Paradis » par Michel-Ange).
– *1420 :* construction de la coupole de Santa Maria del Fiore par Brunelleschi (terminée en 1468).
– *1425-1428 :* fresques de la chapelle Brancacci dans l'église de Carmine à Florence par Masalino et Masaccio.
– *1438 :* fresque du couvent San Marco par Fra Angelico.
– *1452 :* achèvement des portes du baptistère de Florence par Ghiberti.
– *1485 : La Naissance de Vénus* par Botticelli.
– *1501 :* Michel-Ange commence la sculpture de son *David,* qui est exposé en 1504 sur la place de la Seigneurie.
– *1500-1506 :* retour de Léonard de Vinci à Florence, où il peint *La Joconde.*

PERSONNAGES CÉLÈBRES

La capitale florentine n'a pas été avare de personnages hauts en couleur. Il n'y eut pas que les Médicis et les artistes de la Renaissance qui naquirent sur cette terre bénie des dieux et des muses.
– **Dante Alighieri** *(1265-1321) :* originaire de Florence et grand poète devant l'Éternel. Son inspiration lui est venue d'une femme, Béatrice, dont il était follement amoureux. Sa mort prématurée donna le jour à *La Vita nuova,* mélange de lettres intimes et de poèmes. Mêlé à la vie politique, comme Machiavel bien plus tard, il devint successivement membre du conseil des Cents, ambassadeur et prieur. Puis il fut banni, tout comme Machiavel. Mais au lieu de se fixer comme celui-ci, il entama une vie d'errance entre plusieurs villes italiennes. Il rédigea alors *Le Banquet,* et surtout de nombreuses épîtres exhortant les Italiens à mettre fin à leurs querelles permanentes. Condamné à l'exil, il eut tout le loisir de peaufiner son chef-d'œuvre poétique, *La Divine Comédie.* Poème épique en trois volets (l'*Enfer,* le *Purgatoire* et le *Paradis*), il est la consécration parfaite et aboutie de l'humanisme chrétien au XIIIe s.
– **Pétrarque** *(1304-1374) :* Francesco Petrarca représente à merveille la Renaissance franco-italienne, humaniste et esthétique. Originaire d'Arezzo, il vécut d'abord à Carpentras (non loin d'Avignon, où résidaient alors les papes), se réfugia à Fontaine de Vaucluse en 1338, « centre de sa vie émotive et intellectuelle », puis il partit continuer ses études à Montpellier. Il délaissa le droit pour la poésie, il écrivit et voyagea beaucoup entre la France du Midi, les Flandres, la Rhénanie et sa Toscane natale. Son *Canzoniere,* recueil de poésie lyrique en italien, devint le modèle de la poésie courtoise en Italie et en France (Ronsard s'en inspira pour composer ses *Sonnets pour Hélène,* par exemple). Il reçut la couronne de laurier offerte aux grands poètes. Paris et Rome se le disputèrent. Il opta pour Rome. Il fut admiré, célébré, récompensé, un poète heureux et comblé par les honneurs et le succès, non seulement en Italie mais dans toute l'Europe. À la mort en 1348 de

sa muse française, Laure de Noves, il cessa de voyager, devint ambassadeur des Visconti, vécut à Milan, Padoue et Venise (1362) où il resta 5 ans. Enfin en 1367 il se retira à Arqua près de Padoue. Il y passa la fin de sa vie et y mourut en 1374 d'une crise d'apoplexie. Sa fille le retrouva la tête reposant sur un livre ouvert...

La ville se nomme aujourd'hui Arqua Petrarca et on y voit sa tombe et sa maison. L'influence de Pétrarque est telle qu'elle a donné naissance au « pétrarquisme », forme littéraire et vision particulière de l'amour. La reine Christine de Suède lui voua une admiration aveugle : « grand philosophe, grand amoureux et grand poète ». Plus proches de nous, Châteaubriand, Victor Hugo, Aragon et Picasso ont loué aussi son génie.

– Boccace (1313-1375) : Giovanni Boccaccio serait né à Certaldo Alto, au centre de la Toscane, d'une riche famille de négociants. Certains pensent qu'il serait né à Paris où son père avait des affaires, d'une union illégitime de celui-ci avec une dame de la noblesse française... Boccacio fit des études de commerce et de droit, mais il semblait plus doué pour la *dolce vita* de la cour de Robert d'Anjou. Son père le rappela pour l'aider à Florence. Adieu les jolies filles. Son expérience lui servira de cadre pour son chef-d'œuvre, le *Décaméron,* qu'il mettra 7 ans à écrire (1348-1355). L'ouvrage est présenté sous forme de nouvelles que se racontent 10 jeunes gens *(la onesta brigata)* ayant fui la peste, réfugiés dans une enceinte protégée. Chaque nouvelle (il y en a près de 100), parfois à l'allure d'un conte, met en place dans une nature bien présente toutes sortes de personnages, souvent ecclésiastiques, dans des positions tant physiques que morales assez délicates, ou peu conformes aux règles de la société. Proche de la licence, il commença à désavouer son œuvre lors d'une crise mystique (c'était la mode dans la région à cette époque). Son ami Pétrarque l'en dissuada. Boccace devint commentateur de *La Divine Comédie* de Dante. Pasolini a superbement transposé à l'écran quelques contes du *Décaméron.*

– Filippo Brunelleschi (1377-1446) : il a donné naissance à la figure moderne de l'architecte, qui dessine et exécute le projet. Il entreprit tout d'abord une formation d'orfèvre et de sculpteur dans un atelier florentin, pour se démarquer en 1401 en remportant, ex æquo avec Lorenzo Ghiberti, le concours pour la porte du baptistère. Quand le travail fut finalement confié à Ghiberti, il partit à Rome étudier l'art classique avec son ami Donatello. En 1404, il entra dans la corporation des Orfèvres, mais son goût pour les mathématiques et l'étude des monuments anciens le conduisit vers l'architecture ! Ainsi, il travailla pour la coupole de l'église Santa Maria del Fiore, dont il gagna le concours en 1418. Il s'occupa ensuite de l'hôpital des Innocents (1419), de la chapelle des Pazzi (1429) et des sacristies des églises San Lorenzo (1420) et Santo Spirito (1435).

– Savonarole (1452-1498) : originaire de Ferrare, il entra jeune dans les ordres et devient dominicain. Écœuré par la corruption ambiante, il passait son temps à prêcher. Bologne le chassa. Il se réfugia à Florence, où ses prêches attirèrent les foules. Lorsque les Français entrèrent dans la ville en 1494 et que Pierre le Malchanceux (un Médicis) s'enfuit, il profita de la vacance du pouvoir

LE BÛCHER DES VANITÉS

Vers 1490, Savonarole, le prédicateur fou, exigea que l'on brûle ce qui évoquait la vanité des hommes : robes, bijoux, parfums, portraits de femmes... Botticelli, lui-même fanatisé, brûla plusieurs de ses toiles. Le célébrissime Printemps *en réchappera de justesse.*

pour installer sa théocratie. Dieu devient la source de toute loi. Il fut nommé roi de Florence, et les écrits et tableaux licencieux furent brûlés sur des « bûchers des vanités » (qui feront des émules durant plusieurs siècles). Naturellement, une fois confronté au pape Borgia, il fut excommunié. Mais il continua de plus belle ses critiques sur la curie. Sa vie se termina sombrement : arrêté, puis jugé pour hérésie, il fut ensuite pendu et brûlé sur la place publique.

– **Amerigo Vespucci** *(1454-1512) :* né à Florence, célèbre pour son prénom légué à l'Amérique ! Il travailla aux côtés du royaume du Portugal et de Castille. Son oncle, proche du clan Médicis, fut envoyé à Paris en 1478 comme secrétaire d'ambassade. Amerigo l'accompagna. Son séjour parisien lui permit alors de rencontrer un certain Bartolomé Colomb venu solliciter une aide financière auprès du roi Louis XI pour son frère Christophe... avec un projet de découverte d'une nouvelle route pour les Indes. De retour dans sa ville natale, le florentin se mit au service des Médicis qui l'envoyèrent quelques mois plus tard à Séville comme commissaire aux comptes. Les Médicis, au sommet de leurs puissances, étaient désireux d'établir des contacts commerciaux avec l'Andalousie. Amerigo Vespuccci s'avéra être le négociateur idéal. Il noua à cette époque des relations amicales avec Christophe Colomb, à son retour de ses premières découvertes en 1493. Frustré de son emploi de bureau, Vespucci naviguera par la suite au service du roi de Castille et du roi Manuel Iᵉʳ du Portugal le long des côtes de l'actuelle Amérique du Sud. Il est surtout l'un des premiers à avoir compris que Christophe Colomb avait découvert un autre continent. Il va retourner le génie de Colomb à son profit...

Jaloux de Colomb, avide de reconnaissance et de pub autour de son nom, Vespucci publia un récit sur la découverte d'un nouveau monde tandis que Colomb en disgrâce était reclus et enchaîné à Valladolid. Les moines de l'abbaye de Saint-Dié (Lorraine) furent les premiers à recevoir ce livre et à le comprendre. Ne sachant pas comment nommer ce nouveau continent, ils choisirent le prénom de l'auteur : Amerigo a donc donné son nom à l'Amérique alors qu'il n'en est pas le découvreur... Une immense erreur historique irréparable et injuste car cette terre, l'Amérique, aurait dû s'appeler la Colombique... ou la Christophique... en hommage à Colomb. Vespucci meurt en 1512 à Séville, sans doute des conséquences de la peste qui y sévit en 1510.

– **Pic de la Mirandole** *(1463-1494) :* l'homme universel de cette époque est bien **Giovanni Pico della Mirandola.** Né à Mirandola (province de Modène), doué pour les études et doté d'une mémoire phénoménale, il aborda avec succès tous les sujets : philosophie, sciences, littérature, mathématiques et arts. Ses connaissances lui donnèrent une vision globale du monde, où toutes les sciences et les philosophies connues convergeaient vers le christianisme. Son ouvrage de base, les *900 Thèses* (pas moins que ça), fut condamné par la curie, comme les œuvres de Galilée... Trop avant-gardiste. Il écrivit également des poèmes en toscan. Laurent le Magnifique le protégea de l'Inquisition. Il mourut empoisonné par son secrétaire. Il n'avait que 31 ans ! C'est Savonarole qui prononça l'oraison funèbre. Sa tombe se trouve dans la basilica di San Marco à Florence. Pic de la Mirandole reste toujours le symbole de la connaissance encyclopédique. Le mouvement philosophico-métaphysique d'origine américaine, le *New Age,* le cite comme un des auteurs de référence.

– **Machiavel** *(1469-1527) :* son père était médecin à Florence. C'est là qu'est né le petit Nicolas (Niccolò). Il fut le témoin du règne glorieux de Laurent le Magnifique, de l'arrivée des Français et de la théocratie de Savonarole. Après de sérieuses études de droit, il devint chef de la Chancellerie de la ville à la mort de Savonarole ; à ce titre, il fréquenta toutes les cours d'Italie et de France.

UNE RÉPUTATION INJUSTE

Machiavel a un nom évoquant le cynisme en politique. En fait, il n'a jamais cherché le pouvoir personnel. Ses penchants politiques vont plutôt vers l'humanisme même s'il sut décrier l'absolutisme. Assez mal vu par les puissants, il mourut d'ailleurs dans le dénuement.

Mis en disgrâce en 1512, lors du renversement de la République par les Médicis, il se réfugia avec sa famille dans la propriété de son père. Il mit à profit son temps libre et ses connaissances pour rédiger le best-seller planétaire des hommes de pouvoir, *Le Prince* (1513 ; publié en 1532). Sa tombe se trouve dans l'église Santa Croce (« Panthéon des gloires italiennes ») à Florence à côté de Galilée et Michel-Ange. La plupart des hommes d'État occidentaux s'en sont servi, retenant surtout la notion de raison d'État... qui les arrangeait bien.

– *Galilée (1564-1642) :* né à Pise, mort près de Florence. Astronome, opticien et mathématicien, Galilée fait partie de ces derniers savants qui maîtrisaient plusieurs sciences. En perfectionnant la lunette optique, il se rendit compte que la Terre tournait autour du Soleil. Selon la Bible, la terre est immobile. Aïe ! Il fut jugé puis condamné à la prison à perpétuité. Sa peine fut commuée ensuite en résidence surveillée. La papauté mit plus d'un siècle pour que ses partisans puissent enfin s'exprimer. Il faudra attendre le concile Vatican II (1962 !) pour que Galilée soit lavé de toute accusation.

– *Carlo Collodi (1826-1890) :* né à Florence, il commença une carrière de journalisme, créa deux journaux satiriques, *Il Lampione* et *Scaramuccia,* et s'engagea dans la lutte pour l'indépendance italienne. En 1875, il s'intéressa à un tout autre domaine : le monde des enfants ; il écrivit quelques histoires et adapta des contes traditionnels. De 1881 à 1883, il rédigea pour le *Journal des enfants* un récit à épisodes : *Pinocchio* ! Lorsque son personnage a atteint une dimension universelle, il mourut à Florence en laissant planer sur la ville l'âme coquine de son Pinocchio.

– *Costanzo W. Figlinesi (1912-1991) :* peintre passionné de nature morte, capturé par les Allemands, il dut réaliser contre son gré les portraits du général Heinkel et du maréchal Rommel. Après la guerre, il s'installa dans le sud de la France où il ne connaîtra pas le succès avant 1959. Vers la fin de sa vie, ses œuvres s'apparentaient de plus en plus à celles des impressionnistes.

RESTAURANTS

Florence regorge de bonnes petites adresses. Certaines perdurent, d'autres disparaissent d'une année sur l'autre... Une chose est sûre, l'*aperitivo* a le vent en poupe, et chaque bar qui se respecte ne déroge pas à la règle ! Les bonnes adresses ne manquent pas dans les quartiers de San Niccolò, San Frediano, Santo Spirito dans l'Oltrarno et de Santa Croce. Et les terrasses qui fleurissent un peu partout dans la ville sont aussi bien appréciées par les touristes que par les Florentins.

À part ça, sachez que certains restaurants n'acceptent toujours pas les cartes de paiement (les *osterie* notamment), mais c'est de moins en moins fréquent. Dans les établissements qui marchent bien et en haute saison, pensez à réserver le soir (si vous ne voulez pas faire le pied de grue sur le trottoir...).

Où manger ?

Le routard risque d'être désorienté les premiers jours devant la variété des enseignes : *snack-bar, paninoteca, caffè, rosticceria, tavola calda, pizzeria, enoteca, trattoria, osteria, ristorante...* Les voici classés du plus populaire au plus chic. Sachez que dans les trois dernières catégories, vous paierez systématiquement le couvert (certaines pizzerias l'appliquent aussi). Dans ces types d'établissements, vous trouverez souvent des menus à midi (en semaine) ou vous pourrez vous contenter d'un *antipasto* et d'un plat, ou bien d'un *primo* et d'un dessert.

En général, le snack-bar (tout le monde comprend), la *paninoteca* et le *caffè* vendent des gâteaux et des sandwichs appelés *panini* (avec du pain de type baguette) et *tramezzini* (pain de mie en triangles). Parfait pour un en-cas rapide avant une visite culturelle ou pour sauter un repas ; cependant pas si bon marché que ça car vous risquez de payer souvent le même prix qu'un menu midi. Sans parler des cafés avec terrasse stratégique... Là, gare au portefeuille !

Rosticceria

Correspond au traiteur français, vend des plats à consommer le plus souvent debout au comptoir ou à emporter. Mais il y a parfois quelques tables et chaises pour soulager les jambes fatiguées. Autre bon plan, quoique un peu plus cher, les épiceries pleines de bons produits et pouvant vous confectionner un délicieux sandwich.

> ## HARO SUR LES TERRASSES
>
> *Qu'est-il arrivé aux typiques terrasses florentines ? Depuis 2013, des terrasses préfabriquées toutes identiques envahissent places et rues. La faute à qui ? À la mairie qui a imposé ces aquariums géants aux restaurateurs (transformés en cocotte-minute pendant les chaleurs estivales). Un peu d'originalité tout de même ! Trop de conformité tue la convivialité !*

– Petit conseil : les *panini* sont incontestablement meilleurs réchauffés, le plaisir du pain toasté et du fromage fondant valent bien quelques minutes de patience.

Tavola calda

C'est un endroit où l'on sert une restauration rapide, offrant un nombre assez limité de plats déjà cuisinés à un prix très abordable. Une sorte de cantine ou self, en quelque sorte.

Pizzeria

Les vraies *pizzerie* possèdent un four à bois, qui est généralement allumé que le soir. Il y a des *pizzerie* où l'on consomme assis et d'autres et qu'on peut également emporter. On peut acheter des tranches de pizzas dans certaines boulangeries *(panetterie),* qui ne sont franchement pas mauvaises.

Trattoria

Restaurant à gestion (théoriquement) familiale. Comparable au bistrot du coin français en quelque sorte, proposant une cuisine faite maison (*casareccia* ou *casalinga*). La carte offre un choix restreint de plats (une poignée d'entrées, quatre plats de pâtes, trois ou quatre viandes), garantissant une plus grande fraîcheur de la cuisine, se montrant alors très goûteuse...

Osteria

À l'origine, un endroit modeste où l'on allait pour boire et qui proposait un ou deux plats pour accompagner la boisson... L'appellation a été reprise par des restaurateurs (transformée parfois en « *hosteria* » pour faire plus chic) pour donner un goût d'antan tout en appliquant des tarifs plus modestes... On peut le comparer à nos brasseries.

Ristorante

Correspond au resto gastronomique. Dans cette catégorie, on trouve tout et son contraire, surtout la note salée en fin de repas. C'est souvent le cas des établissements servant les spécialités locales. Attention à ne pas vous laisser appâter par la déco guindée, par la terrasse avec vue plongeante ou par les serveurs rabatteurs.

Café

Les Italiens consomment plutôt debout au comptoir après avoir acquitté le montant (bien moins cher qu'en France) de leur boisson à la caisse à l'entrée. On économise ainsi le service. Si vous êtes assis à une table, le prix de la consommation est majoré de 50 % (de plus en plus rare toutefois).

Enoteca (bar à vins)

On y mange et on y boit. Les œnothèques s'enorgueillissent d'une riche sélection de vins, servis au verre ou à la bouteille, ainsi qu'un excellent choix (en général) de fromages et de charcuteries. Certaines se révèlent de véritables restos. D'autres accueillent les œnophiles à l'heure de l'apéro, pour grignoter au comptoir, un verre à la main. C'est vraiment le meilleur moyen de découvrir les vins de la région. Chaque année, de nouvelles adresses apparaissent sur la scène florentine, témoignant du succès de cette formule, idéale selon nous pour un déjeuner rapide et relativement économique (autour de 10 € le verre et ses accompagnements)... Elles ont poussé comme des champignons après la pluie, mais attention, elles ne sont pas toutes recommandables. On a repéré pour vous quelques bonnes adresses dans les différents quartiers.

Et l'*aperitivo* ?

Une formule magique pour marier tous les plaisirs à moindres frais ! À l'heure fatidique de l'*aperitivo* (on ne vous fera pas l'injure d'une traduction littérale), certains établissements ont eu l'idée géniale de proposer un buffet de petits plats typiques accessibles dès le premier verre de vin payé. À l'origine, c'est la région Piémont qui a lancé cette joyeuse initiative. Le succès est tel que tout le monde s'y est mis. Très convivial, nourrissant et nettement meilleur qu'un bol de cacahuètes !
Petite sélection éclectique (voir les adresses par quartier) :

♟ ♪ *Negroni (plan détachable E5, 200) :* via dei Renai, 17 r. ☎ 055-24-36-47. L'un des meilleurs. Voir « Où boire un verre en écoutant de la musique ? » dans le quartier de San Niccolò.

♟ *Zoe (plan détachable E5, 199) :* via dei Renai, 13 r. ☎ 055-24-31-11. Petite rue parallèle au lungarno Serristori (qui longe l'Arno). Voir « Où boire un verre en écoutant de la musique ? » dans le quartier de San Niccolò.

♟ ◐ *Caffè Sant'Ambrogio (plan détachable F3, 194) :* piazza Sant'Ambrogio, 7 r. ☎ 055-247-72-77. Voir « Où boire un verre ? Où écouter de la musique ? » dans le quartier de Sant'Ambrogio.

♟ *Rex (plan détachable E3, 197) :* via Fiesolana, 23-25 r. ☎ 055-248-03-31. Voir « Où boire un verre ? Où écouter de la musique ? » dans le quartier de Sant'Ambrogio.

♟ ◐ *Il Santino (plan détachable C4, 149) :* via di Santo Spirito, 60 r. ☎ 055-230-28-20. Voir la rubrique « Bars à vins *(enoteche)* » dans le quartier de Santo Spirito.

♟ ♪ *Dolce Vita (plan détachable B4, 153) :* piazza del Carmine, 6 r. ☎ 055-28-45-95. Voir « Où boire un verre ? Où écouter de la musique ? » à San Frediano.

Les marchés et tripiers ambulants

Pour les routards fauchés, l'idéal est de faire le plein de cochonnailles, de fromages et de légumes sur les marchés. Les produits sont de très bonne qualité (tomates, parmesan, jambon fumé) et à des prix très raisonnables (comparés à ceux pratiqués en France, par exemple) ; profitez-en ! Allez ensuite pique-niquer dans les jardins de Florence ou sur les marches d'une église. Et si les disciples de Bacchus souhaitent y ajouter une bonne bouteille, grand bien leur fasse !

GARE AUX FRUITS DÉFENDUS

Un détail culturel parmi d'autres : dans les supermarchés italiens, on ne touche pas les fruits, ou alors seulement... avec un gant en plastique ! Imaginez la réaction des vendeurs quand un Français débarque avec ses vieilles habitudes : on tâte à main nue, voire on goûte, et après, on se décide ou non... Gare aux remontrances !

⊛ En quête d'une *bouteille* à la sortie du marché ? Laissez le *Routard* guider vos pas (attention, les boutiques sont fermées le dimanche) : *Casa del Vino (plan détachable D2, 143),* via dell'Ariento, 16 r ; ☎ 055-21-56-09.

Le Volpi e l'Uva (plan détachable D4, 146), piazza dei Rossi, 1 ; ☎ 055-239-81-32. Enoteca-bar Fuori Porta (plan détachable E5, 147), via del Monte alle Croci, 10 r ; ☎ 055-234-24-83. Fratelli Zanobini (plan détachable C-D2, 141), via Sant'Antonino, 47 r ; ☎ 055-239-68-50. Pour toutes ces adresses, voir les rubriques « Bars à vins *(vinai, enoteche)* » dans les quartiers San Marco, San Lorenzo et San Niccolò.

– Pour les amateurs, les **tripiers ambulants** *(trippai ambulanti)* : autrefois, ils étaient légion. Désormais, ils ne courent plus les rues, pas même dans le quartier de San Frediano, pourtant réputé pour les abats. En dehors de la **Trattoria da Nerbone** (voir « Où manger ? » dans le quartier de San Lorenzo) installée dans le marché central depuis 1872, vous en trouverez piazza dei Cimatori *(zoom détachable D3-4)*, piazzale di Porta Romana *(hors plan détachable plan B5)*, ainsi que dans d'autres endroits mais beaucoup plus éloignés du centre. Il s'agit le plus souvent de petits stands proposant de copieux sandwichs garnis de tripes cuites à la commande.

SITES INSCRITS AU PATRIMOINE MONDIAL DE L'UNESCO

Organisation des Nations Unies pour l'éducation, la science et la culture

En coopération avec le centre du patrimoine mondial de l'UNESCO

Pour figurer sur la liste du Patrimoine mondial, les sites doivent avoir une valeur universelle exceptionnelle et satisfaire à au moins un des dix critères de sélection. La protection, la gestion, l'authenticité et l'intégrité des biens sont également des considérations importantes.

Le patrimoine est l'héritage du passé dont nous profitons aujourd'hui et que nous transmettons

aux générations à venir. Nos patrimoines culturel et naturel sont deux sources irremplaçables de vie et d'inspiration. Ces sites appartiennent à tous les peuples du monde, sans tenir compte du territoire sur lequel ils sont situés. *Infos :* ● *whc. unesco.org* ●

– **Le centre historique de Florence** est classé depuis 1982.

– **Les villas et jardins des Médicis en Toscane.** Inscrits en 2013. Douze villas et deux jardins situés principalement autour de Florence. Témoignages laissés par les Médicis, famille indissociable de la Renaissance italienne.

SYNDROME DE STENDHAL

Le 22 janvier 1817, Stendhal visite Florence « dans une sorte d'extase ». Dans l'église de Santa Croce, un moine lui ouvre les portes de la chapelle Niccolini abritant les fresques du Volterrano. « Absorbé dans la contemplation de la beauté sublime », il atteint un degré extrême d'émotion « où se rencontrent les sensations célestes données par les beaux-arts et les sentiments passionnés ». En sortant de l'église Santa Croce, son cœur bat fort et il se sent épuisé. Il marche avec la crainte de tomber. Assis sur un banc, il sort de sa poche des vers du poète Foscolo et les relit avec délice pour se rassurer. « J'avais besoin de la voix d'un ami partageant mon émotion. »

Cet épisode personnel, relaté très sommairement dans *Rome, Naples et Florence*, a donné naissance à un phénomène universellement reconnu aujourd'hui sous le nom de « syndrome de Stendhal ». L'expression a été inventée par la psychiatre florentine Graziella Magherini. Il ne s'agit pas d'une maladie comme les autres, mais d'une crise psychique violente constatée auprès d'un certain nombre de touristes à Florence.

Comme leur illustre prédécesseur, ces voyageurs manifestent des réactions d'hypersensibilité et de souffrance psychique face aux œuvres d'art : crise de panique (peur de mourir ou de devenir fou), sensation de dépersonnalisation (dépression totale ou euphorie). Comme Stendhal, ils sont victimes de troubles somatiques (perception troublée de la réalité, amnésie, vertiges). La majorité des victimes ne sont pas mariées et voyagent seules, et le pourcentage de femmes célibataires entre 26 et 40 ans est élevé.

Il y aurait en gros trois raisons pour expliquer le « syndrome de Stendhal ». D'abord, la crise touche des personnalités très sensibles (et créatives). Elle ne peut se produire que dans des villes d'art, face à une œuvre d'art, mais d'autres lieux chargés d'histoire peuvent provoquer le même type de réactions (il existe aussi un « syndrome de Jérusalem »). Ensuite, le voyage est déstabilisant, souvent épuisant pour ces touristes qui veulent tout voir d'une ville, tout faire en très peu de temps. Enfin, le troisième facteur, c'est l'œuvre d'art en elle-même. Cette dernière a un tel pouvoir qu'elle peut toucher l'inconscient de la personne. La crise ne dure pas longtemps, et les victimes du « syndrome » retrouvent vite leur état normal. Inspiré, le cinéaste Dario Argento en a tiré un film d'horreur intitulé *Le Syndrome de Stendhal,* sorti en 1996.

INFORMATIONS ET ADRESSES UTILES

▶ Pour se repérer, voir le plan détachable (plan d'ensemble, zoom, plan du réseau des bus et plan de la zone piétonne et de la ZTL) en fin de guide.

L'arrivée à Florence

En avion

✈ **Aeroporto Amerigo-Vespucci** (hors plan détachable par B1) **:** via del Termine, 11 (Peretola). Aéroport situé à 5 km au nord-ouest du centre de Florence. ☎ 055-30-615 (infos 8h-23h30). Rens sur les vols : ☎ 055-30-61-300 (24h/24). ● aeroporto.firenze.it ●

■ **Compagnies aériennes :** Alitalia, ☎ 06-22-22 (0,34 €/mn). ● alitalia.fr ● **Air France,** ☎ 848/844-466 (d'un poste fixe italien). ● airfrance.fr ● **Brussels Airlines,** ☎ 899/800-903. ● brusselsairline.com ●

■ Distributeur **Bancomat** dans le hall des départs.

🛈 **Office de tourisme :** comptoir situé au terminal des arrivées lun-sam 9h-19h, dim et j. fériés 9h-14h. ☎ 055-31-58-74. ● infoaeroporto@commune.fi.it ●

■ **Location de voitures :** le parking de location se trouve à 5 mn de l'aéroport, accessible par une navette ttes les 20 mn env. **Avis,** ☎ 055-31-55-88 (tlj 8h-23h) ; **Hertz,** ☎ 055-30-73-70 (lun-ven 8h30-22h30 et w-e 9h30-22h30) ; **Europcar,** ☎ 055-31-86-09 (tlj 9h-23h) ; **Maggiore/National,** ☎ 055-31-12-56 (tlj 8h30-22h40).

■ **Assistance bagages et objets perdus :** ☎ 055-30-61-302 (tlj 8h30-20h). Un service des objets perdus dans l'aéroport ou retrouvés par la police de l'air est également disponible sur le site internet de l'aéroport (rubriques « Services », puis « Lost & Found »).

Pour aller de l'aéroport Amerigo-Vespucci au centre-ville

➢ **En bus :** la navette Volainbus se trouve près des taxis (à droite en sortant de l'aéroport). Elle vous amène en 20 mn env en plein centre-ville, à la gare ferroviaire Santa Maria Novella (plan détachable B-C2). Départ ttes les 30 mn 5h30-20h30, puis à 21h30, 22h30, 23h30 et 1h. Dans l'autre sens, 1er départ au centre de BusItalia, situé via San Caterina da Siena, à droite en sortant de la gare. Ttes les 30 mn 5h30-20h30, puis à 21h30, 22h30, 23h30 et 1h. Le billet (6 €) est à acheter dans le bus (10 € l'A/R). Rens auprès de BusItalia-Sita Nord : ☎ 800-37-37-60 ou ● fsbusitalia.it ●

➢ **En taxi :** compter 20 mn pour rejoindre le centre-ville. Prix fixe : 20 € (majoré la nuit 22h-6h et j. fériés : 23 et 22 €). Compter un supplément de 1 €/bagage. Résas : ☎ 055-42-42, 055-43-90, 055-47-98 ou 055-200-13-26.

Autre aéroport

✈ **Aeroporto Galileo-Galilei de Pise :** situé à 80 km de Florence. ☎ 050-84-93-00 (infos sur les vols). ● pisa-airport.com ●

➢ La navette directe PisaMover Bus Service relie l'aéroport de Pise à la gare SMN de Florence. On attend avec impatience la navette automatique qui reliera l'aéroport à la gare de Pise en 5 mn (prévue fin 2015). Durée : 1h15. 6 liaisons/j. 6h-minuith. Aller : 7 €. Tickets pour Pise au kiosque de vente à la gare de Santa Maria Novella, situé face au quai légèrement à gauche en entrant.

➤ Liaisons également avec la compagnie de bus *Terravision*, qui relie les 2 aéroports en passant par la gare Santa Maria Novella. Compter 6 € l'aller (10 € l'A/R si on l'achète en même temps). Ticket à acheter à l'aéroport de Pise ou dans le bus. Une quinzaine de liaisons/j. • terravision.eu •

➤ Également, la navette *Bus Express* qui relie l'aéroport de Pise à la gare de Santa Maria Novella à Florence. Compter 1h10 de trajet. Aller : 5 € (A/R 10 €), réduc enfants. *Pour plus d'infos :* • air portbusexpress.it •

En train

🚉 **Stazione Centrale Santa Maria Novella** (plan détachable B-C2): la gare principale de Florence, en plein centre-ville. Un seul et unique nº pour tte l'Italie : ☎ 89-20-21. Pour les horaires et les résas : • ferroviedellostato.it •

■ **Consigne à bagages** (deposito bagagli a mano): gare centrale, le long du quai nº 16. ☎ 055-235-21-90. Tlj 6h-23h. Compter 5 € pour 5h, puis 0,70 € de la 6e heure à la 11e ; à partir de la 12e : 0,30 €...

■ **Objets trouvés à la gare et dans les trains** (oggetti smarriti): gare centrale. Même endroit (et mêmes horaires) que la consigne à bagages manuelle...

– **Autres services :** poste (lun-ven 8h-19h), Bancomat (à côté de la consigne), change, pharmacie, toilettes (payant, situé au niveau du quai nº 5).

🚉 **Stazione F. S. Campo di Marte** (plan détachable G2) : via Mannelli, 12. 2e gare de Florence, située à l'est, à quelques km du centre historique. Accueil et rens 7h-21h.

➤ Utile pour ceux qui veulent prendre un train direct pour **Rome.** Compter 1h20 de trajet. On peut également, de cette gare, rejoindre la petite ville de **Fiesole** au nord de Florence.

➤ De la gare, vous pouvez rejoindre le centre avec les bus nos 12, 13 et 33, ou en train (5/h) pour la **gare Santa Maria Novella** en 8 mn. Attention, pas de consigne à bagages.

En bus

■ **Ataf-Sita :** • ataf-linea.it • Compagnie du **transport par bus dans Florence** (voir la rubrique « Transports » dans « Florence utile »). Site internet très complet, vivement conseillé avant votre arrivée, afin d'éviter une attente trop longue au centre de renseignements de la gare. **Point Ataf** (achat de billets et renseignements), via Alamanni 20 r (☎ 055-565-03-90 ; tlj 7h15-19h), à droite de la gare (quand on y fait face).

➤ **Pour le transport dans la province de Toscane (le Chianti surtout) et au-delà :**

■ **Busitalia Sita Nord :** via S. Caterina da Siena, 17 r. ☎ 800-37-37-60. • fsbusitalia.it • C'est la compagnie nationale des trains, *Trenitalia*, qui propose par le biais de cette société de bus de nombreuses liaisons inter-villes en Toscane.

Offices de tourisme

Le site internet de l'office de tourisme de Florence fourmille de renseignements pratiques (en italien et en anglais) : • firenzeturismo.it • À consulter vivement avant de partir.

🛈 **Ufficio informazioni turistiche – APT** (plan détachable D2-3) : via Cavour, 1 r. ☎ 055-29-08-32 ou 33. • infoturismo@provincia.fi.it • firenzeturismo.it • Tlj sf dim et j. fériés 9h-18h. Accueil multilingue dont le français. Indispensable pour la visite de Florence : un plan de la ville, un plan des lignes de bus, une brochure avec tous les hôtels (pour les retardataires !), ainsi qu'une liste régulièrement mise à jour des heures d'ouverture et des tarifs des musées et des sites, quasi obligatoire pour pouvoir jongler avec les horaires très variables des musées d'un mois à l'autre. Également des renseignements sur la Toscane en général et sur les manifestations culturelles et festives de la province.

Enfin, si vous estimez que vous avez

été victime d'une arnaque ou tout simplement de mauvaises prestations (hôtelières ou autres), vous pouvez adresser une plainte au : ☎ 055-276-03-82 ou sur ● info1@firenzeturismo.it ●
– *Autre point info à l'aéroport* (hall des arrivées) : ☎ 055-31-58-74. ● infoaeroporto@firenzeturismo.com ● Lun-sam 9h-19h, dim et j. fériés 9h-14h.
🛈 Les autres *offices de tourisme* qui dépendent de la commune de Florence : ● comune.fi.it ●
– *Stazione,* piazza della Stazione, 4 (plan détachable C3). ☎ 055-21-22-45. ● turismo3@comune.fi.it ● Tlj 9h-19h (14h dim et j. fériés).
– *Loggia del Bigallo,* piazza San Giovanni, 1 (Duomo) (zoom détachable D3). ☎ 055-28-84-96. ● bigallo@comune.fi.it ● Lun-sam 9h-19h (14h dim et j. fériés).

Découvrir Florence autrement : visites guidées en français

Faire appel à un guide est une solution économique, pratique et originale. Il vous est certainement arrivé d'avoir envie d'approfondir vos visites d'un musée, d'un quartier et d'avoir un guide rien que pour vous. Si vous êtes plus de 3 ou 4, Laurence vous présente Florence vue sous un autre angle, à la fois insolite et instructif...
– *Contact : Laurence Aventin,* 🖸 0039-328-9124021. Il est préférable de lui envoyer un mail avt votre arrivée (surtout en pleine saison) : ● laurence@visiteflorence.com ● visiteflorence.com ● Compter la demi-journée de visite (max 5 pers) à partir de 130 €. Guide-conférencière agréée, Laurence est dotée d'une solide culture en histoire de l'art, tout particulièrement sur l'histoire de Florence qu'elle connaît sur le bout des ongles ! Elle propose des visites classiques (la galerie des Offices, le Palazzo Pitti, le Palazzo Vecchio) mais aussi des parcours thématiques et originaux à travers la ville : « Florence au féminin », « Florence littéraire », « Parfums de Florence »... Laurence s'adapte selon vos envies culturelles et propose aussi de visiter la ville en famille ou en petits groupes.

INFORMATIONS ET ADRESSES UTILES

Agenda culturel

– *Firenze Spettacolo :* en vente à 2 € dans ts les kiosques ou sur ● firenze spettacolo.it ● À se procurer dès votre arrivée, le magazine mensuel le plus complet pour connaître les programmes des spectacles, concerts (classiques, variétés, pop, rock, jazz), expos, ainsi que les nouveaux restos gastros et branchés de la capitale toscane et des environs...
– *The Florentine :* bimensuel gratuit. ● theflorentine.net ● Pas mal d'articles consacrés aux visites culturelles. Journal réalisé par la communauté anglophone de Florence.
– *Florence & Tuscany News :* un mensuel petit format publié par l'office de tourisme qui donne un calendrier exhaustif des expos, des concerts, des foires... à Florence et dans sa région. Également des infos pratiques ainsi qu'un plan utile de la ville.

Wifi

La municipalité de Florence a mis en place une connexion facile et gratuite 2h/j. dans les endroits stratégiques de la ville : piazza della Signoria, piazzale Michelangelo, Santa Croce, Santo Spirito, S.S. Annunziata, Libertà, Alberti, Bambini di Beslan, via Canova, Cascine, Parco di S. Donato... Pour info, on peut se connecter gratuitement en wifi dans certains endroits de la ville, autres que les cafés, restaurants et hôtels, comme le cortile du Palazzo Strozzi, par exemple.

INFORMATIONS ET ADRESSES UTILES

Représentations diplomatiques

■ **Consulat de France** (plan détachable B3, **1**) : Palazzo Lenti, piazza Ognissanti, 2. ☎ 055-230-25-56. ● consul. honoraire-florence@diplomatie.gouv. fr ● Lun-ven 9h-13h. L'ap-m slt sur rdv 14h-17h.
■ **Consulat de Belgique** (plan détachable E3) : via dei Servi, 28.

☎ 055-57-70-97. ● consubel.firenze@ tiscali.it ● Lun-ven 9h-12h.
■ **Consulat de Suisse :** piazzale Galileo, 5. ☎ 055-22-24-31. ● cons. suisse.firenze@fol.it ● Ouv mar et ven 16h-17h. Sinon, il délivre tlj, en sem, ttes les infos utiles par tél.

Poste

✉ **Poste centrale** (zoom détachable D4) : via Pellicceria, 3 ; juste à côté de la piazza della Repubblica. ☎ 055-273-64-81. Lun-sam 8h15-19h. D'autres bureaux de poste un peu partout dans la ville, qui ont tous, sauf indication contraire, les mêmes horaires (lun-ven 8h15-13h30 ; sam 8h15-12h30) :
– via Pietrapiana, 53 (plan

détachable E3). ☎ 055-26-74-21. Lun-ven 8h15-19h ; sam 8h15-12h30.
– Via Cavour, 71/a (plan détachable E1). ☎ 055-46-35-01.
– Galerie des Offices : mar-dim 8h15-18h45.
– D'autres bureaux : via Barbadori, 37 r ; piazza Brunelleschi, via Alamanni, 18 r ; piazza della Libertà, 40 r ; via Magenta, 13 r.

Transports intra-muros

Bus

Le meilleur moyen de locomotion (hormis vos pieds !) reste sans hésitation le bus. La voiture étant persona non grata à Florence, mieux vaut profiter du bus, d'autant qu'avec la Firenze Card les transports en commun sont gratuits pendant 3 jours (voir la rubrique « Transports » dans Florence utile).

City Sightseeing Florence

🚶 ☎ 055-29-04-51. ● citysightseeing.com ● Billet : 20 € (24h), 25 € (48h) ; 6-12 ans, 10 € (24h), 12 € (48h)). Tarif famille : 60 € (24h), 75 € (48h). Audioguide multilingue à bord (compris dans le prix). Départ 9h-17h (21h, voire 23h en haute saison).
– 2 parcours intéressants qui permettent de donner un bon aperçu de la ville... sans épuiser les parents ni... les enfants ! Un parcours initiatique en bus à ciel ouvert (toit panoramique ; en saison seulement) à travers la ville. Les 2 itinéraires partent de la piazza Santa Maria Novella, face à la gare. L'itinéraire A (durée : 1h) reste concentré sur

les grandes places de Florence (sauf celles du centre-ville, interdites à la circulation) avec un départ à la gare Santa Maria Novella. Quant à l'itinéraire B (durée 2h), il fait une boucle vers le nord en passant par Fiesole puis par l'est (piazza Beccaria) et enfin par le sud (porta Romana) pour revenir au point de départ.

Location de vélos et scooters

■ **Mille e una Bici :** la mairie a mis à disposition un parc de 220 vélos, disponibles du lundi au samedi. Tarif : 2 €/h, 10 € la journée. Un système de Vélib' florentin en quelque sorte ! 3 endroits stratégiques : stazione Santa Maria Novella, piazza Santa Croce et piazza Ghiberti. Pour plus de rens : ☎ 346-883-78-21.
■ **Florence By Bike** (plan détachable D1, **3**) : via San Zanobi, 54 r (parallèle à la piazza dell'Indipendenza). ☎ 055-48-89-92. ● florencebybike.it ● Lun-ven 9h-13h, 15h30-19h30, sam 9h-19h, dim 9h-17h (horaires restreints en hiver). Compter 15 €/j. pour un vélo

de ville. Propose des tours accompagnés à vélo dans Florence et ses proches environs (2-3h), notamment et dans le Chianti (une journée), pique-nique et découverte des vignobles inclus.

■ *Alinari (plan détachable D2, 4) :* via San Zanobi, 38 r. ☎ 055-28-05-00. ● alinarirental.com ● À côté de la précédente. Lun-sam 9h30-13h, 14h30-19h et dim mat. Compter à la journée 12-18 € pour un vélo, 45-55 € pour un scooter. Balades à vélo à travers la ville merven : départ à 10h de l'agence. Résas à l'avance. Compter 2h30 de balade.

■ *Vespatour (plan détachable B2-3, 5) :* via Il Prato, 50. ☎ 055-538-560-45. ● info@stradanova.com ● tuscanyvespatour.com ● Compter 60 €/24h. Personnel sérieux et scooters en bon état. Possibilité aussi de faire des balades accompagnées dans le Chianti.

Location de voitures

La location de voiture est intéressante quand on veut visiter les environs... À Florence, ça n'a aucun intérêt : avec les ZTL, c'est fortement déconseillé, voire interdit. Ces loueurs de voitures ont aussi un bureau à l'aéroport.

■ *Avis (plan détachable B3, 6) :* borgo Ognissanti, 128 r. ☎ 055-21-36-29. Lun-ven 8h-18h (sam 16h30) ; dim et j. fériés 8h-13h.

■ *Europcar (plan détachable B3, 7) :* borgo Ognissanti, 53-55 r. ☎ 055-29-04-38. Lun-ven 8h-19h ; sam 8h-15h30 ; dim 8h30-12h30.

■ *Hertz (plan détachable B3, 8) :* via borgo Ognissanti, 137 r. ☎ 055-239-82-05. Lun-sam 8h-19h ; dim 8h-13h (horaires restreints en hiver).

Parkings publics

Pour tt rens : ☎ 055-50-30-21, ou sur ● firenzeparcheggi.it ●

Il existe une dizaine de parkings publics à Florence, dont les principaux sont :

🅿 *Parcheggio del Parterre (plan détachable E1) :* piazza della Libertà (entrée via Madonna della Tosse, 9). 24h/24. Compter 2 €/h ; forfait journalier 20 € ; pour la sem, compter 65 €. Capacité : 650 places.

🅿 *Parcheggio Oltrarno (plan détachable B5) :* porta Romana (entrée piazza della Calza). 24h/24. Prévoir 2 €/h ; forfait journalier 20 € ; compter 66 € la sem (19h-9h). Capacité : 220 places.

🅿 *Parcheggio Stazione Santa Novella (plan détachable C2-3) :* piazza della Stazione. 24h/24. Compter 3 €/h. Forfait 5 j. : 160 €. Capacité : 600 places.

🅿 *Parcheggio S. Ambrogio (plan détachable F3-4) :* piazza Lorenzo Ghiberti. 24h/24. 2 €/h. Capacité 380 places.

🅿 *Parcheggio piazza Beccaria (plan détachable F-G3) :* piazza Cesare Beccaria. 24h/24. 1,70 €/h. Capacité 200 places.

🅿 *Parcheggio Fortezza Fiera (plan détachable B1) :* piazzale Caduti nei Lager. 24h/24. 1,60 €/h ; forfait journalier : 20 €. Capacité : 500 places.

– Petite astuce : la piazzale Michelangelo *(plan détachable E-F5)* dispose d'un nombre important d'emplacements gratuits, sans limitation dans le temps. Éviter simplement certaines dates en été, lorsque la place accueille différents concerts.

Institut, livres et journaux français

■ *Institut français de Florence* (Palazzo Lenzi ; plan détachable B3, 1) : piazza Ognissanti, 2. ☎ 055-271-881. ● institutfrancais-firenze.com ● Lun-ven 10h-18h30 ; sam 10h-13h. Possibilité de visites guidées sur résa (☎ 055-271-88-17). L'institut dispose d'une bibliothèque (accessible aux membres : lun-ven 14h30-18h30) et organise des conférences. En plus des cours de français qui y sont donnés, des rencontres, des concerts ainsi que la projection de films français.

■ *Librairie française de Florence* (plan détachable B3, 1) : piazza Ognissanti, 1 r. ☎ 055-281-813. ● libreria francesefirenze.it ● Lun 15h30-19h, mar-sam 10h-19h (juil-août fermé sam). Propose la plus grande sélection de livres francophones de Toscane.

■ *La Feltrinelli Librerie :* 3 adresses à Florence. Via dei

Cerretani, 30-32 r *(zoom détachable D3, 11)*. ☎ 055-238-26-52. ● *lafeltrinelli. it* ● *Lun-ven 9h30-20h, sam 10h-20h ; dim 10h30-13h30, 15h30-20h. Via Cavour, 12 (plan détachable D3, 11). Lun-sam 9h-19h30. Piazza della Repubblica, 26. Tlj 9h30-23h.* Un rayon de livres en français. Également une section tourisme conséquente avec cartes et plans (en italien, anglais et français).

■ *IBS.it Bookshop (zoom détachable D3, 13) : via dei Cerretani, 16 r.* ☎ 055-28-73-39. *Tlj 9h-20h (jusqu'à 23h ven-sam), dim 10h30-20h.* 📶 Grand choix de livres sur 2 étages. Un rayon anglophone ainsi que quelques livres en français. Bonne sélection de beaux livres sur la Toscane.

Santé

Pharmacies ouvertes 24h/24h

■ *Farmacia AFAM : à la gare de Santa Maria Novella (dans la galleria di Testa).* ☎ 055-21-67-61.
■ *Farmacia Molteni : via dei Calzaiuoli, 7 r (à l'angle avec la piazza Signoria).* ☎ 055-21-54-72.
■ *Farmacia All'Insegna del Moro (zoom détachable D3, 15) : piazza San Giovanni, 20 r.* ☎ 055-21-13-43.

Hôpitaux

🏥 *Ospedale pediatrico Meyer (hôpital pour enfants, hors plan détachable par D1) : viale Pieraccini, 24.* ☎ 055-566-21. *Au nord de la ville.*
🏥 *Ospedale Santa Maria Nuova (plan détachable E3) : piazza s/ Maria Nuova, 1.* ☎ 055-693-81. *Bus n° 14 ou 23.*

Urgences

Voir aussi la rubrique « Urgences » dans « Florence utile » en début de guide.

■ Pour toute plainte ou déclaration à faire à la police, adressez-vous à l'un des *commissariats* suivants :
– *Police d'État : via Pietrapiana, 50 r (plan détachable E3).* ☎ 055-20-39-11 (standard) ou ☎ 055-203-912-27 et ☎ 055-203-912-21 (agent francophone). *Lun-sam 8h30-19h30 (8h30-13h30 sam).*
– *Carabinieri : borgo Ognissanti, 48 (plan détachable B3).* ☎ 055-248-11. *Ouv 24h/24.*
■ *Ambulances :* ☎ 055-21-22-22 ou 055-21-55-55.

Supermarchés

🛒 Il existe des supermarchés, plutôt petits au niveau de la surface mais bien fournis. Ils ont éclos un peu partout dans tous les quartiers de Florence, notamment les magasins *Il Centro,* qui sont ouverts tous les jours et souvent le dimanche. Le *supermercato Conad,* situé via Pietrapiana en face de la poste, est assez grand. On y trouve tout ce dont on a besoin. *Ouv lun-sam 8h-21h (9h dim). Également, même enseigne à côté du Ponte Vecchio, via dei Bardi (mêmes horaires)* avec un rayon spécial « saveurs toscanes ».

Toilettes publiques

– Elles sont disséminées dans des endroits stratégiques de la ville et accessibles aux personnes à mobilité réduite : *porte San Miniato al Monte, piazza Stazione (face au quai n° 5), via Filippina (quartier San Lorenzo), via della Stufa (quartier San Lorenzo), piazza dei Ciompi, borgo Allegri.* Également, sur la piazza San Giovanni, devant le baptistère au *Centro Arte e Cultura* qui dépend de la gestion de Santa Maria del Fiore (Duomo). *Tlj 8h-20h. Compter 1 €.*

SHOPPING

Le rayonnement de l'Italie en matière de mode n'est plus à prouver. En développant des marques prestigieuses, la capitale toscane est reconnue mondialement dans le milieu de la mode avec ses vêtements, ses accessoires, ses chaussures, ses bijoux... La célèbre via dei Tornabuoni, le faubourg Saint-Honoré florentin, en est la vitrine (Gucci, Prada, Ferragamo, Fendi, Armani...). La crise n'a malheureusement pas épargné cet univers. De nombreux créateurs (jeunes et moins jeunes) se sont tournés alors vers une mode plus adaptée, plus accessible. Idem pour les accessoires, et en particulier les bijoux. Adieu, or, argent et pierres précieuses. Bienvenue au plastique, au tissu et aux perles pour réaliser colliers, bracelets et autres bijoux. Et pour la gastronomie et le vin, joies simples mais ô combien gourmandes pour le commun des mortels ? Il demeure encore quelques belles boutiques gastronomiques traditionnelles en centre-ville qui vendent un petit vin bio, une bonne huile d'olive, ou encore d'excellentes salaisons comme le *salame con cinghiale,* provenant des sangliers en liberté dans les collines du Chianti, à quelques kilomètres de Florence. Fuyez les boutiques autour des grands sites touristiques qui vendent des produits soi-disant typiquement toscans et qui sont fabriqués... en Europe de l'Est. Écartez-vous et vous découvrirez, au hasard de vos balades, un bon caviste *(enoteca),* une boutique de fruits et légumes, un producteur d'huile d'olive... Eh oui ! La qualité existe encore !

Et l'artisanat ? Longtemps le fer de lance de Florence, qu'est-il devenu ? Les artisans ont la vie dure ces dernières années. Beaucoup ont fermé (dans l'Oltrarno surtout) pour laisser place à des magasins chinois sans aucun intérêt. Malgré des actions « coups de poing » pour interpeller la mairie (hausse des loyers, difficultés financières), les artisans ont bien du mal à faire valoir leur savoir-faire. Réputés pour leur travail soigné, dans le domaine du cuir surtout, mais aussi dans l'ébénisterie, la marqueterie, ils ne ménagent pas leurs efforts afin qu'on n'oublie pas leur art, mais on peut désormais compter les ateliers de l'Oltrarno sur les doigts de la main. Le must à Florence c'est le papier marbré. Même s'il a pratiquement disparu, certains artisans tentent de le faire (sur)vivre... C'est aussi dans le quartier de l'Oltrarno (du côté de la via Maggio) que se concentrent la plupart des antiquaires de prestige. Meubles anciens, marqueterie, ou même de vraies pièces de collection des XVIIe et XVIIIe s encombrent des arrière-boutiques dignes parfois d'un musée. Certains antiquaires sont même des restaurateurs hors pair, voire des créateurs de génie. La ville a aussi conservé une tradition vivace du travail du cuir. Le centre renferme encore quelques ateliers de maroquinerie de qualité. Attention cependant à la contrefaçon. Chaque jour, le grand marché au cuir de San Lorenzo, devenu très touristique, propose des sacs, ceintures, blousons, mais parfois on y perd son latin : on ne distingue plus le vrai du faux !

Bref, tout ça méritait bien une rubrique à elle seule ! Voici une liste non exhaustive de petites adresses dégottées au gré de nos envies !

Plaisirs de bouche

Le vin

🌐 Les amateurs de vin trouveront leur bonheur dans les adresses « *Enotecche* » que nous citons dans les différents quartiers... Capitale du chianti, Florence regorge en effet de caves où l'amateur trouvera une sélection de rêve de flacons précieux ! Attention toutefois à ne pas tomber sur des lieux attrape-touristes. Pour vous y retrouver, voici une petite sélection parmi les plus sympas et les plus sérieuses *(ttes fermées dim)* : **Casa del Vino** *(plan détachable D2, 143)*, via dell'Ariento, 16 r ; ☎ 055-21-56-09. **Le Volpi e l'Uva** *(plan détachable D4, 146)*, piazza dei Rossi, 1 ; ☎ 055-239-81-32. **Enoteca-bar Fuori Porta** *(plan détachable E5, 147)*, via del Monte alle Croci, 10 r ; ☎ 055-234-24-83. **Fratelli Zanobini** *(plan détachable C-D2, 141)*, via Sant'Antonino, 47 r ; ☎ 055-239-68-50. **Galleria del Chianti** *(zoom détachable D3, 156)*, via del Corso, 41 ; ☎ 055-29-14-40.

Huile, charcuteries et autres gourmandises

🌐 ❘●❘ 🚃 🍽 **Eataly** *(zoom détachable D3, 233)* : via dei Martelli, 2. ☎ 055-015-36-01. ● eatalyfirenze@italy.it ● Tlj 10h-22h30. Cette enseigne désormais célèbre pour ses produits bio estampillés *made in Italy* est installée à deux pas du Duomo. Fort de son succès, l'endroit ne désemplit pas. À vous les rayonnages aussi alléchants les uns que les autres. Difficile de résister ! Sans compter des petits comptoirs pour grignoter (pizzas, paninis, glaces...). Voir plus loin dans « Où manger ? » dans le quartier du Duomo. Vous aurez bien du mal à repartir les mains vides...

🌐 **Botteghina** *(plan détachable C5, 300)* : piazza Pitti, 9 (juste en face du Palazzo Pitti). ☎ 055-21-43-23. Tlj 11h-18h. Petite épicerie fine spécialisée dans la truffe (même proprio que le *Caffè Pitti*). Vendue nature en bocaux ou incorporée à toutes sortes de préparations : terrines, crèmes, pâtes,

huile, la truffe vous tend les bras... La maison propose également une belle sélection d'huiles d'olive et de charcuteries. D'ailleurs, on peut vous confectionner un *panino* avec les produits en vente. Délicieux ! La célèbre marque *Mussini* a d'ailleurs sa place dans les étals.

🌐 **La Bottega del Chianti** *(zoom détachable C4, 340)* : via Borgo Sant'Apostoli, 41 r. ☎ 055-28-34-10. ● sandra@labottegadelchianti.it ● Les boutiques alimentaires sont légion à Florence, mais celle-ci nous a particulièrement plu avec un festival de couleurs et d'odeurs. Sandra Fancelli, la sympathique propriétaire, a bien mis en valeur huiles d'olive, bocaux, fromages du coin, fruits et légumes, qui sont joliment disposés... Une folle envie de tout acheter !

🌐 **La Bottega dell'Olio** *(zoom détachable C4, 301)* : piazza del Limbo, 2 r (à côté de l'église S.S. Apostoli). ☎ 055-267-04-68. 10h-19h, sf lun mat et dim. L'huile d'olive dans tous ses états ! La maison la décline sous forme d'huiles extra-vierges provenant des meilleurs producteurs (possibilité de déguster), d'huiles aromatiques supposées exalter les saveurs d'une sauce, de pâtés, de crèmes et même de savons à la douceur inégalable. Gourmands, élégants et bons vivants y trouveront leur compte.

🌐 **Pegna** *(zoom détachable D3, 302)* : via dello Studio, 26 r. ☎ 055-28-27-01. 9h-13h, 16h-20h, sf mer ap-m et dim (en été, ouv dim aussi). À deux pas du Duomo. Petit supermarché de luxe qui a le mérite d'offrir un large éventail de bons produits toscans. Les vins de la région ne manquent pas, et le choix de pâtes aux multiples formes ne vous laissera pas insensible... Une adresse bien connue des Florentins gourmets.

🌐 **Bacco Nudo** *(plan détachable F4, 303)* : via dei Macci, 59-61. ☎ 055-24-32-98. Tlj sf dim 9h-13h, 16h-20h. 2 boutiques côte à côte, l'une avec des produits italiens bien alléchants, l'autre spécialisée dans le vin. Une concentration de victuailles toscanes idéale pour remplir sa valise. Personnes compétentes et accueil charmant.

🌀 **Olio & Convivium** *(plan détachable C4, 133)* : *via di Santo Spirito, 4 r.* ☎ 055-265-81-98. *Tlj sf dim.* Voir « Où manger ? Chic » dans le quartier de Santo Spirito.

🌀 **Enoteca Obsequium** *(zoom détachable C4, 313)* : *borgo San Jacopo, 17-39 r.* ☎ 055-21-68-49. ● *info@obsequium.it* ● Boutique chic proposant un large choix de produits régionaux, vins compris. Moult bocaux aux préparations typiquement toscanes auront raison de vos papilles. Vous trouverez même une petite salle de dégustation où quelques tables vous attendent pour vous régaler de charcutailles et fromages du pays accompagnés d'un bon verre de vin *(à partir de 10 €)*.

La mode italienne

Boutiques vintage

🌀 **Boutique Nadine** *(zoom détachable E4, 329)* : *via dei Benci, 32 r.* ☎ 055-247-82-74. *Lun 14h30-19h30, mar-sam 10h30-20h et dim 12h-19h.* À deux pas de Santa Croce, voici une boutique vintage qui ne manque pas de cachet avec son beau plancher ciré, sa lumière tamisée, son côté « *home sweet home* » qui donne envie de s'éterniser ; alors, on hésite entre la valse des portants où des vêtements griffés sont en bonne place *(Saint Laurent, Gucci, Valentino, Pierre Cardin)* et des « babioles » disposées joliment sur d'antiques commodes. On peut même acheter des fauteuils, un vélo, des valises, le tout en excellent état... Autre adresse : *lungarno Acciaiuoli, 22 r.*

🌀 **Angelo Vintage** *(zoom détachable D4, 338)* : *via dei Cimatori (angle avec la via dei Calzaiuoli).* ☎ 055-21-49-16. *Dim-lun 15h30-19h30, mar-sam 10h30-13h30, 14h30-19h30.* Le vintage a le vent en poupe ! Cette boutique qui a pignon sur rue propose des collections uniques de vintage spécialisées dans les grandes marques *(Chanel, Hermès, Dior)* mais aussi dans les nouveaux créateurs *(ACNE, Stella MC)*. On peut y trouver des accessoires (sacs, chapeaux) à des prix corrects mais aussi des vêtements recyclés de toutes époques et à tous les prix.

Accessoires et vêtements de créateurs florentins

🌀 **Angela Caputi** *(plan détachable C4, 312)* : *via di Santo Spirito, 58 r.* ☎ 055-21-29-72. ● *angelacaputi. com* ● *Mar-sam 10h-13h, 15h30-19h30.* La créatrice Angela Caputi fabrique des bijoux en perles de résine colorée du plus bel effet : colliers, broches, boucles d'oreilles... Une petite fantaisie à s'offrir (pas donné quand même). Adresse très prisée par les Florentines. Autre adresse : *borgo S. Apostoli, 44-46.* ☎ 055-29-29-93.

🌀 **Flo Concept Store** *(plan détachable C4, 322)* : *lungarno Corsini, 30 r.* ☎ 055-537-05-68. *Mar-sam 10h-19h (lun 15h-19h).* Voilà une belle boutique coincée entre 2 beaux palais florentins et proposant un large éventail de vêtements de marques essentiellement italiennes pour toute la famille et pour tous les goûts. Le concept est de favoriser les jeunes talents tout en gardant une « éthique artisanale ». Le coin destiné aux enfants est craquant. Conçu comme un endroit cosy et chaleureux, l'endroit ravira les shoppeuses addict ! Personnel disponible et charmant.

🌀 **Grevi** *(zoom détachable C3, 335)* : *via della Spada, 11/13 r.* ☎ 055-26-41-39. ● *info@grevi.com* ● *Fermé dim.* Entreprise familiale datant de 1875, dont la fabrique est à une quinzaine de km à l'ouest de Florence. C'est dans les années 1930 que la maison se taille une jolie réputation grâce à Silvano et Ada Greti. Le produit phare : le chapeau de paille. Depuis, elle s'est diversifiée avec le velours, le feutre, l'organdi et même l'agneau de Toscane. Forcément, ce n'est pas donné, mais en cherchant bien, on peut trouver quelques jolis modèles à des prix raisonnables.

🌀 **Quelle Tre** *(plan détachable C4, 319)* : *via di Santo Spirito, 42 r.* ☎ 055-21-93-74. *Mar-sam 10h30-14h, 15h-19h30.* Nées dans une famille de couturiers, 3 sœurs ont eu la bonne idée de créer cette boutique pour mettre en valeur leurs créations : accessoires (sacs, chapeaux, colliers) et robes trapèzes sobres... mais très tendance. La plupart des pièces sont uniques et

SHOPPING

réalisées avec de la laine bouillie ou du velours. Jeter un coup d'œil aux robes de petites filles : elles sont tout simplement craquantes.

✿ **Aprosio & Co** *(zoom détachable C3, 320)* **:** *via della Spada, 38 r.* ☎ *055-265-40-77. Lun-sam 9h30-13h, 15h30-19h30 (horaires restreints en août).* La dynamique créatrice Ornella Aprosio a le don de mettre en valeur perles et cristaux. Des modèles, façon petites bébêtes (coccinelles, abeilles, insectes divers) et de fleurs, délicatement sertis sur des colliers, bracelets ou boucles d'oreilles. C'est joli, ça brille et c'est de très bon goût.

✿ **Pesci che Volano** *(plan détachable E3, 327)* **:** *borgo Pinti, 3 r. Lun-sam 9h-13h, 15h30-19h30 (sam ouv 10h).* Créations originales uniques de petits bijoux fabriqués en bronze, en bois ou en argent (bracelets, boucles d'oreilles, colliers). Également un rayon dédié aux enfants, notamment une ravissante collection de chapeaux. Si vous voulez faire un cadeau unique et original, c'est ici !

✿ **Falsi Gioielli** *(zoom détachable D4, 333)* **:** *via dei Tavolini, 5 r.* ☎ *055-29-32-96. Tlj sf dim et lun mat.* Signifie littéralement « faux joyaux ». Silvia imagine depuis plus de 20 ans des bijoux en Plexi aux couleurs toniques et aux formes géométriques originales. Beaucoup de fleurs, déclinées en pendentifs, boucles d'oreilles, broches, bagues... Un concentré de fantaisie et de gaieté à des prix abordables. Autre boutique : *via de' Ginori, 34 r (plan détachable D2).*

✿ **Borsalino** *(zoom détachable D4, 318)* **:** *via Porta Rossa, 40.* ☎ *055-21-82-75. Tlj sf dim.* Le mythique Borsalino a une belle boutique rien que pour lui à deux pas de la loggia del Mercato Nuovo. Évidemment, ce n'est pas donné, mais à ce prix-là, on a l'original ! Pour la petite histoire, Giuseppe Borsalino, avant de lancer sa première collection de chapeaux en Italie, avait appris le métier de chapelier à... Paris !

Achats dégriffés

Les grandes marques ont implanté leurs magasins d'usine au sud-est de Florence. Judicieusement situés près d'une sortie d'autoroute, ces magasins démarquent leurs stocks et collections des années précédentes à 50 %. Évidemment, ces marques prestigieuses sont excessivement chères à l'origine, mais en fouillant bien, on peut vraiment faire de bonnes affaires. Les accros du shopping qui ont une furieuse envie d'alléger leur compte en banque seront servis ! Le plus intéressant, c'est de s'y rendre au moment des soldes (en janvier et en juillet). Là on peut vraiment faire de bonnes affaires.

Pour plus de renseignements, on peut aussi consulter le site (très bien fait) : ● *outlet-firenze.com* ●

✿ **The Mall** *(Outlet Centre)* **:** *via Europa, 8,* **Leccio Regello,** *50060.* ☎ *055-865-77-75.* ● *themall.it* ● *Tlj 10h-19h. Pour s'y rendre, prendre l'autoroute A 1 Florence-Rome, sortie Incisa-Reggello, puis la SS 69 en direction de Pontassieve ; traverser le village ainsi que celui de Leccio ; à la sortie de celui-ci, tourner à gauche (fléché). Vous pouvez aussi prendre le train à la gare Santa Maria Novella à Florence jusqu'à Incisa Val d'Arno. Il existe également un service de navette qui relie Florence au Mall (compter 35 €/pers l'A/R ; tlj 10h-19h). Solution encore plus économique : prendre un bus (liaison à partir de 8h50) de la compagnie Sita, direction Firenze-Leccio. Env 50 mn pour 5 €.* Grandes marques prestigieuses à des prix vraiment intéressants : *Emanuel Ungaro, Fendi, Ermenegildo Zegna, Giorgio Armani, Gucci, Valentino, Salvatore Ferragamo, Stella MacCartney, Roberto Cavalli, Dior.* Chaussures *Tod's* et *Hogan.*

✿ **Dolce & Gabbana Outlet :** *localité S. Maria Maddalena.* ☎ *055-833-13-00. À deux pas du Mall, à Rignano Sul-l'Arno. Lun-sam 9h-19h ; dim 15h-19h.* La collection de la saison précédente à des prix pouvant atteindre 50 % de réduction.

✿ **Space Prada :** *localité Levanella, 52025* **Montevarchi.** ☎ *055-91-901. Tlj 10h-19h. Au sud des 2 adresses précédentes. Prendre l'autoroute A 1 ; sortir à Montevarchi. Assez mal indiqué (bien suivre les panneaux).* Le stock de la célèbre marque italienne à des prix défiant toute concurrence.

❀ Roberto Cavalli : *via Volturno, 3, Sesto Fiorentino, 50019.* ☎ *055-31-77-54. Lun-sam 10h-19h (fermé sam en hiver).* Toute la collection de l'année précédente du créateur à prix sacrifiés ! On peut vraiment y faire de bonnes affaires.

Le cuir

❀ Scuola del Cuoio *(plan détachable E4, 304) : via San Giuseppe, 5 r.* ☎ *055-24-45-33. Tlj 10h30-18h. Fermé en août.* Dépend de la basilique Santa Croce mais l'entrée se fait par la porte latérale est. Fondée il y a des siècles par les moines franciscains, l'école du Cuir confectionne de beaux objets de qualité en suivant les exigences de la mode. Les artisans y travaillent sous les yeux des visiteurs, ce qui leur permet d'effectuer quelques retouches à la volée si telle ceinture n'est pas tout à fait à la taille, ou d'apposer des initiales sur un produit. Prix presque raisonnables.

❀ Antica Cuoieria *(zoom détachable D3, 311) : via del Corso, 48 r.* ☎ *055-23-81-653. Tlj 9h30-19h30 (sf dim 10h).* Un des derniers bastions du cuir florentin. En effet, ils fabriquent 90 % de leurs produits. Tradition et savoir-faire sont les principes de cette belle boutique à l'ancienne. Des chaussures de qualité et à des prix encore raisonnables, surtout les nu-pieds.

❀ Kara Van Petrol *(zoom détachable D4, 342) : borgo s.s Apostoli 6/8 (à l'angle de la via Por Santa Maria). Lun-sam 11h-20h, dim 15h-20h.* Même si le nom ne semble pas l'indiquer, la marque est bien 100 % italienne !

Elle est née à Florence à la fin des années 1970. La boutique offre un bon choix de sacs en tout genre ainsi que des accessoires (ceintures, porte-monnaie). Ce n'est pas donné mais le cuir est vraiment de qualité.

❀ Mywalit *(zoom détachable D4, 332) : via degli Speziali, 10/12.* ☎ *055-21-16-68. Tlj.* Enseigne toscane spécialisée dans le cuir, créée à Lucques dans les années 2000 (mais les usines de fabrication sont en Asie). L'enseigne au petit éléphant multicolore a désormais un *flagship* dans l'une des rues les plus passantes de Florence. Toute une maroquinerie déclinée dans des couleurs gaies. Et ce n'est pas non plus le coup de bambou niveau prix. Autre adresse (plus petite) : *via della Condotta, 30 r,* à deux pas, vendant les collections des années précédentes, donc moins chères.

❀ Sermoneta *(zoom détachable C3, 317) : via della Vigna Nuova, 28 r.* ☎ *055-28-53-05. Tlj sf dim et lun mat.* Cette enseigne est née dans les années 1960 d'un gantier romain Giorgio Sermoneta. Il a su faire évoluer le gant longtemps réservé à une certaine classe sociale en un accessoire pratique, beau et à un prix tout à fait démocratique. Conseils avisés et disponibilité de rigueur dans cette jolie boutique.

SHOPPING

L'artisanat florentin

Terre cuite et céramique

❀ Sbigoli Terrecotte *(plan détachable E3, 309) : via Sant'Egidio, 4 r ; face à la piazza G. Salvemini.* ☎ *055-247-97-13. Lun-sam 9h-13h, 15h-19h.* 35 ans de métier et toujours autant de passion. Voilà qui résume l'histoire de cette petite affaire familiale, où le père tourne lui-même ses collections de pots, de vases ou de vaisselle classique, avant de les décorer à la main, aidé de sa femme et de sa fille. Et si

quelques pièces ne sortent pas de ses propres fours, il s'agit toujours d'une sélection du meilleur de la production florentine, notamment de la célèbre fabrique d'Impruneta, à 10 km au sud de Florence.

Mosaïque florentine

Spécialité florentine développée par les Médicis pour leur usage personnel, la technique délicate de la pierre dure subjugue l'amateur d'art par la beauté des couleurs et la précision du détail. On peut encore admirer les œuvres d'art raffinées à la *Galeria Palatina* ou au *Museo dell'Opificio delle Pietre Dure*. Même si leur nombre décroît dangereusement, il reste des artisans habiles encore au travail, répétant des gestes appris au XVIe s.

🌀 *I Mosaici di Lastrucci (plan détachable E-F4, 306) : via dei Macci, 9.* ☎ *055-24-16-53. Tlj 9h-13h, 15h-19h, sf dim en hiver. Entrée libre.* Lorsque Bruno Lastrucci et son fils esquissent une nouvelle œuvre, ils ne savent jamais à quel moment ils en viendront à bout. Qu'importe. La technique de la pierre dure est un art exigeant, qui requiert autant d'habileté que de patience que la découpe des pierres naturelles, comme le porphyre, le marbre ou l'agate, soigneusement taillées en biseau avant d'être assemblées avec de la cire d'abeille. En poussant les portes de cet ancien couvent, vous découvrirez d'abord l'atelier, où l'on vous expliquera en détail ces techniques, avant d'admirer les « peintures éternelles » exposées dans la galerie. Évidemment tout ça a un prix !

Papiers marbrés, papiers princiers, aquarelles

Originaire d'Orient, la technique du papier marbré a rapidement fait des émules pour la grande liberté qu'elle offrait aux artisans. Lorsqu'ils disposent les gouttelettes d'encre sur un bain gélatineux, puis les mêlent à l'aide de peignes et de stylets spéciaux, ils peuvent laisser courir leur imagination pour donner aux motifs toutes les formes possibles. Mais on n'a pas le droit à l'erreur : une seule feuille de papier absorbera le dessin définitif. Il n'est

donc pas étonnant que la plupart des maisons commandent désormais leur papier aux imprimeries ! Pas toutes.

🌀 *Giulio Giannini (plan détachable C4, 310) : piazza dei Pitti, 37 r.* ☎ *055-239-96-57. Lun-sam (parfois fermé sam) 9h30-12h30, 15h-18h.* En réalisant des paysages et même des scènes animalières grâce à cette technique difficile, Giannini fut distingué en tant qu'artiste, et une exposition au palais Strozzi lui fut consacrée il y a plusieurs années. Des grands couturiers viennent même s'inspirer de ses motifs pour leurs futures collections ! La famille Giannini (reconnue depuis 1856) continue toutefois à confectionner de beaux carnets, des albums photos ou de jolies boîtes, à des prix encore raisonnables. C'est beau mais pas donné !

🌀 *Il Torchio (plan détachable D4, 326) : via dei Bardi, 17.* ☎ *055-23-28-62.* ● *info@legatoriailtorchio.com* ● *Lun-ven 9h30-13h30, 14h30-19h ; sam 9h-13h.* Magnifiques albums photos et papiers traditionnels fabriqués selon un procédé du XVIIe s, un savoir-faire qu'on ne manquera pas de vous expliquer. Possibilité de passer commande si vous êtes dans la région quelques jours.

🌀 *L'Ippogrifo (plan détachable C4, 328) : via Santo Spirito, 5 r.* ☎ *055-21-32-55.* ● *stampeippogrifo.com* ● Gianni Raffaelli est un véritable artiste, qui manie la même technique de l'aquarelle qu'il y a 500 ans. On peut le voir ainsi créer ses œuvres (son atelier et la boutique ne font qu'un). On admire ses natures mortes, ses portraits mais aussi les aquarelles qu'on offrirait à des enfants *(Pinocchio, Fiat 500)*. Possibilité d'en réaliser sur commande à condition d'en faire la demande quelques jours avant.

Enfants

🌀 🏃 *Bartolucci (zoom détachable D4, 307) : via della Condotta, 12 r.* ☎ *055-21-17-73. Tlj 9h30-19h30.* Jolie boutique à l'ancienne ressuscitant le monde merveilleux des jouets en bois. On y trouve de tout, à tous les prix, du cheval à bascule aux petites horloges en passant par les toupies, les boîtes à musique... à

l'effigie de Pinocchio, évidemment !

🌀 🏃 *Letizia Fiorini (zoom détachable C4, 314) : via del Parione, 60 r.* ☎ *055-21-65-04.* Minuscule boutique où la créatrice propose de jolies marionnettes toutes personnalisées et faites à la main. Farfadets en feutrine ou encore adorables pantins peints en bois, qui amuseront les plus petits.

⚜ 👶 *La Bottega di Gepetto* (plan détachable C4, **328**) : via San Spirito, 16 r. La vitrine surtout fera le bonheur des enfants. À l'intérieur, un vrai bric-à-brac dédié entièrement au fils de Gepetto. Nul doute que cette boutique minuscule comblera petits et grands.

⚜ 👶 *Città del Sole* (zoom détachable D3, **330**) : via dello Studio, 23. ☎ 055-277-63-72. ● *cittadelsolefirenze.it* ● *Lun-sam 10h-19h30 (à partir de 10h30 dim).* Un immense magasin de jouets entièrement dédié aux univers divers et variés de vos chérubins. Bonne sélection de livres, puzzles, coin poupées et même un immense train en bois pour occuper vos têtes blondes pendant vos achats. Pour les plus grands, des jeux pour faire des expériences scientifiques, des tours de magie... Bref, de quoi faire rêver petits et grands...

⚜ 👶 *Le 18 Lune* (plan détachable C5, **316**) : via Romana, 18 r. ☎ 055-512-03-06. Boutique grande comme un mouchoir de poche où crayons, papier, blocs-notes et divers petits objets de déco ont une place de choix. Également de jolies aquarelles exposées (et à vendre !) : l'atelier de l'artiste Stefano Ramunno est juste à côté.

Papeteries

⚜ *Fabriano Boutique* (zoom détachable D3, **315**) : via del Corso, 59 r. ☎ 055-28-51-94. Lun-jeu 10h-19h30, ven-sam 10h-20h et dim 11h-19h. Cette fabrique de papier, située à Fabriano dans les Marches, était le principal centre européen de papier depuis le... XIIe s. Depuis, les ateliers sont passés entre plusieurs mains, et depuis les années 2000 les boutiques *Fabriano* offrent un éventail original et varié de papeterie aux couleurs flashy, alliant savoir-faire et modernité. Une belle idée de cadeaux !

⚜ *Angela Salamone* (plan détachable F4, **334**) : piazza Ghiberti, 16 r. ☎ 055-234-68-11. Tlj sf lun et sam ap-m 13h-13h, 16h30-19h. Voilà déjà quelques années que cette créatrice a posé ses feuilles de papier dans cette petite boutique de Sant'Ambrogio. Alliant modernité et tradition, elle façonne de ravissants porte-cartes, porte-photos, blocs, etc. Vous pouvez même la regarder travailler en direct ! Création sur demande (compter 4-5 jours de délai).

Boutique de thé

⚜ *La Via del Tè* (zoom détachable D4, **331**) : via della Condotta, 26-28 r. ☎ 055-234-49-67. ● *firenze2@laviadelte.it* ● *Mar-dim 10h-19h30, lun 10h-13h30.* Envie de thé au royaume de l'*espresso* ? Cette adresse est pour vous ! Voilà une jolie boutique située dans la très commerçante via della Condotta. Plus de 250 mélanges soigneusement sélectionnés, venus du Japon, d'Afrique, d'Inde ou de Chine. Le choix est difficile ? Vous pouvez humer ces délicieuses senteurs grâce à l'*Aromateca*, bouteille en verre qui conserve tous ses arômes. Notre préférence ? La sélection de thés spécial Florence aux senteurs florales et fruitières, présentée dans de jolies boîtes en fer aux noms évocateurs : *Il Sogno di Michangelo, Appuntamento sul Ponte Vecchio, Il segreto dei Medici*... Le salon de thé du même nom se situe sur la piazza Ghiberti, quartier Sant'Ambrogio *(plan détachable F4)*. Ils ont franchi l'Arno en installant un 3e magasin – salon de thé via Santo Spirito *(plan détachable C4)*. Accueil sympathique et professionnel. Pour ne pas froisser ils ont fait un mélange chinois et japonais. Intarissables sur l'histoire du thé.

Parfums et parfums d'intérieur

⚜ *Aquaflor* (zoom détachable E4, **324**) : via borgo Santa Croce, 6. ☎ 055-9234-34-71. ● *florenceparfum.com* ● *Tlj sf dim et lun mat.* Une

SHOPPING

adresse à l'enseigne quasi secrète à deux pas de la basilique Santa Croce avec ses deux salles, type boudoir cosy. Ambiance feutrée, où il fait bon humer les multitudes de senteurs dans des flacons joliment présentés. Sans compter les savons, les bougies, les crèmes et les parfums d'ambiance qui ont eux aussi une place de choix. Sileno Cheloni est le maître parfumeur qui élabore, après une étude très précise sur vos goûts et votre caractère, un parfum rien que pour vous ! Grand voyageur, il n'hésite pas à aller chercher lui même l'essence manquante aux quatre coins du monde (service plus cher bien sûr mais un parfum unique !).

❀ **Olfattorio** (zoom détachable C4, **321**) : via de Tornabuoni, 6. ☎ 055-28-69-25. Lun-sam 11h-19h30. Un bar à parfums ! Voilà une idée originale qui plaira aux coquettes de passage. Une minuscule exposition au fond du magasin : poudriers de toutes sortes et de toutes marques (il faut demander à la vendeuse d'ouvrir la salle). On y trouve des fragrances très originales qu'on mélange en créant soi-même son propre parfum. À l'aide de cornets en papier, la vendeuse vous aidera à choisir le parfum qui vous convient le mieux. Pour les nostalgiques, on y trouve également des marques françaises tendance (Diptyque, L'Artisan Parfumeur).

❀ **Dr Vranjes** (zoom détachable C3, **336**) : via della Spada, 9 r. ☎ 055-28-87-96. • info@drvranjes.it • Fermé dim-lun mat. Voici 30 ans que Paolo Vranjes sélectionne avec soin ses fragrances, une passion héritée de son grand-père qui voyageait beaucoup. Résultat ? Une jolie boutique-écrin

avec des parfums délicats présentés dans des flacons en verre de Murano, ainsi qu'une ligne pour le corps, des parfums d'intérieur, des bougies parfumées... Autres adresses : via San Gallo, 63 r, et borgo La Croce, 44 r (plan détachable D2 et F3, **336**).

❀ **Bizzarri** (zoom détachable D4, **337**) : via della Condotta, 32 r. ☎ 055-21-15-80. • bizzarri.firenze@libero.it • Lun-ven 9h30-13h, 16h-19h30 ; sam mat slt. Congés : août. Un magasin d'herboristerie et d'essences naturelles qui a pignon sur rue depuis 1842. La boutique vaut la visite à elle toute seule, avec ses petits flacons et ses bocaux gentiment alignés sur des étagères séculaires. Si vous restez un peu de temps à Florence, demandez qu'on vous concocte une tisane avec les herbes de votre choix. Conseils avisés et accueil pro.

❀ **Officina Profumo Farmaceutica di Santa Maria Novella** (plan détachable C3) : via della Scala, 16. ☎ 055-21-62-76. • officina@smnovella.com • Tlj 9h30-19h30. Un lieu incontournable à Florence. Depuis plus de 400 ans, elle est célèbre pour ses herbes officinales cultivées autrefois par ses moines. L'enseigne historique est aujourd'hui à la tête d'une grande entreprise commerciale, implantée mondialement. Évidemment, on craque sur les crèmes, les eaux florales, savons joliment emballés de façon rétro (vieilles étiquettes, écriture manuscrite). N'oubliez pas de demander les prix avant de passer commande. Sinon, c'est le coup de bambou assuré ! Accueil commercial bien sûr... Se reporter aussi dans la rubrique « À voir » pour la partie historique.

Divers

❀ **Mario Luca Giusti** (plan détachable C3, **341**) : via della Vigna Nuova, 88 r. ☎ 055-239-95-27. Tlj sf dim. Originaire de Florence, ce designer a eu la bonne idée de faire du verre précieux des répliques en... plastique. Un concept original qui fait son chemin depuis 10 ans. Inspiré par ses

voyages, Mario Luca Giusti a su créer des objets du quotidien déclinés dans des couleurs toniques (assiettes, verres à pied, candélabres, pichets) qui font sacrément de l'effet. Ses collections ont largement dépassé les frontières de la Botte. Prix encore raisonnable.

Véritable musée à ciel ouvert, le quartier concentre un nombre impressionnant d'œuvres au mètre carré ! On y trouve le Duomo et sa coupole, le baptistère et les célèbres portes de Ghiberti, la galerie des Offices aux mille chefs-d'œuvre : Botticelli, Raphaël, Michel-Ange, Titien, Véronèse... le Palazzo Vecchio et la piazza della Signoria, que les Florentins affectionnent particulièrement, sans oublier le Ponte Vecchio, l'emblème de la ville. La piazza della Repubblica, majestueuse avec ses vieux cafés historiques, est aussi un des centres névralgiques de la cité. On peut parfois regretter les piétinements incessants des touristes et les pas pressés des Florentins qui rythment le quartier. La mairie a eu la bonne idée d'élargir la zone piétonne tout autour du Duomo. Et c'est tant mieux !

Où dormir ?

Prix moyens

🏠 **Hotel Canada** (zoom détachable D3, **58**) : borgo S. Lorenzo, 14. ☎ 055-21-00-74. ● info@pensionecanada.com ● pensionecanada.com ● Au 2e étage sans ascenseur. Doubles 90-100 € avec ou sans sdb et w-c privés. Idéalement situé, à 50 m du baptistère, ce petit hôtel tenu par un couple motivé dispose d'une poignée de chambres simples mais spacieuses et confortables. Un petit coin salon TV vient même compléter le tout ! Propreté irréprochable et accueil dynamique.

🏠 **N4U Guest House** (zoom détachable D3, **18**) : via del Proconsolo, 5. ☎ 055-051-51-47. ● n4uguesthouse.it ● Chambres doubles à partir de 80 € (moins cher en basse saison). 📶 5 chambres toutes différentes, décorées par un designer américain, aux noms de villes évocatrices... Paris, Florence, Miami, Londres... on s'y voit déjà ! Et c'est vraiment une réussite ! Le design se fond avec la structure de ce palais du XIVe s. Quelques touches perso et puis surtout tout le confort adéquat.

🏠 **Hotel Maxim** (zoom détachable D3, **66**) : via dei Calzaiuoli, 11. ☎ 055-21-74-74. ● reservation@hotelmaximfirenze.it ● hotelmaximfirenze.it ● Doubles avec sanitaires privés 70-100 €. Possibilité de parking payant. 🖥 📶 Dans une artère piétonne à quelques pas de la place du Duomo, on ne peut plus central. Hôtel coquet aux poutres apparentes, à l'accueil personnalisé et chaleureux. Petit patio fleuri. Les chambres propres et confortables se répartissent sur 2 étages. À chaque étage, une salle de petit déjeuner et un veilleur de nuit.

🏠 **Hotel Axial** (zoom détachable D3, **66**) : même adresse et mêmes proprios que le précédent. ☎ 055-21-89-84. ● info@hotelaxial.it ● hotelaxial.it ● ♿ Doubles 90-130 €. Possibilité de parking payant. 🖥 📶 10 % de réduc sur le prix de la chambre sur présentation de ce guide. Situé à l'étage juste en dessous, il est un poil plus cher, mais l'accueil y est toujours chaleureux et le lieu très propre.

🏠 **Hotel Por Santa Maria** (zoom détachable D4, **23**) : via Calimaruzza, 3. ☎ 055-21-63-70. ● info@hotelporsantamaria.com ● hotelporsantamaria.

com • *Doubles 40-95 € avec sdb (moins cher avec sdb à l'étage), petit déj non inclus.* Une petite adresse sans prétention qui a le mérite d'être très centrale. 8 chambres proprettes bien tenues qui peuvent dépanner. Accueil prévenant des jeunes proprios disponibles pour vous aider.

🏠 ***Albergo Firenze*** *(zoom détachable D3, 64) : piazza Donati, 4 (via del Corso).* ☎ *055-21-33-11.* • *info@albergofirenze.net* • *albergofirenze.org* • ♿ *Très bien situé, à deux pas du Duomo. Selon période, 85-114 € pour 2 avec sdb. Parking payant.* 🖥 🛜 Il a l'originalité d'être situé dans une tour médiévale de 5 étages où habitait autrefois la riche famille florentine Donati. Une cinquantaine de chambres fonctionnelles, globalement confortables (TV, téléphone) et très propres. Double vitrage côté rue. Rien de transcendant concernant la déco... qui mériterait un brin de fantaisie !

De chic à très chic

🏠 ***Hotel Bigallo*** *(zoom détachable D3, 71) : vicolo degli Adimari.* ☎ *055-21-60-86.* • *info@hotelbigallo.it* • *hotelbigallo.it* • *Doubles 90-150 €.* 🛜 Idéalement situé (la majorité des chambres ont la vue sur le Duomo), l'hôtel propose des chambres très confortables et d'un très bon rapport qualité. Profitez-en surtout à la baisse saison, les prix chutent ! Également tout un éventail de services (navette aéroport, laverie...). Accueil professionnel et avec le sourire !

🏠 ***Hotel Hermitage*** *(zoom détachable D4, 80) : piazza del Pesce, vicolo Marzio, 1.* ☎ *055-28-72-16.* • *florence@hermitagehotel.com* • *hermitagehotel.com* • *Chambres 120-200 € selon saison (plus cher pour celles avec jacuzzi).* *Parking payant.* 🛜 À deux pas du Ponte Vecchio, hôtel de charme à la déco patinée. Pour peu, on se retrouverait subitement à l'époque des Médicis. Ambiance chaleureuse et cosy. Les quelques chambres ayant une petite vue sur l'Arno nous ont

particulièrement plu. Et le petit déj sur la terrasse donnant sur le fleuve est un moment délicieux.

🏠 ***Hotel degli Orafi*** *(zoom détachable D4, 19) : lungarno Archibusieri, 4.* ☎ *055-26-62-22.* • *info@hoteldegliorafi.it* • *hoteldegliorafi.it* • *Doubles à partir de 160 €. Parking payant.* 🛜 Hôtel à l'emplacement idéal qui se paie (forcément !) et aux chambres confortables, à la hauteur du lieu. Des détails architecturaux font toute la différence, comme les fresques d'origine, les plafonds en bois à caissons ou encore le lustre en cristal du XIXᵉ s dans la salle du petit déjeuner. Non négligeable, une belle terrasse pour buller en regardant le soleil se coucher sur l'Arno. Vous pouvez aussi rejouer la scène du film aux 3 oscars *Chambre avec vue* de James Ivory, qui a été tournée ici même (chambre n° 414 au 4ᵉ étage). Inutile de vous dire qu'elle est réservée des mois à l'avance. Si vous voulez tenter votre chance, mieux vaut le savoir. L'hôtel a été totalement reconstruit après l'explosion en 1993 qui ravagea les Offices. Préférer les chambres sur l'Arno (les plus chères !). Également, une aile restaurée, plus moderne, pour des familles ou des séjours longs (mais moins bien). Beaucoup d'Américains y séjournent (on comprend pourquoi !). Accueil très pro et personnel disponible.

Très chic et design

🏠 ***Gallery Art Hotel*** *(zoom détachable D4, 83) : vicolo dell'Oro, 5 r.* ☎ *055-272-63.* • *gallery@lungarnocollection.com* • *lungarnocollection.com* • *À partir de 300 € la nuit.* 🛜 Ce boutique-hôtel est idéal pour les amateurs de confort, de luxe et d'art contemporain, à condition d'y mettre le prix ! Ambiance raffinée, chambres grandes et lumineuses. De belles expos temporaires dans le hall. Quant au *roof top,* il est dément avec ses grandes banquettes blanches et sa vue panoramique sur l'Arno. Évidemment cet écrin de calme et de volupté à deux pas du Ponte Vecchio nous a conquis.

Où manger ?

Sur le pouce

🍽 **Il Cernacchino** (zoom détachable D4, **102**) : via della Condotta, 38 r. ☎ 055-129-41-19. • lecernacchie@tin. it • Fermé dim et 1 sem en août. Panini à partir de 4 €. Petite sandwicherie sur 2 niveaux idéalement placée, qui propose un large choix de panini d'une grande fraîcheur ainsi que des plats de pâtes, tout à fait corrects. Pratique pour les petits budgets et les grosses faims. Possibilité de s'asseoir (attention, les places sont chères le midi !). Idéal en même temps pour reposer les gambettes. Accueil très gentil et en français.

🍽 **Tre Comari** (zoom détachable D4, **136**) : via Lambertesca, 22 r. ☎ 055-211-91-62. Ts les midis lun-sam. Une petite adresse sans prétention qui propose des petits plats frais pas chers, à emporter ou déguster sur place. C'est la cantine des travailleurs du quartier. Rapide et pas cher, on dit oui !

INO (zoom détachable D4, **184**) : via dei Georgofili, 3 r-7 r. ☎ 055-21-92-08. • ino@ino-firenze. com • Tlj 11h30-16h30. Panini à partir de 6 € ; assiette toscane 12 €. À deux pas des Offices. Pour une pause déjeuner chic et agréable, accoudé à une longue table commune en bois. La 2e salle avec ses fûts géants en guise de tables est plus intime. On déguste entre 2 visites une assiette toscane accompagnée d'un verre de vin local, ou un panino au speck, au pecorino et au chutney de figue réalisé dans les règles de l'art. On peut aussi craquer devant le bel alignement de sauces et divers condiments. On vous l'accorde, c'est un peu cher pour des panini, mais la fraîcheur des produits est garantie et l'accueil souriant.

De bon marché à prix moyens

🍽 **Eataly** (zoom détachable D3, **233**) : via dei Martelli, 2. ☎ 055-015-36-01. • eatalyfirenze@ italy.it • Tlj 10h-22h30. Mis à part une tripotée d'excellents produits locaux (voir plus haut la rubrique « Shopping »), on y trouve des petits comptoirs de pain, poissons, viandes, charcuterie, pizzas... où tout est préparé devant vos yeux. Attention : à l'heure du déjeuner et du dîner, mieux vaut arriver tôt car les places sont chères ! Un endroit propice pour déguster un bon aperçu de la cuisine italienne.

🍽 **Osteria I Buongustai** (zoom détachable D4, **103**) : via de' Cerchi, 15 r. ☎ 055-29-13-04. • ibuongustai@ libero.it • Lun-jeu 12h-15h30, ven-sam 12h-22h. Résa conseillée. Repas env 10 €. Fermé en août. Un petit bout de vitrine et un étroit couloir en guise de devanture. LA cantine des gens du quartier, qui s'y pressent chaque midi, attendant souvent dehors pour trouver une place à l'une des 5 tables avec bancs de la salle du fond. Service efficace, mais comme toute cantine qui se respecte, c'est bruyant. On s'installe là pour de fameux antipasti, une généreuse platrée de pâtes ou une salade composée, accompagnés d'un verre de vin maison. Fait aussi des sandwichs à emporter. Et basta !

🍽 **Vecchio Vicolo** (zoom détachable D4, **226**) : via Lambertesca, 16 r. ☎ 055-265-45-12. Compter 20-22 € pour un repas complet. Une adresse pratique entre 2 visites et idéale pour ceux qui veulent déjeuner dans le coin sans faire de folies. 2 salles banales et une carte qui offre moult possibilités. Ce n'est pas un grand rendez-vous culinaire mais on y mange correctement dans ce quartier hautement touristique. Service rapide.

De prix moyens à plus chic

🍽 **La Bussola** (zoom détachable C4, **118**) : via Porta Rossa, 58 r. ☎ 055-29-33-76. • info@labus solafirenze.it • Compter 15-30 € pour un repas. 📶 Cette adresse à pignon sur rue depuis les années 1980. Ce n'est pas un hasard si les Florentins

DUOMO

y viennent pour ses pizzas, parmi les meilleures de la ville, paraît-il. Il faut voir le pizzaiolo s'activer pour cuire devant vous des pizzas généreuses et fondantes. Également de bons *piatti* joliment présentés. Aux beaux jours, terrasse agréable avec vue sur le Palazzo Davanzati.

IOI *Coquinarius (zoom détachable D3, 105) :* via dell'Oche, 11 r. ☎ 055-230-21-53. ● coquinarius@ gmail.com ● *Tlj sf dim juin-août. Résa vivement conseillée. Compter 25-30 € pour un repas.* Grand espace avec une belle hauteur de plafond, déco chaleureuse. Côté cuisine, spécialités toscanes revisitées et *pasta* sont à l'honneur. Courte mais bonne sélection de desserts également. Quant au vin, belle carte et petite sélection au verre. Service survolté au moment du coup de feu mais toujours dans la bonne humeur.

IOI *Café Gucci (zoom détachable D4, 130) :* piazza della Signoria. *À l'intérieur du musée Gucci. Tlj 10h-23h. Compter 30 € pour un repas complet le midi.* Un bel endroit, chic comme il se doit avec une vue agréable sur le Palazzo Vecchio. La carte le midi est tout à fait correcte. Nous nous sommes régalés d'un délicieux risotto aux asperges ! Le soir, la carte change et les prix montent évidemment. Accueil extrêmement courtois et prévenant, comme l'exige l'illustre maison...

IOI *Ristorante Paoli (zoom détachable D3-4, 106) :* via dei Tavolini, 12 r. ☎ 055-21-62-15. ● ristorante paoli@casatrattoria.com ● *Tlj. Compter 25-30 € pour un repas.* Datant de 1824, il fait partie des plus anciennes adresses de la ville. Un cadre original aux voûtes séculaires. Préférer la salle du fond (une ancienne chapelle reconvertie) avec ses jolies fresques. Dans cette institution, on savoure sans chichis de la solide tambouille toscane (avouons-le, un peu lourde parfois). Accueil courtois.

IOI *La Bottega di Rosa (zoom détachable D3, 218) :* via del Campidoglio, 8/14 r. ☎ 055-267-04-23. ● info@ labottegadirosa.it ● *Tlj 8h30-1h30. Compter 30-35 € le repas sans la boisson. Le midi, 15 € pour un plat et un verre de vin.* Cette adresse évolue au fil de la journée. On s'y sustente le midi d'une assiette de charcuterie et d'un verre de vin perché sur une chaise en bois, en fin d'après-midi on profite de l'*aperitivo*, et le soir, ambiance plus cosy, lumière tamisée et musique jazzy. Question cuisine, elle se défend surtout pour ses pâtes faites maison et sa bonne viande. Les desserts ne sont pas mal non plus. Conseils avisés sur le choix du vin.

IOI *Buca dell'Orafo (zoom détachable D4, 84) :* via dei Girolami, 28 r. ☎ 055-21-36-19. ● info@bucadello rafo.com ● *Ouv le soir slt sf dim. Résa conseillée car il y a très peu de place. Compter 35-40 € pour un repas.* Un repaire classique de l'itinéraire culinaire florentin pour les habitués, qui viennent y savourer des plats typiques (*bistecca*, tripes). Les adresses comme celle-ci se comptent sur les doigts d'une main dans la ville. Leur spécialité ? Elles sont situées dans des caves. Très typique, produits frais et service attentif. Attention, ça peut parfois paraître bruyant...

Très chic

IOI *Ora d'Aria (zoom détachable D4, 219) :* via dei Georgofili, 11. ☎ 055-200-16-99. ● prenotazioni@ oradariaristorante.com ● *Tlj sf dim et lun soir. Congés : 15 j. en août. Résa vivement conseillée (le soir surtout). Compter 40 € le midi, le double le soir ! Menu dégustation 60 €.* Marco Stabile, formé chez les plus illustres restaurateurs de la région, est un jeune chef à la créativité débordante. À deux pas de la galerie des Offices, dans un décor élégant et sobre aux tons gris et bleus, le voici aux commandes d'une cuisine légère et savoureuse qu'il accommode d'herbes fraîches et d'épices. Quelques associations inattendues mais excellentes : crème de *burrata* avec ses crevettes à la bière, morue salée à la marjolaine ou encore le cochon de lait à la lavande enchanteront les papilles les plus traditionnelles. Et l'accueil ? Attentionné, comme il se doit... Alors ? Cassez sans hésiter la tirelire pour un dîner en amoureux...

Bars à vins *(vinai, enoteche)*

Bon marché

Ⓨ 🥖 **I Fratellini** (zoom détachable D4, **140**) : via dei Cimatori, 38 r. ☎ 055-239-60-96. ● ifratellini@gmail.com ● ♿ Tlj sf dim 8h-20h30. Congés : fév et nov. Un endroit bien dans son jus qui propose un verre de vin et un *panino* à consommer debout dans la rue. Une vraie relique, tenue avec amour par 2 frères, l'un préparant les sandwichs à la commande *(à partir de 4 €)*, l'autre s'occupant de remplir les ballons de chianti ou même de brunello. Accueil chaleureux.

Ⓨ 🥖 **All'Antico Vinaio** (zoom détachable D4, **142**) : via dei Neri, 65 r. Tlj 8h-21h. Compter 5 € pour un panino. Ici, tout est dans l'atmosphère : à la bonne franquette, comme en témoignent ces bouteilles disposées autour de rangs serrés de verres que les amateurs remplissent eux-mêmes (le patron vous a tout de même à l'œil !). Et à ras bord, s'il vous plaît ! Pour accompagner le chianti, des *panini* et *crostini* garnis de bons ingrédients, frais et variés. Également plat de pâtes et *focaccia*. Le tout se livre pour une poignée d'euros et se déguste au comptoir, perché sur un tabouret haut. Qui dit mieux ?

Ⓨ 🥖 **Galleria del Chianti** (zoom détachable D3, **156**) : via del Corso, 41. ☎ 055-29-14-40. Tlj 10h-20h (11h le dim). Une belle *enoteca* à l'ancienne où le patron prodigue moult conseils. Possibilité aussi de grignoter quelques plats typiques du coin, accompagnés d'un ballon de rouge, comme il se doit ! À la vôtre !

De prix moyens à chic

Ⓨ 🍴 **Cantinetta da Verrazzano** (zoom détachable D3-4, **144**) : via dei Tavolini, 18-20 r. ☎ 055-26-85-90. Lun-sam 8h-21h. Voici le « temple » de Verrazzano, un fameux producteur de vins du Chianti dont on parlait déjà au XIIᵉ s ! On y vient bien sûr pour les vins du domaine, au verre ou à la bouteille, mais aussi pour ses délicieuses *focaccie* cuites au four à bois, ses charcuteries artisanales, sans oublier ses desserts (délicieuse tarte aux pignons). Les pressés s'accouderont au comptoir le temps d'une dégustation sauvage, les autres s'attarderont dans l'une des 2 salles cossues tapissées de belles boiseries sombres ou s'attableront en terrasse, prise d'assaut à l'heure de l'*aperitivo*. L'un des incontournables de la tournée des bars à vins.

DUOMO

Où savourer de bonnes glaces ?

🍦 **Perchè No** (zoom détachable D4, **211**) : via dei Tavolini, 19 r. ☎ 055-239-89-69. Tlj jusque... tard. Depuis 1939, cette *gelateria* émoustille nos papilles avec un vaste choix de sorbets, glaces traditionnelles et glaces sans crème (un peu plus light). Notre must : la chocolat (pas le sorbet, plus fade), la café aux pépites de chocolat ou encore la caramel. Mais il y en a tant d'autres, comme celles aux amandes et au thé vert, que chacun y trouvera forcément son compte.

🍦 **Grom** (zoom détachable D3, **160**) : via del Campanile, 2 (à l'angle de la via dell'Oche). ☎ 055-21-61-58. Tlj 10h30-minuit (23h en hiver). Désormais célèbre, cette enseigne turinoise ne déroge pas à la règle ici avec ses glaces bio élaborées avec les meilleurs produits. La carte des parfums change tous les mois (saison oblige !). Armez-vous de patience, il y a souvent la queue à la belle saison. Accueil pro mais pas toujours avec le sourire... Dommage.

🍦 **Carapina** (zoom détachable D4, **168**) : via Lambertesca, 18 r. ☎ 055-29-11-28. Tlj (horaires restreints en basse saison). À deux pas du Ponte Vecchio, une adresse qui se veut résolument branchée et aux glaces 100 % parfums naturels. Sélection rigoureuse de fruits de saison. La glace à la fraise est fameuse, crémeuse à souhait. Celle au chocolat nous a bien plu aussi. Difficile de ne pas craquer ! Autre adresse : *piazza Oberdan, 2 r, et via Corsi.*

DUOMO

Où siroter en terrasse ? Où boire un chocolat ?

Ÿ *Caffetteria Le Terrazze della Rinascente* (zoom détachable D3, 189) : piazza della Repubblica, 1. Lun-sam 9h-21h, dim 10h30-20h. Au dernier étage de ce grand magasin. On vient surtout pour la vue sublime sur Florence et les collines toscanes, et non pour le cappuccino à 6 € ! Mais quelle vue !

☞ Ÿ *Molto Bene Caffè* (zoom détachable D3, 173) : piazza Sant'Elisabetta, 2 r. ☎ 055-21-71-36. Tlj (sf lun mat) 10h-20h. Un endroit tranquille pour siroter un café à deux pas de la bouillonnante via del Corso. Salades, carpaccio, *panini* et pâtes le midi. On vous conseille de finir par les excellentes glaces au chocolat de Roberto Catinari, qui émoustilleront les papilles des « chocolaphiles ».

Ÿ ☞ *Chiaroscuro* (zoom détachable D3, 182) : via del Corso, 36 r. ☎ 055-21-42-47. ● info@chiaroscuro. it ● Tlj 8h (9h sam, 15h dim)-21h30. Fermé 3e sem d'août. Cette maison du café, connue pour la pertinence de sa sélection internationale de cafés, de thés et de chocolats, a tout doucement glissé dans la petite restauration. Les gourmands ne rateront pas le rituel du café agrémenté de cannelle, du thé millésimé ou du chocolat enrichi de piment mexicain pour en exhaler les arômes ; mais les petits plats frais du midi n'ont rien de déshonorant ! Service parfois longuet.

Ÿ ☞ *Giubbe Rosse* (zoom détachable D3, 187) : piazza della Repubblica, 13 r. ☎ 055-21-22-80. ● info@giubbe rosse.it ● ♿ Tlj 10h-1h. 🛜 Brasserie littéraire historique idéalement située. Au début du XXe s, c'était le lieu de rencontre des poètes, artistes et écrivains. André Gide et même Lénine y seraient venus. Les plafonds voûtés en brique, les grosses poutres en bois, les ventilos et les vieux lustres contribuent au charme nostalgique de l'endroit. Parfait pour un *espresso* (pas donné) sur la terrasse en suivant des yeux l'animation de la *piazza*.

Ÿ ☞ *Rivoire* (zoom détachable D4, 188) : piazza della Signoria. ☎ 055-21-44-12. ● rivoire.firenze@ rivoire.it ● Tlj sf lun 8h-0h30 (21h l'hiver). Institution florentine, stratégiquement située en face du Palazzo Vecchio, mais sachez simplement que son fameux chocolat se négocie au prix du champagne (ou presque) !

Où sortir ? Où écouter de la musique ?

♫ ♪ Ÿ *YAB* (zoom détachable C4, 205) : via dei Sassetti, 5 r. ☎ 055-21-51-60. ● yab@yab.it ● Fermé mar et dim. Entrée payante. Boîte de nuit sympathique où on vient danser jusqu'à l'aube. Lundi soirée hip-hop, mercredi universitaire, jeudi disco, vendredi aussi, et samedi, c'est plutôt destiné aux moins de 30 ans. Une boîte commerciale pour jeunes de style smart avec un décor sobre aux lumières bleutées.

À voir

🎭 *Piazza del Duomo* (zoom détachable D3) : elle comprend en fait trois œuvres architecturales : la *Cattedrale Santa Maria del Fiore* ou *Duomo*, le *Campanile di Giotto* et le *Battistero* (baptistère). Un conseil aux lève-tôt, c'est de visiter le Duomo très tôt quand les éboueurs, les boutiques et les marchands ambulants s'activent.

Conseil : il existe désormais un billet unique (10 €) utilisable pendant 24h qui permet l'accès aux cinq monuments de la place. Il s'agit de la *cattedrale*, de la *cupola*, du *battistero*, du *Campanile di Giotto*, de la *cripta di Santa Reparata* et du *Museo dell'Opera del Duomo* (Galleria d'Arte). Pour plus de renseignements ● operaduomo.firenze.it ●

🎭🎭 **Campanile di Giotto** *(zoom détachable D3)* : *accès tlj 8h30-19h30.* Haut de 84 m, commencé par Giotto, c'est sûrement l'un des plus beaux d'Italie. L'alternance des marbres polychromes dans le style florentin et les ouvertures de fenêtres qui assouplissent l'ensemble en font un chef-d'œuvre. Observer également l'intérieur du campanile, parfaitement gothique. Le contraste architectural entre l'intérieur et l'extérieur est étonnant.

Si vous avez le courage de gravir les quelque 400 marches qui conduisent au dernier étage, vous ne le regretterez pas : panorama superbe. Claustrophobes, s'abstenir.

🎭🎭🎭 🚶 **Cattedrale Santa Maria del Fiore** ou **Duomo** *(zoom détachable D3)* : ☎ 055-230-28-85. *Lun, mar, mer et ven 10h-17h jeu 10h-16h ; sam 10h-16h45 ; dim 13h30-16h45. Entrée libre. Visites guidées gratuites en français, italien et anglais. Attention, shorts interdits ; la visite se fait de façon circulaire, en commençant par la gauche de la cathédrale. On ne peut plus pénétrer dans le chœur. Audioguide : 5 € (8 € les 2).*

La façade originelle était l'œuvre du grand sculpteur florentin Arnolfo di Cambio. Jusqu'au XVe s, de grands artistes se succédèrent pour compléter cette façade en conservant l'esprit d'origine. Malheureusement, elle fut détruite au XVIe s et resta en brique jusqu'au XIXe s. On retrouve aujourd'hui au *Museo dell'Opera di Santa Maria del Fiore* les originaux du XIVe et ceux du XVe s. Sa façade actuelle, du XIXe s, construite « à l'ancienne », témoigne de la richesse de l'époque : rosaces, nombreuses sculptures, niches, marbres polychromes, etc.

L'intérieur de la cathédrale est d'une grande simplicité. En entrant à gauche, magnifique tombeau sculpté par Tino di Camaino, grand artiste siennois du *Trecento*. En se retournant, belle fresque d'anges musiciens. Remarquer les deux fresques, à gauche de la nef, représentant chacune un cavalier. D'un côté (vert), une œuvre de Paolo Uccello, traitée à fresque monochrome et figurant l'aventurier anglais Sir John Hawkwood, et de l'autre, réalisé 20 ans plus tard (1456), le *Cavalier blanc* (Niccolò da Tolentino) d'Andrea del Castagno. Ces portraits commémoratifs sont à rapprocher des statues équestres qui se développèrent à la même époque (notamment à Venise et à Padoue). La *Pietà* réalisée par Michel-Ange se trouve au *Museo dell'Opera di Santa Maria del Fiore*. Il éleva ce dôme en se passant d'échafaudages, ce qui força l'admiration générale. Michel-Ange lui-même, un siècle plus tard, ira travailler au Vatican en emportant le souvenir du dôme de Florence.

🎭 **Cripta di Santa Reparata :** *lun-ven 10h-17h (16h en hiver, 16h45 le sam). À l'intérieur du Duomo.* Après la visite du Duomo, juste avant la sortie, un escalier souterrain mène à la crypte. On y découvre que l'actuel Duomo a été bâti sur les vestiges d'une église romane du IXe s. Remarquer quelques beaux pavement en mosaïque. Elle accueille également les tombeaux des papes Étienne IX et Nicolas II ainsi que celui de Filippo Brunelleschi.

🎭🎭🎭 **Cupola del Brunelleschi** *(zoom détachable D3)* : *lun-ven 8h30-19h, sam 8h30-17h40. Outre les j. traditionnels de fermeture, aussi fermé Jeudi, Vendredi et Samedi saints, 24 juin (Saint-Jean-Baptiste), 8 sept (nativité de la Vierge) et 8 déc (Immaculée Conception). L'entrée se fait par la porta della Mandorla du Duomo. Déconseillé aux personnes sujettes au vertige.*

Plusieurs tentatives furent effectuées (y compris par Botticelli) et tout manqua plusieurs fois de s'écrouler. La coupole, toujours imitée mais jamais égalée, est l'œuvre de Filippo Brunelleschi, un sculpteur qui s'intéressait à l'architecture et qui a eu l'ingénieuse idée de construire un dôme de forme ovoïde de 45 m de diamètre, sans armature en créant une double voûte séparée de 2 m dans laquelle des chaînages intérieurs assurent la stabilité de l'édifice. On le crut fou, mais pour lui, la résistance des matériaux et les poussées qui entraient en jeu pouvaient être calculées. Ses plans, maintes fois remaniés et refusés, furent enfin acceptés 2 ans après le projet, en 1420. Malheureusement, l'architecte ne verra pas son œuvre achevée (1434), il mourut avant. Il fallut attendre 1466 pour qu'Andrea del Verocchio surmonte la coupole d'une croix dorée avec une boule contenant des reliques. Jamais une coupole de cette envergure n'avait été construite jusque-là. Michel-Ange, plus d'un siècle et demi après reprit l'idée de Brunelleschi pour réaliser celle du Vatican...

Pour y accéder, il vous faudra monter 463 marches (pas d'ascenseur possible). À l'intérieur, admirez la fresque de 3 600 m² du *Jugement dernier* pensée par Vasari mais réalisée sous le contrôle de Federico Zuccari et Bandinelli. Au départ, la fresque devait être en mosaïque. De nombreux artisans et d'artistes ont participé à son élaboration. L'iconographie est disposée en huit rangées concentriques qui se rejoignent autour du Christ en majesté (il fait plus de 8 m). Dans la partie supérieure, ce sont les ordres célestes et dans la partie inférieure, des scènes de la Genèse et des épisodes de la vie du Christ. Sur les côtés, quelques scènes isolées du Jugement dernier.

🏃🏃 *Terrazze del Duomo :* *les terrasses sont désormais visitables mais sur résa slt. Faire la demande au préalable à la direction du Museo dell'Opera. Visites ven, sam et dim. Inutile de vous dire que c'est très cher.* Le tour commence par la visite guidée de la cathédrale, mettant l'accent sur l'histoire et l'architecture des œuvres les plus intéressantes. Puis on continue avec les terrasses extérieures, accessibles seulement avec ce type de tour. Vue imprenable à 360° sur Florence. Impressionnant et vertigineux à la fois. Attention, ça grimpe sec ! Toujours accompagné du guide, la visite se poursuit avec celle du dôme. De sa propre initiative, le visiteur peut à la fin du tour grimper tout en haut de la coupole... si vous avez encore le courage d'affronter les dernières marches restantes, qui ne sont pas les plus faciles...

🏃🏃🏃 *Battistero* (baptistère ; zoom détachable D3) : ☎ 055-230-28-85. Lun-sam 11h15-19h (1er sam du mois et j. fériés 8h30-14h). Fermé Noël, 1er janv et dim de Pâques.

Au XVe s, les non-baptisés n'avaient pas le droit de pénétrer dans les églises. Voilà pourquoi les baptistères étaient souvent construits à l'extérieur (on voit la même chose à Pise).

Ghiberti, avant d'être sculpteur, était orfèvre, ce qui explique les véritables chefs-d'œuvre qu'il réalisa. Le travail est d'une précision et d'un réalisme extraordinaires. La fameuse porte principale est décorée de scènes de la Bible. Observer, notamment, ces foules reproduites sur des espaces réduits, un peu à la façon des

LES CLÉS DU PARADIS

Un concours fut organisé en 1401 pour la réalisation de la nouvelle porte (côté nord). Ghiberti l'emporta devant Brunelleschi. Puis il fut de nouveau sollicité pour réaliser la porte principale (côté est), pour laquelle il fit preuve d'une grande innovation technique. Fier de son œuvre, il se représenta sur un des médaillons qui la décorent. C'est Michel-Ange, pourtant avare de compliments, qui la surnomma un siècle plus tard la « porte du Paradis ».

peintures du Moyen Âge. L'art de la perspective et du trompe-l'œil acquiert ici ses premières lettres de noblesse. Pas étonnant que Ghiberti ait mis 27 ans pour réaliser cette œuvre ! À noter que les originaux de la porte du Paradis sont actuellement visibles au *Museo dell'Opera di Santa Maria del Fiore.* Tandis qu'au musée du Bargello, on peut voir, au 1er étage, les deux médaillons originaux de Brunelleschi et Ghiberti réalisés pour le concours de 1401.

À l'intérieur du baptistère, on trouve une admirable mosaïque du XIIIe s. Noter, en bas, à droite du Christ, la scène classique du *Jugement dernier,* avec les monstres et autres diables dégustant les méchants.

🏃🏃🏃 *Museo dell'Opera di Santa Maria del Fiore* (zoom détachable D3) : piazza del Duomo, 9. ☎ 055-230-28-85. Fermé à Pâques et à Noël. Lun-sam 9-19h30, *dim 9h-13h45, réduc. Audioguide en français 5 €. **ATTENTION, LE MUSÉE EST FERMÉ JUSQU'EN NOVEMBRE 2015 POUR RÉNOVATION.***

Toutes les œuvres qui ornaient jadis le Duomo, le baptistère et le campanile, sont désormais rassemblées dans ce musée, actuellement au centre de grands projets de rénovation. La fin des travaux est prévue pour... octobre 2015. Seule certitude : la porte du baptistère (l'originale) de Ghiberti et la *Pietà* de Michel-Ange resteront accessibles aux visiteurs dans la partie rénovée du musée. Pour la visibilité des autres œuvres... cela relève du bon vouloir de la gestion des musées de la ville !

– La porte nord du baptistère sur la piazza del Duomo, *la porte du Paradis* a été réalisée par Lorenzo Ghiberti suite à un concours gagné à la barbe de son concurrent Brunelleschi. Il y consacra 27 ans de sa vie ! On raconte que c'est Michel-Ange qui l'a baptisée ainsi quand il l'a vue pour la première fois, estimant qu'elle était si belle, qu'elle ne pouvait qu'être aux portes du... Paradis. Cette fameuse porte a survécu à la Seconde Guerre mondiale (elle a été cachée pour échapper aux Allemands et aux bombardements) mais n'a pas échappé à la crue de 1966. Remplacée par une copie depuis 1990 et en restauration depuis, la voici enfin resplendissante et entièrement restaurée. Elle a été réalisée en bronze et en or, haute de 5 m, large de 3 m, elle pèse près de... 8 t. Conservée et préservée sous vitrine en verre, laissant passer l'air pour éviter trop d'humidité qui abimerait la couche de bronze et la fine pellicule dorée. Chaque panneau évoque plusieurs épisodes bibliques, le sculpteur ayant estimé qu'il n'était pas forcément nécessaire de séparer les différentes histoires bibliques et certainement aussi par manque de place pour décrire la longue histoire de la création de l'Homme. La partie haute (la plus belle) a été réalisée par Lorenzo Ghiberti lui-même (et aussi grand collectionneur à ses heures perdues). Ghiberti s'est d'ailleurs représenté dans l'un des médaillons. L'avez-vous reconnu ? Il est situé au niveau du troisième panneau en partant du bas au milieu, la partie basse a été conçue par son fils qui a façonné les scènes de Goliath et celles avec le roi Salomon.

– *La Pietà aux quatre figures de Michel-Ange* (attention ce n'est pas celle installée à Saint-Pierre à Rome) : située sur une mezzanine, entre le 1er et le 2e étage, elle est magnifiquement présentée et son isolement la rend encore plus pathétique... Réalisée sur le tard (à presque 70 ans), la *Pietà* était destinée au propre tombeau de l'artiste, qui son désir était d'être enterré à Rome dans la basilique Sainte-Marie-Majeur. Le destin en a décidé autrement et c'est dans la basilique Santa Croce à Florence qu'il fut enterré (voir plus loin « Le quartier de Santa Croce »). Dans cette sculpture, il s'y est probablement représenté sous les traits de Nicodème, le vieillard soutenant le corps du Christ. Regarder la douleur exprimée dans le visage du vieillard. Michel-Ange est l'un des premiers artistes à exprimer sa douleur à travers sa sculpture, un avant-goût du maniérisme... L'œuvre ne fut jamais terminée car Michel-Ange, excédé par la longueur du travail et la friabilité du marbre, prit un beau jour son marteau pour l'achever... à sa manière (en la faisant voler en éclats) : ça, c'est Vasari qui l'écrit ! L'œuvre a été terminée par Tiberio Calcagni, un de ses élèves. D'ailleurs, vous remarquerez que le personnage de Marie-Madeleine est un ajout tardif qui jure quelque peu avec le génie du reste de la composition. La statue avait été installée à l'origine par Côme III de Médicis à la chiesa San Lorenzo (à Florence) avant finalement d'atterrir ici à l'ouverture du musée au XIXe s.

Aborder la *salle de l'ancienne façade de la cathédrale* (celle qui fut détruite en 1587), avec de nombreuses sculptures d'Arnolfo di Cambio et de Donatello, ainsi que la petite salle dédiée à Tino di Camaino, grand sculpteur siennois dont on peut admirer le talent à travers le magnifique *Christ bénissant*. On pénètre alors dans une grande salle où irradie le talent d'Arnolfo di Cambio (XIVe s) De ce dernier, architecte de talent mais également élève du fameux Nicola Pisano, on remarquera, entre autres, la *Madonna della Natività*, dans une pose bien lascive, et la statue du pape Boniface VIII, pape détesté par Dante qui lui fit visiter l'Enfer dans sa *Divine Comédie* (cette statue fut restituée à la cathédrale par l'un de ses descendants après que celui-ci l'eut rachetée à un antiquaire), ainsi que la troublante Madone aux yeux de verre. Intéressante série des *Évangélistes,* mais ce sont évidemment le *Saint Jean* de Donatello et le *Saint Luc* de Nanni di Banco qui retiennent l'attention.

À côté, dans la *salle des peintures,* l'étonnant et célèbre *Martyre de saint Sébastien* (il aura eu son compte !) attribué à Giovanni del Biondo, et magnifiques bas-reliefs en marbre issus de l'enceinte du chœur de la cathédrale. Dans la chapelle octogonale voisine, collection de reliquaires (dont le doigt de saint Jean), quelques pièces d'orfèvrerie religieuse du XVe s et une belle Vierge de Bernardo Daddi. À noter, quelques belles terres cuites des Della Robbia. À l'étage toujours, admirer les deux *cantorie* (ces tribunes d'église où se produisent les chantres), chefs-d'œuvre absolus de la Renaissance florentine. L'une est signée Luca della Robbia, l'autre Donatello. L'occasion de comparer deux styles contemporains (plusieurs panneaux de composition plus riche, plus classique pour le premier, une grande fresque plus dynamique pour le second). En dessous de celui-ci, admirer la célèbre *Madeleine en pénitence* en bois et recouverte d'or, vieillissante et pathétique, de Donatello (conçue pour le baptistère). Ne pas rater les statues du campanile, et en particulier l'*Habacuc* et le *Jérémie* de Donatello. Dans une salle au fond, remarquables panneaux du campanile (attribués en partie à Andrea Pisano et Luca della Robbia), figurant l'évolution de l'homme depuis la création jusqu'aux voies spirituelles. Ils racontent la Genèse et illustrent les planètes, les vertus, les arts, les sciences... Les panneaux représentant les métiers sont absolument extraordinaires de détails et de fraîcheur.

Dans une salle voisine, somptueux autel de Saint-Jean en argent (pour lequel plus de 400 kg du précieux métal furent nécessaires !). C'est un des chefs-d'œuvre de l'orfèvrerie du XVe s. Prendre le temps d'admirer le *Saint Jean-Baptiste* de Michelozzo au centre et les panneaux latéraux du bas (à gauche, la *Naissance de saint Jean* par Antonio del Pollaiolo et à droite la *Décollation de saint Jean* par Verrochio). Voir aussi le *Baptême du Christ* par Sansovino. Reste de beaux manuscrits enluminés et des broderies sur la vie de saint Jean. Mais gardons un peu d'énergie pour la fin de la visite : à partir de la salle des panneaux, en redescendant vers les niveaux inférieurs, les visiteurs découvrent les outils utilisés par les ouvriers de Brunelleschi, l'échafaudage particulier qu'avait mis au point l'architecte avec un système habile de poulies ainsi qu'une série de maquettes en bois représentant les différents projets pour la façade de la cathédrale.

🎭🎭🎭 *Galleria degli Uffizi* (galerie des Offices ; zoom détachable D4) **:** piazzale degli Uffizi, 6. ☎ 055-29-48-83. ● uffizi.firenze.it ● Tlj sf lun 8h15-18h50. Fermé à Noël, 1er janv, 1er mai. Entrée : 12,50 €. La résa est conseillée quand on ne prend pas la Firenze Card : 4 €. Audioguide en français 5,50 € (8 € pour 2). Demander le plan gratuit du musée à l'entrée. Parcours tactiles pour les non-voyants.

C'est bien évidemment le fleuron des musées florentins, mais surtout l'un des plus anciens et des plus beaux musées du monde. Incontournable est un faible mot...

– *Attention :* la direction du musée mène depuis plusieurs années le projet « Nouveaux Offices », une vaste campagne de travaux d'agrandissement (passant de 6 000 à 13 000 m²) pour présenter aux visiteurs de plus en plus nombreux les richesses inestimables qui sommeillent encore dans les dépôts. Mais les travaux s'éternisent, et on envisage les nouvelles dispositions en... 2015. Certaines œuvres décrites ci-dessous n'auront peut-être pas encore trouvé leur place définitive lors de la parution du guide. Certaines salles sont fermées momentanément au public. Sachez toutefois que toutes les peintures majeures, même déplacées, restent visibles, pour ne pas décevoir les visiteurs. Se renseigner lors de la visite (souvent indiqué sur le site internet du musée). Demander à l'accueil le plan (gratuit) du musée : sommaire mais pratique.

– En haute saison, attendez-vous à des queues de 2h à 4h ! *Réservez* pour y échapper, même si le délai d'attente peut être de plusieurs jours, voire de plusieurs semaines. Sinon, n'hésitez pas à vous présenter 15 à 20 mn avant l'ouverture des portes. Et même mieux, pour les détenteurs de la *Firenze Card,* il n'y a pas de queue à faire... normalement !

Pour la petite histoire

L'histoire de cet incroyable musée est indissociable de celle des Médicis. Dès le XVe s, Cosme l'Ancien, sous des dehors sévères et avares, se montra généreux envers les arts et encouragea des talents comme Donatello ou Filippo Lippi. C'était le début d'une longue tradition de mécénat, qui connut son apogée avec le fin politique Cosme Ier, puis l'esthète François Ier. Le premier confia à Vasari la création de l'académie de dessin et la construction du palais des Offices, le second transforma en musée (1581) les galeries de cet immense bâtiment administratif. Réservée au départ à une élite, la galerie des Offices ne fut ouverte officiellement qu'en 1765.

> ## LA VOIE PRINCIÈRE
>
> *Les Médicis habitaient au Palazzo Pitti, de l'autre côté de l'Arno, mais se rendaient chaque jour au Palazzo Vecchio et au palais des Offices où ils avaient concentré leurs administrations. Cosme Ier fit construire par Vasari un long couloir suspendu entre les deux sites. Pour égayer la promenade, les Médicis eurent bientôt l'idée d'y accrocher des peintures. Endommagé par les ravages de la Seconde Guerre mondiale et par un attentat terroriste en 1993, cet ensemble remarquable a désormais recouvré l'essentiel de son faste, mais il est malheureusement fermé au public...*

Sans être exhaustif, voici les plus belles œuvres des Offices.

Second étage (début de la visite)

Galerie Est

En arrivant au second étage, avant d'entamer la visite à proprement parler, admirer les deux magnifiques chiens, puis, à droite, les quelques belles pièces archéologiques (en particulier, une frise romaine en provenance du forum d'Auguste et une tête de César). Portraits des Médicis au mur. Remarquer aussi le couple funéraire inséré sous une statue d'Hercule combattant un centaure. Fresques décoratives d'origine datant de 1560-1580. Vasari a dirigé le chantier et fut aidé par des Flamands dont on reconnaît la main dans les panneaux de paysages.

Au mur, le long de la galerie, levez la tête et regardez dans la frise sous le plafond la série de peintures de rois et de princes italiens.

Passons maintenant à la visite des salles de la galerie Est ; une visite qui nous a semblé très didactique, car à la fois chronologique et par école.

Salle 1 : le Duecento (XIIIe)

Les primitifs toscans, avec notamment les peintures des trois monstres sacrés du *Duecento* et du début du *Trecento* : la *Madone* de Cimabue, puis celle de Duccio (un Siennois) et enfin la *Madone d'Ognissanti* de Giotto qui s'affranchit là du style byzantin ; toujours le fond or, mais les traits prennent vie (noter les touches de rouge sur les joues de Marie et la poitrine qui affleure sous le fin tissu). Ces trois tableaux restaurés forment un ensemble unique de cette période de l'art italien. Les voir ensemble permet d'appréhender l'émancipation progressive des peintres de cette époque vis-à-vis des codes picturaux immémoriaux de la manière byzantine. C'est un des fleurons des Offices. Noter également les deux christs en croix. Le premier, à droite du Cimabue, date d'avant la mort de saint François, en 1221, et le second d'après cette date. Remarquer le changement complet de l'iconographie : le Christ devient un être de chair, souffrant sur la croix.

Salle 3 : le Trecento siennois

XIVe s siennois. Superbe *Annonciation* de Simone Martini (remarquer le salut de l'Ange, traité à la manière d'une bande dessinée) et œuvres des frères Lorenzetti,

Ambrogio et Pietro. En particulier, un des chefs-d'œuvre d'Ambrogio, la *Présentation au Temple,* les panneaux du retable de la bienheureuse humilité et ceux sur la vie de Nicolas de Pietro.

Salle 4 : le Trecento florentin

Le XIVᵉ s toujours, mais à Florence avec les suiveurs de Giotto, parfois répétitifs (ce n'est toutefois pas vraiment le cas des œuvres présentées ici), à savoir Bernardo Daddi, Andrea Orcagna et Taddeo Gaddi. Observer le grand retable d'Andrea Orcagna sur la vie de saint Matthieu, arrondi pour épouser la forme d'un pilier, et la fantastique *Pietà* de Giottino (il s'appelait en fait Giotto di Maestro Stefano, mais on l'a surnommé ainsi pour le distinguer de Giotto), un chef-d'œuvre de sensibilité et de mise en scène.

Salles 5 et 6 : le gothique international

Retable monumental magnifique de Lorenzo Monaco, *Le Couronnement de la Vierge.*

Une mode de l'époque consistait pour les peintres à se représenter dans leurs œuvres. Pour les repérer, c'est assez simple : c'est toujours le personnage qui vous regarde droit dans les yeux ! C'est le cas de Gentile da Fabriano qui, dans son *Adoration des Mages,* se fit représenter derrière le 3ᵉ mage (l'homme avec le chapeau en velours rouge). Cette commande réalisée pour les Strozzi, une famille de banquiers très influente à Florence, fut traitée comme une miniature, avec une remarquable utilisation des ors : certains détails apparaissent même en relief pour souligner l'aisance et la générosité du mécène. Autre *Adoration des Mages,* autre autoportrait avec Lorenzo Monaco (chapeau pointé à liseré et à plume doré).

Salle 7 : la première moitié du Quattrocento

Salle du début de la Renaissance. Progressivement, on abandonna le fond doré. On introduisit derrière les personnages des paysages minutieusement peints, avec souvent plein de détails intéressants, en particulier les scènes retraçant la vie dans les villes au Moyen Âge. Une œuvre capitale : *La Bataille de San Romano* de Paolo Uccello, décrivant la victoire de Florence sur Sienne en 1432. Triptyque dont les autres parties sont au Louvre et à la National Gallery de Londres. Dommage que les trois ne soient pas réunis ! Observer le fantastique jeu de lignes et de perspective. Voir aussi *Sainte Anne et la Vierge à l'Enfant,* exécuté à deux mains par Masolino et Masaccio. Également un *Couronnement de la Vierge,* œuvre véritablement « rayonnante » de Fra Angelico (dit *il Beato*), qui reste fidèle aux fonds d'or tout en s'adaptant au nouveau style de l'époque.

Salle 8 : Filippo et son fils Filippino Lippi

Superbes *Federico da Montefeltro* et *Battista Sforza* de Piero della Francesca (on dit que les cheveux blonds étaient très prisés à la Renaissance et que pour la teinture rien ne valait... l'urine). Ces portraits figurent, sans doute, parmi les dix chefs-d'œuvre des Offices. Principalement des œuvres de Filippo Lippi, le maître de Botticelli, dont on peut admirer *Madone, Enfant et deux anges* et le *Couronnement de la Vierge,* où les essais de perspective ont fini par aplatir un peu la tête des anges ! À noter également, *L'Annonciation* délicate de Baldovinetti. Les peintures de Filippino sont, quant à elles, plus tardives et soumises à l'influence de Botticelli.

Salle 9 : les frères Pollaiolo

On y trouve *La Force,* la plus ancienne toile de Botticelli. Les autres vertus présentées sont l'œuvre des Pollaiolo. Les frères Pollaiolo, artistes polyvalents, étaient aussi des sculpteurs, ce qui se ressent.

Salles 10 à 14 : Botticelli

Consacrées principalement à **Botticelli** avec les célèbres *Naissance de Vénus* et *Le Printemps.* Dans *La Naissance de Vénus,* thème de la naissance d'une nouvelle humanité, Zéphyr souffle sur la coquille portant une Vénus frêle et diaphane. À droite, *Le Printemps* lui tend un manteau. Ici, quasiment pas de profondeur. On est fasciné par les lignes voluptueuses des drapés, des courbes du manteau, la finesse ondoyante des cheveux. Composition dépourvue de perspective pour mieux mettre en valeur le rythme quasi musical des lignes et des couleurs. On n'avait jusqu'à présent jamais poussé aussi loin le raffinement pictural. Botticelli utilisa à fond la technique de son maître, Filippo Lippi, dans la recherche de la beauté idéale. En particulier dans le personnage de Flore distribuant ses fleurs et dans l'éblouissante technique du drapé des trois Grâces. Seule l'ondulation du tissu léger suggère le mouvement. *La Calomnie* est une œuvre tardive de Botticelli, qui va, à cette époque, vers des proportions plus réduites et peint des sujets dramatiques sous l'influence de Savonarole, qui prônait un retour à une religion pure et dure (il a fini sur le bûcher !). D'autres chefs-d'œuvre de Botticelli : *La Madone des roses*, *L'Annonciation* (grâce exquise du mouvement de la Vierge), *La Melagrana*. Également deux peintures sur bois où le peintre excelle aussi dans la miniature.

De Ghirlandaio, belle *Vierge en majesté* et *Adoration des Mages*. Triptyque *Portinari* de Hugo Van der Goes, dont l'arrivée en Italie fut un choc pour les peintres du XVe s, qui découvrirent grâce à lui la peinture flamande et l'observation des détails réalistes (paysages, enfants, paysans) qui n'étaient pas, jusqu'alors, de tradition florentine.

Salle 15 : Léonard de Vinci et son entourage

Œuvres de **Léonard de Vinci** dont on découvre *L'Adoration des Mages*. Cette toile est très intéressante : comme elle est inachevée, on saisit la façon de travailler de l'artiste et on apprend comment les volumes s'intègrent les uns aux autres. Également de Léonard de Vinci, la très célèbre *Annonciation*. Penser qu'il n'avait que 17 ans quand il exécuta ce chef-d'œuvre ! Noter l'utilisation géniale de la lumière sur les visages et les chevelures. On dit que son maître Andrea del Verrochio aurait renoncé à la peinture après avoir constaté son talent. Le *Baptême du Christ,* œuvre de Verrocchio et Léonard de Vinci, permet d'apprécier la main de Léonard dans les deux anges et le paysage du fond où l'on commence à voir ce que sera le célèbre *sfumato* de Vinci.

Admirables *Pietà* et *Crucifixion* du Pérugin, le maître de Raphaël. De Luca Signorelli, *Crucifixion* et une *Trinité*.

Salle 16 : salle des cartes géographiques
Généralement fermée
Contient de magnifiques mappemondes provenant de la collection de Ferdinand de Médicis.

Salle 18 : la tribune, les maniéristes
Après d'importants travaux de rénovation, on peut de nouveau admirer cette tribune de forme octogonale conçue par Buontalenti en 1584 pour le duc François Ier. On ne peut plus y entrer mais les œuvres sont bien visibles des ouvertures extérieures. Voulue par les Médicis, cette salle rassemble leurs œuvres préférées, un mélange de « best of » et de cabinet secret en quelque sorte... Cette salle, magnifique a, d'ailleurs, toujours été considérée comme la plus belle du palais. Les quatre éléments y sont représentés : le sol symbolise donc la terre ; les murs rouges, le feu ; les

UNE BEAUTÉ... IRRÉSISTIBLE

Les statues antiques de la salle 18 sont d'une qualité remarquable, en particulier la fameuse Vénus Médicis, *la pièce la plus importante de la collection des Médicis, original grec du IIe s av. J.-C. Elle symbolisait tellement la beauté parfaite que Napoléon la fit enlever pour l'exposer dans son projet de musée Napoléon à Paris. Après tout, pourquoi se gêner ! L'Histoire cependant en décida autrement, puisqu'à la suite de sa défaite à Waterloo, ce dernier s'engagea dans le traité de paix à la remettre à sa place.*

décorations nacrées et bleues, l'eau ; et les sortes de bulles sous la coupole

DUOMO

(magnifique), l'air. Superbe *Venus des Médicis,* une des sculptures antiques, achetée à l'origine au XVIIe s par la famille Médicis pour leur villa à Rome. C'est Cosme III qui la rapatria aux offices dans les années 1670. Voir également *Les Lutteurs,* remarquables dans leur représentation anatomique et leur mouvement, et le petit *Apollon.*

Salle 19 : Quattrocento (1re partie de la renaissance italienne)
De Signorelli, *Madone et Enfant ;* du Pérugin, le fameux *Francesco delle Opere,* de facture très moderne ; de Piero di Cosimo, *Andromède délivrée par Persée,* typique de ce peintre un peu hors norme et excentrique. Et puis, aussi, Lorenzo di Credi, Lorenzo Costa, Francesco Francia...

Attention, les salles 20 à 23 sont actuellement fermées pour travaux mais les œuvres (celles des peintres flamands par exemple dans les salles rouges) sont réparties dans d'autres salles, notamment dans celles du 1er étage.

Salle 20 : Venise (Montagna, Bellini, Messina)
Un magnifique *Compianto di Cristo* de Giovanni Bellini (en noir et blanc) et une *Allégorie* sacrée dont le sujet énigmatique n'est pas encore élucidé à ce jour. Splendide *Vierge à l'Enfant* de Cima da Conegliano. Cette pièce est l'occasion d'apprécier toute la singularité de l'école vénitienne (lumière chaude et dorée, paysages doux, beauté des femmes...) avec une *Madone à l'Enfant* d'Antonello da Messina ou encore l'*Histoire de la vie du Christ* par Andrea Montagna.

Salle 22 : quattrocento emilano-romagna
Beau portrait de Francesco Raibolini ou surnommé Il Francia.

Salle 23 : quattrocento lombardi
De Mantegna, un triptyque sur *L'Adoration des Mages* avec un extraordinaire panneau central. Ceux qui connaissent ce tableau d'après des reproductions seront étonnés de sa petite taille (ce qui témoigne de la qualité de l'œuvre). Le côté minéral de l'œuvre de Mantegna est toujours étonnant ! À voir également, la douceur et la grâce du Corrège, notamment avec la petite *Vierge adorant Jésus.*

Salle 24
Dite « des miniatures ». Abrite des médaillons qu'on aperçoit au loin car on ne peut pas accéder à la salle (barre métallique à l'entrée), ce qui en limite l'intérêt.

Attention, les salles 25 à 34 sont fermées pour travaux.

Le corridor Vasari

Ici s'achève la visite de la galerie Est. Avant de poursuivre votre chemin, prenez le temps d'admirer la vue sur l'Arno et le Ponte Vecchio. Le fameux corridor Vasari se trouve à gauche au début de la galerie Ouest. Il traverse l'Arno et permettait aux Médicis de rejoindre tranquillement leur demeure privée du Palazzo Pitti (il contient une célèbre collection de portraits et d'autoportraits qui ne se visite qu'exceptionnellement, et sur réservation : la demande est à faire auprès de la direction des *Firenze Musei*). Belle vue également sur les collines environnantes avec au loin l'église de San Miniato. Un tel panorama nous rappelle que le bâtiment des Offices a été conçu, notamment, pour contrôler la vue sur le fleuve.

Galerie Ouest

Salles 35 : Michel Ange et l'école florentine
Les peintures de **Michel-Ange.** Les visages sont moins figés, les femmes arborent quelques timides sourires. De Michel-Ange, *La Sainte Famille (Tondo Doni)* : là aussi, le sommet dans la perfection. Attardons-nous quelques instants sur cette œuvre magistrale, la seule à avoir été peinte sur bois. Ce sont déjà les couleurs de la chapelle Sixtine. On y décèle la rigueur de Michel-Ange et son sens de la composition. Elle est organisée en plusieurs plans, allant vers la profondeur (au fond, les corps nus, presque flous, des hommes du temps du péché originel),

tout en s'articulant autour d'un mouvement en spirale. À noter enfin qu'il s'agit de l'unique tableau de Michel-Ange exposé en dehors du Vatican. Offert aux Doni en cadeau de mariage, il fut racheté par les Médicis et exposé aux Offices dès 1580 !

Vestibulo di uscita *(vestibule de sortie)*
Belle *Hermaphrodite endormie.*

Salle 41 à salle 45 : provisoirement fermées sauf la salle 41
Pour le moment, cette salle de Rubens (salle 41) et ses suiveurs est fermée pour restauration jusqu'à... Si elle rouvre, vous pourrez admirer de Rubens, *L'Entrée d'Henri IV à Paris, Bacchus sur son tonneau.* Magnifiques portraits de Van Dyck et Jordaens. Remarquer aussi, de Sustermans, le *Portrait de Galilée regardant vers le ciel.*

Salle 42 : salle de Niobé
Salle du nom du groupe de sculptures de statues antiques retrouvé près de Rome. Ce groupe évoque un épisode de la mythologie quand Arthémis et Apolon ont tué les sept filles et les sept fils de Niobé. Beaux effets de drapé.
Ici s'achève la visite du second étage. Au fond du corridor, l'imposant *Porcellino* (porcelet) de Tacca, dont il existe une copie à la *Loggia del Mercato.*

|●| *Cafétéria :* déco et mobilier contemporains pour un service rapide de boissons et *panini.* Une halte qui vaut surtout pour la superbe terrasse en surplomb avec vue sur le campanile, le Duomo, le Palazzo Vecchio et, au loin, la colline de Fiesole.

Premier étage

Salles bleues (sale blu) : *salles 46 à 55*
Salles dédiées aux peintres étrangers du XVIe au XVIIIe s, on y retrouve notamment les peintres flamands, hollandais, espagnols et français. Admirer le bel autoportrait de Jean-Étienne Lyotard. De Chardin, *Jeune fille tenant un volant et une raquette* ou encore son *Petit joueur de carte.* Côté espagnol, deux portraits par Goya, une nature morte de Vélazquez ou son autoportrait le mettant bien en valeur ! Et côté hollandais, un bel autoportrait de Rembrandt ainsi que des portraits de Van Dick.

Salle 56 : marbres grecs (marmi ellenistici)
Les œuvres exposées offrent un bon aperçu de la sculpture du IVe au IIe s av. J.-C. dont la fameuse statue du petit garçon à l'épine (*Spinario*), réplique de la statue en bronze conservée au Capitole à Rome. On trouve aussi une copie au Palazzo Vecchio.

Salles rouges (sale rosse del Cinquecento) *consacrées au XVIe s florentin : salles 57 à 66*
Dernières salles ouvertes au public consacrées aux artistes toscans de renom comme Andrea del Sarto, Rosso Fiorentino, Pontormo, Bronzino (un des plus grands portraitistes de l'histoire de la peinture), Rafaello (Raphaël) ou encore Bronzino regroupant plus de 50 tableaux et une dizaine de sculptures. La couleur pourpre des murs rappelle la couleur des Médicis. Admirer une belle *Madone aux harpies* d'Andrea del Sarto, qui doit son nom aux sculptures visibles sur le piédestal de la Vierge. Au sujet de ce peintre, on disait qu'il ne connaissait pas l'erreur. Entre maniérisme et académisme (il fut le maître des grands maniéristes florentins, Pontormo et Rosso) : perfection de la composition et, outre le jeu complexe des courbes, on notera aussi celui des couleurs. Tranchant avec la sobriété générale, éclatent le rouge et le jaune de la robe de la Vierge et le rouge du manteau de saint Jean. Dans la salle 62, portrait célèbre de Laurent de Médicis par Vasari. Portraits de Pontormo qui fut, donc, l'élève d'Andrea del Sarto. Admirer également le talent de son compère Rosso Fiorentino dans la *Vierge à l'Enfant entourée de saints.* Admirable Beccafumi *(Sainte Famille)*, le troisième grand maniériste, moins connu car siennois et non florentin...

DUOMO

De Raphaël : *Autoportrait, Francesco Maria della Rovere, La Madonna del Cardellino* (au chardonneret), *Léon X, Jules II, Saint Jean dans le désert...* Intéressant de noter, dans le portrait de Léon X, cette diagonale figurée par le bord de la table, puis le bras du pape, relayé par la main du cardinal de droite. Cela donne au tableau une dynamique très moderne. Également un portrait du nain Morgante de Bronzino, un tableau à double facette, pour évoquer toute l'épaisseur de la chair.

Salle 74-77 : peinture vénitienne
On y trouve la célèbre *Vierge au long cou du **Parmesan**.* Il y travailla 6 ans. Chef-d'œuvre du maniérisme italien : trait précieux, teint de peau artificiel, coiffures recherchées, composition et poses élégantes, silhouettes étirées... Mais l'œuvre est restée inachevée ! À droite du tableau, à côté de saint Jérôme tenant un rouleau, on aperçoit le pied isolé d'un saint qui n'a jamais été peint. **Œuvres vénitiennes** du XVIᵉ s dont *L'Annonciation, Sainte Famille avec sainte Barbe* et *Martyre de sainte Justine de Véronèse.* Portraits de Jacopo Tintoretto (dit « le Tintoret ») et *Le Concert* de Bassano.

Salle 83 : salle Titien
Orgie d'œuvres de **Titien,** dont la *Vénus d'Urbino* d'un érotisme troublant. La femme est belle et ce n'est plus un péché de la peindre nue. L'étau de la religion commence à se relâcher. Remarquer l'opulence et les couleurs chaudes des fleurs.
Avant d'accéder aux salles du Caravage, prendre le temps d'admirer *Le Vase Médicis.* Il s'agit d'un vase venant de la propriété des Médicis à Rome. Plusieurs fois abîmé et recollé. Il a été restauré en 1993 après l'attentat à la bombe des Offices et en 2012.

Salles jaunes consacrées au Caravage et à ses disciples : salles 90 à 93
Les dernières salles accueillent les chefs-d'œuvre du Caravage, comme la célèbre *Tête de Méduse,* peinte sur un bouclier et représentée le regard baissé puisqu'elle a le pouvoir de pétrifier qui la fixe dans les yeux, ou le fameux *Bacchus* à la sensualité à fleur de peau. L'artiste, à peine âgé de 20 ans, n'avait pas craint de scandaliser ses pairs avec l'attitude équivoque du jeune dieu. Moins ambiguë mais éprouvante, la scène du *Sacrifice d'Isaac* bouleverse par le réalisme des visages d'Abraham et de son fils, fidèles reflets de l'angoisse et de l'horreur. Admirer le travail des ombres dans *Le Concert,* où le Caravage emploie sa fameuse technique du clair-obscur. Superbe utilisation de la lumière artificielle (souvent une bougie) également chez Gherardo delle Notti.

🎨🎨🎨 🚶 *Piazza della Signoria (zoom détachable D4) :* c'était le cœur palpitant de la cité. Toute l'histoire de Florence se résume en cette place. Elle fut le lieu des rassemblements populaires, des révolutions, le cadre des supplices, le décor de fêtes somptueuses. D'un côté, elle est dominée par le majestueux Palazzo Vecchio et de l'autre, par la *Loggia dei Lanzi.*
– *La Loggia dei Lanzi :* plusieurs statues d'un intérêt majeur en font un véritable musée en plein air. On y découvre, entre autres, le fantastique *Persée,* en bronze, de Benvenuto Cellini, et l'*Enlèvement d'une Sabine* de Giambologna (Jean de Bologne, grand sculpteur du XVIIᵉ s), œuvre maniériste qui préfigure déjà le baroque. Admirer la délicate représentation des mains sur les fesses de la Sabine. Remarquer aussi les deux lions,

SOUS ÉTROITE SURVEILLANCE

Lanzi vient de lanzichenecchi. *Les lansquenets étaient des soldats allemands employés par les Médicis pour surveiller le Palazzo Vecchio, l'équivalent en quelque sorte des gardes suisses du Vatican à Rome. Quand les grands-ducs se sentirent en sécurité, ils renvoyèrent les soldats et remplirent la Loggia de statues.*

de part et d'autre de l'entrée de la loggia : celui de droite, quand vous faites face à la loggia, est un original antique, celui de gauche est une copie de la Renaissance.

De gauche à droite en faisant face au Palazzo Vecchio :
– *La statue équestre de Cosme Ier de Médicis* (réalisée entre 1587 et 1594). Encore une œuvre de Giambologna. Impressionnante par ses mesures parfaites.
– *Judith et Holopherne* de Donatello : l'original est à l'intérieur du Palazzo Vecchio. Ce fut la seconde statue mise en place devant le *Palazzo* par Savonarole, qui l'emprunta à la collection privée des Médicis. Il considéra à l'époque que Judith libérant le peuple juif du tyran Holopherne symbolisait le peuple florentin se libérant du joug des Médicis.
– *La fontaine de Neptune :* on doit le *Neptune* à Ammannati et la fontaine, avec ses nymphes, à Giambologna (encore lui !). L'ensemble fut réalisé dans les années 1560. Déjà, les peintres n'hésitaient pas à chanter les louanges du corps humain, mais leurs œuvres étaient réservées à quelques privilégiés. Là, pour la première fois, la nudité descend dans la rue. C'est aussi le cas avec la fontaine de Jacopo della Quercia sur la place de Sienne, un ensemble sculptural novateur qui sera en partie à l'origine de la représentation classique des fontaines italiennes (Trevi à Rome, par exemple). En revanche, si l'ensemble est harmonieux, la représentation de *Neptune* fut, à l'époque, considérée comme très médiocre. Ammannati essuya les sarcasmes de Michel-Ange qui, chaque fois qu'il passait devant, soupirait : « Quel gâchis de beau marbre ! »
– *Le Marzocco* de Donatello : l'original est au musée du Bargello. Ce lion symbolise le courage des Florentins face à l'ennemi. Remarquer sous sa patte droite le blason de Florence avec sa fleur de lys rouge.
– *David* de Michel-Ange : ce marbre est encore une copie (décidément !). Ses dimensions sont d'ailleurs réduites. Les plus curieux ne manqueront pas d'aller admirer l'original à la Galleria dell'Accademia.
– *Hercule et Cacus* de Bandinelli (XVIe s) : devant l'entrée du Palazzo Vecchio. Représente avec une certaine brutalité Hercule tuant Cacus.
Le soir, la *piazza* est particulièrement agréable avec son animation et les lumières jouant sur la pierre jaune.

🎭🎭🎭 🚶 *Palazzo Vecchio et son musée* (zoom détachable D4) : piazza della Signoria. ☎ 055-276-82-24. Tlj 9h-19h (ferme à 14h jeu et j. fériés en sem) ; 1er avr-30 sept jusqu'à minuit. Entrée : 10 €. Audioguide : 5 €. 2 accès : l'entrée principale sur la piazza della Signoria et l'autre, beaucoup moins fréquentée, via dei Gondi (à gauche

LE PREMIER TAG ?

Cherchez sur le mur du Palazzo, juste derrière Hercule et Cacus, un graffiti représentant une tête de profil. Il s'agirait d'un graffiti original du XVe ou XVIe s qui, selon la petite histoire, serait de la main de Michel-Ange, mais réalisé de dos... Quel talent !

quand on fait face au palais). Possibilité de visiter la Torre di Arnolfo : 10 € (billet combiné avec le Palazzo Vecchio : 14 €). Si vous en avez la possibilité, prenez le temps de faire la visite des « Parcours secrets ». Pour 6 €, des guides francophones vous ouvriront les portes de salles fermées au public en raison de leur fragilité, comme le fameux cabinet de travail de François Ier tapissé de tableaux figurant les arts et les sciences, ou les combles renfermant l'incroyable charpente de la sala dei Cinquecento. Activités ludiques proposées aux enfants à partir de 3 ans (ateliers, visites-spectacles et contes) ; résa obligatoire au secrétariat (à côté de la billetterie) ; pour ces activités, l'entrée se fait par la via Gondi.
Ce palais-forteresse sévère, édifié à la fin du XIIIe s sur les ruines des demeures gibelines rasées par les guelfes, servit dans un premier temps de siège au gouvernement des prieurs, avant que les Médicis n'y emménagent. Il devint le siège du pouvoir florentin quand Cosme de Médicis vint s'y installer avec Eleonore de Tolède ; ils en firent leur résidence principale. Ils en furent toutefois dépossédés un temps par Savonarole, qui s'en empara pour y installer le siège de son éphémère république florentine. Au XVIe s, lorsque les Médicis s'installèrent au « nouveau »

DUOMO

Palazzo Pitti, l'édifice prit le surnom de *Palazzo Vecchio* (palais Vieux). Bien plus tard, au moment de l'unification italienne (1865-1871), le palais servit un court moment de siège à la Chambre des députés. À l'intérieur, très belle cour à arcades ornées de stucs, avec la fontaine décorée du petit génie ailé de Verrocchio.

– La visite débute par la **sala dei Cinquecento,** salle immense avec un extraordinaire plafond à caissons peints. Créée à l'origine par Savonarole pour accueillir le Conseil de la République, elle fut utilisée par la suite comme salle d'audience par les Médicis. C'est pourquoi tous les thèmes choisis pour la décoration glorifient les Médicis (sur le médaillon du plafond, Cosme s'est même fait représenter en empereur romain !). Aux murs, fresques de Vasari racontant l'histoire de la ville et très belles statues du XVIe s représentant les travaux d'Hercule. Seule celle de la *Victoire sur Sienne* (en face de l'entrée) est de Michel-Ange (admirable mouvement du personnage principal, le « Génie » dominant la force brutale). À droite en entrant dans la salle, jeter un coup d'œil au *studiolo* de François Ier de Médicis : superbes fresques de Vasari et de ses collaborateurs, mais surtout magnifiques petits bronzes dans les niches (malheureusement difficiles à voir) par Jean de Bologne et Ammannati, notamment.

Avant de monter à l'étage, observer les très beaux plafonds des appartements de Léon X et les fresques.

– Ensuite, succession de salles et appartements aux plafonds et parois richement ornés de peintures maniéristes, et présentant de nombreuses œuvres (on ne sait plus quoi regarder, des salles ou des couloirs !) : sculptures sur bois polychromes, primitifs religieux dont la *Madonna dell'Umiltà* de Rossello di Jacopo Franchi. Petites sculptures d'Andrea della Robbia, adorable *Madonna e Bambino* de Masaccio et magnifique *Nativité* d'Antoniazzo Romano (XVe s).

Une fois à l'étage, vers la gauche, les salles ont moins d'intérêt (on passe toutefois devant un adorable *Chérubin au dauphin* de Verrocchio) ; néanmoins, depuis la terrasse dite « de Saturne », belle vue sur l'église de San Miniato et les collines environnantes.

On repasse alors au-dessus de la *sala dei Cinquecento* qu'on peut admirer à loisir pour visiter l'autre partie des appartements beaucoup plus intéressante (sur la droite). Parmi les salles les plus marquantes :

– **Chapelle d'Eleonore,** ornée de fresques de Bronzino, réalisées à l'origine pour des cadeaux officiels. Magnifique *Déposition* de belle facture maniériste ! Orgie de plafonds peints et dorés, notamment dans la salle qui porte l'inscription « Florentia ».

– Les trois salles suivantes (Sabines, Esther et Pénélope) valent surtout pour leurs plafonds.

– **Chapelle des Prieurs,** décorée de peintures en fausse mosaïque. C'est là que Savonarole passa sa dernière nuit avant d'être supplicié.

– **Sala delle Udienze** *(salle des audiences) :* les prieurs y recevaient les citoyens de la ville. Plafond assez outrageusement chargé. Fresques admirables d'une fraîcheur éclatante par Francesco Salviati, à notre avis un maniériste de plus grand talent que Vasari (notamment celle de la *Pesée des trésors de guerre*).

– **Salle du Lys :** juste en entrant, remarquable porte de marbre sculptée par Benedetto da Maiano (notamment le délicat *Saint Jean-Baptiste*) ; la salle abrite aussi l'une des plus grandes œuvres de Florence, le groupe *Judith et Holopherne,* sculpture en bronze de Donatello. Celle-ci trôna de 1494 à 1980 devant le Palazzo Vecchio, avant de partir en restauration, sérieusement victime des ravages du temps. Aux murs, à l'opposé de la porte de marbre, magnifiques fresques de Ghirlandaio. De cette salle également, belle vue sur le campanile, le *Duomo* et l'église de la Badia.

– **Salle des Cartes** avec des globes terrestres impressionnants.

– On termine par plusieurs salles abritant la collection Loeser. Vaut surtout pour la deuxième pièce avec un bel ange de Tino di Camaino, une superbe *Vierge à l'Enfant* de Pietro Lorenzetti et une *Madone à l'Enfant* d'Alonso Berruguete. Dans la dernière salle également, belle série de panneaux du Pontormo.

♥♥♥ Torre di Arnolfo *(zoom détachable D4) : entrée 10 € (14 € avec la visite du Palazzo Vecchio, mêmes horaires pour les 2 musées).* Elle permet une vue panoramique à 360° sur la ville et la campagne avoisinante. Les escaliers sont assez faciles et larges d'accès. Attention, nombre de visiteurs limité. En cas de pluie, l'accès est fermé.

♥♥ Museo Gucci *(zoom détachable D4) : piazza della Signoria, 10.* ☎ *055-29-00-17. ● gucci.com ● Tlj 10h-20h. Entrée 6 €.* Situé sur la piazza della Signoria, le musée ne pouvait rêver rien de mieux que cette place emblématique ! Installé dans le sobre Palazzo della Mercanzia, il laisse apparaître les vestiges d'un vieux palais Renaissance. Également une boutique, un bar-restaurant et une librairie. *À savoir :* les salles sont renouvelées tous les 6 mois environ mais on retrouve à chaque fois les thèmes évoqués, seuls les objets changent.

On a l'impression de visiter une boutique plutôt qu'un musée, mais cet endroit nous a agréablement surpris par le personnel accueillant et professionnel. Si vous avez un peu (beaucoup !) d'économies, une petite boutique destinée à la vente de sacs et de ceintures se trouve au rez-de-chaussée du palais.

À l'origine, Guccio Gucci n'était que simple groom dans un hôtel chic de Londres. Côtoyant la jeune bourgeoisie du début du XXe s, il eut l'idée en rentrant en Italie de créer une première série d'articles de voyages... On connaît la suite !

Sur deux étages, le musée invite les visiteurs à parcourir huit salles thématiques, symboles de la marque Gucci. On retrouve, par exemple, la première valise datant de 1938 (originale et en excellent état), les ceintures en forme de fer à cheval (équitation étant la grande passion de Gucci), les créations de robes de soirée, le thème « Flora » cher à la princesse Grace Kelly, pour qui Guccio Gucci avait fait créer expressément un foulard à motifs floraux lors de sa venue dans la boutique de Milan : c'est devenu un must de la maison. Et, bien sûr, les sacs, grandes vedettes de la maison, tous fabriqués en Italie (les usines sont situées dans les environs de Florence).

D'autre part, vous y trouverez deux salles réservées aux expos temporaires (qui changent elles aussi tous les 6 mois) de la collection de François Pinault (qui possède la maison Gucci).

♥♥ Orsanmichele *(zoom détachable D4) : via Arte della Lana, entre la piazza della Repubblica et la piazza della Signoria. Tlj 10h-17h. Le 1er étage est ouv ts les lun ap-m et permet de voir les sculptures originales exposées (celles qui ornent actuellement l'église à l'extérieur sont des copies). GRATUIT.*

Orsanmichele est une abréviation d'*Orto di San Michele,* signifiant le « potager de saint Michel ». À l'origine, c'était la halle au blé, ce qui explique que le pavement n'est ni en matière ni en matière précieuse. Les arcades étaient à l'époque ouvertes : l'architecte Arnolfo di Cambio avait construit une couverture en bois et en brique pour abriter les étals du marché des céréales. Un incendie détruisit partiellement le bâtiment et la légende raconte qu'il ne resta qu'un pilier sur lequel figurait une peinture de la Vierge. Les Florentins crurent à un miracle et s'arrêtèrent dans ce bâtiment pour prier. Le lieu connut un tel

LA HALLE AUX MIRACLES

Lors de la peste de 1348, les Florentins se réunirent au marché et implorèrent la Vierge de faire cesser l'épidémie... ce qui arriva ! Pour la remercier, ils commandèrent à Bernardo Daddi, élève de Giotto, un magnifique retable représentant la Vierge à l'Enfant en majesté. Les fidèles furent de plus en plus nombreux à remplir l'église d'ex-voto, rendant inaccessible l'accès à l'étage. On construisit alors un passage surélevé entre l'ancien grenier à blé et le Palazzo dell'Arte di Lana, toujours visible aujourd'hui.

succès qu'il fallut consacrer le bâtiment au XIVe s... Ce qui explique la forme peu

DUOMO

habituelle de cette église (à deux nefs !). En revanche, une fois l'église consacrée au rez-de-chaussée, l'étage supérieur resta dédié au stockage du grain !

À l'extérieur, on perça des niches tout autour, ornées de statues réalisées par les plus grands artistes de l'époque et commandées par les grandes corporations. Chaque guilde de la ville avait été chargée de la réalisation d'une statue de son saint patron, si bien que ce bâtiment présente l'un des ensembles sculpturaux les plus importants et surtout les plus représentatifs de l'évolution stylistique. Via dei Calzaiuoli, on peut voir *Saint Jean-Baptiste* de Ghiberti (celui du baptistère), *Saint Thomas* (patron du tribunal des marchands) de Verrocchio, *Saint Luc* (patron des juges) de Jean de Bologne. Via Orsanmichele, on trouve *Saint Pierre* (protecteur des bouchers) et *Saint Marc* (patron des drapiers) de Donatello. Via dell'Arte della Lana, superbe représentation dans le marbre du labeur des maréchaux-ferrants par Nanni di Banco.

À l'intérieur, les peintures du plafond ont conservé leurs couleurs éclatantes. Admirable *ciborium-retable* d'Andrea Orcagna, du XIVe s. Les vitraux, représentant les miracles de la Vierge, sont intacts et comptent parmi les plus anciens de la ville. Un détail intéressant, les trous situés dans les colonnes de gauche permettaient la livraison du blé directement du premier étage au consommateur. Il est probable que le fait d'avoir consacré le rez-de-chaussée permettait de limiter les convoitises et la fraude...

✖✖ ✖✖ Ponte Vecchio *(zoom détachable D4) :* il porte bien son nom, c'est le plus ancien de la ville (il existait déjà avant le Xe s.). Pas difficile, cela dit, puisque l'armée allemande a fait sauter tous les autres le 4 août 1944 pour de nébuleuses questions stratégiques. Il est resté, à peu de chose près, tel qu'il était en 1345,

LE RESCAPÉ

Le Ponte Vecchio a été le seul pont de Florence à ne pas être dynamité par les Allemands en août 1944. En effet, il est si étroit que les chars alliés n'auraient pas pu passer ! Voilà pourquoi les Allemands lui ont laissé la vie sauve...

date à laquelle il fut reconstruit et enrichi de boutiques et de maisons qui lui donnent son caractère bien particulier. À cette époque, des bouchers et poissonniers occupaient les lieux, mais la famille Médicis, ne supportant plus l'odeur insoutenable de ces commerces, les fit partir pour laisser place aux bijoutiers qui sont encore là aujourd'hui. Les maisonnettes étaient louées par l'État, qui en récoltait une coquette somme. Le corridor au-dessus des maisons, qui relie les Offices au palais Pitti, date en revanche du XVIe s. Si vous voulez bien le voir, passez-y le matin tôt (vers 7h-8h) ou le soir pour éviter la foule. Dans la journée, on le voit beaucoup mieux des autres ponts !

✖✖ Chiesa Badia Fiorentina (église de la Badia Fiorentina ; zoom détachable D4) : près du Bargello. L'entrée se fait sur le côté, via Dante Alighieri. Horaires très restreints : lun 15h-18h slt. Entrée 3 €. À gauche en entrant, un sublime chef-d'œuvre de Filippino Lippi, *L'Apparition de la Vierge à saint Bernard*. La scène est proche d'un tableau de Botticelli avec l'élégance de l'enfant (regarder ses mains...). Sculptures du plafond splendides. Il a fallu 27 ans pour les réaliser. Œuvres sculptées de Mino da Fiesole (1464-1470). Les fresques du chœur, en trompe l'œil, sont de G. D. Ferretti (1733-1734). Demandez gentiment à la personne de l'entrée si vous pouvez pousser la porte de droite à côté de l'autel. Vous découvrirez un petit cloître charmant, le « cloître des orangers », qui faisait partie autrefois d'un couvent bénédictin. Vous pouvez admirer (mais la majeure partie est abîmée) les fresques de la vie de saint Benoît.

✖✖ Chiesa Santa Maria dei Ricci (zoom détachable D3) : via del Corso. Concerts classiques presque tlj à 21h15 ; ts les sam, concert d'orgue à 18h. ☎ 055-28-93-67. La vente des billets commence 1h avt le début du concert. Voici un excellent moyen de profiter de la beauté de l'église ! Voilà un amour de petite église qui cultive une mise en lumière géniale. Ce qui marque d'abord, c'est l'absence de retable. À la place, un délire baroque où des angelots plus dorés les uns que les autres nagent dans une mer de nuages argentés. On sent vraiment que quelqu'un s'est ingénié à mettre en valeur la décoration. Ici, un rai de lumière fend la pénombre pour atterrir sur une petite statuette timide ; là, dans son alcôve damassée de velours bordeaux, un christ fait de l'œil à un gisant d'une blancheur luisante. Remarquer d'ailleurs les proportions étranges de ce dernier : ses membres inférieurs et sa tête sont manifestement disproportionnés par rapport au thorax.

🎭🎭 🏃 *Loggia del Mercato Nuovo* (zoom détachable D4) : *via Porta Rossa*. Édifiée au XVIe s, avec hautes arcades et pilastres d'angle. Célèbre pour sa *fontaine du Porcelet (del Porcellino)* de Pietro Tacca, un artiste du XVIIe s, sanglier de bronze très expressif. Lui caresser le groin porte bonheur, paraît-il ! Et mieux encore, si vous voulez revenir un jour à Florence, il vous suffit de glisser une pièce sur sa langue et qu'elle retombe dans les rainures de la fontaine. Une reproduction en bronze est également conservée aux Offices.

🎭🎭 🏃 *Museo Galileo* (musée Galilée ; zoom détachable D4) : *piazza dei Giudici, 1.* ☎ 055-26-53-11. ● *museogalileo.it* ● *Tlj 9h30-18h sf mar 9h30-13h. Entrée : 9 €.* Installé depuis 1930 dans l'un des plus vieux édifices de Florence (le *Palazzo Castellani*), ce musée (anciennement *Museo di Storia della Scienza*) a fait peau neuve après de nombreux mois de fermeture. Inauguré en juin 2010, il abrite l'une des plus riches collections d'instruments scientifiques du monde. La qualité des pièces témoigne de la passion des grands-ducs de Florence pour le monde des sciences, en particulier sous le règne du grand-duc Ferdinand au XVIIe s. Protecteur de Galilée, cet érudit atypique en était même arrivé à négliger les affaires courantes de l'État !
Pas moins de 1 500 pièces datées du XVe au XIXe s sont exposées de manière didactique, réparties par thèmes. On y voit, par exemple, la lentille du télescope avec lequel Galilée découvrit les satellites de Jupiter, ainsi qu'un globe de verre contenant... un doigt de l'illustre savant. Un peu plus loin, amusez-vous avec ce portrait d'homme qui, réfléchi dans un miroir, vous montre une femme ! Et toutes sortes d'instruments savants délicatement ciselés jalonnent le parcours, sérieux comme ces beaux compas et ces cadrans solaires, surprenants comme cette lunette en ivoire pour dame... assortie d'un poudrier ! Les remarquables globes terrestres et les subtils mécanismes à mesurer le temps précèdent quelques salles plus éprouvantes, consacrées à la chirurgie et à l'obstétrique.
– *Meridiana Monumentale :* située sur la piazza dei Giudici et visible de tous, elle a été conçue en 2007 par les designers Luise Schnabel et Filippo Camerota. L'ombre projetée par la boule en verre indique à la fois l'heure réelle de la journée et la période de l'année, et la ligne transversale définit la course du soleil dans l'année. Belle réussite associant verre et alliage, et se mariant très bien avec le Palazzo Castellani.

Pour les insatiables

🎭🎭 *Oratorio dei Buonomini di San Martino* (zoom détachable D4) : *en face de la Casa di Dante. Tlj 10h-12h, 15h-17h (fermé ven ap-m).* Fondé en 1441 par la confrérie des *Buonomini* (les « hommes bons »), dirigée par San Martino, qui venait en aide aux « démunis mais dignes ». Lorsque l'ordre manquait cruellement d'argent, une bougie était allumée devant la porte, signifiant « nous en sommes réduits à cette petite lueur ». La charité du voisinage jouait alors son rôle. On les aidait en leur donnant de l'argent, à manger, en leur prodiguant les soins dont ils avaient besoin. Fresques d'origine du XVe s, remarquablement conservées, représentant la vie de San Martino (dont on voit le portrait au-dessus de la porte extérieure).

DUOMO

🏃 *Casa di Dante* (zoom détachable D3-4) : *via Santa Margherita, 1.* ☎ *055-21-94-16. Tlj 10h-18h. Entrée : 4 €.*
Dans la partie la plus ancienne de Florence, une maison-musée qui intéressera essentiellement ceux qui marchent sur les traces du célèbre auteur de *La Divine Comédie.*

DANTE À TERRE

Détail amusant : lors de la restauration qui eut lieu au XIX e *s, on plaça au sol, à environ 6 m devant le mur de la maison et le buste incrusté, un pavé, plus ou moins rectangulaire, à l'effigie de Dante. Plongez le nez vers le sol et regardez bien.*

QUARTIER DE SANTA CROCE

Un vieux quartier historique (encore un !) avec ses petites rues entrelacées, ses petits commerces de proximité et surtout sa magnifique basilique. La *Basilica di Santa Croce* renferme des trésors, notamment les tombeaux des personnages qui ont illustré l'histoire artistique et politique italiennes : Michel-Ange, Ghiberti, Machiavel, Rossini, Galilée... Un quartier aux multiples facettes qu'il faut découvrir en prenant son temps. N'hésitez pas non plus à faire un saut au *Museo del Bargello,* un musée aux collections incroyables de sculptures. Il suffit de vous aventurer (et de vous perdre) dans les ruelles de ce quartier populaire, pour tomber sous le charme.

Où dormir ?

Prix moyens

🏠 **Hotel Dali** *(zoom détachable E3, 63) : via dell'Oriuolo, 17.* ☎ *055-234-07-06.* ● *hoteldali@tin. it* ● *hoteldali.com* ● *Fermé 2 sem en janv. Doubles 60-85 € avec ou sans salle d'eau privée. Parking.* 📶 On aime cette petite pension sans histoire tenue par un couple charmant. Une dizaine de chambres agréables, bien tenues dans l'ensemble. L'atout de l'endroit ? C'est évidemment le parking privé gratuit dans la cour de l'immeuble. Une aubaine à Florence ! Accueil souriant.

🏠 **Hotel Bavaria** *(zoom détachable E3, 68) : borgo degli Albizi, 26.* ☎ *055-234-03-13.* ● *info@hotelba variafirenze.it* ● *hotelbavariafirenze. it* ● *Doubles avec ou sans salle d'eau privée 78-95 €.* Les impressionnantes hauteurs sous plafond, les traces de fresques émergeant ici ou là du crépi et la taille atypique des chambres entretiennent l'atmosphère Renaissance du Palazzo Ramirez datant du XVIe s. Beaucoup de caractère, mais si l'établissement est dans l'ensemble bien tenu, on aimerait que les équipements (tuyauteries notamment) soient rénovés...

🏠 **B & B Le Stanze di Croce** *(plan détachable E4, 75) : via delle Pinzo- chere, 6.* 📱 *347-25-93-010.* ● *info@les tanzedisantacroce.com* ● *lestanzedi santacroce.com* ● *Compter 130-160 € la double. Parking payant.* 📶 Maria Angela, originaire des Pouilles, a posé ses valises à deux pas de la piazza Santa Croce, dans cette belle maison qu'elle a entièrement rénovée. Les chambres sont gaies et colorées à l'image de la joyeuse propriétaire. Le petit déjeuner (fait maison), servi sur la terrasse fleurie, est vraiment copieux. Excellente cuisinière, Maria Angela propose également des cours de cuisine (elle adore ça !) et même de faire le marché avec elle ! Plus qu'un *B & B,* une atmosphère unique. Une de nos adresses préférées dans le quartier.

De chic à plus chic

🏠 **Hotel Balestri** *(zoom déta- chable D4, 35) : piazza Mentana, 7.* ☎ *055-21-47-43.* ● *info@hotel-balestri. it* ● *hotel-balestri.it* ● *Doubles à partir de 110 €. Parking.* 📶 Bel et impo- sant édifice du XIXe s, bénéficiant d'une situation privilégiée sur les berges de l'Arno. Les chambres (une cinquan- taine), dont une bonne partie ont été rénovées, sont confortables et lumineuses. Celles donnant sur le fleuve avec les balcons sont évidemment un poil plus chères... mais tellement plus agréables ! Accueil professionnel.

🛏 **Residenza d'Epoca Verdi** (plan détachable E4, **69**) : via Giuseppe Verdi, 5. ☎ 055-23-47-962. ● info@residen zaepocaverdi.it ● residenzaepoca verdi.it ● Interphone sur rue, escalier en pierre, puis, au 1er étage, ascenseur jusqu'au 3e. Résa indispensable en hte saison. Doubles 100-120 € avec douche et w-c ou bains. 🖵 8 chambres seulement, à la déco chaleureuse (mobilier peint, épais rideaux, sols en terre cuite, tissus de choix sur les lits) et jolies salles de bains modernes. Préférer celles donnant sur l'arrière du théâtre, plus calmes et à la déco plus typique. L'accueil, s'il est discret, est éminemment gentil. On s'y sent bien, comme dans une maison d'hôtes. Une adresse vraiment charmante.

Où manger ?

Sur le pouce à très bon marché

🥪 ☺ **Macelleria Falorni** (plan détachable E3, **161**) : via Palmeri, 35/37. ☎ 055-24-54-30. Lun-mer et dim, 11h30-15h30, 17h30-22h30 ; jeu-sam jusqu'à 23h. Fermé 10 j. en août. On retrouve ici le célèbre charcutier de Greve in Chianti, installé en plein cœur de Florence. Ambiance carreaux blancs au mur façon boucherie et grandes tablées en bois. Propose des sandwichs à déguster sur place ou à emporter. Également un petit comptoir pour faire le plein de charcutailles. Toujours aussi bon !

🥪 ☺ **Pizzicheria Guadagni** (zoom détachable E4, **222**) : via Isola delle Stinche, 4 r. ☎ 055-239-86-42. Tlj sf dim 8h-20h. Compter 5 € pour un panino. Petite épicerie familiale à l'écart du borgo Croce touristique. À votre demande, la maîtresse des lieux vous prépare un panino. Vous choisissez parmi les bocaux d'antipasti, les fromages parfumés et les jambons appétissants, tranchés sous vos yeux. Accueil serviable. Une bonne petite adresse.

🍴🥪 **Salumeria Verdi – Pino's Sandwiches** (plan détachable E4, **109**) : via Giuseppe Verdi, 36 r. ☎ 055-24-45-17. ● info@pozzodivino. com ● & Tlj sf dim 8h30-21h. Congés : 3 sem en août. Compter 7-9 € pour un repas. 📶 Un verre de vin offert aux lecteurs sur présentations de ce guide. Idéale pour les petits budgets (c'est le repaire des étudiants de la ville), cette traditionnelle charcuterie-fromagerie plus connue sous le prénom de son sympathique proprio Pino propose primi (les lasagnes sont excellentes), secondi et paninis à des prix défiant toute concurrence. Il suffit de s'asseoir parmi les employés du quartier dans les salles aux rayonnages remplis de bonnes bouteilles. Bons produits frais. Parfait pour une pause à n'importe quel moment de la journée, mais attention à l'attente à l'heure du déjeuner.

Prix moyens

🍴🍕 **Ristorante-pizzeria I Ghibellini** (plan détachable E3, **112**) : piazza San Pier Maggiore, 8-10 r (angle borgo degli Albizi et via Palmieri). ☎ 055-21-44-24. Tlj sf dim. Plats 6-10 €. Difficile de rater cette grosse pizzeria de quartier. On y vient surtout pour sa terrasse très appréciée aux beaux jours (beaucoup de monde au déjeuner). Également un grand espace au sous-sol. Ce n'est pas un grand rendez-vous culinaire mais les pizzas croustillantes à pâte fine, (une cinquantaine) ou quelques plats classiques auront raison de votre estomac affamé.

🍴 **Osteria de' Pazzi** (plan détachable E4, **235**) : via dei Lavatoi, 3r (à l'angle de la via Verdi). ☎ 055-23-44-880. ● osteriadeipazzi@legalmail.it ● Tlj. Compter 20-25 € pour un repas. Une osteria populaire où les gens du quartier se retrouvent à la bonne franquette autour d'une succulente bistecca ou d'un copieux plat de pâtes. La déco ne vaut pas tripette, le service peut parfois être un peu rude. Le principal ? C'est qu'on y mange drôlement bien !

I●I *Il Gatto e la Volpe* (zoom détachable E4, **110**) : via Ghibellina, 151 r. ☎ 055-28-92-64. ● *osteriadelgatto elavolpe@yahoo.it* ● *Tlj 12h-minuit. Compter 15-25 €/pers pour un repas.* 🛜 *10 % de réduc sur le prix du repas du soir sur présentation de ce guide.* Dans une *trattoria* de quartier animée par les nombreux étudiants qui s'y pressent, copieux plats de pâtes pour caler les gros appétits. Idéal pour faire des rencontres, dîner entre amis, avec un niveau sonore généralement élevé. Ce n'est pas de la grande cuisine, mais service jeune et souriant.

I●I 🍸 *Libreria Brac* (zoom détachable D4, **220**) : via dei Vagellai, 18 r. ☎ 055-094-48-77. ● *info@libreriabrac.net* ● *Dans une petite rue très discrète non loin de la Basilica Santa Croce. Lun-sam 10h-minuit, dim 12h-20h. Fermé à Pâques et à Noël. Résa conseillée pour le dîner. Compter 15-20 € pour un repas. Brunch le dim.* 🖥 🛜 Ambiance zen, même dans le service (stressés s'abstenir). Aux beaux jours, on s'assoit dans les fauteuils moelleux du patio ou on pioche un livre d'art dans l'espace librairie tout en sirotant un thé. Pour les adeptes de la cuisine bio et végétarienne, chacun y trouvera son compte : tagliatelles au seitan et à l'artichaut, raviolis aux épinards et à la ricotta, soupes du jour, sans oublier les desserts. Une bonne petite adresse au cadre relaxant.

De prix moyens à plus chic

I●I *Ristorante Le Fate* (plan détachable E4, **234**) : borgo Allegri 9 r. ☎ 055-26-38-035. ● *ristorantelefate@ gmail.com* ● *Lun-ven midi et soir, w-e soir slt. Compter 30 €.* Un végétarien sous l'œil bienveillant de Santa Croce, tout à côté. Voilà une carte originale ! Les 12 plats principaux correspondent aux signes astrologiques. Évidemment, ce qui est amusant, c'est de prendre le plat qui correspond à chacun ! Ambiance chic et zen ; ça va de soi !

I●I *Enoteca Boccanegra* (plan détachable E4, **159**) : via Giuseppe Verdi, 27 r. ☎ 055-200-10-98. ● *info@boc canegra.com* ● *Tlj. Compter 25 € pour 1 repas.* Ne pas confondre avec le *ristorante* du même nom, tout à côté, plus cher et plus chic. Ambiance chaleureuse avec ses imposants murs de pierre, sa lumière tamisée et ses tables en bois foncé. Cuisine toscane copieuse et bien présentée. Le tout arrosé d'un verre de vin proposé par un des jeunes sommeliers (qui ne vous propose pas le plus cher, en plus !). Appétits d'oiseau, s'abstenir. Préférer la mezzanine pour un dîner plus tranquille, la salle est plutôt bruyante.

I●I *Trattoria Acqua al 2* (zoom détachable E4, **116**) : via della Vigna Vecchia, 40 r (à l'angle de la via dell'Acqua). ☎ 055-28-41-70. ● *acquaal2.it* ● *Ouv le soir slt jusqu'à 1h. Compter 20 € pour un repas complet. Digestif offert sur présentation de ce guide.* Connu pour ses *assaggi* (assortiments) de pâtes, de viandes, de fromages et même de *dolci*. En revanche, on ne choisit pas : c'est selon l'humeur du chef. Il n'est pas toujours facile pour les petits touristes que nous sommes de se glisser dans l'atmosphère des 2 petites salles conviviales, repaires de nombreux habitués !

I●I *Boccadama* (plan détachable E4, **117**) : piazza di Santa Croce, 25-26 r. ☎ 055-24-36-40. ● *ristorantebocca dama@yahoo.com* ● *Tlj. Congés : fév. Résa souhaitée le soir. Compter 30 € sans le vin.* Idéalement située, cette *enoteca* se distingue par sa très grande sélection de vins (plus de 400 étiquettes répertoriées). La carte affichée sur le grand tableau noir change selon le marché. À l'affiche, risotto, pâtes (spécialité de lasagnes), légumes de saison, le tout simple et très correct. Les tables en bois et les chaises peintes donnent un avant-goût de la campagne toscane. Terrasse face à Santa Croce, prise d'assaut aux beaux jours. Fort de son succès, ce restaurant ne désemplit pas, mais le rapport qualité-prix n'est pas toujours au rendez-vous. Dommage !

Chic

I●I *Ristorante Gastone* (zoom détachable E4, **237**) : via Matteo Palmieri, 24. ☎ 055-26-38-763.

● info@gastonefirenze.it ● Tlj sf dim 11h-minuit. Compter 35 € le soir (moins cher le midi). Un cadre élégant, un brin chic pour passer un bon moment sans pour autant vider son portefeuille. Le midi, on se régale de belles salades mélangées ou de carpaccios. Le soir, c'est plus cher : la carte prend une tournure gastro avec un beau (et bon) choix de poissons. Belle carte des vins aussi. Service agréable et efficace.

IOI Osteria del Caffè Italiano (zoom détachable E4, **223**) : via Isola delle Stinche, 11 r. ☎ 055-29-90-80. ● info@ caffeitaliano.it ● Tlj sf lun. Compter 38 € pour un repas complet. Menu dégustation 50 €. 🛜 Apéritif maison offert sur présentation de ce guide. Une institution florentine bien dans son jus avec son carrelage d'époque et ses belles boiseries. On s'y attable pour de solides plats traditionnels typiquement toscans comme la salade de tripes, la pappa alla pomodoro, les fagioli bianchi ou encore la bistecca alla fiorentina. Cohabitent également une pizzeria qui propose quelques pizzas napolitaines et le Ristorante Sud, donnant sur la via della Vigna Vecchia, et offrant une large place à la cuisine de la Campanie. Bref, un resto « trois-en-un » ! Attention à ne pas vous tromper de porte !

Où boire un bon café ?
Où manger des pâtisseries ?

☕ IOI **Ditta Artigianale** (zoom détachable, D-E4, **161**) : via dei Neri, 33. ☎ 055-274-15-41. ● info@dittaarti gianale.it ● Tlj 8h-22h. Le meilleur café de la ville est ici ! Le chef s'est illustré dans une diatribe violente contre les cafetiers italiens ! Ici, il est fait dans les règles de l'art... un vrai délice. Dans une déco épurée et arty-vintage, on peut aussi déjeuner le midi. Et en plus, l'accueil est chaleureux. Que demander de plus ?

🍷 ☕ **Biobistro Miso di Riso** (zoom détachable, E3, **107**) : borgo degli Albizi, 54 r. ☎ 055-265-40-94. Un endroit comme beaucoup d'autres qui fleurissent en ce moment à Florence. Un concept bio-végéto culinaire entouré de chlorophylle, de mobilier coloré et dépareillé. Ateliers couture ou cuisine (c'est selon), de la déco à vendre et accessoirement, de quoi se sustenter. Agréable pour une pause thé entre 2 visites. C'est très reposant et le service est agréable.

🍴☕ **La Milkeria** (zoom détachable D3, **172**) : borgo degli Albizi, 87. ☎ 055-97-56-052. ● lamilkeria@live. it ● Tlj 8h-23h (1h le sam). Ambiance cosy pour cette adresse aux murs immaculés, au mobilier de récup' et au sol parqueté à l'ancienne. Idéal pour une pause sucrée. Quelques douceurs pour accompagner l'espresso ou le cappuccino du matin. Pour les nostalgiques de la Bretagne, les crêpes ne sont pas mal non plus ! Bon point aussi pour les smoothies et les glaces bio crémeuses et bien servies.

Où savourer de bonnes glaces ?

🍴☕ **Vestri** (plan détachable E3, **163**) : borgo degli Albizi, 11 r. ☎ 055-234-03-74. Lun-sam 10h30-20h. Petite maison du chocolat qui a eu la bonne idée d'adapter ses recettes aux glaces artisanales : peu de parfums mais souvent originaux (celui au piment est divin) et toujours délicieux. Celle au chocolat à l'orange est succulente, mais les habitués viennent aussi faire la queue pour y siroter le chocolat chaud maison, un vrai nectar concentré.

🍴 **Rivareno** (zoom détachable E3, **176**) : borgo degli Albizi, 46 r. ☎ 055-011-80-39. ● info@riverano. com ● Tlj 11h-22h. Cette chaîne de glacier née près de Bologne est reconnaissable à son espace tout blanc, digne d'un laboratoire expérimental ! Certifiées sans colorant artificiel et sans graisses hydrogénées, les glaces ont des parfums raffinés comme la noisette de Cuneo, la pistache sicilienne ou encore le sublimissime gianduja-bacio ! Pour les plus témé-raires, tentez la *Leonardo* à la crème de balsamique ou encore la *Alice,* mascarpone avec du gianduja.

Où boire un verre ? Où sortir ?

♟ Oibó Café *(zoom détachable E4, 208) : borgo de Greci, 1.* ☎ 055-263-86-11. Idéal dans la journée pour boire un verre au calme et pour profiter de la minuscule terrasse avec vue sur Santa Croce. L'endroit s'anime furieusement le soir autour d'un plantureux *aperitivo* sur l'immense comptoir. Sur fond musical, une ambiance éclectique qui donne envie de s'éterniser jusque très tard dans la nuit...

♟ Moyo *(zoom détachable E4, 190) :* via dei Benci, 23 r. ☎ 055-247-97-38. ● info@moyo.it ● Tlj 8h30-3h. Aperitivo 10 €. Ce vaste bar néorétro ne désemplit pas. Du coup, la belle salle épurée, ornée de sièges à hauts dossiers formant un « M » (eh oui, pour « Moyo » !), de chandeliers et d'un lustre de style, déborde largement sur la placette, où l'ambiance bat son plein jusqu'à une heure avancée de la nuit. Les DJs aux platines y sont probablement pour quelque chose ! Accueil moyen.

À voir

🎎 Museo del Bargello *(zoom détachable D4) :* via del Proconsolo, 4. ☎ 055-238-86-06. Tlj 8h15-13h50. Fermé 2e et 4e lun de chaque mois. Salle des petits bronzes et salle d'armes fermées l'ap-m. Entrée : 4 € (7 € lors d'expos temporaires) ; réduc.

C'est le Musée national de sculpture, installé depuis 1865 dans un très beau palais (appelé aussi *Palazzo del Podestà*). Édifice à l'aspect sévère du début du XIIIe s, dominé par une tour crénelée de près de 60 m de haut. D'abord palais du Podestat (qui garantissait la liberté du peuple), il devint tribunal, prison et lieu de tortures au crépuscule de la démocratie florentine (fin XVIe s). C'est une des visites les plus agréables de Florence, car il y a souvent peu de monde et les chefs-d'œuvre y sont nombreux. C'est l'occasion de parcourir et de comprendre l'évolution de la sculpture florentine. Dommage que ce musée soit délaissé par les touristes, c'est une pure merveille.

Rez-de-chaussée
– Dans la cour, à l'élégante architecture (difficile d'imaginer qu'elle servait jadis aux exécutions), œuvres de Bartolomeo Ammannati et adorable *Petit Pêcheur* en bronze (1877) de Vincenzo Gemito. *Canon de San Paolo* (1638) très ouvragé et orné de la tête de saint Paul, presque une œuvre d'art.
– Les salles de sculpture médiévale contiennent théoriquement de magnifiques œuvres de Tino di Camaino, Arnolfo di Cambio... Elles sont toutefois le plus souvent dédiées aux expositions temporaires et les œuvres sont alors transférées au premier étage (salle du *Trecento*).
– **Salle du Cinquecento** (absolument magnifique mais à découvrir en dernier, après la visite de l'étage, pour des raisons chronologiques) : on y découvre des œuvres de jeunesse de Michel-Ange, dont *Bacchus* (la première sculpture importante de l'artiste) et *Madone avec Jésus et saint Jean,* mais aussi des compositions plus tardives comme *David,* ou le buste de *Brutus*. Également un buste de *Cosme Ier* de Benvenuto Cellini (œuvre extrêmement maîtrisée), *Mercure* de Giambologna (Jean de Bologne) et des sculptures de Bandinelli, Ammannati, Vincenzo Danti, Tribolo, Jacopo Sansovino (le *Bacchus,* en particulier), Francavilla, Rustici.

Premier étage
– La visite débute, en principe, par la **salle des Ivoires** : remarquable collection de petits ivoires ciselés (superbes diptyques), reliquaires, crosses d'évêque, coffrets

sculptés. Prendre le temps de découvrir la qualité extrême de ces pièces pour la plupart d'origine française. Également, statuaire de bois polychrome : *Madone de la Miséricorde* (XIVᵉ s), art de l'Ombrie.

– **Salle Carrand :** elle rassemble la collection éclectique d'un riche donateur. Petites peintures flamandes du XVᵉ s, dont de remarquables miniatures de Koffermans rappelant un peu les créatures fantastiques de Jérôme Bosch. Sinon, bel éventail de bijoux, émaux, merveilles de l'art limousin, serrures et marteaux de porte ouvragés, ou encore cette *Annonciation* et *Présentation au Temple* du maître de la légende de sainte Catherine, les *Grotesques* d'Alessandro Allori et des objets religieux. Avant de quitter la salle, profitez-en pour jeter un coup d'œil aux fresques admirables de l'ancienne chapelle.

– **Salle de la céramique polychrome et des beaux objets,** dite aussi *salle islamique* : olifant en ivoire sicilien du XIᵉ s, tapis et tissus anciens, casques turcs du XVᵉ s. Lever la tête pour découvrir le plafond à caissons.

– **Salle des sculptures :** c'est, avec la salle dédiée à Michel-Ange, le must du Bargello : superbe volume pour les œuvres majeures de Donatello en particulier, dont le célèbre *David,* en bronze, le *David* en marbre (une œuvre de jeunesse) et l'original du *Saint Georges* d'Orsanmichele avec son fameux bas-relief où saint Georges délivre la princesse et terrasse le dragon. Les panneaux de bronze qui servirent au concours pour les portes du baptistère, par Ghiberti et Brunelleschi : la vivacité et la qualité de la mise en scène de Ghiberti sautent aux yeux, le *Sacrifice d'Isaac* de Brunelleschi est moins vivant, plus rigide... Magnifiques coffres peints. Dans cette salle également, les sculptures des Florentins de la première moitié du *Quattrocento* valent le détour (Michelozzo, Della Robbia, Agostino di Duccio...). Et de belles sculptures siennoises, par Vecchietta notamment.

– **Loggia :** nombre d'œuvres du bestiaire à plumes de Giambologna et le *Jason* de Pietro Francavilla, d'une grande finesse. Dans les salles de la verrerie et de la céramique : *Madone à l'Enfant* de Sansovino. Intéressante série de faïences de Castelli du XVIᵉ s, avec des bleus remarquables.

– **Salle du Trecento :** art florentin des XIIIᵉ et XIVᵉ s. Surtout Tino de Camaino, dont on remarquera *La Vierge et l'Enfant* (au torticolis). Également des œuvres de Simone di Francesco Talenti.

Deuxième étage

– **Salle de Luca et Andrea della Robbia,** ainsi que **de Buglioni,** qui furent les grands représentants de la terre cuite émaillée. Explosion de couleurs et de charme !

– Splendide **salle d'armes** *(fermée l'ap-m) :* selles en os et ivoire ciselés, mousquets et arbalètes incrustés de nacre, or et ivoire. Armures, armes perses et turques du XVᵉ au XVIIᵉ s.

– **Salle Verrocchio :** on y admire le superbe *David* de Verrocchio, dont la moue amusée due à la jeunesse le différencie du *David* de Donatello (au premier étage), plus pensif, accomplissant sa tâche sans gloriole. À voir aussi, de Verrocchio, la magnifique et sobre *Dame au bouquet.* Également des œuvres charmantes de Mino de Fiesole, Agostino di Duccio, Benedetto da Maiano...

– **Salle des petits bronzes** *(fermée l'ap-m) :* la présentation est un peu surchargée. On y trouve pourtant de magnifiques bronzes d'artistes célèbres (Jean de Bologne, Pollaiolo...), qui méritent le détour mais dont on ne profite malheureusement pas, car ils sont noyés dans la masse.

– **Salle baroque :** en restauration pour le moment.

¶¶ Piazza di Santa Croce *(plan détachable E4) :* vaste place très caractéristique de la ville, bordée de palais aux élégants encorbellements, et au fond de laquelle s'élève le plus intéressant des édifices religieux de Florence, la *Basilica di Santa Croce.* L'un des palais de cet ensemble remarquable, le *Palazzo dell'Antella,* présente des traces de jolies fresques.

À l'époque médiévale, c'est dans cet espace, alors hors les murs, que les Florentins se rassemblaient pour écouter les prédicateurs franciscains, participer aux fêtes populaires et assister aux différentes joutes princières. On y jouait notamment au fameux *calcio,* jeu de ballon local des plus viril, qui oppose les quatre quartiers d'origine de la cité depuis le XVIe s. Et comme les Transalpins avaient déjà la passion du ballon rond, le siège de Charles Quint en 1530 n'empêcha pas les équipes de s'affronter sous la mitraille !

🍴🍴🍴 🏃 *Basilica di Santa Croce e Museo dell'Opera* (plan détachable E4) : *piazza di Santa Croce, 16.* ☎ 055-246-61-05. *Tlj 9h30 (13h dim et j. fériés)-17h30. Entrée 6 €. Billet combiné avec la casa Buonarroti valable 7 j. : 8,50 €. Audioguide en français : 4 €. Plan en français disponible à l'accueil. Tenue décente obligatoire. Également accès gratuit à la Scuola del Cuoio (l'école du Cuir), fondée par les moines franciscains (voir dans le chapitre « Shopping » la rubrique « Le cuir »).*
On vous conseille de venir de bonne heure si vous voulez rêver un peu... avt l'arrivée massive des touristes en visite organisée. L'église profite actuellement d'un ambitieux programme de restauration, effectué par roulement pour ne pas pénaliser les visiteurs. Par conséquent, certaines œuvres décrites ci-dessous peuvent être momentanément inaccessibles.
Santa Croce fut construite pour l'ordre des franciscains à la fin du XIIIe s, mais la façade en marbre blanc de style néogothique (totalement rajeunie pour le jubilé) date du XIXe s. Santa Croce doit également son immense célébrité aux nombreux personnages illustres qui y sont enterrés et en font un véritable panthéon toscan, voire italien.
À l'intérieur, commencer la visite par le portail principal pour mieux apprécier les volumes. L'église est très large, de style simple et rigoureux, et coiffée d'une magnifique charpente de bois pour se conformer à la tradition des ordres mendiants. Dès l'entrée, l'une des deux statues qui, dit-on, inspirèrent à Bartholdi sa statue de la Liberté de New York. Belle chaire sculptée du XVe s par Benedetto da Maiano. Au sol, nombreuses belles dalles funéraires en marbre, protégées par des cordons du piétinement des visiteurs. Dans le bas-côté droit (face au chœur), on rencontre d'abord le tombeau de Michel-Ange (par Vasari, qui a sculpté le buste de l'artiste à partir de son masque mortuaire), puis le cénotaphe de Dante (il est enterré à Ravenne). On trouve ensuite le tombeau du poète Alfieri (par Canova), celui de Machiavel et celui de Rossini. Le bas-côté gauche abrite pour sa part celui de Galilée (belles fresques du XIVe s autour), de Marconi, l'inventeur de la radio, la pierre funéraire de Lorenzo Ghiberti (auteur des portes du baptistère) et les plaques commémoratives de Raphaël (enterré à Rome) et de Léonard de Vinci (enterré à Amboise). Toujours dans ce bas-côté gauche, un beau monument funéraire de Carlo Marsuppini par Desiderio da Settignano.
– Le transept gauche est réservé à la prière. Au fond du transept, un beau crucifix de Donatello et, dans la chapelle du fond, superbes fresques de Maso di Banco, un élève de Giotto. Également, belles fresques du « giottesque » Bernardo Daddi dans la chapelle juste avant. Enfin, remarquer l'*Assomption* de Giotto et l'intéressant retable en terre cuite émaillée de Giovanni della Robbia (quelle famille !).
Sur l'autel du **chœur principal** : grand polyptyque du XIVe s représentant la Vierge, les saints et les pères de l'Église, immense crucifix peint par le maître de Figline (élève de Giotto, encore un !). Les superbes fresques du chœur, illustrant le cycle de la croix d'après la *Légende dorée* de Jacques de Voragine, par Agnolo Gaddi (fils de Taddeo), sont en restauration.
– Le transept droit : tout de suite à droite du chœur, les célèbres chapelles Bardi et Perruzi, couvertes de fresques de Giotto. Dans la première chapelle, *Scènes de la vie de saint François.* Noter comme les personnages prennent du relief. Sur la voûte, les symboliques de la Pauvreté, la Chasteté et l'Obéissance, vertus qui caractérisent l'ordre franciscain. Dans la chapelle voisine, *Scènes de la vie de saint Jean-Baptiste* (toujours par Giotto).
Au fond, à droite du transept droit, *chapelle Castellani* (scènes de la vie de plusieurs saints par Agnolo Gaddi) *et Baroncelli-Giugni* (fresques superbes de la *Vie*

de la Vierge par Taddeo Gaddi en 1332, un des élèves les plus doués de Giotto). Au fond du transept droit, un couloir mène à la sacristie. Avant d'y entrer, magnifique déposition d'Alessandro Allori. Dans la sacristie, murs décorés de fresques, dont une superbe *Crucifixion* par Taddeo Gaddi et les *Scènes de la vie de la Vierge* par Giovanni da Milano dans la petite chapelle Rinuccini. À côté, l'*école du Cuir* où l'on peut encore voir les artisans travailler. À noter, au fond du couloir de l'école, une délicieuse *Annonciation* à fresque.

Depuis la nef, un autre passage débouche sur un *cloître* du XIVe s flanqué de la fameuse et somptueuse *chapelle des Pazzi*, de style Renaissance, construite par Brunelleschi (l'auteur du dôme de la cathédrale). Intérieur d'une très grande austérité, décoré de médaillons en terre cuite de Luca della Robbia figurant les apôtres et les évangélistes. Élégance, sobriété, force et équilibre, cette chapelle incarne parfaitement le miracle du *Quattrocento* florentin.

À gauche en sortant de la chapelle, un autre *cloître*, dessiné également par Brunelleschi. Enfin, l'ancien réfectoire abrite le **Museo dell'Opera**. On y trouve nombre d'œuvres qui décorèrent autrefois l'église. Dans les salles de gauche, quelques sculptures d'un des plus grands sculpteurs du XIVe s, le Siennois Tino di Camaino. On entre ensuite dans la **salle des vitraux**. Juste en entrant, une superbe *Vierge allaitante* (anonyme – mais quel talent !) et, au fond de la salle, le célèbre triptyque *Baroncelli* de Giotto. Enfin, une grande salle contenant le fameux *Christ en croix* de Cimabue qui, bien que restauré, porte encore les traces de la terrible inondation de 1966. Dans la salle suivante, belle fresque de Domenico Veneziano représentant saint François et saint Jean-Baptiste. Magnifique *Saint Louis de Toulouse* par Donatello. Enfin, au fond, vestiges d'une fresque d'Orcagna évoquant *L'Enfer et le Triomphe de la mort*, et immense *Arbre de vie* et la *Cène* de Taddeo Gaddi.

✗✗ Museo della Fondazione Horne (zoom détachable E4) **:** via dei Benci, 6. ☎ 055-24-46-61. *9h-13h (vente des billets jusqu'à 12h). Fermé dim et j. fériés. Entrée : 6 €. Se munir à l'entrée d'un guide (prêté) détaillant les différents objets exposés, en anglais et en italien slt. Les œuvres sont décrites de haut en bas et de gauche à droite en entrant dans les pièces. Pour vous faciliter la visite, nous vous indiquons les numéros des œuvres que nous avons particulièrement remarquées.* Occupe le petit *Palazzo degli Alberti*, une belle demeure patricienne caractéristique de la première Renaissance florentine, construite au XVe s pour des riches marchands d'étoffes. Ce musée méconnu présente la belle collection d'un esthète londonien installé à Florence, Herbert Percy Horne. L'homme, historien de l'art, eut le bon goût de disposer ses œuvres dans un environnement approprié, en garnissant les appartements de meubles d'époque pour restituer l'atmosphère de la Renaissance. Une reconstitution fidèle qui justifie déjà une visite ! Quant à la collection, elle regroupe de magnifiques peintures, œuvres des meilleurs maîtres italiens.

– Au premier étage, dans la grande salle, remarquer, parmi les œuvres exposées, la petite *Sainte Catherine d'Alexandrie* (n° 51) de Luca Signorelli, une sainte famille siennoise, *La Femme de Loth* (n° 7) de Francesco Furini, de belles petites crucifixions dans l'armoire en verre, le *Saint Jérôme* (n° 31) par Piero di Cosimo et trois saints par Lorenzetti. Dans la petite salle à droite en entrant, magnifique *tondo* (sorte de tableau de forme circulaire généralement placé au plafond) de Beccafumi. À droite dans cette même salle, un magnifique coffre de mariage peint. Dans la petite salle du fond, le superbe *Saint Stéphane* (n° 52) de Giotto, tableau devenu l'emblème du musée (c'est surtout pour lui que la majorité des visiteurs se déplace). On y trouve aussi, entre autres œuvres remarquables, une *Sainte Famille* de Lorenzo di Credi, un buste de Giambologna, un superbe Beccafumi (n° 79) entouré de deux très beaux christs anonymes. Enfin, un beau buste en terre cuite du XVe s.

– Au deuxième étage, dans la petite salle, juste à droite en entrant, des instruments de calcul et des couverts d'époque. Dans la salle de gauche, sur le mur de droite en entrant, *Tobias, Raphaël et Saint Jérôme* de Neri di Bicci et une copie du portrait du duc Federico da Montefeltre (n° 87) par Piero della Francesca (l'original est aux Offices). Dans la salle principale, ne pas rater le petit Christ de Filippo Lippi (caché dans une vitrine d'angle au fond à gauche, avec juste en dessous un petit coffre pour collectionneur de pièces) et l'admirable diptyque de Simone Martini (très belle *Vierge à l'Enfant* sous verre). Toujours de Lippi, *La reine Vasti quittant le Palais* (n° 41), tout à fait admirable. Avant de quitter la maison, tenter de regarder les élégants chapiteaux sculptés de la cour intérieure. Une visite reposante, loin des foules...

🎥 *Casa Vasari (zoom détachable E4) :* borgo Santa Croce, 8. ☎ 055-24-46-61. *Visite le sam sur résa (en collaboration avec la Fondazione Horne).*
À l'occasion des 500 ans de la naissance de Vasari, la ville de Florence a ouvert au public la maison de Vasari où il a vécu jusqu'à sa mort. On ne voit que la grande salle avec ses fresques murales.

🎥 *Casa Buonarroti (plan détachable E4) :* via Ghibellina, 70. ☎ 055-24-17-52. *Tlj sf mar 10h-17h. Fermé dim de Pâques, à Noël et 1er janv. Entrée : 6,50 €. Billet combiné avec Santa Croce : 8,50 €, valable 7 j.* Il s'agit de la maison de Michel-Ange, ou plutôt de celle qu'il avait achetée, car il n'y résida guère. Au XVIIe s, son petit-neveu, Michel-Ange le Jeune, décida de la dédier au génie de son grand-oncle. On y trouve des œuvres de jeunesse de l'artiste, dont la célèbre *Vierge à l'escalier* et la *Bataille des centaures.* La maison expose aussi, par roulement, quelques-uns de ses croquis. À ce propos, Vasari raconte que Michel-Ange, peu avant sa mort, détruisit bon nombre de ses ébauches et brouillons, de peur que la postérité ne découvrît que son geste n'était pas toujours... parfait.

QUARTIER DE SANT'AMBROGIO

La charmante église a donné son nom au quartier et au marché de la piazza Ghiberti. Le *mercato Sant'Ambrogio* en fait saliver plus d'un : saucissons, fromages, fruits, fleurs, viandes, bocaux de légumes séchés sans oublier les poissons (pêchés du jour dans la mer Ligure toute proche). C'est LE rendez-vous des Florentins et des visiteurs gourmands.

Le quartier se transforme à la tombée de la nuit en un lieu branché et festif... allez donc musarder du côté de la piazza Sant'Ambrogio où quelques cafés font l'animation du coin. Et que dire de ces petites adresses, situées à deux pas du centre, qu'on se transmet de bouche à oreille... on y mange divinement bien !

Où dormir ?

Institution religieuse

🏠 *Istituto Oblate dell'Assunzione* (plan détachable E3, **22**) : borgo Pinti, 15. ☎ 055-248-05-82. ● sroblatebor gopinti@virgilio.it ● ♿ Couvre-feu à minuit. Résa indispensable car minuscule. Compter 90 € pour une chambre double avec bains (avec petit déj). Chambres 1-4 pers. CB refusées. Derrière une entrée discrète, un couvent tout à fait recommandable : belles chambres, très propres (salle d'eau impeccable) et équipées du téléphone et d'un poste Internet. Certaines donnent sur un grand jardin intérieur accessible aux résidents. Évidemment, atmosphère très tranquille, à l'inverse de la rue souvent bruyante... Accueil en toute simplicité et gentillesse.

De prix moyens à chic

🏠 *Hotel Bodoni* (plan détachable E3, **16**) : via Martini del Popolo, 27. ☎ 055-24-07-41. ● hotelbodoni.it ● Doubles 71-117 €. 📶 Un de nos meilleurs rapports qualité-prix du quartier. Situé au dernier étage d'un immeuble moderne, on est tout de suite conquis par l'accueil chaleureux du personnel ainsi que par la terrasse (qui se transforme en solarium l'été) avec sa vue magnifique sur la ville. Et pour couronner le tout, un solide petit déjeuner (compris) ! Les chambres sont très simples mais c'est propre et fonctionnel. Un bon plan, vraiment.

🏠 *Hotel Cardinal of Florence* (plan détachable E3, **67**) : borgo Pinti, 5. ☎ 055-234-07-80. ● info@hotelcar dinalofflorence.com ● hotelcardina lofflorence.com ● Doubles à partir de 60 €. Possibilité de parking. 📶 Un hôtel bien situé, au 3e étage, très propre et fonctionnel. Toutes les chambres sont climatisées et certaines bénéficient même de la vue sur le Duomo. Accueil pro et en français.

🏠 *B & B Palazzo Galletti* (plan détachable E3, **73**) : via Sant'Egidio, 12. ☎ 055-390-57-50. ● info@palazzo galletti.it ● palazzogalletti.it ● Doubles 100-170 €, suites 170-230 €. 📶 Une bouteille de vin de leur production offerte sur présentation de ce guide lors du check-out. Situé au 1er étage d'un ancien palais restauré, ce B & B porte le label *Residenza d'Epoca*, avec une dizaine de chambres dont 4 suites (ne pas confondre avec la structure pour étudiants au 3e étage, qui n'a strictement rien à voir). Magnifiquement aménagées, elles mêlent judicieusement modernité et meubles anciens, fresques d'origine (surtout celles des suites *Cerere* et *Giove*), sols en *terracotta*. Aux murs, accrochage de peintures contemporaines. Toutes les chambres bénéficient de la clim et d'un petit balcon donnant sur une cour intérieure paisible. Petit déj servi dans une jolie salle voûtée du XVIe s ! Le petit plus : le délicieux spa au sous-sol du palais (indépendant de l'hôtel mais accessible aux clients) : idéal après avoir arpenté le pavé florentin toute une journée. Accueil dynamique de la pétillante Francesca.

≜ *Firenze Suite* (plan détachable E3, *14*) : *via Nuova de' Caccini, 25 (à l'angle de la via della Pergola).* ☎ 055-20-01-730. ● *info@suite.firenze.it* ● *suite.firenze.it* ● *Doubles 100-140 € selon saison, suite 200 €.* ☏ Un peu de tranquillité et de luxe à prix raisonnable ? L'accueil adorable du jeune couple aura raison de votre choix. Ils ont rénové cet ancien palais pour le rendre cosy et chaleureux. C'est charmant. Les chambres sont immenses, toutes décorées différemment et avec goût ! Pas de salle de petit déj mais on vous l'apporte dans votre chambre. Également deux suites avec petite terrasse et kitchenette qui conviendront aux familles. Une très belle adresse de charme.

Très chic

≜ *The J and J Historic House Hotel* (plan détachable F3, *82*) : *via di Mezzo, 20.* ☎ 055-26-312. ● *info@jandjhotel.net* ● *jandjhotel.net* ● *Doubles 210-280 €, voire plus pour les suites (à partir de 160 € en basse saison). Possibilité de parking sur demande.* Historique, cet hôtel l'est bien, puisqu'il est installé dans un couvent construit au XVIe s. Mais si l'architecture d'ensemble, les quelques fresques d'origine et le cloître intérieur laissent clairement entrevoir ce riche passé, les chambres, elles, n'ont rien de monacal. Plus ou moins vastes (tout est question de prix !) et richement et subtilement meublées, aux éclairages savamment étudiés, elles sont dotées de tout le confort moderne. Certaines bénéficient même d'une terrasse privative et d'un mobilier en fer forgé. Salle du petit déjeuner très jolie avec son plafond en ogive. Ici règne un calme parfait. Accueil en français digne des grandes maisons. Classe assurée ! Une adresse idéale pour convoler...

≜ *Hotel Mona Lisa* (plan détachable E3, *84*) : *borgo Pinti, 27.* ☎ 055-247-97-51. ● *info@monalisa.it* ● *mona lisa.it* ● *Doubles à partir de 160 €.* Ce magnifique hôtel niché dans un beau palais du XVe s conviendra aux clients soucieux de leur confort. Belles chambres douillettes dans un bel écrin de verdure, le tout à une enjambée du Duomo. Un charme discret certain, mais à un certain prix tout de même...

SANT'AMBROGIO

Où manger ?

Marché

I●I *Mercato Sant'Ambrogio* (plan détachable F4) : *piazza Ghiberti. Lun-sam 7h-14h.* Au nord-est de Santa Croce, un quartier animé et plein de charme. Marché populaire très complet, dont les étals débordent largement la petite halle du XIXe s. *Alimentari, frutta, verdura, fiori...* et *tutti quanti !* Plus intime et nettement plus florentin que son grand rival de San Lorenzo. À la sortie, pause *espresso* recommandée à la terrasse du *Cibreo Caffè*.

Supermarché

✺ *Supermercato Conad* (plan détachable E3) : *via Pietrapiana. En face de la poste principale (angle avec la via dei Martiri del Popolo). Tlj 8h-21h (20h le dim).* L'un des plus grands supermarchés du centre de Florence. Pour ne pas trop se ruiner, le rayon traiteur propose un large éventail de charcuteries toscanes, de fromages et d'*antipasti*. Bien pratique pour préparer un pique-nique improvisé. Vous pouvez leur demander de vous les emballer sous vide, ce qui les rend plus facilement transportables.

Sur le pouce

⬢ **Semel** *(plan détachable F3, 213) : piazza Lorenzo Ghiberti, 44 r. Lun-sam 12h-15h. 5 € le panino.* Grand comme un mouchoir de poche, *Semel* met à l'honneur la *Semela,* petit pain rond que Marco accommode de plusieurs façons pour confectionner un sandwich à votre demande. Les plus téméraires avaleront des *panini* aux viandes de sanglier, de cerf ou encore de lapin. Les timides se rabattront sur le *panino* végétarien (pecorino, miel et céleri), sur celui au veau et aux tomates séchées ou encore celui aux anchois marinés. D'autant que, pour les ingrédients, Marco n'a qu'à traverser la rue pour les chercher : ils proviennent du marché Sant'Ambrogio, juste en face.

Bon marché

|●| **Da Rocco** *(plan détachable F4, 108) : sous la halle del mercato Sant'Ambrogio. Ouv jusqu'à 14h30 sf dim. Plat env 4 € ; compter 15 € pour un repas complet. Fermé 15 j. en août.* Une tranche de vie pour le prix d'un plat de pâtes ! Chez ce petit traiteur escorté de quelques tables, les habitués viennent autant pour le spectacle du marché que pour les assiettes bien pleines. Cuisine toute simple de bistrot (lasagne, *panna cotta*), sans tambour ni trompette, mais qui nourrit son homme et dont le menu change tous les jours. Et puis, c'est communautaire... Il manque un ingrédient ? On interpelle l'étalage voisin. Parfait pour tâter l'atmosphère florentine à moindres frais.

⬢ **La Divina Pizza** *(plan détachable E-F4, 241) : via Borgo Allegri, 50 r. ☎ 055-234-74-98. ● divina@ ladivinapizza.it ● Tlj sf dim 11h-23h30.* Un local grand comme un mouchoir de poche et quelques tabourets pour déguster des pizzas déclinées à (presque) l'infini ! Servie *al taglio* ou entière, la pâte à pizza est épaisse grâce à une levure naturelle que Graziano laisse reposer 24h. Les garnitures changent en fonction des saisons (encore un bon point !). Très animée certains soirs (surtout lors de matchs de foot).

⬢ **Acasamia** *(plan détachable F4, 212) : piazza Ghiberti, 5 r. ☎ 055-263-82-23. ● info@pizzaecarboneacasamia. it ● Tlj. Pizza à partir de 4 € (le soir slt).* On vient pour les excellentes pizzas fines et croustillantes, déclinées en quelques dizaines de variétés. Repaire de Florentins avec une salle tout en longueur et de grandes tablées pour sympathiser avec ses voisins. Certes, c'est bruyant, mais que les pizzas sont bonnes ! Également des pizzas à emporter. Le soir, c'est souvent plein comme un œuf, armez-vous de patience. Minuscule terrasse. Service survolté et accueil jovial.

⬢ **Il Pizzaiuolo** *(plan détachable F3, 111) : via dei Macci, 113 r. ☎ 055-29-46-77. ♿ Tlj sf dim et 1 sem en août et période de Noël. Pizzas 6-10 €. 🛜 Café offert sur présentation de ce guide.* Le royaume de la pizza ! Le ton est donné : dialecte local et carte des vins n'alignant que des flacons du sud de la Botte, et on se régale de pizzas à pâte épaisse, façon napolitaine. Service bourru, mais à voir les files d'attente, ce n'est pas vraiment un obstacle à sa popularité.

Prix moyens

|●| **Acquacotta** *(plan détachable E-F3, 119) : via dei Pilastri, 51. ☎ 055-24-29-07. ● acquacottafirenze@gmail. com ● Fermé mar soir et mer. Compter 25-30 € pour un repas.* Ne vous fiez pas aux épais rideaux des vitrines, c'est l'une des meilleures adresses typiques du quartier ! Ce petit restaurant, tenu par des femmes, tient son nom d'une spécialité toscane : l'*acquacotta,* soupe de légumes servie avec du pain grillé et un œuf poché. Dans l'assiette, d'excellents plats élaborés avec des produits locaux de première qualité. Tout est fait maison, même le pain. Conseils avisés et accueil tout en gentillesse.

|●| ⬢ **Ristorante Le Carceri** *(plan détachable F4, 125) : piazza Madonna della Neve, 3. ☎ 055-247-93-27.*

• info@ristorantelecarceri.it • Tlj. Pizzas à partir de 8 € (le soir slt). Dans les anciennes prisons de Florence entièrement réhabilitées se cache une adresse insoupçonnable, celle d'un *ristorante* aux pizzas généreuses et aux pâtes savoureuses, accommodées de mille manières... Service rapide et charmant. Idéal avec des enfants qui peuvent galoper sans danger dans la cour.

De chic à plus chic

l●l *Teatro del Sale* (plan détachable F3, **114**) : via dei Macci, 111 r. ☎ 055-200-14-92. • info@teatrodelsale.com • Fermé dim-lun. Congés : août et 31 déc-6 janv. Résa conseillée le soir. Après s'être acquitté de la carte de membre valable 1 an (5 €), le petit déj (5,50 €), le déj (20 €) et le dîner (30 €) sont déclinés sous forme de buffet (boissons comprises). Le dernier-né de *Cibreo* (le 4e du nom) fait dans le conceptuel. Un ancien garage à motos transformé en une épicerie fine, un resto et une salle de spectacles. Buffet excellent et copieux. L'épicerie aligne une sélection des meilleurs anchois, huiles d'olive ou miels du marché. Tous les soirs, un spectacle (une pièce de théâtre, un concert, des lectures). Attention, il faut impérativement arriver tôt le soir (avant 19h30 pour dîner), car le spectacle commence à 21h30. À partir de cette heure, le buffet n'est plus servi.

l●l *Touch Ristorante* (plan détachable E3, **227**) : via Fiesolana, 18 r. ☎ 055-24-66-150. • info@touchflorence.com • Compter 30 € pour un repas. Voici une adresse originale et surtout très tendance avec un menu interactif à l'aide d'une tablette. Un serveur vient quand même prendre commande (un peu d'humanité quand même !). Une adresse qui s'adresse à des clients adeptes de la cuisine fusion. Jolie présentation des plats, mais on aimerait en avoir un peu plus dans l'assiette. Accueil cordial.

l●l *Trattoria Il Cibreo* (plan détachable F3, **111**) : via dei Macci, 122 r. ☎ 055-234-11-00. • cibreo.fi@tin.it • Fermé dim-lun. Congés : août et 1re sem de janv. Pas de résa : venir tôt ou tard. Env 35 € pour un repas. À ne pas confondre avec le resto du même nom (voir ci-après), beaucoup plus cher. Toutefois, ce bistrot classique estampillé *slow food* bénéficie des mêmes cuisines que son illustre voisin ! Qualité et fraîcheur des produits garanties, pour une cuisine de terroir de bon ton privilégiant les spécialités toscanes. Très bons desserts. Assez cher et service peu aimable qui n'aide malheureusement pas à faire passer la douloureuse.

Très chic

l●l *Ristorante Il Cibreo* (plan détachable F3, **111**) : via Andrea del Verrocchio, 8 r. ☎ 055-234-11-00. • cibreo.fi@tin.it • Fermé dim-lun. Congés : août et 1re sem de janv. Compter env 75 € pour un repas complet (sans le vin). L'un des grands classiques du circuit gastronomique florentin. Tables espacées et meubles anciens en bois vernis confèrent à la salle une atmosphère intime, idéale pour apprécier les spécialités du pays transcendées par le talent du chef. Belle carte des vins, avec quelques incursions parmi les domaines français et même du Nouveau Monde.

SANT'AMBROGIO

Où savourer de bonnes glaces ?
Où déguster une bonne pâtisserie ?

♀ *Gelateria Il Gallo Ghiottone* (plan détachable F4, **167**) : via dei Macci, 75 r. Minuscule boutique, mais excellentes glaces aux parfums classiques. Réputé dans le quartier. D'ailleurs, il n'y a qu'à voir la queue aux beaux jours...

✎ *Dolci e Dolcezze* (plan détachable F4, **170**) : piazza Cesare Beccaria, 8 r. ☎ 055-234-54-58. À l'est du quartier de Sant'Ambrogio. Mar-sam 8h30-19h30, dim 9h-13h. Congés : août. Cette coquette boutique vaut le déplacement à elle seule. Elle figure en bonne place sur le carnet d'adresses des becs sucrés florentins, c'est l'une des meilleures pâtisseries en ville, qui produit d'excellentes tartes au chocolat. Dommage qu'elle soit si excentrée.

Où boire un verre ? Où écouter de la musique ?

Caffetteria dell'Oblate (zoom détachable E3, **185**) : via dell'Oriulo, 26. Mar-sam 9h-minuit et lun 14h-19h. Fermé 1 sem en août. Au 2e étage de la bibliothèque universitaire. Un bon plan qui consiste à siroter un verre sur la terrasse face à la coupole du Duomo. Ambiance jeune, ça va de soi, mais studieuse... tout de même. Attention, souvent privatisé pour des manifestations culturelles.

Caffè Sant'Ambrogio (plan détachable F3, **194**) : piazza Sant' Ambrogio, 7 r. ☎ 055-247-72-77. ● caffesantambrogio@libero.it ● Tranquille dans la journée, on peut se sustenter d'une salade ou d'un plat de pâtes en terrasse. Le soir, après un *aperitivo* de choc, chaude ambiance sur fond de musique trendy. Le flot d'oiseaux de nuit déborde alors sur la mignonne petite place de Sant'Ambrogio... jusque très tard dans la nuit.

Caffè Letterario Le Murate (plan détachable F4, **236**) : piazza delle Murate. ☎ 055-23-46-872. ● caffeletterario@lemurate.it ● Tlj 9h (11h le dim)-1h. Brunch dim et j. fériés 12h-15h. Aperitivo 7,50 € (18h30-21h30). Un café littéraire reconnu qui accueille régulièrement des débats thématiques ou philosophiques ainsi que des émissions radio. Il se transforme aussi en lieu de concerts de music live et bar pour étudiants. Ne pas rater le copieux *aperitivo*... fameux ! La terrasse au milieu de l'ancienne prison est très agréable à l'heure estivale. Accueil jeune et parfois débordé.

Plaz (plan détachable E-F3, **238**) : via pietrapiana, 36/38 r. ☎ 055-24-20-81. Tlj sf dim 8h30-3h. Aperitivo 8 € (18h30-20h30). Cette adresse nous a surtout plu pour son emplacement. Quel bonheur de siroter son apéro à l'ombre des arcades de la piazza Ciompi désormais piétonne ! Petite collation pour dépanner. Concerts de music live de temps en temps.

Cibreo Caffè (plan détachable F3-4, **181**) : via Andrea del Verrocchio, 5 r. ☎ 055-234-58-53. Mar-dim 8h-minuit. Congés : août. Autrefois, c'était une pharmacie, d'où le magnifique comptoir en bois. Le reste des boiseries et le plafond à caissons proviennent d'églises. Une réussite esthétique qui confère à ce tout petit café beaucoup de chaleur, d'autant que l'endroit est généralement bondé... mais la terrasse en saison permet de doubler sa superficie ! Pour boire un verre ou picorer parmi les mets délicats des cuisines du *Cibreo* (attention, presque aussi cher que le *Ristorante*).

Jazz Club (plan détachable E3, **196**) : via Nuova de' Caccini, 3 r (à l'angle du borgo Pinti). ☎ 055-247-97-00. ● casinomarchese@hotmail.com ● Tlj sf dim 21h30-1h30 ; concert vers 22h30. Entrée : 10 € (prix de la carte de membre valable 1 an). Cette adresse bien cachée, à l'abri des regards, en sous-sol, réunit dans sa petite salle conviviale tous les amateurs de jazz du canton depuis une vingtaine d'années. Concerts de bonne tenue tous les soirs, *jam session* le mardi.

Rex (plan détachable E3, **197**) : via Fiesolana, 23-25 r. ☎ 055-248-03-31. ● info@rexcafe.it ● Tlj 18h-3h. Un feu d'artifice de couleurs vives, reflétées par des mosaïques de verre ou de céramique, le tout rythmé de luminaires design. Très *bohemian chic* tout ça ! Bons cocktails qui délient les langues d'une clientèle jeune, bruyante et cosmopolite. Plantureux *aperitivo*. Concerts certains soirs.

À voir

Sinagoga e Museo di Storia e Arte Ebraici (synagogue et musée d'Histoire et d'Art hébraïques ; plan détachable F3) : via Luigi-Carlo Farini, 6.

SANT'AMBROGIO

☎ *055-234-66-54. Dim-jeu 10h-17h30 (ven 15h). Fermé sam et jours fériés. Entrée : 6,50 €.* C'est la plus grande synagogue d'Italie et l'une des plus belles, construite à la fin du XIXe s dans une sorte de style mozarabe, avec des lignes élégantes. Belle façade où alternent marbres blanc, rose et rouge (que l'on retrouve au sol à l'intérieur), surmontée d'un dôme de couleur verte, le cuivre d'origine ayant viré de couleur, qui tranche bien sur l'ensemble. L'intérieur entièrement peint, avec une coupole superbe, rappelle les formes et les volumes byzantins. Un guide pourra vous expliquer (gratuitement) les traditions hébraïques, avec pièces à l'appui, dans le petit musée à l'étage.

🦌 ***Chiesa Sant'Ambrogio*** *(plan détachable F3) : piazza Sant'Ambrogio.* Un des plus anciens sites de la ville, situé à deux pas du marché Sant'Ambrogio. Un premier édifice remonterait au VIIe s, érigé à la place d'une chapelle d'un ancien couvent. Plusieurs fois reconstruite à partir du XVe s, l'église a sa forme définitive depuis la fin du XIXe s. Sa façade, elle aussi maintes fois remaniée, ne présente pas grand intérêt. Les fidèles sont particulièrement attachés à cette église : un miracle sauva la ville de la peste de 1340 grâce à un mystérieux calice rempli de sang séché. À l'intérieur, elle se présente sous une forme rectangulaire, avec une seule nef. Dans la ***chapelle du Miracle,*** beau tabernacle en marbre réalisé par le sculpteur Mino da Fiesole, qui repose ici, ainsi que Verrocchio, un des maîtres de Léonard de Vinci. Dans cette même chapelle, superbe fresque de Cosimo Rosseli qui retrace le miracle du calice.

QUARTIER DE SAN MARCO

C'est un quartier à la fois central et tranquille, loin du brouhaha du centre tout proche. C'est aussi ici que se nichent quelques merveilles de l'art toscan. On découvre avec ravissement le couvent de San Marco et ses fresques merveilleuses de Fra Angelico, on se presse à l'*Accademia* pour le sculptural *David* de Michel-Ange et admirer sa plastique parfaite. Également un petit bijou : le *Palazzo Medici Riccardi* qui renferme deux trésors, la fresque du *Cortège des Rois Mages* de Gozzoli et la *Vierge à l'Enfant* de Lippi. Et puis, surtout, promenez-vous le nez en l'air, vous tomberez forcément sous le charme d'un détail architectural, d'une statue antique, d'un palais décrépi d'une riche famille florentine. Un quartier qu'on apprend à connaître... et où l'on revient... forcément !

Où dormir ?

Camping et auberge de jeunesse

⚐ 🛏 *Ostello della gioventù Villa Camerata* (hors plan détachable par G1) : viale Augusto Righi, 4. ☎ 055-60-14-51. ● hihostels.com ● Bus n° 17 (direction Coverciano) depuis la gare de S. M. Novella ou la place du Duomo (l'auberge est à 4 km au nord-est). 7h-minuit (couvre-feu négociable pour les petits groupes). Chambres fermées 10h-14h. Résa indispensable et carte des AJ requise (ou prévoir un petit supplément). Compter 20 € en dortoir 4-10 lits ; 35 € pour une double, petit déj compris. Pour le camping, compter 25 € pour 2 avec tente et voiture. Douches chaudes gratuites. CB refusées. 🖥 La plus grande auberge de jeunesse de la ville, avec près de 350 places. Excentrée mais située dans un immense jardin à l'italienne planté d'espèces rares et de quelques vignes. Le bâtiment vaut le détour à lui tout seul avec sa façade ocre du XVe s et son vaste portique... Beaucoup de charme, même si les dortoirs se révèlent sans surprise et d'une simplicité toute fonctionnelle. C'est aussi un camping convivial tout simple.

Sanitaires communs propres. Laverie, cafétéria et projection quotidienne de films... en anglais.

Bon marché

🛏 *Ostello Gallo d'Oro* (plan détachable E1, 25) : via Cavour, 104. ☎ 055-552-29-64. ● info@ostellogallodoro.com ● ostellogallodoro.com ● Au 1er étage. Lit env 30 € en dortoir ; doubles avec douche et w-c 55-85 €. 🖥 📶 Apéro maison offert sur présentation de ce guide. Petite structure conviviale parfaitement tenue. Des chambres avec moquette et sanitaires propres, une salle à manger où l'on peut se préparer quelques petits plats. L'esprit d'une auberge de jeunesse, mais le confort d'un petit hôtel ! En été, apéro festif 4 fois par semaine sur la terrasse ou le salon de l'auberge. Sans doute l'un des meilleurs rapports qualité-prix du centre-ville, à une vingtaine de minutes à pied du Duomo.

Prix moyens

🛏 *B & B Il Giglio d'Oro* (hors plan détachable par G1, 65) : via Pacinotti,

11. ☎ 055-011-27-39 ou 🖂 347-484-30-98. ● info@ilgigliodoro.eu ● ilgigliodoro.eu ● Au nord-est du centre-ville. Doubles 70-130 € selon saison. 🛜 Un havre de tranquillité joliment arrangé par Edo et Célia. Petit jardin d'intérieur où il fait bon prendre son petit déj aux beaux jours ou se reposer après une journée de visite (les chaises longues sont si tentantes, ma foi !). Bonne literie et déco cosy (boutis, carrelage d'époque, rocking-chairs). C'est propre, et l'accueil des proprios saura rendre votre séjour agréable. B & B excentré certes mais très agréable.

🏨 **Hotel Europa** (plan détachable D2, **61**) : via Cavour, 14. ☎ 055-239-67-15. ● firenze@webhoteleuropa.com ● webhoteleuropa.com ● En face de l'office de tourisme. Doubles 80-160 € selon confort et saison, suites 100-150 € selon période. Parking payant (cher). 🖥 L'Hotel Europa cumule le deux en un ! Au 2e étage, des chambres récentes joliment décorées et donnant, pour la plupart, sur de charmants petits jardins verdoyants à l'arrière. Certaines sont pourvues de terrasse privative avec vue sur le Duomo. Au 1er étage, les suites dans la grande tradition florentine : hauts plafonds, tentures, portes épaisses, meubles peints, peintures à fresque du XVIIIe s... le tout donnant sur un jardin intérieur et le Duomo. Jolie salle de lecture. Une bien belle adresse, calme et centrale. Pour la petite anecdote, elle était aussi, il y a bien longtemps, la demeure du compositeur Franz Liszt...

De prix moyens à plus chic

🏨 **Residenza Johlea** (plan détachable E1, **36**) : via San Gallo, 76. Pas très loin de la piazza della Libertà. ☎ 055-463-32-92 (préciser le nom de l'hôtel, car 4 autres hôtels font partie du même groupe). ● johlea@johanna.it ● johanna.it ● Réception 8h30-20h. Doubles 90-120 €. Cette adresse intime a tout de la chambre d'hôtes : intérieur cossu, déco raffinée et atmosphère chaleureuse. Petits gâteaux et thé servis à toute heure de la journée. Un des meilleurs rapports qualité-prix et un

accueil des plus charmant complètent ce tableau idyllique.

🏨 **Antica Dimora Johlea** (plan détachable E1, **36**) : via San Gallo, 80. ☎ 055-463-32-92. ● anticajohlea@johanna.it ● johanna.it ● Superbes doubles 100-180 €. 🖥 🛜 Gérée par le même propriétaire que la précédente adresse, mais avec des chambres d'une gamme supérieure. Au dernier étage d'un palais du XIXe s, cette délicieuse demeure florentine offre de belles chambres avec de beaux espaces, dont certaines avec lit à baldaquin. Le privilège de cette adresse : la très jolie terrasse sur le toit où l'on peut prendre le petit déjeuner en profitant de la vue sur la coupole du Duomo. L'ambiance cosy et l'accueil affable incitent à y revenir. Excellent rapport qualité-prix.

🏨 **Antica Dimora Firenze** (plan détachable D-E1-2, **37**) : via San Gallo, 72. ☎ 055-462-72-96. ● info@anticadimorafirenze.it ● johanna.it ● Chambres 90-160 €. 🖥 🛜 Même direction que les 2 précédentes adresses et autant de charme. Avec ses lits à baldaquin et ses meubles de style, cette adresse discrète promet à ses hôtes un séjour de charme à la florentine. Rien n'est laissé au hasard, à l'image du thé servi dans le petit salon au retour d'une promenade. Luxe, calme et volupté...

🏨 **Mr My Resort** (plan détachable D1, **59**) : via delle Ruote, 14 a. ☎ 055-28-39-55. ● info@mrflorence.it ● mrflorence.it ● Doubles 80-140 € selon saison. 🖥 🛜 Un repaire pour les adeptes du confort et du chic. Les 5 chambres sont toutes aussi mignonnes les unes que les autres (avec une petite préférence pour « Il Chiostro » avec son petit bout de terrasse). Tout a été pensé par Giuseppe et Cristina, les maîtres des lieux. Le top : le spa au sous-sol. Idéal pour découvrir Florence à deux. Les proprios ont aussi le Relais Grand Tour (voir plus loin « Quartier de San Lorenzo. Où dormir ? Très chic »). Les petits déjeuners (compris) se prennent au bar Nabucco, tout à côté. Une adresse pour amoureux exclusivement !

🏨 **Hotel Royal** (plan détachable D1, **41**) : via delle Ruote, 50-54. ☎ 055-48-32-87. ● info@hotelroyalfirenze.it ● hotelroyalfirenze.com ● Doubles

160-250 €. Parking. 🖵 Un véritable havre de paix non loin du bouillonnant quartier de la gare. Cet îlot résidentiel réjouira les amateurs de calme et de tranquillité. Magnifique endroit où le temps semble s'être arrêté. Jardin séculaire où la piscine vous attend et les chaises longues vous tendent les bras. Les chambres confortables et spacieuses ont été décorées avec goût et respect de la tradition toscane. Accueil élégant et professionnel.

Très chic

🏨 *Hotel California (plan détachable D3, 72) :* via Ricasoli, 28-30. ☎ 055-28-27-53 ou 055-28-34-99.

● *hotelcalifornia@inwind.it* ● *california-florence.it* ● 🕊 *À partir de 100 €* (mais ça grimpe très vite en hte saison !) selon confort et saison, petit déj-buffet inclus. *Possibilité de parking payant (23-35 €/24h).* 🖵 📶 *Apéritif offert et remise de 10 % sur présentation de ce guide non cumulable avec d'autres offres.* Un hôtel aux parties communes très « Renaissance » avec fresques, bas-reliefs et tutti quanti ! Les chambres, même si elles sont coquettes (certaines disposent même d'un jacuzzi et ont un balcon avec vue sur le dôme du Duomo – les nos 122 et 123), n'ont pas le lustre des parties communes. La cerise sur le gâteau, c'est sans conteste la terrasse très calme dissimulée parmi les toits, idéale pour le petit déj.

Où manger ?

Sur le pouce

🥖 *Pugi (plan détachable D-E2, 214) :* piazza San Marco, 9 b. ☎ 055-28-09-81. ● *info@focacceria-pugi.it* ● 🕊 Lun-sam 7h45-20h. Congés : 3 sem en août. 📶 Cette institution florentine a pignon sur rue depuis 1925. Les *focaccie* sont délicieuses et les parts de *pizze* déclinées en une vingtaine de variétés régalent les habitués depuis des générations. Les ingrédients varient selon les saisons, c'est plutôt bon signe. Le midi, il faudra pousser du coude pour dégotter un bout de table. Spécialité : le *Pugine,* pain à base de fruits secs et d'abricots. Accueil enjoué et service rapide. Autres adresses : via San Gallo, 62 r, et viale de' Amicis, 49 r.

Bon marché

🍴 *La Mescita (plan détachable E2, 104) :* via degli Alfani, 70 r. ☎ 333-650-02-73. Lun-sam 11h-17h. Fermé 3 sem en août. Plat env 16 €. CB refusées. Minuscule débit de boissons à l'ancienne (depuis 1927 !) laissé dans son jus avec du carrelage aux murs et quelques tables en bois. Idéal pour se sustenter d'une petite restauration ou du plat toscan du jour (tripes le lundi, *lampredotto* le mardi, *porchetta* le

mercredi, etc.), et surtout, pour boire un petit coup ! L'endroit est vite envahi par les nombreux étudiants des facs voisines, il faut savoir jouer des coudes ! Accueil convivial des patrons.

🍴 *Trattoria Tibero (plan détachable D1, 226) :* via delle Ruote, 26. ☎ 055-384-12-66. Tlj sf dim. Plat du jour 8 € ; plat de pâtes 7 € le midi slt. Une *trattoria* qui plaît beaucoup à ceux qui travaillent dans le quartier. Jolie terrasse abritée à l'abri des regards où il fait bon se relaxer en avalant le menu du jour. Cuisine typique où on retrouve toutes les spécialités toscanes. Le soir, c'est nettement plus cher. Service agréable et attentif.

🍴 *Il Vegetariano (plan détachable D1, 92) :* via delle Ruote, 30 r. ☎ 055-47-50-30. ● *ilvegetariano@gmail.com* ● 🕊 À 2 mn de la piazza dell'Indipendenza, en remontant la via San Zanobi. Mar-ven midi et soir, sam-dim le soir slt. Congés : août. Carte env 15-20 €. CB refusées. Café offert sur présentation de ce guide. Une fois passé les vitraux, on découvre une petite salle façon bistrot, qui donne dans une salle conviviale avec tables en bois, vitrines chargées de bocaux remplis d'épices, grosses poutres en bois et fresque sur l'un des murs, le tout débouchant dans une petite cour ombragée, charmante dès le printemps venu. Sur le tableau noir, les plats du jour : tartes aux légumes, couscous végétariens, pâtes, aubergines farcies, soufflés, quiches, soupes traditionnelles... Très bon pain et savoureuses pâtisseries. Sans aucun doute, le meilleur végétarien de la ville !

Bar à vins *(enoteca)*

🍷 ✺ **Fratelli Zanobini** *(plan détachable C-D2, 141)* : via Sant'Antonino, 47 r. ☎ 055-239-68-50. Tlj sf dim 8h-14h, 15h30-20h. Caviste réputé, avec un petit comptoir pour les dégustations, usé par des générations de connaisseurs. C'est d'ailleurs un des plus anciens magasins de la ville, avec 3 000 étiquettes (en comptant les mousseux, les spiritueux et les vins français !). Vous y trouverez à coup sûr les crus que vous avez goûtés au restaurant et que vous souhaitez rapporter chez vous. Bons conseils. On s'y désaltère, mais pour caler une petite faim, il faudra repasser !

Où savourer de bonnes glaces ?

🍦 **Gelateria Carabe** *(plan détachable D2, 162)* : via Ricasoli, 60 r. ☎ 055-28-94-76. Tlj sf lun 10h-1h. Réputée pour ses *granite* absolument délicieuses, vous n'aurez que l'embarras du choix des parfums : kiwi, figue, melon, pêche... (ce sont des fruits frais, bien sûr). Tout est fait maison, sans oublier les glaces tout aussi excellentes et la spécialité : le *cannolo siciliano*. Petite adresse très prisée des autochtones. Une valeur sûre.

🍦 **Le Parigine** *(plan détachable D3, 174)* : via dei Servi, 41 r. ☎ 055-239-84-70. Tlj 11h-23h. Une bien étrange association que l'imposante vache à l'entrée et le nom de l'enseigne... Il paraît que *Les Parisiennes* est une spécialité de biscuit fourré de crème glacée, l'ancêtre de la gaufrette en quelque sorte... Pour ceux qui préfèrent les glaces classiques, pas de crainte, il suffit de piocher parmi les fruits de saison et les parfums naturels (chocolat, pistache, vanille).

Où boire un verre en écoutant de la musique ?

🍷 🎵 **Kitsch 2** *(plan détachable D2, 203)* : via Antonio Gramsci, 1. ☎ 055-234-38-90. ● info@kitsch.it ● Tlj 18h30-23h. Aperitivo 8,50 €. Enfin un endroit animé dans un quartier plutôt calme. Serveurs dynamiques, programmation de concerts de musique, une clientèle jeune et active... on retrouve ici tous les bons ingrédients pour passer une excellente soirée. À commencer par le planteureux buffet de l'*aperitivo* (vraiment excellent), où la jeunesse florentine et quelques touristes égarés se pressent...

SAN MARCO

À voir

🎨🎨🎨 **Palazzo Medici Riccardi** *(plan détachable D3)* : via Cavour, 3. ☎ 055-276-03-40. Tlj sf mer 8h30-19h. Entrée : 7 € ; réduc. Attention, visite de la chapelle par groupe de 7 pers max, pour une durée de 10 mn.
Aujourd'hui palais provincial, voué à un rôle administratif, cet édifice construit pour les Médicis au XVe s (puis vendu aux Riccardi) abrite une splendeur méconnue, la fresque du **Cortège des Rois mages** par Benozzo Gozzoli, cachée à l'étage dans la chapelle comme pour se protéger des regards extérieurs. Joyau de la peinture italienne réalisé à partir de 1459, cette composition éclatante de couleurs illustre le cheminement des Rois mages vers la grotte de Bethléem ; elle subit dès la fin du XVIIe s une première altération : vous remarquerez le décrochement du mur ouest, qui coupe les fresques de Balthazar et Melchior.

Cosme l'Ancien a choisi ce thème parce qu'il parrainait la confrérie des Mages, lesquels symbolisaient à l'époque « les parfaits vassaux du Grand Roi », c'est-à-dire de Dieu. Ils étaient également vénérés comme saints patrons des rois et des chevaliers : se placer sous leur protection n'était donc pas un acte anodin... D'autant moins que l'une des curiosités de la fresque, outre sa beauté, est de reprendre la symbolique des trois âges des rois, qui se lit le dos tourné à l'autel : sur votre gauche, Gaspar, le mage enfant ; face à l'autel, Balthazar, le mage adulte, et sur votre droite, Melchior, le vieux mage. Ces âges rappellent aussi l'histoire de la famille de Médicis : on reconnaît dans la suite de Gaspar les portraits de Piero et Carlo, fils de Cosme, mais aussi Cosme lui-même âgé, ainsi que le très jeune Lorenzo (futur Laurent le Magnifique)... L'artiste s'est également plu à faire figurer des Florentins contemporains du commanditaire dans la procession : noter la finesse et la précision de ces visages, comparés au modelé beaucoup plus classique (mais tout aussi délicat) des visages des anges en adoration, représentés sur les murs de l'abside. Les détails fourmillent, mais pour en savoir plus, un ingénieux système vidéo (le système *Point At*) installé au rez-de-chaussée livre tous les secrets de cette œuvre remarquable. Il s'agit pour le visiteur de choisir la langue désirée et ensuite de pointer le doigt sur la représentation des fresques de la chapelle des Mages. On choisit le personnage désiré et on écoute le commentaire (clair et explicatif) sur l'interprétation dudit personnage.

À voir également, au deuxième étage du palais, la très délicate *Vierge à l'Enfant* de Filippo Lippi. Passer derrière le tableau, la tête d'homme dessinée à l'arrière est également attribuée à Lippi. Mais aussi : la salle des Quatre Saisons, tendue de tapisseries, où se réunit le Conseil provincial. Ensuite, la galerie baroque décorée avec l'*Apothéose des Médicis* par Luca Giordano, un chef-d'œuvre qui fourmille de détails et de scènes mythologiques. Admirer également les glaces peintes ornées de *putti* (angelots) et la bibliothèque *Riccardiana* (qui abrite de belles boiseries et qui est toujours en activité).

✹✹✹ *Galleria dell'Accademia* (galerie de l'Académie ; plan détachable D-E2) : via Ricasoli, 60. ☎ 055-29-48-83. *Au nord du Duomo. Tlj sf lun 8h15-18h50. Fermé 1ᵉʳ janv, 1ᵉʳ mai et 25 déc. Résa conseillée (+ 4 €). Entrée : 11 € (6,50 € si expos temporaires ; réduc. Loc d'audioguide en français : 5,50 € (8 € les 2).*
L'un des incontournables du circuit artistique florentin. Dans la première salle, qui présente au centre une copie en plâtre de l'*Enlèvement d'une Sabine* de Jean de Bologne (visible dans la Loggia de la piazza della Signoria), l'éclairage est franchement décevant, mais on y découvre de superbes peintures.
Sur le mur de droite, en entrant dans la première salle, deux grands tableaux du Pérugin, une *Assomption* et une *Descente de la Croix*, un touchant diptyque de Lippi représentant Marie-Madeleine et saint Jean-Baptiste vieillissants, et deux beaux prophètes de Fra Bartolomeo. Sur le mur du fond, un grand tableau de Giovanni Antonio Sogliani avec des *Dottore* de l'Église discutant pour savoir si la Vierge est exempte du péché originel. Également un magnifique *tondo* représentant une *Vierge à l'Enfant* par Franciabigio. Des toiles florentines du XVᵉ s. Sur le mur d'entrée (il faut se retourner donc), deux tableaux attribués à Botticelli tout à fait charmants (*Madone de la mer* et *Vierge à l'Enfant et saints*) et deux *Annonciation* intéressantes par le Pérugin et Bicci. Et si vous aimez la musique pousser jusqu'à la salle à l'extrême gauche, il s'agit du petit *museo degli Instrumenti Musicali* avec des violoncelles, violons ainsi qu'un piano d'Anton Gabbiani. Ici est rassemblée toute la collection lorraine, grande influence musicale à Florence après la fin de la dynastie Médicis. Un peu partout des écrans tactiles pour vous sensibiliser à la musique. Puis revenez sur vos pas et vous entrez alors dans la salle abritant des œuvres majeures de Michel-Ange. Ne ratez pas les statues inachevées des *Captifs* ou *Esclaves*, où l'on décèle déjà dans ces visages à peine dégrossis l'angoisse et la rage, et une belle *Pietà* où le Christ est très touchant dans la mort. Juste avant le *David*, à gauche, se trouve la *Vénus et l'Amour* de Pontormo (vers 1532), peint sur un dessin préparatoire de Michel-Ange.

Mais, bien sûr, le célèbre *David* reste l'œuvre-phare qui justifie les longues heures d'attente. Ce formidable athlète de 5,5 t et de 5,17 m de haut subjugue le visiteur par l'intensité de son regard et ses proportions apparemment parfaites. En réalité, Michel-Ange s'est permis des libertés avec l'anatomie réelle afin, et c'est là tout le paradoxe, de mieux rendre compte de la réalité : regarder les mains, énormes mais pourtant parfaites... C'est d'ailleurs en partie l'essence même du mouvement maniériste qui reproduisit sans fin les postures en partie inventées par Michel-Ange (notamment à la chapelle Sixtine du Vatican).

Regarder le réalisme des dessins de la peau : on distingue même les veines sur les pieds. On ne peut résister à vous encourager à tourner autour de ce *David* pour voir ses fesses ! Il ornait autrefois la piazza della Signoria jusqu'en 1873, où il est aujourd'hui remplacé par une copie. Avec *Judith et Holopherne* de Dona-tello, le *David* symbolisait le combat perpétuel contre la tyrannie et pour la liberté, combat que la petite cité-État de Florence mena à de nombreuses reprises. Mais ce *David*-là, avec son air calme et détendu (il n'a pas, comme souvent, le pied posé, triomphant, sur la tête coupée de Goliath), montre plus encore la victoire de l'intelligence sur la brutalité.

À droite du *David,* des tableaux maniéristes avec *Allegoria della Fortezza* de Maso da San Friano. À gauche du *David,* on a surtout aimé la *Déposition* du Bronzino et celle de Pieri.

Au fond, la salle des statues de plâtre du XIXᵉ s, destinées à l'étude (d'où les nombreux trous pour le calcul des lignes et perspectives). Attention, on ne peut plus y rentrer mais elle est seulement visible de l'entrée de la salle entravée par un cordon de sécurité.

On passe alors dans trois salles dédiées aux primitifs (fin XIIᵉ-début XIVᵉ s) : dans la salle du *Duecento*, un *Arbre de Vie* de Buonaguida, dont il faut s'approcher pour admirer tous les détails, ainsi qu'une *Crucifixion* d'un peintre florentin où la position du Christ est inhabituelle ; dans la salle des disciples de Giotto, quelques belles pièces de Bernardo Daddi (*Crucifixion* remarquable et le *Couronnement de la Vierge*) et de Taddeo Gaddi (*Histoire du Christ* et *saint François d'Assise*). Enfin, dans la salle Orcagna, admirer un triptyque de la *Trinité* de Nardo di Cione, et le *Couronnement de la Vierge* de Jacopo di Cione ; un triptyque montre la *Vision de saint Bernard* par le maître de la chapelle Rinucini, Matteo di Pacino.

À l'étage, quatre salles. Dans la première, un fabuleux *Christ en pitié* de Giovanni da Milano. Dans la deuxième, un ensemble exceptionnel de tableaux florentins des XIVᵉ et XVᵉ s avec un polyptyque de Giovanni del Biondo *(Annonciation),* tandis qu'un groupe d'œuvres de Lorenzo Monaco, dont un *Crucifix*, un *Christ avec les instruments de la Passion* et une *Annonciation,* peuvent être vues dans la troisième salle. La dernière abrite, entre autres, des peintures en provenance du tabernacle du couvent de Santa Lucia.

🎥🎥🎥 🕴 *Museo di San Marco* (plan détachable D-E2) : piazza San Marco, 1. ☎ 055-238-86-08. Lun-ven 8h15-13h50 (16h50 w-e et j. fériés). Fermé 1ᵉʳ, 3ᵉ et 5ᵉ dim et les 2ᵉ et 4ᵉ lun de chaque mois. Entrée : 4 € (7 € avec l'expo temporaire).

Fra Angelico, de son vrai nom Guidolino di Pietro, commença à peindre au couvent de San Marco vers 1440, sur la demande de Cosme de Médicis. Ce moine utilisait son art pour traduire sa foi, à l'abri du monde extérieur. Il en résulte une œuvre plutôt sobre mais pleine de lumière et de béatitude, dont il retirera d'ailleurs le surnom de Beato Angelico. Ses anges en particulier sont remarquables par leur légèreté. Le pape Jean-Paul II l'a canonisé en 1984 : il est ainsi devenu le saint patron des artistes.

On y trouve la majeure partie des œuvres de Fra Angelico, ce moine qui exé-cuta des fresques dans tout le monastère pour exprimer son amour de Dieu. Il s'agit en fait d'un ancien couvent dominicain du XIIIᵉ s, reconstruit en 1438 sur décision de Cosme l'Ancien. Celui-ci en confia l'architecture à Michelozzo (voir notamment la bibliothèque au premier étage), qui travailla en si étroite collabo-ration avec Fra Angelico que, à peine les murs construits, le peintre commença les fresques. On en compte à peu près une centaine. Outre Fra Angelico, Savonarole, saint Antonin et Fra Bartolomeo y résidèrent.

C'est une de nos visites préférées à Florence car on y rencontre assez peu de touristes par rapport au centre-ville tout proche.

On accède d'abord au cloître du couvent, décoré de fresques des XVIe et XVIIe s. De là, on visite les différentes salles :

– On commence à droite par *l'Hospice des pèlerins* : une profusion de chefs-d'œuvre de Fra Angelico, un régal pour les yeux ! Très belle *Déposition,* dégageant une grande sérénité (en contraste d'ailleurs avec l'événement). Équilibre de la composition, douceur des tons, extrême finesse de la chevelure de Marie-Madeleine. L'homme au bonnet bleu, à gauche de Jésus, n'est autre que Michelozzo, l'architecte du couvent. Dans *Le Jugement dernier,* on découvre plutôt un manichéisme sublime : à gauche, les anges font la ronde dans un délicieux jardin nimbé de lumière, où les bons se congratulent, tandis qu'à droite les méchants mijotent dans des chaudrons (certains en sont même réduits à avaler des crapauds et des scorpions).

Nombreux et somptueux retables. Un remarquable cycle sur le thème de la vie du Christ. Ravissant petit *Couronnement de la Vierge* pour le tabernacle de Santa Maria Novella. Sur celui de Linaioli (1433), *Adoration des Mages* et *Martyre de saint Marc.*

– *Le Grand Réfectoire* (à droite) et *la salle de Fra Bartolomeo* (à gauche). Dans le Grand Réfectoire, au fond, *Cène miraculeuse de saint Dominique* par Sogliani (XVIe s) et, sur les murs, des peintures inégales. Noter la *Déposition* de Suor Plautilla Nelli (regarder également le réalisme des yeux rougis !) et *Vierge trônant et saints* et *Vierge à l'Enfant* par Fra Paolino.

Dans la salle de gauche, uniquement des œuvres de Fra Bartolomeo, disciple de Savonarole, d'un classicisme qui influencera Raphaël, *Visages* et *Madone et Enfant avec sainte Anne* (œuvre inachevée).

– *La salle du Chapitre :* superbe *Crucifixion,* où Fra Angelico a réussi à exprimer l'idée d'expiation et de rédemption.

– En allant vers le Petit Réfectoire et l'escalier qui monte au premier étage, quelques belles toiles caravagesques.

– *Le Petit Réfectoire (Cenacolo) : Cène* exécutée par Ghirlandaio (en face de la petite librairie). *Pietà* de Luca della Robbia. Dans le corridor des cellules, petite expo lapidaire et plusieurs consoles en bois.

Premier étage

Toutes les cellules ont été décorées de scènes des Évangiles par Fra Angelico (ou par ses élèves sur un dessin du maître). Peintes de 1437 à 1445, comme s'il y avait représenté aussi son âme. En haut de l'escalier, le premier choc, une très belle *Annonciation* (attention au syndrome de Stendhal !). Commencer par la gauche. Vous entrez dans le premier couloir. Sur la gauche, le must, les cellules peintes de la main du maître (on aime surtout les cellules nos 1, 3, 5, 7, 9 et 10) ; sur la droite, les cellules peintes par ses disciples. Dans quelques cellules, vous pouvez apercevoir, sous le niveau du sol, par des jeux de miroir, des fresques du XIVe s du couvent précédent recouvertes par la construction actuelle de Michelozzo.

Au fond à droite, le couloir des novices, des cellules de moindre intérêt.

En continuant, on trouve les trois pièces utilisées par Savonarole (oratoire, cabinet de travail et cellule). Ce moine, dénonçant les mœurs dissolues des Médicis, réussit à les chasser de la ville. Il instaura un régime tellement dur que le peuple s'insurgea, le pendit, puis le brûla sur la piazza della Signoria. On y trouve de belles petites fresques du XVIe s et, surtout, un tableau illustrant le supplice de Savonarole où l'on peut voir que les seules statues présentes à l'époque devant le Palazzo Vecchio étaient le *Marzocco* (lion assis) et *Judith et Holopherne* de Donatello.

On retourne sur nos pas jusqu'à l'escalier pour voir les cellules de droite dites « du troisième couloir ». Elles sont plus tardives, plus narratives. En particulier, au fond à droite, remarquable *Adoration des Mages* par Benozzo Gozzoli, le plus

talentueux des disciples de Fra Angelico, dans la cellule qu'occupa Cosme de Médicis (noter qu'il bénéficiait d'un duplex...).
Dans la bibliothèque réalisée par Michelozzo, sur la droite, double rangée de colonnes et arcades. Grands psautiers enluminés.

✖ **Chiesa San Marco** (plan détachable D-E2) : *à côté du couvent.* Date du XIIIᵉ s mais fut souvent remaniée. Façade du XVIIIᵉ s. Chœur abondamment couvert de fresques. Jolie mosaïque. Momie de San Antonino Pierozzi, fondateur du couvent (1389-1459), réformateur de l'ordre des dominicains et archevêque de Florence.

✖ **Piazza della Santissima Annunziata** (plan détachable E2) : *à deux pas de San Marco.* Très jolie place dessinée par Brunelleschi. Bordée par le *Spedale degli Innocenti* (hôpital des Innocents) de Brunelleschi avec son élégant portique et les médaillons d'Andrea della Robbia, l'église Santissima Annunziata et la loge des Servites, de l'autre côté de la place par rapport à l'hôpital, réalisées par Antonio da Sangallo et Baccio d'Agnolo. Au centre, la statue de Ferdinand Iᵉʳ de Médicis, œuvre tardive de Jean de Bologne (1608), aidé par Tacca, qui réalisa également les fontaines baroques.

✖✖ **Museo dello Spedale degli Innocenti** (plan détachable E2-3) : *piazza della Santissima Annunziata, 12.* ☎ 055-203-73-08. *Lun-ven 9h-16h, sam 11h-17h. Fermé dim. Entrée : 3 € (slt les jardins, la loggia et la salle Grazzi).* **En travaux jusqu'à fin 2015, début 2016.**
L'hôpital des Innocents est à proprement parler le premier édifice Renaissance de Florence. Construit à partir de 1419 par Brunelleschi, il était destiné à recueillir les enfants abandonnés. En 1421, c'est le premier orphelinat en Europe à ouvrir ses portes. L'architecte y a emprunté à la fois des éléments romans et des éléments antiques. À noter, sur la façade, les médaillons d'Andrea della Robbia (1463) avec leur fameux fond bleu en terre cuite émaillée. Ils représentent de jeunes enfants, pour la plupart. Très belle cour intérieure avec, comme symbole répétitif, une échelle représentant l'hôpital (on retrouve ce signe pour l'hôpital Santa Maria della Scala à Sienne qui s'occupait d'enfants aussi).
Aujourd'hui, cet ancien hôpital se refait un sacré lifting. Trois parcours sont prévus avec, au sous-sol, un travail sur le récit. À l'entrée de l'hôpital, les mamans qui abandonnaient leurs enfants pouvaient les déposer dans une roue entre Marie et Joseph. Quand les mères abandonnaient leurs enfants, elles prenaient soin de couper une moitié de la médaille, (alors accrochée au cou de leur petit) qu'elles gardaient précieusement et l'autre moitié était récupérée par les sœurs autour du cou de l'enfant. La maman, en cas de remords, pouvait récupérer son enfant avec sa moitié facilement reconnaissable. On peut voir dans une vitrine une émouvante série de médaillons. Très touchant. On peut y lire aussi certains témoignages de nourrices. À l'entresol, expo sur l'individualité et quelques réflexions sur l'enfance à l'époque (sur le travail des enfants par exemple). Le musée prévoit également la réfection des terrasses (vue magnifique sur la ville, comme vous vous en doutez !) Bref, ce musée est à visiter, ne serait-ce que pour les œuvres exposées : l'extraordinaire *Adoration des Mages* de Ghirlandaio, qui mit 4 ans à la réaliser (1480-1484) ; les rouges y sont sublimes. À l'arrière-plan, *Le Massacre des innocents* et de ravissants paysages. D'autres œuvres intéressantes, une *Vierge de la miséricorde* du Pontormo et une *Crucifixion* maniériste de Poppi dans un magnifique cadre. Également un *Couronnement de la Vierge* de Lorenzo Monaco, un autre de Neri di Bicci qui réalisa également *L'Annonciation.* Superbe *Vierge à l'Enfant* de Filippo Lippi et Botticelli. Enfin, et surtout, *L'Adoration des Mages,* citée plus haut.

✖✖ **Chiesa Santissima Annunziata** (plan détachable E2) : *piazza della Santissima Annunziata.* ☎ 055-26-61-81. *7h30-12h30, 16h-18h30. Entrée gratuite.*
L'une des plus chères au cœur des Florentins. Œuvre de Michelozzo (qui reconstruisit également le couvent San Marco) en 1441. Ne pas manquer le cloître des vœux qui précède l'entrée dans l'église. Il contient des fresques importantes, certaines en mauvais état, d'un groupe de peintres florentins de la fin du XVᵉ au début du XVIᵉ s ; elles illustrent le travail et le cheminement de l'art pictural entre le

SAN MARCO

sommet du trio Vinci, Michel-Ange, Raphaël et le maniérisme. À gauche de l'entrée se trouvent les fresques de la première époque ; en face, une nativité fin XVe s d'Alesso Baldovinetti, puis une fresque de Cosme Rosselli (également fin XVe s, les autres sont d'Andrea del Sarto, 24 ans à l'époque !).

À gauche également, sous les centaines d'ex-voto, on distingue une *Annonciation* (du XIVe s), dont la légende dit que le visage de la Vierge fut terminé par des anges en 1252. Les fidèles lui vouent encore un culte, tant et si bien que les offices se déroulent souvent en direction de cette dernière et non vers le chœur. À droite, des fresques plus tardives : *Assomption* du Rosso, *Visitation* de Pontormo, *Mariage* de Franciabigio, le reste par Andrea del Sarto. C'est à partir du cloître des vœux qu'on accède au cloître des morts (le plus souvent fermé au public) où se trouvent d'autres fresques qui racontent l'histoire de l'église. Mais une seule est vraiment digne d'intérêt : *La Vierge au sac* d'Andrea del Sarto (qui est d'ailleurs enterré dans cette église, comme Jean de Bologne ou Benvenuto Cellini). À l'intérieur, l'un des décors baroques les plus fous qu'on connaisse. Plafond or et argent outrageusement chargé, décor grandiloquent, fresques.

Au fond de cette chapelle, à droite, un beau christ d'Andrea del Sarto. Les chapelles de la nef et du transept sont inégales. Quelques beaux tableaux et fresques. À noter, un beau christ de Sangallo dans la seconde nef de droite et, dans le transept droit, une puissante *Pietà* de Bandinelli qui s'est représenté dans les traits du vieillard soutenant le Christ. La sacristie et les absides derrière le chœur (qui contiennent quelques belles peintures) sont en général fermées au public.

Le réfectoire de Santa Apollonia peut également se visiter (horaires d'ouverture aléatoires). On peut y admirer de magnifiques fresques et, en particulier, une *Cène* et une *Crucifixion* par Andrea del Castagno, peintre typique du *Quattrocento* florentin (dessin précis, personnages sculpturaux, couleurs acidulées).

🗝 *Museo dell'Opificio delle Pietre dure* (musée de la Manufacture des pierres dures ; plan détachable D-E2) : via degli Alfani, 78. ☎ 055-26-51-11. Lun-sam 8h15-14h. Entrée : 4 €. Le travail des pierres dures *(pietre dure)* est un art d'une grande finesse qui rappelle la marqueterie sur bois. On l'appelle aussi la « mosaïque florentine ». Des pierres semi-précieuses comme l'onyx, l'obsidienne, la cornaline, l'agate ou le porphyre sont découpées, taillées puis incrustées dans des compositions aussi colorées que variées (bouquet de fleurs, nature morte, etc.). Pendant trois siècles, les artisans de l'*Opificio delle Pietre dure* eurent comme objectif de décorer les palais et les églises de Florence, en particulier le caveau des Médicis et la chapelle des Princes de l'église San Lorenzo. À présent, l'atelier est voué à la restauration, ainsi qu'au travail de la marqueterie de bois et de la majolique. Ce petit musée permet d'admirer quelques magnifiques exemples de composition de pierres dures, d'un étonnant réalisme et d'une remarquable finesse. Sur la mezzanine, présentation des outils et des sortes de pierres (ou d'essences pétrifiées) utilisés pour réaliser ces chefs-d'œuvre.

🗝 *Museo archeologico* (plan détachable E2) : piazza della Santissima Annunziata, 9. ☎ 055-235-75. Mar-ven 8h30-19h, sam-lun 8h30-14h. Jardin abritant des tombes étrusques ouv sam slt. Entrée : 4 €. À l'entrée de la plupart des pièces, feuilles explicatives en français, indispensables pour éclairer votre lanterne. Un grand musée à la disposition aérée, qui présente de belles pièces, notamment étrusques, de l'âge du bronze à la période hellénistique. Collection de petites statuettes en bronze, sarcophages égyptiens, poteries, pierres sculptées, hiéroglyphes très bien conservés, vases grecs, statues romaines, etc. Parcours pas toujours très clair.

🗝🚶 *Museo Leonardo Da Vinci* (plan détachable E3) : via dei Servi, 66/68 r. ☎ 055-28-29-66. ● mostredileonardo.com ● Tlj 10h-19h (18h nov-mars). Entrée : 7 €. Encore un musée sur Léonard, nous direz-vous ? Certes, mais celui-ci diffère quelque peu de des autres : didactique, il est divisé en cinq thèmes, cinq salles pour l'eau, l'air, la terre, les mécanismes et le feu. Présentation des principales créations du maître. On a aimé le prototype du deltaplane ou encore la barque à pédales ! Au fond du musée, une petite salle présente les copies des tableaux les plus célèbres de Vinci (Joconde, La Cène, l'Annonciation...). Un bon moment pour petits et grands.

🎬 Cenacolo di sant'Apollonia (plan détachable D2) : via 27 aprile, 1. ☎ 055-238-86-07. Ouv tlj 8h15-13h50 sf dim, le 2 et 4e lun du mois ainsi que le 1er, 3e et 5e dim. Fermé le 1er jan, 1er mai et le 25 déc. Couvent fondé au XIVe s, il fut consacré à sainte Apolline chrétienne martyre morte en 236 qui se jeta

ON A VOLÉ LA JOCONDE !

1911. Coup de tonnerre. Aussitôt, on arrête Apollinaire, et Picasso est longuement interrogé. On retrouve rue du Vert-Bois, près de la République, le chef-d'œuvre avec la signature de l'artiste. Les enquêteurs mettront un certain temps à se rendre compte que Léonard n'avait jamais signé son tableau. On retrouva l'authentique en 1913, dans un hôtel de Florence, volé par un vitrier italien qui travaillait dans le musée. Depuis, l'hôtel s'appelle Gioconda.

dans les flammes pour échapper à ses bourreaux. On retiendra dans ce réfectoire l'œuvre la plus importante : la fresque d'Andrea del Castagno représentant la Cène (représentation commune à tous les réfectoires des monastères). Détail amusant : les deux fenêtres (varies celles-ci) qui se fondent dans la fresque. Admirer également le décor entourant le dernier repas du Christ : le plafond aux formes géométriques, les tuiles rouges et les pavements muraux qui donnent de la profondeur à la fresque. La nappe blanche, quant à elle, donne plutôt l'impression d'un immense rectangle blanc et n'offre aucune perspective.

🎬🎬 ⛲ Giardini dei Semplici – Orto botanico (plan détachable E2) : entrée par la via Pier Antonio Micheli, 3. Tlj sf mer 10h-19h (17h en hiver). Entrée : 6 €. Le jardin botanique, de plus de 2 ha, est une belle halte pour ceux que la botanique intéresse. Évidemment, l'entrée pour un jardin public semble chère (gratuite avec la Firenze Card) mais on y trouve plus de 9 000 variétés de plantes, une jolie fontaine centrale. Il fait partie du musée d'Histoire naturelle de Florence. C'est sous la houlette de Cosme Ier de Médicis que le jardin fut créé, en 1545. C'est à cette époque qu'il connut toute sa splendeur avec Giuseppe Casabona, qui fit apporter du monde entier des plantes rares. Au XVIIIe s, le botaniste Pier Antonio Micheli en fit son jardin d'études. Il fut enfin ouvert au public en 1864. Aujourd'hui, on peut toujours admirer les serres qui renferment de belles variétés de plantes exotiques (bananiers, caféiers, arbres des Voyageurs, un plan d'eau bordé de lierre et tout un parterre destiné aux plantes médicinales).

SAN MARCO

San Lorenzo, c'est avant tout son marché central à deux pas de la gare, grouillant et coloré avec ses maraîchers et ses marchands de fruits qui s'interpellent, où les Florentins et les touristes aiment venir remplir leurs paniers de denrées alimentaires de toutes sortes. San Lorenzo, c'est aussi son église édifiée par Brunelleschi, l'une des plus importantes de Florence, les chapelles construites par Michel-Ange qui renferment les tombeaux de la famille Médicis. San Lorenzo, c'est encore sa place avec son marché de peaux et cuirs, où le pire côtoie le meilleur et où le marchandage devient un art ! Certes, les amoureux de Florence peuvent trouver le quartier trop touristique à leur goût, mais ce dernier mérite tout de même qu'on y passe un peu de temps pour l'apprécier à sa juste valeur.

Où dormir ?

Bon marché

🏠 **Plus Florence** (plan détachable D1, 62) : via Santa Caterina d'Alessandra, 15-17. ☎ 055-462-89-34. ● info@ plusflorence.com ● plusflorence. com ● Compter 24 €/pers en dortoir et à partir de 40 € pour une chambre 2-4 lits. 🖥 🛜 Une auberge de jeunesse privée très fonctionnelle et d'une propreté irréprochable. Chambres spacieuses et joliment colorées (avec une mention spéciale pour celles des filles, aux murs parme). Ici, les *backpackers* de tous pays se retrouvent dans une ambiance conviviale, n'hésitant pas à se refiler moult conseils et bonnes petites adresses. Soirées à thème qui renforcent forcément les liens amorcés dans la journée au bar ou au bord de la piscine intérieure... Agréable terrasse sur le toit de l'immeuble, avec une vue imprenable sur la ville.

Prix moyens

🏠 **Hotel Lorena** (plan détachable C3, 34) : via Faenza, 1 (angle piazza Madonna). ☎ 055-28-27-85/86.

● info@hotellorena.com ● hotello rena.com ● Fermeture 2h-6h du mat (fêtards, passez votre chemin !). Doubles avec sdb 45-108 € selon affluence et saison ; petit déj 5 €. Parking à 50 m (20-26 €/24h). 🛜 Très bien situé, ce petit hôtel familial n'a rien d'extraordinaire mais il dispose de chambres confortables (TV, double vitrage...) sans charme. Quelques privilégiées (les n°s 42 et 43) bénéficient d'une belle vue sur la piazza Madonna.

🏠 **Hotel Accademia** (plan détachable C3, 46) : via Faenza, 7. ☎ 055-29-34-51. ● info@hotelaccademiafirenze. com ● hotelaccademiafirenze.com ● Doubles avec sdb 60-130 €. 🖥 L'entrée fait bonne impression, avec son escalier tout de velours rouge revêtu. Les chambres (TV, AC...), reliées par un dédale de couloirs, sont confortables. Petite cour intérieure, salle pour le petit déj et espaces communs conviviaux (jeux de dames et d'échecs).

🏠 **Hotel Giada** (plan détachable D3, 43) : via del Canto dei Nelli, 2. ☎ 055-21-53-17 ou 79-80. ● info@hotelgiada. com ● hotelgiada.com ● Doubles avec sdb 70-130 €. Au cœur du marché San Lorenzo, un hôtel sans surprise qui a l'avantage d'être bien placé. Des chambres soignées avec tout le confort possible : que demander de plus ?

🛏 *Hotel Burchianti (zoom détachable C3, 38)* : via del Giglio, 8. ☎ 055-12-17-96. ● info@hotelburchianti.it ● hotelburchianti.it ● Doubles 120-150 € selon saison. Cette petite pension de charme, à l'abri des regards, occupe l'une de ces vieilles demeures qui fleurent bon la Florence d'antan, à peine la lourde porte entrouverte. Des meubles de style agrémentent les vastes chambres, toutes couvertes de fresques du XVIIe s (celle réservée aux jeunes mariés en lune de miel est particulièrement jolie). De quoi faire de beaux rêves ! En revanche, le confort est bien du XXIe s. Une escapade romantique ? Cette adresse est pour vous. Accueil en français, de surcroît.

🛏 *Tourist House Liberty (plan détachable D2, 60)* : via XXVII Aprile, 9. ☎ 055-47-17-59. ● libertyhouse@iol.it ● touristhouseliberty.it ● Doubles avec sanitaires privés 60-130 € (pour les plus grandes). En hte saison, séjour de 2 nuits min exigé. Cet endroit confortable propose des chambres très agréables, lumineuses, bien arrangées (mobilier de style, tons chauds et harmonieux, jolies tentures, parquet...). Propreté irréprochable. Une bonne adresse.

🛏 *Hotel Casci (plan détachable D2, 70)* : via Cavour, 13. ☎ 055-21-16-86. ● info@hotelcasci.com ● hotelcasci.com ● ♿ Au 2e étage (ascenseur). Doubles 75-150 € selon saison. Parking payant (21-26 €/j.). ▭ 🛜 10 % de réduc sur le prix de la chambre sur présentation de ce guide et sur règlement en liquide. Hôtel familial situé dans un palais du XVe s où vécut le compositeur Rossini. Deux chambres donnent sur un jardin et sont destinées en priorité aux jeunes couples en voyage de noces ! Accueil courtois (et en français) et chambres tout confort.

De chic à plus chic

🛏 *Hotel dei Macchiaioli (plan détachable D2, 39)* : via Cavour, 21. ☎ 055-264-81-53. ● info@hoteldeimacchiaioli.com ● hoteldeimacchiaioli.com ●

Double aux alentours de 120 € (mais prix très fluctuant selon le remplissage). Parking payant. 🛜 Un hôtel refait à neuf, installé dans le Palazzo Morrochi. Chambres spacieuses, décorées avec goût et avec tout le confort nécessaire. Coup de cœur pour la salle du petit déj décorée de fresques et qui n'était autre que le salon de réunion des peintres avant-gardistes toscans appelés communément les Macchiaioli dans les années 1848. Idéalement placé et très calme malgré la proximité de la via Cavour. Accueil serviable et personnel absolument charmant.

Très chic

🛏 *Hotel Il Guelfo Bianco (plan détachable D2, 74)* : via Cavour, 29. ☎ 055-28-83-30. ♿ ● info@ilguelfobianco.it ● ilguelfobianco.it ● Doubles à partir de 90 € et pouvant aller jusqu'à... 275 € selon taille et saison, prima colazione comprise ; appart 4 pers à partir de 150 €. Offres parfois plus intéressantes en réservant par Internet. ▭ (payant) 🛜 Un lieu de bon goût, qui restitue l'atmosphère médicéenne. Essai réussi pour les chambres supérieures, coiffées de plafonds à caissons ou voûtes rustiques et pourvues de beaux tapis et de mobilier de style. Évidemment équipées comme il se doit (coffre, minibar, salles de bains irréprochables...). En revanche, les chambres premier prix, bien que cossues et joliment décorées, ne se démarquent pas du classicisme bon teint des hôtels de standing. Pour les insomniaques, les chambres situées à l'arrière profitent d'une jolie vue sur les toits et échappent à toute nuisance sonore. Un mariage réussi de luxe et de charme...

🛏 *Relais Grand Tour (plan détachable D2, 44)* : via Santa Reparata, 2. ☎ 055-28-39-55. ● info@florencegrandtour.com ● florence.grandtour.com ● Doubles à partir de 140 €. CB refusées. 🛜 10 % de réduc sur le prix de la chambre sur présentation de ce guide. Petite adresse douillette nichée dans un ancien théâtre du XVIIIe s. Les heureux propriétaires ont su mettre en valeur les vestiges du passé en gardant les fresques, le carrelage ancien ou encore le plafond à caisson. Et c'est une réussite ! Même les noms de chambres s'inspirent du théâtre (il Musicista, la Cantante, la Ballerina...). Les chambres sont très spacieuses et les meubles ont été patiemment chinés par Giuseppe et Cristina. Le patio est mignon tout plein avec ses plantes vertes et son mobilier de jardin. On s'y sent bien dans cette vieille et belle maison florentine. Pour ceux qui recherchent le calme et la volupté, cette adresse est pour vous ! Les adorables proprios, très fiers de leur ville, n'hésiteront pas à vous donner moult conseils.

Où manger ?

Marché

|●| Mercato centrale di San Lorenzo (plan détachable C-D2) : via dell'Ariento. ● mercatocentrale.it ● Lun-sam 7h-14h. Halles du XIXe s abritées par une charpente métallique. Un marché idéal comme introduction à la gastronomie locale. Au rez-de-chaussée, charcuteries, boucheries, triperies, crémeries et épiceries à profusion ; à l'étage, beaux étals de fruits et légumes. Chaque stand est numéroté (on en dénombre pas moins de 1 000). C'est devenu très touristique et assez cher, mais la qualité des produits n'a pas baissé et le choix est immense. L'avantage, c'est que de nombreux stands vous permettent de goûter.
– Nouveauté : n'hésitez pas à grimper au 1er étage (pas très bien signalé), vous ne saurez plus où donner de la tête ! De nombreux comptoirs pour commander et déguster pizzas, poissons, glaces, foccacie. Également, pour ceux qui ont plus de temps, une enoteca, une trattoria... Tous ces petits stands sont joliment présentés sous l'immense verrière du marché couvert. On n'y va pas pour un dîner en amoureux (un peu bruyant) mais c'est bien pratique car on y propose un large éventail de choix. Un lieu idéal pour les familles. Entrée par la via dell'Ariento. Tlj 10h-minuit.

Sur le pouce

≈ Vecchio Forno (plan détachable D2, 228) : à l'angle de la via Gallo et de la via Guelfa. ☎ 055-265-40-69. ● vecchiofornofirenze@gmail.com ● Lun-sam 7h30-20h. Titillé par la bonne odeur du pain chaud, vous ne pourrez que succomber ! Également des panini et des pizze à la coupe ainsi que des pains bien traditionnels comme le pan de rameirino (le pain des Rameaux), qu'on boulotte toute l'année. Idéal quand on ne veut pas perdre trop de temps à la pause déjeuner.

≈ Focaccine Bondi (plan détachable C2, 229) : via dell'Ariento, 85 r. Compter 3-4 € pour un panino. Une adresse connue comme le loup blanc depuis des générations de Florentins. Ici pas de chichis, on commande sur l'ardoise les ingrédients qu'on veut intégrer dans son sandwich, et on repart avec son panino. Et basta ! Rapide, pas cher et très bon !

≈ L'Ultima Spiaggia (plan détachable D2, 90) : dans le marché de San Lorenzo. Mêmes horaires que le marché. Cornet de friture à partir de 7 €. Allez voir ces poissonniers au travail : ça chante fort, ça parle haut. Le client choisit parmi les petits poissons de l'étal et en moins de temps qu'il ne faut pour le dire, voici qu'ils ont valdingué dans la friture. 5 mn après, c'est plié : on se régale d'un cornet de fritures de poissons. C'est divinement bon, sauf que tout le monde a la même idée ! Arriver donc tôt.

Bon marché

|●| Trattoria da Nerbone (plan détachable D2, 90) : à l'intérieur du mercato centrale di San Lorenzo. ☎ 055-21-99-59. ♿ Lun-sam 8h-14h30 slt. Congés : 3 sem en août et 1 sem en janv. Compter 10-15 € pour un repas complet. CB refusées. Indéboulonnable depuis 1872, Cette gargote très populaire dans le coin accueille les vieux habitués et les nombreux touristes sur quelques mètres carrés du comptoir et une poignée de tables en marbre. Côté plats, la maison propose de savoureuses spécialités (également à emporter). On y vient surtout pour ses tripes mais le *passato di ceci* (purée de pois chiches) ou le *lampredo* (intestin de veau bouilli dans son jus et saupoudré de poivre) ne sont pas en reste. Et pour faire passer le tout, un chianti au verre *e poi, il conto e basta !*

|●| Trattoria Mario *(plan détachable D2, 96)* : via Rosina, 2 r (à l'angle de la piazza del Mercato Centrale). ☎ 055-28-55-50. ● trattoriamario@ libero.it ● *Tlj le midi sf dim et j. fériés. Congés : août. Compter env 15-18 € pour un repas complet (sans la boisson).* Une petite *trattoria* de quartier où l'on s'attable sans façons pour profiter d'une atmosphère conviviale. Bonnes spécialités florentines (*braciola fritta, zuppà di fagioli,* excellente *bistecca...*) à des prix plus que raisonnables. Accueil simple et sympathique. Victime de son succès et de son rapport qualité-prix, il faudra vous armer de patience... ou revenir !

|●| Trattoria Palle d'Oro *(plan détachable C2, 216)* : via Sant'Antonino, 43-45 r. ☎ 055-28-83-83. ● tratto riapalledoro@gmail.com ● *Tlj sf dim et j. fériés. Le soir les lun, ven, sam. Congés : 3 sem en août. Compter 20-30 € pour un repas.* Cette institution florentine a pignon sur rue depuis 1860... Touristes et Florentins s'y côtoient dans une atmosphère conviviale (quoique un peu bruyante) et se régalent de solides plats toscans comme la *ribollita,* la *panzanella* ou encore les *ravioli al tartufo.* Pour les amateurs de tripes, petit stand de *panini* le midi à l'entrée du resto (attention il y a souvent la queue). Service rapide et efficace.

Prix moyens

|●| Osteria Pepò *(plan détachable D2, 122)* : via Rosina, 6 r. Juste à côté du mercato centrale. ☎ 055-28-02-59. ● info@pepo.it ● 🕹 *Env 25 € le repas.* 📶 Rustique et dépouillée à la fois, cette adresse nous a plu pour le service discret mais disponible, pour son choix de pâtes et ses délicieux desserts faits

maison (*panna cotta,* crème caramel, *torta al cioccolato* et la *schiacciata con l'uva,* sorte de *focaccia* sucrée).

|●| Trattoria Sergio Gozzi *(plan détachable D3, 98)* : piazza San Lorenzo, 8 r. ☎ 055-28-19-41. ● trattoriaser giogozzi@tiscali.it ● 🕹 *Ouv le midi slt. Congés : août. Compter 20 € pour un repas.* Pas facile de dénicher cette *trattoria* familiale, dont la façade est dissimulée par les stands de cuir du marché San Lorenzo. Joyeuse assemblée d'habitués et de touristes en goguette qui se mélangent dans un brouhaha bon enfant. Côté cuisine, c'est de la bonne tambouille toscane... à commencer par la copieuse *ribollita* (soupe de légumes et de pain). Rien à redire non plus concernant les classiques plats toscans que sont la *pappa al pomodoro,* la *trippa alla fiorentina* ou la fameuse *bistecca.* Et pour finir, une petite trempette de *biscottini di Prato* à manger dans un verre de *vino santo* suffira amplement. Accueil bousculé mais absolument charmant. Un des musts à Florence.

De prix moyens à plus chic

|●| Cipolla Rossa *(zoom détachable D3, 99)* : via dei Conti, 53 r. ☎ 055-21-42-10. ● info@osteriacipollarossa. com ● *Tlj midi et soir. Compter 25-30 €.* 📶 *Apéritif maison offert sur présentation de ce guide.* Un établissement tout en longueur avec son mobilier en bois et ses murs colorés, qui propose une cuisine de qualité. Il faut les voir s'activer dans la cuisine ! Et dans l'assiette ? Pâtes maison, savoureuse *bistecca alla fiorentina...* Une bonne adresse dans ce quartier peu fourni dans cette gamme de prix.

|●| La Cucina del Garga *(plan détachable D2, 215)* : via S. Zanobi, 33 r. ☎ 055-47-52-86. ● info@barbargarga. com ● *Fermé dim. Menu 15 € le midi. À la carte, compter 35 € le repas (sans la boisson).* Une bonne adresse dans un quartier qui en manque cruellement, à deux pas de la piazza dell'Indipendenza. Le concept avec la cuisine ouverte passe bien auprès des clients qui peuvent jeter un œil au chef et à

SAN LORENZO

ses cuistots s'affairer autour des casseroles. On s'essaye ici à de curieuses associations aux influences asiatiques mais pas seulement, comme ce risotto à la fraise des bois ou encore des *orecchiette* au navet et à la saucisse. Un service un poil plus aimable serait le bienvenue.

Bar à vins *(enoteca)*

🍷 |●| 🕸 *Casa del Vino* (plan détachable D2, **143**) : via dell'Ariento, 16 r. ☎ 055-21-56-09. Lun-ven 9h30-19h ; sam 10h-15h (fermé sam mai-juil). Minuscule bar à vins où l'on déguste debout (2 chaises et une table pour ceux qui auront de la chance !) un choix de charcuteries, *crostini* et *panini* du jour.

Où savourer une bonne glace ?

🍦 *Le Botteghe di Leonardo* (plan détachable D3, **165**) : via dei Ginori, 21 r. ☎ 055-28-50-52. ● firenzeginori@lebotteghedileonardo.it ● Tlj 12h-23h. Encore une adresse de *gelateria*, nous diriez-vous ? Oui, mais celle-ci assure des glaces sans conservateurs, 100 % bio et avec des ingrédients soigneusement sélectionnés : variétés au chocolat Domori, noix du Piémont, citron d'Amalfi. Voilà les maîtres mots de ce glacier ! Les glaces au chocolat sont tout simplement divines.

À voir

🎭 *Chiesa San Lorenzo* (plan détachable D3) : piazza San Lorenzo. ☎ 055-21-66-34. Lun-sam 10h-17h30 ; dim et j. fériés 13h30-17h30 (fermé dim oct-mars). Entrée : 4,50 €. Billet combiné avec la bibliothèque Laurentienne : 7 €.
L'une des églises les plus importantes de Florence, avec un décor intérieur à ne pas manquer. Édifiée en 1425 par Brunelleschi, l'auteur du dôme de la cathédrale (il faut dire que le commanditaire n'était autre que la famille Médicis). À sa mort, on prit d'autres architectes pour achever la façade (dont Michel-Ange), mais les problèmes techniques et les difficultés d'approvisionnement en marbre les arrêtèrent. À l'intérieur, plan de basilique à trois nefs. Décor de marbre froid et élégant tout à la fois, et impression d'équilibre et d'harmonie car toutes les proportions furent calculées mathématiquement.

– Dans la nef en entrant à droite, dans le chœur de la seconde chapelle, un superbe *Mariage de la Vierge* par Rosso Fiorentino. Au centre de la nef, les deux ambons en bronze de Donatello (à gauche l'ambon de la Passion et à droite celui de la Résurrection). Surtout, prenez le temps de regarder les détails, c'est fantastique. Il s'agit d'une œuvre majeure de la sculpture italienne, sorte de testament artistique d'un Donatello âgé et malade. Superbe fresque de Bronzino à gauche, juste avant le transept, figurant le *Martyre de saint Laurent*.

LA CACHETTE DE MICHEL-ANGE

Le peuple chassa les Médicis en 1527 et Michel-Ange soutint cette révolte. Quand ils revinrent en 1530, l'artiste disparut 3 mois. Ce n'est qu'en 1975 qu'on découvrit que son lieu secret était sous la sacrestia nuova de San Lorenzo (entrée derrière l'autel, sur la gauche). On y décela des esquisses au fusain dont il s'inspira pour la chapelle Sixtine. Vu la fragilité des dessins, on édifia une reproduction de la cachette, à côté.

– *L'ancienne sacristie :* au fond du transept gauche. À ne pas rater. Association des immenses talents de Brunelleschi (architecte) et de Donatello (décorateur-sculpteur), c'est l'un des plus grands chefs-d'œuvre de la Renaissance. Admirables panneaux de bronze des portes de la sacristie. Tout de suite à gauche de l'entrée, sarcophage des fils de Cosme l'Ancien. Joli travail en porphyre et bronze de Verrocchio. Ce sarcophage est peint par Léonard de Vinci sur son *Annonciation* à la galerie des Offices. Au milieu de la sacristie, sarcophage en marbre blanc des parents de Cosme l'Ancien. Tout le reste est l'œuvre de Donatello : le petit lavabo dans la chapelle de gauche, la frise de chérubins, les médaillons qui cernent la coupole, les évangélistes dans les tympans, les bas-reliefs en terre cuite au-dessus des portes de bronze, le buste sur le meuble à droite de l'entrée. Entre les portes de bronze, constellations qui représenteraient le ciel de Florence lors de l'arrivée de Robert d'Anjou dans la ville en 1306.

Sous l'abside de *l'antica Sacrestia* (ancienne sacristie), on a découvert en 1975 des dessins secrets de Michel-Ange. Le local ne se visite pas (l'humidité associée aux visiteurs dégraderait les esquisses) mais on peut regarder un video intéressante située derrière le petit autel qui retrace le processus de restauration. Privé de son atelier car fâché avec les Médicis, Michel-Ange est accueilli en 1530 par le vicaire de l'église qui l'autorisa à s'y réfugier quelques semaines... jusqu'à son retour sur la scène artistique rappelé par le pape Clément VII. À son départ, on recouvrit la cave de crépi.

– Dans le transept, la première chapelle à gauche (dos au chœur) contient un autre chef-d'œuvre, *l'Annonciation* par Filippo Lippi, tandis que la première chapelle de droite (toujours dos au chœur) abrite une *Annonciation* sculptée en perspective avec un superbe *Christ mort* en dessous par Desiderio da Settignano (1461).

– *Le cloître :* accès par la chapelle Martelli (où est enterré Donatello) ou directement de l'extérieur, sur le côté de l'église. Même entrée que la bibliothèque Laurentienne.

๙๙ **Biblioteca medicae Laurenziana** (*bibliothèque Laurentienne ; plan détachable D3*) : piazza San Lorenzo, 9. Tlj sf dim 9h30-13h30. Entrée : 3 € (*billet combiné à 7 € avec la chiesa San Lorenzo*). Accueille désormais des expos temporaires. Créée par Cosme l'Ancien et enrichie par Laurent le Magnifique. Hors expos, on peut admirer le vestibule dessiné par Michel-Ange et achevé par Ammannati. À l'intérieur, des manuscrits de Virgile, des écrits de Pétrarque, des autographes de Léonard de Vinci, qui malheureusement ne se consultent pas.

๙๙ **Cappelle Medicee** (*chapelles des Médicis ; plan détachable D3*) **:** piazza Madonna degli Aldobrandini (*derrière l'église San Lorenzo*). ☎ 055-238-86-02. Lun-ven 8h15-13h50. Fermé les 1er, 3e et 5e lun du mois, ainsi que les 2e et 4e dim. Entrée : 6 €, 8 € avec l'expo temporaire (*franchement cher, vu les travaux à l'intérieur*). Audioguide : env 4 €.

Cette vaste chapelle abrite de nombreux tombeaux de la famille des Médicis. Sous une coupole, les sarcophages des grands-ducs (Ferdinand II et III, Cosme III et IV) en granit égyptien constituent un décor vraiment grandiose, d'un aspect funèbre impressionnant. Somptueux autel en marbre avec un travail minutieux de marqueterie. Quelques reliques dans la petite salle à gauche de l'autel.

Près de la sortie, un couloir mène à la chapelle funéraire qui abrite les tombeaux de Laurent et Julien de Médicis. Ils sont chacun représentés dans une niche au-dessus de leur tombeau. Ceux-ci sont ornés de statues couchées, personnifiant les différents moments du jour : l'Aurore et le Crépuscule pour Laurent, le Jour et la Nuit pour Julien. Réalisées à partir de 1525, ces œuvres font partie des plus beaux chefs-d'œuvre de Michel-Ange.

– Au n° 21 de la via Taddea, la maison de Carlo Lorenzini detto Il Collodi... le papa de Pinocchio ! Ne se visite pas.

๙ ๙ **Macchine di Leonardo da Vinci** (*plan détachable D2*) **:** via Cavour, 21. ☎ 055-29-52-64. ● macchinedileonardo.com ● Tlj 9h30-19h30. Entrée : 7 €. Situé dans la galerie Michelangelo. Petite exposition de machines créées par le génial inventeur, qui ne rassemble qu'une infime partie de son immense créativité. Ici plus de 40 modèles exposés intéresseront petits et grands. Ils ont tous été réalisés par des artisans florentins d'après les dessins originaux de l'inventeur. On a particulièrement aimé la bicyclette, la foreuse verticale ou encore le fameux parachute, idée géniale et futuriste, qui devait être construit avec une toile de lin de forme pyramidale, de 7 m de côté. La plupart des inventions sont fabriquées en bois et, pour une dizaine d'entre elles, il est possible de les actionner. Dommage toutefois que les modèles ne soient pas mieux mis en valeur.

La *via dei Tornabuoni* est, avec ses magasins de luxe de créateurs italiens et internationaux, la rue chic par excellence. On se prend à rêver devant les vitrines installées dans des palais qui rivalisent de beauté par leur dimension et leur majesté, mais les prix vous ramèneront vite à la réalité ! Les calcéophiles pourront visiter le musée Ferragamo, installé dans le palais familial, le *Palazzo Spini Ferroni*. Les amateurs de vieilles pierres visiteront le *Palazzo Davanzati*, à deux pas, un bel écrin pour imaginer la vie quotidienne d'une famille florentine florissante à la Renaissance. La *via dei Tornabuoni* est une promenade agréable d'autant la rue piétonne permet de faire les vitrines en toute tranquillité ! Elle vous permet surtout de rejoindre l'Oltrarno par le ponte Santa Trinità.

Où dormir ?

De prix moyens à chic

🏠 **Hotel Abaco** *(zoom détachable C3, 32) :* via dei Banchi, 1. ☎ 055-238-19-19. ● abacohotel@tin.it ● hotelabaco. it ● *Double 85 € avec douche ; petit déj 5 €, inclus si paiement comptant. Parking payant.* 💻 📶 *Remise de 20 % sur le prix de la chambre sur présentation de ce guide de nov à mi-mars (sf périodes de fêtes).* Au 3e étage sans ascenseur, voici un tout petit établissement qui plaît dès qu'on y entre : outre l'accueil de Bruno, le charmant propriétaire, on découvre des chambres pleines de personnalité, décorées avec goût et étonnamment confortables pour le prix (excellent double vitrage). Également un petit bar et un coin petit déj en vieux bois très convivial (dommage qu'il soit servi un peu tard). Plus qu'un hôtel, un lieu de séjour avec un personnel extra. Un bon rapport qualité-prix pour le quartier.

🏠 **Hotel Cestelli** *(zoom détachable C4, 56) :* borgo S.S. Apostoli, 25. ☎ 055-21-42-13. ● info@hotelcestelli.com ● hotelcestelli.com ● *Fermé de mi-janv à mi-fév et 3 sem en août. Doubles 70-100 € selon saison ; pas de petit déj.* 📶 Au 1er étage d'un vieux palais, l'hôtel est idéalement situé, à deux pas de la piazza Santa Trinità. Il propose une petite dizaine de chambres hyper propres et bien aménagées. Certaines sont plus spacieuses que d'autres, n'hésitez pas à les demander lors de votre réservation. L'accueil adorable d'Alessio, qui n'est pas avare de conseils sur sa ville, rendra votre séjour d'autant plus agréable. Un bon rapport qualité-prix si près du centre.

🏠 **Hotel Davazanti** *(zoom détachable D4, 54) :* via Porta Rossa, 5. ☎ 055-286-66-66. ● info@hoteldavanzati.it ● hoteldavanzati.com ● *Doubles 120-200 €.* 💻 📶 Un hôtel d'une vingtaine de chambres tenu par la famille Fuzier-Cayla. Outre le confort, le petit plus, c'est l'ordinateur portable dans chaque chambre. La réception vous prête même un iPad ! Le seul hic, ce sont les 25 marches à grimper pour arriver à la réception. À l'accueil, le petit-fils Fabrizio est charmant, comme tout le reste du personnel.

🏠 **Hotel Scoti** *(zoom détachable C4, 51) :* via dei Tornabuoni, 7. ☎ 055-29-21-28. ● hotelscoti@hotmail.com ● hotelscoti.com ● *Doubles avec bains*

105-115 € ; familiales 130-155 € ; petit déj 5 €. Sur l'une des avenues les plus prestigieuses de Florence et niché dans un vaste palais du XVIᵉ s, le *Scoti* se divise en 2 structures d'à peine une dizaine de chambres. D'une part, l'*albergo*, avec des chambres parfaitement calmes, adaptées et avantageuses pour les familles. D'autre part, des chambres classées « *Residenza d'Epoca* » côté avenue, à la déco assez sobre, impeccables, spacieuses, parfaitement équipées et indépendantes. L'ensemble a beaucoup de caractère avec ses appartements meublés à l'ancienne et ornés de fresques originelles dans les parties communes et sa vue sur les toits. En prime, accueil absolument charmant.

⌂ **Hotel Bretagna** (*zoom détachable C4, 53*) : *lungarno Corsini, 6.* ☎ *055-28-96-18.* ● *info@hotelbretagna.net* ● *hotelbretagna.net* ● *Doubles 75-150 € avec ou sans sdb, petit déj compris.* Sur les bords de l'Arno, un hôtel de taille moyenne, situé dans le *Palazzo Gianfigliazzi* (ancienne habitation de Louis Bonaparte). Les parties communes ont conservé le cachet de l'ancien, et les chambres confortables (AC, TV) sont dotées de meubles chinés. La plupart donnent sur l'arrière, mais des chambres avec jacuzzi et vue sur le fleuve ont été entièrement refaites.

Très chic

⌂ **Floroom1** (*zoom détachable, C3, 17*) : *via del Sole, 2.* ☎ *355-21-66-74.*

● *floroom.com* ● *À partir de 150 € la double.* 🛜 Un lieu qui fait penser plutôt à un appartement familial chic qu'à un *B & B* classique. Une entrée discrète, à l'image des propriétaires, 5 belles chambres cosy, un style épuré dans les tons blanc et gris. Voilà pour l'ambiance ! Les familles ou les couples d'amis apprécieront ce petit cocon qui a gardé une atmosphère florentine, malgré son design très tendance. Pas donné au total mais les prestations sont de qualité. Également un autre *B & B Floroom1*, situé dans l'Oltrarno, via del Pavone, 7.

⌂ **Antica Torre di via dei Tornabuoni nº 1** (*zoom détachable C4, 40*) : *via dei Tornabuoni, 1.* ☎ *055-265-81-61.* ● *info@tornabuoni1.com* ● *tornabuoni1.com* ● *Doubles 180-350 € (pour celle avec vue panoramique et terrasse privée). Parking payant.* 🛜 Le Palazzo Gianfigliazzi est une maison-tour médiévale, l'une des dernières de la ville à être encore debout. Les 22 chambres, toutes plus belles les unes que les autres, ont été restaurées avec des matériaux nobles et possèdent bien sûr tout le confort du XXIᵉ s ! Et que dire du toit-terrasse où l'on prend son petit déj ou encore de la 2ᵉ terrasse où l'on s'assoit pour un verre à toute heure de la journée. Magique ! Les clients au portefeuille bien garni s'offriront la suite panoramique avec une vue imprenable à 360° sur la ville. Accueil très agréable. L'emplacement est idéal pour parcourir la ville. Un bel endroit, vraiment.

Où manger ?

Sur le pouce

➳ **Leopoldo Procacci** (*zoom détachable C3, 85*) : *via dei Tornabuoni, 64 r.* ☎ *055-21-16-56. Lun-sam 10h30-20h. Fermé en août.* Très vieille boutique créée en 1885... Mais rien ne semble avoir changé, les étagères cirées alignant toujours la meilleure sélection de produits fins de la ville (ainsi que le fameux thé londonien *Fortnum and Mason*). Adresse idéale pour

caler un p'tit creux entre 2 courses (attention au porte-monnaie !). On y consomme des minipaninis (*tartufati, salmone con salsa di rucola...*) avec un verre de vin. Résolument chic, comme les boutiques du quartier.

➳ ⛾ **Amblé** (*zoom détachable C-D4, 113*) : *chiasso dei del Bene.* ☎ *055-26-85-28.* ● *info@amble.it* ● *Tlj 10h (17h le dim)-22h.* Non loin du Ponte Vecchio, dans un petit recoin, c'est ici qu'il faut venir vous faire préparer sous vos yeux un bon gros panini à votre convenance. On choisit son pain, ses ingrédients, on commande et hop, vous voilà prêt à avaler votre sandwich ! Aussi très sympa pour prendre un verre. Sachez que tout le mobilier que vous voyez est à vendre. Jeune et dynamique... ça nous plaît !

Boulangerie del Rifrullo *(zoom détachable C3, 217) :* via de' Rondinelli, 24 r. ☎ 055-28-16-58. • boulangerie@ ilrifrullo.com • *Lun-ven 8h-20h, dim 12h-16h. Panino 5 €, salade à partir de 7 €. Brunch le dim 12h30-15h30, 25 €/pers.* À deux pas de la via dei Tornabuoni. Fait penser à un café newyorkais mâtiné d'une *French touch* style néobistrot. On se retrouve à la fois dans une boulangerie, une épicerie et un café. Pour les nostalgiques de la baguette, bons choix de sandwichs. Sympa aussi pour avaler une salade entre 2 visites. Accueil inégal.

Prix moyens

|●| **Ristorante La Spada** *(plan détachable C3, 97) :* via della Spada, 62 r. ☎ 055-21-87-57. • laspadaitalia@ gmail.com • *Tlj. Congés : 1 petite sem mi-sept. Menus 11 € le midi et 28-35 € le soir ; carte env 30-35 €.* Rôtisserie à l'origine, c'est maintenant une *trattoria* avec ses 2 belles salles (la plus petite pour les amoureux ?) aux plats toscans roboratifs et bien ficelés. Côté *via del Sole*, la petite rôtisserie propose toujours de la vente à emporter avec ses poulets embrochés, ses légumes rissolés et ses plats de traiteur qui laissent présager de la qualité de la cuisine. Accueil souriant et personnel chaleureux.

|●| Obikà Mozzarella Bar *(zoom détachable C3, 91) :* Palazzo Tornabuoni, via dei Tornabuoni, 16. ☎ 055-277-35-26. • firenze@obika.it • *Tlj 10h-23h. Compter 25-30 € pour un repas complet. Brunch le dim.* Littéralement, *Obikà* signifie en napolitain « on est là » ! Cette adresse, en effet, est bien là, nichée dans un magnifique palais florentin. Déco résolument design et volontairement épurée (acier trempé, verre poli) tranche avec les moelleuses et rondes mozzarellas, accommodées de mille façons. Évidemment

la *campana DOP* est fameuse, mais notre préférée, la *stracciatella di burrata*, maxi calories mais extra ! Il y a aussi la *Pontina*, le *rotolo di mozzarella di buffala*. D'autres produits du terroir en accompagnement sont de très bonne qualité *(bresaola valtellina, lardo di Colonnata, prosciutto San Daniele).* Belle carte de vins. Accueil jeune et efficace. Très agréable *cortile* aux beaux jours.

|●| Il Borro Tuscan Bistro *(zoom détachable C4, 100) :* Lungarno Acciaiuoli, 80 r. ☎ 055-29-04-23. • firenze@ ilborrotuscanbistro.it • *Tlj 10-22h. Compter 25-30 € le repas.* À deux pas de la chic via Tornabuoni, ce bistrot chic n'est autre que le dernier-né de la famille Ferragamo qui après le luxe, s'attaque à la restauration. C'est plutôt bien réussi ! Les plats sont joliment présentés mettant à l'honneur les produits du terroir toscan. Propose également à la vente huile et vins de leur exploitation située dans les collines toscanes. Accueil pas du tout guindé, comme on pourrait le croire.

De plus chic à chic

|●| Bistro del Mare *(plan détachable C4, 172) :* lungarno Corsini, 4 r. ☎ 055-239-92-24. • info@bistrodelmare.it • *Tlj sf lun. Compter 35 € pour un repas.* Enfin un resto entièrement tourné vers la mer. Une ambiance zen aux murs blancs, un mobilier épuré rehaussé de quelques tableaux rouges aux murs. Quant à l'accueil, il est extrêmement gentil et attentionné. Et l'assiette dans tout ça ? Des pâtes bien accommodées, un risotto de fruits de mer à la cuisson parfaite... Une adresse marine au bord de l'Arno que nous avons particulièrement appréciée.

|●| Trattoria Gargani *(plan détachable C3, 89) :* via del Moro, 48 r. ☎ 055-239-88-98. *Ouv ts les soirs. Congés : 2 sem fin août. Compter 35-40 € pour un repas complet. Apéritif offert sur présentation de ce guide.* Derrière cette façade quelconque se trouve l'un des bons restos de viande de la ville. Les habitués viennent pour la *bistecca*, tendre et savoureuse. La déco est surprenante : le fils, qui a repris l'affaire après le décès de son père, a gardé les pans des murs des 3 salles, toutes décorées par son père, artiste à ses heures.

Ⅰ●Ⅰ Il Latini *(plan détachable C3, 155) : via Palchetti, 6 r.* ☎ *055-21-09-16.* ● *info@illatini.com* ● *Fermé lun.* Antipasti 6-10 € ; secondi 15-25 €. Des petits plats bien ficelés typiquement toscans : *ribollita, trippa alla fiorentina, agnello arrosto.* Un restaurant florentin qui a pignon sur rue depuis... des générations. Autrefois cave réputée,

on y venait surtout pour ses grands crus classés, mais malheureusement, en 2013, un gang bien organisé a sévi dans les bonnes caves des restos de la ville. Le soir, on fait la queue à l'ouverture pour être sûr d'avoir une table. Certes la cuisine n'est pas mauvaise, mais on regrette cependant le personnel qui force un peu la main. Ambiance bruyante et clientèle où se mêlent habitués et touristes.

Bar à vins *(enoteca)*

Ⓨ Ⅰ●Ⅰ Cantinetta Antinori *(zoom détachable C3, 145) : Palazzo Antinori, piazza Antinori, 3.* ☎ *055-29-22-34.* ● *cantinetta@antinori.it* ● *Tlj sf sam et dim midi. Fermé en août et à Noël.* Antipasti et primi 20-25 €, secondi 25-30 €. Pour les amateurs de crus italiens, la maison *Antinori* se démarque par la qualité et la grande régularité de ses vins. Nichée dans le palais du comte, son savoir-faire est immense, héritage de générations d'œnologues en poste depuis 1385.

Son gigantesque domaine produit aujourd'hui pas moins de 10 rouges : du Tignanello ou du Solaia – vins phares du producteur – au Santa Cristina (entrée de gamme), en passant par le Tenute del Marchese, le Badia a Passignano ou le villa Antinori (3 bons *chianti classici*). Du coup, une dégustation à la *Cantinetta* fait partie des grands classiques florentins. Cuisine à l'avenant, à la fois traditionnelle et élégante, un peu chère tout de même. Service impeccable.

Où boire un verre ?

Ⓨ Caffè Roberto Cavalli *(zoom détachable C3, 207) : via della Spada, 10 r.* ☎ *055-277-63-28.* ● *info@caffegiacosa.it* ● *Tlj 7h30-20h30. Brunch le dim.* Café historique repris par le créateur florentin Roberto Cavalli. En gardant l'esprit du café, il y a ajouté sa touche perso avec ses célèbres imprimés animaliers. Petite restauration que l'on savoure le plus souvent debout (assis si on a de la chance !) ou à emporter. Quelques tables en terrasse avec chaises façon peaux de bête (léopard, guépard, zèbre : au choix !) pour boire un thé ou un cappuccino. Et si vous craquez pour les chocolats, optez pour les boîtes façon Cavalli. Les habitués (et les touristes de plus en plus nombreux) aiment la petite terrasse très prisée aux beaux jours. Chic et pas (trop) cher au final.

Ⓨ Ⅰ●Ⅰ Rivalta Café *(zoom détachable C4, 191) : lungarno Corsini, 14 r.* ☎ *055-28-98-10.* ● *info@rivaltacafe.*

it ● *Tlj 11h-3h.* Un lieu agréable à la déco minimaliste. On aime surtout sa petite terrasse donnant sur l'Arno et l'excellent rapport qualité-prix de l'*aperitivo*, avec son buffet gargantuesque. Le midi, on se régale de bons burgers ou d'une grosse salade. Le soir, les cocktails ne sont pas en reste non plus ! Très animé aux beaux jours quand le soleil se couche sur l'Arno...

Ⓨ Colle Bereto *(zoom détachable C3, 183) : piazza degli Strozzi, 5 r.* ☎ *055-28-31-56. Tlj 8h30-2h.* 🛜 Les Florentins jeunes et moins jeunes viennent à l'heure de l'*aperitivo* profiter du plantureux buffet. La musique s'intensifie au fur et à mesure de la soirée. Ambiance bruyante pour un melting-pot de tous âges, à deux pas du palais d'exposition. Bien plus calme en journée pour prendre un café, par exemple...

Ⓨ Caffè Giacosa *(zoom détachable C3, 180) : à l'intérieur du Palazzo Strozzi. Mêmes horaires que les expos.*

Pas d'*aperitivo,* mais un café historique qui a quitté la via della Spada (repris par le créateur Cavalli) pour venir cueillir les visiteurs à la fin des expos temporaires du Palazzo Strozzi. Idéal pour siroter un verre au calme.

À voir

🎨🎨 *Museo Marino Marini* *(plan détachable C3) : piazza San Pancrazio.* ☎ *055-21-94-32.* ♿ *Tlj sf mar et dim 10h-17h. Fermé en août. Entrée : 6 €.*
Situé dans l'ancienne église de San Pancrazio, ce musée, éloigné des circuits touristiques, étonne par sa muséographie, réalisée par les architectes Bruno Sacchi et Lorenzo Papi, qui est à l'opposé des musées traditionnels florentins. On prend plaisir à admirer ces œuvres agréablement mises en valeur dans un espace clair et aéré, à la manière d'une promenade architecturale. À la mort de Marino Marini, en 1980, sa femme, Marina, a légué à la Ville de Florence la majorité de ses créations (dont la collection représente plus de 180 œuvres). Elles sont regroupées par thème et non par ordre chronologique, selon le souhait de l'artiste. Les architectes ont privilégié la lumière naturelle et l'espace. Belle mise en valeur des statues, qui devaient à l'origine être exposées en plein air.
Au centre du musée (dans l'ancienne abside), on peut admirer sa création la plus célèbre : *Il Cavaliere,* sculpté en 1957-1958. Certaines de ses sculptures se rapprochent de l'art étrusque. Il suffit de regarder les cavaliers et les statues réalisés dans les années 1950 pour s'en rendre compte. Les jongleurs font partie aussi de l'univers de Marini (admirer celui de l'escalier permettant d'accéder à la mezzanine). Quelques beaux portraits de peintures jalonnent également la visite. Un musée qui gagnerait à être connu.
– ***Chapelle Rucellai :*** attenante au musée. Visite limitée à 25 personnes. Tombeau d'une famille noble avec l'emblème des Médicis. Notez l'encorbellement en marbre avec les insignes de Pierre et de Laurent de Médicis. À l'intérieur, scène de l'Annonciation avec deux anges agenouillés avec le geste de la foi.

🎨🎨 👫 *Museo di Palazzo Davanzati – Museo dell'Antica Casa* *(zoom détachable C-D4) : via Porta Rossa, 13.* ☎ *055-238-86-10. Tlj sf lun 8h15-13h50 ; fermé les 2e et 4e dim du mois. Possibilité de visiter sur résa les 2e et 3e étage (le 1er étage est en visite libre). Entrée : 2 €.* Un bel exemple de demeure bourgeoise du XIVe s, à l'aspect sévère avec ses trois étages et sa loggia. Superbe *salla dei Pappagalli* avec ses rideaux en trompe l'œil. La *camera dei Pavoni* n'est pas en reste avec son magnifique plafond peint et sa fresque d'écussons représentant les familles Davizzi et Strozzi. Une petite salle est également consacrée à la dentelle (les propriétaires possédaient une manufacture). Mobilier, tapisserie, peinture : tout est d'époque. Une visite s'impose.

🎨🎨 *Palazzo Strozzi* *(zoom détachable C3) : entre la piazza degli Strozzi et la via dei Tornabuoni. Tlj 9h-20h. Abrite des expos temporaires, prix selon expo.* 📶 *(dans le cortile).* Exemple typique de la puissance montante de certains Florentins qui voulaient, au XVe s, rivaliser avec les Médicis. Façade à bossages massifs. Très belle corniche.

🎨 *Piazza Santa Trinità* *(zoom détachable C4) :* vous y trouverez un ensemble architectural assez rare comprenant une colonne provenant des thermes de Caracalla (au centre de la place), puis l'église baroque *Santa Trinità,* le *Palazzo Bartolini-Salimbeni* du XVIe s (y pointent déjà des éléments de l'époque baroque), le *Palazzo Ferroni* (du XIIIe s, à l'allure de forteresse), le *Palazzo Gianfigliazzi* (à côté de l'église).

🎨 *Chiesa Santa Trinità* *(zoom détachable C4) :* ☎ *055-21-69-12. 8h-12h, 16h-18h.* Très agréable et reposante. L'éclairage des œuvres est gratuit (à l'exception des fresques de Ghirlandaio). On entre dans l'église par le transept droit. À droite en entrant, les magnifiques fresques de Ghirlandaio. À gauche en entrant, magnifiques fresques également de Lorenzo Monaco. Traverser l'église vers le transept gauche. Dans la chapelle de droite, le tombeau de Federighi (lui-même sculpteur) par Luca della Robbia et, à gauche, une belle *Marie-Madeleine* par Desiderio da Settignano. Les chapelles à gauche de la nef (quand on fait face au chœur) contiennent de très belles fresques et peintures.

🎥🎥 *Museo Salvatore Ferragamo (zoom détachable C4) :* piazza Santa Trinità, 5. ☎ 055-336-04-56. Tlj 10h-19h30. Entrée : 6 € (audioguide fourni gratuitement et en français). Situé dans le sous-sol du palazzo Ferroni. Pour les aficionados de chaussures *made in Italy,* voici un musée pour vous ! Ici on retrace la vie et le travail du célèbre chausseur napolitain. À l'origine, il était parti rejoindre sa famille installée à Los Angeles, qui fabriquait à l'époque des... santiags ! Ces bottes ne lui plaisant guère, il commença alors à créer ses propres modèles. Par un heureux hasard, on eut besoin de lui sur un plateau de tournage, ce fut Greta Garbo, et la grande saga de l'histoire Ferragamo débuta ! Toutes les vedettes devinrent ses clientes (Audrey Hepburn, Ava Gardner...). Il déposa plus de 100 brevets. Quand il revint en Italie, c'est à Florence qu'il choisit de s'installer car c'est une ville qui reflète l'image de la beauté et, surtout, qui se trouve à proximité de tanneries. Ici sont exposés ses nombreux modèles phares portés par les vedettes d'Hollywood. L'invention de la célèbre chaussure compensée, en liège, c'est lui ! Brevetée en 1936 et copiée depuis dans le monde entier, sa fabrication n'aura plus de secret pour vous. Les chaussures, exposées par roulement, sont choisies parmi les 10 000 paires que conserve jalousement la famille Ferragamo (et on la comprend !). Le magasin se trouve juste au-dessus, donnant sur la luxueuse *via dei Tornabuoni, 14 r.* (☎ 055-29-21-23. Lun-sam 10h-19h30). Tout le monde n'a pas les moyens de s'offrir les services du bottier des stars d'Hollywood mais vous pouvez toujours y jeter un œil...

Le quartier de la gare est, comme on peut facilement l'imaginer, grouillant et bruyant avec un important réseau de trains et de bus (Florence est un nœud ferroviaire important en Italie). Certes, il est populaire, mais certains endroits demeurent pleins de charme et de simplicité. La piazza Santa Maria Novella en est un bel exemple, surtout depuis qu'elle est interdite aux voitures et qu'elle a été entièrement repensée ! Les promeneurs prennent le temps de lézarder sur les bancs et d'admirer les palais qui bordent la place. À deux pas, ne pas rater la visite de l'une des plus anciennes parfumeries du monde, fondée en 1612, l'*Officina Profumo Farmaceutica di Santa Maria Novella*. Le quartier est, avec sa large gamme d'hôtels toutes catégories, un endroit agréable et stratégique pour poser ses valises afin de rayonner dans la ville.

Où dormir ?

Auberge de jeunesse

🛏 *Archi Rossi Hostel* (plan détachable C2, 26) : via Faenza, 94 r. À 200 m de la gare ferroviaire. ☎ 055-29-08-04. ● info@hostelarchirossi.com ● hostelarchirossi.com ● La nuit en dortoir (4-9 lits) 18-28 €, petit déj léger compris ; 2 doubles 55-90 € selon saison. Réception 24h/24. 🖥 🛜 Une AJ hyper active, envahie de groupes de jeunes occupés à refaire le monde ou à jouer aux cartes. Déco kitschissime avec des fresques peintes par les étudiants des beaux-arts et une cour intérieure pseudo antique. Dortoirs basiques mais nickel. Des petits « plus » : lave-linge, énorme télé-vidéo et consigne gratuite. Également frigo et micro-ondes à disposition, petite restauration le soir (sauf samedi). Terrasse, jardin. Bref, que du bon...

Bon marché

🛏 *Albergo Paola* (plan détachable C2, 31) : via Faenza, 56. ☎ 055-21-36-82. ● infoalbergo@paola.com ● albergo paola.com ● Au 3e étage. 20 €/pers en chambre de 6 ; double avec douche 70 €. 🖥 🛜 Un endroit qui tend plus vers une AJ qu'un hôtel. Il aligne une poignée de chambres au 3e étage (sans ascenseur) d'un immeuble très central. Les toilettes sont en commun, mais le niveau de confort est honnête. Mobilier gai et coloré. Une bonne option à prix doux, à deux pas du centre.

Prix moyens

🛏 *Il Ghiro Guesthouse* (plan détachable C2, 33) : via Faenza, 63. ☎ 055-28-20-86. ● info@ilghiro.it ● ilghiro.it ● Réception 9h-18h. Compter de 45-60 € (douche et w-c communs) à 70 € (avec sdb privée), triples. Accès parking (payant). 🖥 🛜 Cette petite adresse dégage un on-ne-sait-quoi de vaguement rebelle et anticonformiste avec ses affiches pour le forum international. Rien de révolutionnaire toutefois, mais une *guesthouse* fraternelle tenue par des jeunes, avec une cuisine équipée pour partager ses spécialités ! Chambres très fréquentables et propres (elles ne sont que 2 à se partager une salle d'eau commune). Accueil joyeux.

🛏 *Albergo Merlini (plan détachable C2, 31) : via Faenza, 56.* ☎ 055-21-28-48. ● *info@hotelmerlini.it* ● *hotel merlini.it* ● *Au 3e étage sans ascenseur du Palazzo Barbera. Fermeture des portes à 1h. Congés : août. Doubles à partir de 80 € selon saison ; petit déj 6 €.* 🖃 Pension propre et bien tenue, située dans un palais du XVIIIe s, avec un brin de caractère pour les chambres avec vue sur le Duomo, le campanile et la chapelle médicéenne. Belle salle à manger. Les propriétaires sont hyper disponibles pour vous donner des infos pratiques sur la ville.

🛏 *Hotel Argentina (plan détachable B3, 28) : via Curtatone, 12.* ☎ 055-239-82-03. ● *info@hotelargentina.it* ● *hotelargentina.it* ● *Double 120 €. Parking.* 🖃 Non loin de l'Arno, dans un quartier calme tout en étant à proximité de la gare Santa Maria Novella. Ce petit hôtel familial propose une vingtaine de chambres climatisées, propres et claires. Mobilier en fer forgé, copieux petit déj. Accueil poli.

🛏 *Hotel Pensione Elite (plan détachable C3, 55) : via della Scala, 12.* ☎ 055-21-53-95. ● *hotelelitefi@libero. it* ● *Au 2e étage. Compter 75 € pour une double avec douche (w-c sur le palier) et 90 € avec sdb privée.* Sur 2 étages, une pension de taille moyenne sans prétention (qui porte donc assez mal son nom) mais qui propose des chambres tout à fait convenables et très bien tenues. Un petit peu de fantaisie dans la déco ne serait pas superflu. Accueil exceptionnellement souriant et humour (communicatif) de la patronne.

🛏 *Residenza Castiglioni (zoom détachable C3, 38) : via del Giglio, 8.* ☎ 055-239-60-13. ● *info@residen zacastiglioni.com* ● *residenzacasti glioni.com* ● *Au 2e étage (ascenseur). Chambres 95-160 €.* 📶 *10 % de réduc si résa par Internet.* La différence de prix se justifie par la présence ou l'absence de fresques peintes dans la chambre. À l'étage de la réception, chambres supérieures avec déco florentine plutôt réussie (bémol pour le carrelage cependant). Au 3e étage, chambres plus modernes mais toutes avec un très bon confort. Coin salon-bar pour papoter avec les autres résidents ou avec l'intarissable

patron. Une bonne adresse idéalement située.

🛏 *Hotel Azzi – Locanda degli Artisti (plan détachable C2, 31) : via Faenza, 56-58 r.* ☎ 055-21-38-06. ● *info@hote lazzi.it* ● *Doubles 80-120 € selon saison et standing, petit déj inclus ; également suite avec jacuzzi. Possibilité de parking.* 🖃 Cette « pension d'artistes » possède un cachet certain avec ses chambres meublées à l'ancienne, son sol parqueté, sa vue sur les toits, son atmosphère confinée. Matériaux écolos, belle bibliothèque fournie, salon avec cheminée, une terrasse et un petit sauna. En un mot : tranquillité.

🛏 *Tourist House (plan détachable C3, 50) : via della Scala, 1.* ☎ 055-26-86-75. ● *info@touristhouse.com* ● *tou risthouse.com* ● *Doubles avec bains 50-120 €, petit déj compris.* Petite structure bien située, qui a le gros avantage de concentrer ses chambres sur l'arrière du bâtiment ou autour d'une petite cour intérieure. Les durs de la feuille pourront toujours choisir une chambre côté rue pour profiter à plein de l'animation de la piazza di Santa Maria Novella ! Pour le reste : propre, sobre et ventilo ou AC pour tout le monde.

🛏 *Hotel Cosimo de' Medici (plan détachable C2, 45) : largo Fratelli Ali nari, 15.* ☎ 055-21-10-66. ● *info@ cosimodemedici.com* ● *cosimodeme dici.com* ● *Au rdc à gauche dans le hall d'entrée de l'immeuble. Fermé en déc. Doubles avec sdb à partir de 70 € (mais pouvant atteindre plus de 250 € lors de manifestations). Parking privé payant (15 €/24h).* 📶 *10 % de réduc sur le prix de la chambre sur présentation de ce guide.* Accueil professionnel (et francophone). Les chambres avec leurs belles tentures, le mobilier design, les lumières tamisées... ont tout le confort adéquat. Petite cour intérieure l'été pour le petit déj. Ambiance décontractée.

🛏 *Bellevue House (plan détachable C3, 52) : via della Scala, 21.* ☎ 055-260-89-32. ● *info@bellevuehouse. it* ● *bellevuehouse.com* ● *Doubles avec douche et w-c 70-120 € (triples), sans petit déj.* 🖃 📶 Chambres situées au 3e et dernier étage, mais si vous n'avez pas prévenu de l'heure de votre arrivée, il faudra peut-être sonner au 1er, où Antonio, le charmant propriétaire, a son appartement privé. Il s'agit d'un ancien palais, comme en témoigne la fresque tapissant la voûte de la cage d'escalier. Déco soignée, claire et accueillante pour quelques chambres confortables (AC et TV). Accueil sympathique et en français de surcroît !

🛏 **Domus Florentiae** (plan détachable C3, **42**) : via degli Avelli (sur la piazza di Santa Maria Novella). ☎ 055-265-46-45. ● info@domusflorentiahotel.com ● domusflorentiahotel.com ● Compter 95-250 € selon saison et vue, à l'arrière ou, le must, sur la place. 🛏 Dans un palais du XVIe s, un hôtel tout confort (TV, AC, frigo...), avec un mobilier choisi avec soin. Une adresse de haut standing à prix acceptable.

Très chic

🛏 **Casa Howard Guest House** (plan détachable C3, **57**) : via della Scala, 18. ☎ 06-69-92-45-55 (à Rome). ● info@casahoward.com ● casahoward.com ● Doubles 160-260 € selon taille (chambres familiales) et saison. 📶 Halte-là : maison de charme ! Et quel charme... Massimiliano, le patron, a aménagé, avec l'aide de son épouse, dans cette somptueuse demeure appartenant autrefois à sa tante, une maison d'hôtes de 14 chambres à la déco de très bon goût mais pour le moins (d)étonnante. Subtil et audacieux mélange d'ancien et d'ultramodernisme : lavabos en Inox design et fauteuils imitation zèbre côtoient rideaux en toile de Jouy ou autres tissus baroques. Les chambres, et même certaines salles de bains, sont équipées d'écrans plats et de hi-fi dernier cri ! Toutes sont différentes et ont leur spécificité. On a un faible pour la *terrace room* dotée d'une terrasse privative ! La *library room,* avec ses étagères remplies de livres, n'est pas mal non plus ! Parties communes (salon et terrasse intérieure) très agréables. Une adresse hors du commun où l'on résiderait volontiers plusieurs nuits...

🛏 **J.K. Place** (plan détachable C3, **47**) : piazza di Santa Maria Novella, 7. ☎ 055-264-51-81. ● jkplace@jkplace.com ● jkplace.com ● Chambres à partir de 300 € et jusqu'à... 1 000 € en hte saison pour une (superbe) suite. 🛏 Magnifique hôtel design alliant patrimoine de palais florentin avec une déco résolument moderne, très réussie. Les chambres, toutes différentes, toutes charmantes, offrent un confort irréprochable. Chaque meuble a été choisi avec soin, les pièces communes dégagent beaucoup de chaleur, et le personnel est aux petits soins. Au dernier étage, somptueuse terrasse. Bien sûr, tout cela se paie (très cher) ! Également le *J.K. Lounge* (réservé à l'usage exclusif des hôtes), idéal pour prendre un dernier verre ou discuter avec les autres convives. Pour les routards amoureux aux portefeuilles bien fournis.

🛏 **Grand Hotel Minerva** (plan détachable C3, **48**) : piazza di Santa Maria Novella, 16. ☎ 055-272-30. ● info@grandhotelminerva.com ● grandhotelminerva.com ● Doubles à partir de 200 €. Remise intéressante en fonction du remplissage. 🛏 📶 Idéalement situé, à deux pas du cœur historique, cet hôtel imposant aligne des chambres élégantes et sobres dans les tons crème, et propose évidemment la panoplie complète des services attendus dans ce genre d'endroit... L'atout indéniable qui le différencie de ses homologues, c'est la piscine et la terrasse sur le toit avec un panorama sur le Duomo et le campanile. Les portes des chambres, ornées de photographies en taille réelle de vieilles portes florentines, apportent une touche originale.

🛏 **Hotel Santa Maria Novella** (plan détachable C3, **49**) : sur la place du même nom, au n° 1. ☎ 055-27-18-40. ● info@hotelsantamarianovella.it ● hotelsantamarianovella.it ● Compter 200-280 € pour 2. 🛏 📶 Belles chambres joliment classiques et décorées dans un style florentin revisité. Salles de bains majestueuses en marbre, beaucoup de classe et confort douillet. Belle terrasse panoramique pour admirer les toits rouges de la ville et les plus beaux monuments. Sauna. Centre de fitness. Accueil très pro.

Où manger ?

Marché

– **Mercato delle Cascine** (hors plan détachable par A2) : viale Lincoln. Bus n° 17 c. Mar 8h-14h. Le long de l'Arno, une profusion de stands proposant, entre autres, de l'alimentation. Un peu excentré mais ça vaut vraiment le coup et surtout ce n'est pas cher du tout ! Beaucoup de Florentins s'y retrouvent pour faire de bonnes affaires.

Prix moyens

|●| **I Due G.** (plan détachable C2, **93**) : via B. Cennini, 6 r. ☎ 055-21-86-23. ● abuba@libero.it ● Tlj sf dim et j. fériés. Compter 20 € max pour un repas complet. Cantine de quartier qui se distingue par ses belles spécialités florentines (signalées clairement sur le menu) à prix doux et par ses desserts maison. L'accueil, quant à lui, pourrait être plus chaleureux.

|●| **Trattoria Guelfa** (plan détachable C2, **94**) : via Guelfa, 103 r. ☎ 055-21-33-06. Ouv midi et soir. Congés : 1 sem en août. Menus 15 € le midi et 20 € le soir. 📶 Apéritif offert sur présentation de ce guide. Cadre plutôt hétéroclite : murs agrémentés de croquis humoristiques, bouteilles, vieilles marmites et calebasses. En travers de la pièce, une barre de bois où se cramponne un nounours sur une balançoire. Laissez-vous donc tenter par les penne aux cèpes, à la crème de truffe et au jambon toscan. Sinon, les sympathiques patrons prendront le temps de commenter (en français) la carte et de vous guider dans le choix des vins. Que du bon, on vous le dit !

|●| **Trattoria 13 Gobbi** (plan détachable C3, **225**) : via del Porcellana, 9 r. ☎ 055-28-40-15. Compter 20-25 € pour un repas. Une adresse qui a pignon sur rue depuis des années. Une

bonne grosse tambouille, que les habitués et les nombreux touristes viennent déguster ici dans une atmosphère festive et bon enfant. On y retrouve les plats traditionnels toscans, notamment la bistecca alla fiorentina. Patron jovial et serveurs attentifs.

🍕 **Pizzeria Centopoveri** (plan détachable C3, **224**) : via Palazzuolo, 31 r. ☎ 055-21-88-46. ● info@cento poveri.it ● ♿ Fermé pour les fêtes de Noël. Compter 20-25 € pour un repas complet. 📶 Café offert sur présentation de ce guide. Une grande pizzeria de quartier où les autochtones ne s'y trompent pas en s'attablant régulièrement autour de pizzas croustillantes. Mention spéciale à la pizza napolitaine bien épaisse et savoureuse. Également, l'osteria (plus chère) du même nom juste à côté (c'est le même proprio), qui propose des plats typiquement toscans.

|●| **Trattoria Il Contadino** (plan détachable B3, **95**) : via Palazzuolo, 69-71 r. ☎ 055-238-26-73. Tlj sf sam-dim. Congés : 12-28 août. Formules midi 11,50 € et soir 13 €. Petite cantine familiale sans prétention mais toujours pleine à craquer. Et pour cause ! 2 petites salles carrelées pas désagréables. Côté cuisine, pas de quoi crier au génie culinaire, mais pour le prix, c'est copieux et on a bien aimé que les produits surgelés soient mentionnés (c'est plus honnête !). Et pour 0,50 € de plus, vous aurez droit au quart de rouge... mais mieux vaut avoir l'estomac bien accroché !

|●| **Trattoria al Trebbio** (zoom détachable C3, **101**) : via delle Belle Donne, 47-49. ☎ 055-28-70-89. Belle salle à l'italienne avec grappes d'ail et déco florale. Cuisine de bonne femme bien ficelée et une excellente bistecca alla fiorentina (moins chère qu'ailleurs mais tout aussi bonne). Beaucoup d'employés du quartier en ont fait leur cantine le midi. Accueil variable.

Où savourer de bonnes glaces ?

🍦 **B-Ice** (plan détachable B3, **179**) : via Borgo Ognissanti, 150. Tlj 11h-minuit. Glacier un peu excentré mais qui nous a emballés pour ses

glaces artisanales aux parfums subtils et naturels (la fraise est excellente tout comme le sorbet au chocolat). Accueil très gentil.

Où déguster de bonnes pâtisseries ?

◢ **Forno Becagli** (plan détachable B3, **164**) : via Borgo Ognissanti, 92. ☎ 055-21-50-65. Lun-sam 8h-19h30. Une boulangerie grande comme un mouchoir de poche, bien connue des habitants du quartier. Pains et viennoiseries italiennes régaleront les bouches sucrées et les petites faims. Et cette odeur qui vient vous chatouiller les narines... Un délice !

Où danser ?

Discothèques

♫ **Tenax :** via Pratese, 46. ☎ 055-30-81-60 (infoline) ou 055-63-29-58. ● tenax.org ● Dans le secteur de l'aéroport. Tlj juin-sept, 22h-4h ; oct-mai, jeu-dim et lors de concerts à partir de 22h30. Prix de l'entrée variable en fonction de la notoriété des artistes mais assez élevé dans l'ensemble. Une des boîtes les plus chic (il faut passer l'épreuve de la porte d'entrée !). Sa réputation a largement dépassé les frontières toscanes et draine une faune étudiante et post-étudiante qui vibre à l'unisson au rythme de la house et de la techno. Les DJs les plus célèbres s'y produisent régulièrement.

♫ **Space Electronic** (plan détachable B3, **206**) : via Palazzuolo, 37. ☎ 055-29-30-82. À deux pas de la piazza della Stazione. 22h-3h (4h sam). Grosse boîte (la plus grande de Florence, pouvant accueillir jusqu'à 800 personnes) sur 2 niveaux, où afflue une clientèle très jeune, principalement anglo-saxonne, qui ingurgite avidement la musique commerciale, house et hip-hop, assénée sans modération par les DJs. Karaoké au 1er niveau et dancefloor avec laser et écran vidéo à l'étage.

À voir

🏛 **Chiesa Santa Maria Novella** (plan détachable C3) : piazza di Santa Maria Novella. ☎ 055-264-51-84. Lun-jeu 9h-17h30 (11h ven), sam 11h-17h et dim 13h-17h. Entrée : 5 € (avec le musée ci-après).
Église édifiée par les dominicains à partir du XIIIe s. Remarquable façade en marbre polychrome. Sur la droite, l'ancien cimetière de la noblesse florentine. À l'intérieur, nombreuses fresques inspirées de La Divine Comédie de Dante. Dans la nef centrale, au-dessus de l'entrée, une Nativité à fresque de Botticelli. Au milieu, un crucifix suspendu, peint par Giotto. Dans la nef à gauche (juste après la chaire magnifiquement sculptée), la Sainte Trinité de Masaccio (1424-1425), où l'artiste introduit un effet de trompe-l'œil (plafond à caissons, cadre en arc de triomphe) qui rappelle la structure intérieure de l'église elle-même. Les deux personnages agenouillés et priant, au premier plan, sont le commanditaire de l'œuvre et sa femme. Derrière le maître-autel, extraordinaires fresques de Domenico Ghirlandaio sur la vie de la Vierge. Scènes d'extérieur et d'intérieur d'une fraîcheur réaliste, plongée unique dans le quotidien du XVe s florentin. À droite, chapelle de Filippo Strozzi et fresques de Filippino Lippi (finies en 1502), qui comptent parmi les plus étonnantes de l'artiste (Vie de saint Philippe à droite et Vie de saint Jean l'Évangéliste à gauche). À gauche du chœur, la chapelle Gondi avec un magnifique Christ en croix par Brunelleschi.
Dans la sacristie (vers le fond, à droite) : un lavabo tout en couleurs de Giovanni della Robbia.

🏛 **Museo di Santa Maria Novella** (plan détachable C3) : à gauche de l'église. ☎ 055-28-21-87. Mêmes horaires de l'église ci-dessus. On pénètre d'abord dans le cloître vert (ainsi nommé à cause des nuances vertes des terres de Sienne utilisées), dont les fresques sur le Déluge sur le côté droit en entrant sont attribuées à

Paolo Uccello. Quelle modernité malgré le mauvais état de conservation ! Découvrir, au fond, la remarquable ***chapelle des Espagnols,*** recouverte de fresques datant de 1365 par le Florentin Andrea Buonaiuto. La *Crucifixion* est à voir. Petit musée avec bustes-reliquaires (du XIVᵉ s), tapisserie florentine très ancienne, fragments de fresques d'Andrea Orcagna, belle orfèvrerie religieuse, *Cène* d'Alessandro Allori,etc.

🍴 ***Museo del Novecento*** *(plan détachable C3) : piazza di Santa Maria Novella, 10.* ● *museonovecento.it* ● *Avr-sept tlj 10h-21h (sf jeu 10h-14h, ven 10h-23h) ; horaires restreints le soir en basse saison. Entrée : 8,50 € (10 € avec l'expo temporaire).* Dans l'ex-couvent Léopoldine, on a installé plus de 300 œuvres, représentant l'art italien du XXᵉ s. Elles proviennent d'un fonds de ville (institutions surtout) et du fond privé Rosai (collectionneur toscan). Les œuvres (peintures et sculptures) sont réparties sur deux niveaux dans 15 salles thématiques. Elles sont présentées par rotation. C'est la raison pour laquelle nous n'indiquons pas d'œuvres précises. On y voit notamment celles d'Alberto Moretti, d'Emilio Vedova, d'Alberto Magnelli et du spécialiste de la lumière, Lucio Fontana. Au deuxième niveau, les salles sont consacrées à la mode et au Maggio Musicale Fiorentino (incontournable festival de musique à Florence), où on peut écouter des morceaux d'opéras, de chants et autres sur des tablettes. Le parcours se termine avec une section consacrée au cinéma en Toscane et à ses nombreux tournages et lieux de films. D'ailleurs, on peut regarder une vidéo (20 mn) retraçant l'histoire des principaux films. C'est aussi un espace initiatique à l'art contemporain italien avec un espace multimédia et une salle de conférences.

🍴🍴🍴 🚶 ***Officina Profumo Farmaceutica di Santa Maria Novella*** *(plan détachable C3) : via della Scala, 16 n.* ☎ *055-21-62-76. Tlj 9h-20h. Fermé en août.*

Il faut pousser la porte de cette superbe maison pour découvrir l'une des plus anciennes pharmacies du monde, fondée par les pères dominicains. Dès 1221, année de leur arrivée à Florence, ils cultivaient dans leur potager des herbes médicinales pour la pharmacie du couvent. En 1612, on décida de l'ouvrir au grand public. Très vite, on reconnut les bienfaits des formules des frères pharmaciens jusqu'en Russie et aux Indes. En 1866, le gouvernement italien confisqua les biens de l'Église mais autorisa toutefois le neveu du dernier frère directeur à lui rétrocéder la pharmacie. Aujourd'hui encore, on y élabore les fabrications artisanales des frères dominicains : essences,

L'EAU DE FLORENCE... À COLOGNE

Suite à une commande de Catherine de Médicis, Giovanni Paolo Feminis, qui œuvrait à l'Officina de Santa Maria Novella, mit par écrit la recette d'une eau fraîche et citronnée, à la fois parfumée et curative (elle soignait même... les maux d'amour). Lorsque la reine quitta l'Italie pour la France, elle emmena avec elle son parfumeur, et le breuvage (à l'époque, on en mettait jusque dans la soupe) prit le nom d'Eau de la Reine. Ce n'est qu'en 1725 que la mystérieuse formule prit le nom de la ville qui accueillit Feminis lorsqu'il quitta la Cour : l'eau de Cologne.

pommades, savons, shampoings... Tout est à base de plantes. Les fleurs sauvages viennent des collines de Florence et sont mises à sécher des mois entiers dans des jarres en terre cuite d'Impruneta. C'est maintenant dans une usine au nord de Florence, à Reginaldo Giuliani, que sont réalisées toutes les préparations présentées à l'*Officina Profumo*. Attention : les savons sont encore fabriqués avec les machines du XIXᵉ s et emballés à la main ! Cette officine est unique au monde et son catalogue fait rêver. Élisabeth II, la reine d'Angleterre, y commanderait tous ses produits. On peut rester néanmoins sceptique sur l'efficacité réelle de certains remèdes, comme l'*aceto dei sette Ladri*, une potion contre l'évanouissement... ou encore l'eau antihystérique, appelée plus communément *Acqua di Santa Maria*

Novella... La tentation est grande, mais les prix sont évidemment très élevés. Les vitrines en noyer du XVIe s, les voûtes ornées de fresques et les statues veillant sur les rangées de pots pharmaceutiques hors d'âge ensorcèlent néanmoins les visiteurs qui repartent en grande majorité avec un savon ou un flacon à la senteur délicate...

– Petit musée *(jouxtant la 2e salle sur la droite en entrant).* Tlj 10h30-17h30. Exposition de nombreuses fioles et pots dans lesquels étaient conservées toutes les essences et herbes pour la fabrication de parfums et lotions, ainsi que quelques jarres en terre cuite où l'on séchait les mélanges et un pressoir pour les fleurs. Également, dans le musée, une ravissante chapelle avec ses fresques d'origine entièrement restaurées, un vrai bijou à ne rater en aucun cas !

🏛 *Chiesa di Ognissanti (plan détachable B3) : piazza Ognissanti, le long de l'Arno. Lun-sam 9h-12h, 16h-17h30 ; dim et j. fériés 16h-17h30. La sacristie de l'église est fermée au public. Visite du cloître tlj sf mer ; sam, dim et j. fériés 9h-17h. Entrée indépendante à gauche du portail principal.*
En entrant, vous pouvez apercevoir la présence des Médicis à leur blason en marbre. Belles orgues ainsi qu'une chaire magnifiquement sculptée. Jolie église, un peu chargée, au décor plutôt baroque. Beau plafond peint, malheureusement difficile à voir à cause de l'éclairage. Dans la nef, sur la gauche, belle fresque du XVIe s ; sur la droite, une admirable *Pietà* réaliste (d'inspiration flamande) par Ghirlandaio. Mais surtout, au milieu de la nef, à droite, le célèbre *Saint Augustin* de Botticelli et à droite encore le non moins célèbre *Saint Jérôme* de Ghirlandaio. Vous apercevrez en entrant à droite l'indication du niveau de la crue de novembre 1844, puis celle de novembre 1966. Cela explique en grande partie la disparition presque totale des fresques de la partie inférieure des murs du cloître. Celles-ci racontent la vie de saint François. On peut admirer dans le réfectoire une magnifique *Cène* de Ghirlandaio. Petit détail, la nappe ne couvre pas les pieds des apôtres et le troisième personnage (en partant de la gauche) ne semble pas bien convaincu... Accueille aussi des expos temporaires contemporaines.

QUARTIER DE SAN FREDIANO

Suivant le cours de l'Arno, vous traverserez le ponte alla Carraia et vous échouerez sur les rivages du borgo San Frediano, coincé entre la via dei Serragli à l'est, le giardino Torrigiani au sud, les murailles à l'ouest et le fleuve au nord. C'est une tout autre ambiance ici ! C'est la piazza del Carmine qui fait battre le cœur du quartier et des jeunes branchés venus faire la fête. Elle renferme également un joyau de la Renaissance, la *chapelle Brancacci* avec les fresques somptueuses de Masolino, Masaccio et Lippi. Il faut surtout déambuler dans les ruelles, sans but précis, pour profiter de ce quartier à l'avenir prometteur.

Où dormir ?

Auberge de jeunesse

🏠 **Ostello Tasso** (plan détachable A4-5, 86) : via Villani, 15. ☎ 055-06-02-087. ● info@tassohostelflorence. com ● ostellotassofirenze.it ● Congés janv-mars sf quelques j. à Nöel et 1er janv. Compter 25-33 €/pers en dortoir. Chambres doubles 68-90 €. Aperitivo et music live tlj sf w-e. Cuisine à dispo. 📶 Installée dans une ancienne école rénovée, cette auberge de jeunesse est une aubaine pour les *backpackers*. Accueil extra à l'ambiance chaleureuse (malles en guise de table basse, ancien théâtre transformé en salle de musique, vieux fauteuils de cinéma, grande table dans la cuisine...). L'auberge reçoit aussi beaucoup de musiciens d'avril à septembre. Au total, 13 chambres dont le nombre pourrait doubler d'ici quelques temps puisque la direction lorgne sur le monastère d'à côté... à suivre... Également, prêt de vélo, laverie.

🏠 **Ostello Santa Monaca** (plan détachable B4, 27) : via Santa Monaca, 6. ☎ 055-26-83-38. ● info@ostellosantamonaca.com ● ostellosantamonaca. com ● Attention, chambres fermées 10h-14h. Couvre-feu à 2h. Résa on-line ou par e-mail slt ; sinon, se présenter le mat, le plus tôt possible (ouv à 6h), et laisser son nom sur une liste d'attente. L'attribution se fait dès 9h30, lorsque les lits ont été libérés. Dortoirs mixtes (4-22 lits) 19-22 € (draps fournis) ; doubles à partir de 45 €. 🖥 📶 AJ ouverte à tout le monde, sans limitation d'âge (carte des AJ pas obligatoire). Située dans un palais du XVe s, c'est une vaste AJ privée, à deux pas de la piazza del Carmine. La déco n'est pas exceptionnelle, mais les équipements et l'entretien sont convenables. Dortoirs fonctionnels équipés de casiers et de ventilos, blocs sanitaires corrects. Côté services : cuisine basique à dispo (mais apporter son matériel), lave-linge, TV, consigne. Vaste salle commune aussi, avec distributeurs de boissons et snack.

Institutions religieuses

🏠 **Antico Spedale del Bigallo** : via Bigallo e Apparita, 14, 50012 **Bagno a Ripoli** (suivre les panneaux marron indiquant ce monument historique). ☎ 055-63-09-07. ● info@bigallo. it ● bigallo.it ● À 8 km au sud-est de Florence, compter 25 mn avec le bus n° 33 depuis la gare S. M. Novella ou la gare Campo di Marte (ou n° 71 21h-0h30), arrêt La Fonte, puis 15 mn à pied. Check in : 18h-22h30. Auberge fermée 10h-18h. Pas de couvre-feu. Fermé 1er janv-31 mars. Compter 26 € en dortoir et 39 € la double, petit déj compris. Loc set de toilette 3 €. Depuis le XIIIe s, cette vieille hostellerie a pour vocation d'accueillir les pèlerins. Rien n'a vraiment changé, les messes en moins ! Dans la cuisine, la cheminée est assez grande pour rôtir des sangliers, la vaisselle est faite dans des éviers de pierre, et les grosses tables communes entretiennent la camaraderie. On dort dans différents dortoirs aux lits juchés sur des estrades ou bien répartis dans de petites alcôves aux allures monacales. Dépouillement digne du *Nom de la rose*, qui ne manque pas de charme ! Et puis la campagne toscane est si belle...

🏠 **Casa Santo Nome di Gesù** *(plan détachable B4, 21)* **:** piazza del Carmine, 21. ☎ 055-21-38-56. ● info@fmmfirenze.it ● fmmfirenze.it ● Réception tlj 6h30-11h30. Fermé 3 sem en janv. Résa conseillée. Double avec sdb privée 85 €, petit déj inclus ; familiales (4-5 lits) 115-165 €. Parking payant (10 €/j). 📶 Réduc de 10 % sur le prix de la chambre en janv, fév et nov sur présentation de ce guide. Vieux palais florentin du XVe s à la façade ocre, tenu à la perfection par des sœurs dominicaines francophones accueillantes et chaleureuses. Atmosphère feutrée dans le magnifique jardin, propice au repos. Chambres plaisantes, très propres, pourvues d'un mobilier ancien, sans AC mais avec ventilos. Celles qui donnent sur la rue peuvent être un peu bruyantes. Si vous êtes 4, demandez la chambre n° 8, particulièrement agréable avec ses colonnes et sa fresque au plafond. Éviter les n°s 6 et 7, donnant directement sur la place. Avis aux fêtards, cette adresse n'est pas pour vous : couvre-feu à 23h30 (23h l'hiver !)...

Prix moyens

🏠 **Residenza Il Carmine** *(plan détachable B4, 76)* **:** via d'Ardiglione, 28. ☎ 055-238-20-60. ● info@residenzailcarmine.com ● residenzailcarmine.com ● Résa conseillée très longtemps à l'avance. Compter 80-120 €/j. pour 2 ; plus cher pour les apparts « Domus », « F. Lippi » et « Masaccio », qui sont plus grands. 📶 Avec 6 appartements entièrement équipés (un petit béguin pour « Masaccio »), la *Residenza Il Carmine*, nichée dans une ruelle exceptionnellement calme, constitue une alternative originale aux hôtels. Meublés à l'ancienne et décorés avec goût, 3 appartements donnent sur un jardin intérieur privatif génial à l'heure de l'apéro. Les 3 autres occupent la partie principale du palais, où les plafonds voûtés ou à caissons ajoutent au charme et à l'intimité du lieu. Pour un peu, on se sentirait plus florentin qu'un Florentin ! Accueil chaleureux d'Emilio et de Myriam.

Où manger ?

Sur le pouce

🍽 **La Botteghina Rossa** *(plan détachable B4, 232)* **:** Borgo San Frediano, 26 r. Tlj sf dim 15h-23h (2h ven-sam). Panino 4 €. Une adresse tenue par une dame adorable qui vous aide à choisir les bons produits pour vous confectionner le *panino* idéal. Un vrai régal, et les produits sont d'un rapport qualité-prix imbattable. Une bonne petite adresse dans le quartier, qui a déjà fait de nombreux adeptes.

Bon marché

🍕 **Da Gherardo** *(plan détachable B4, 231)* **:** borgo San Frediano, 57 r. ☎ 055-28-29-21. Ouv le soir slt. Pizzas à partir de 8 €. Bravissimo pour cette adresse grande comme un mouchoir de poche et tenue par des étudiants hyper débrouillards et rigolards. Les *pizze* cuites au feu de bois sont tout simplement excellentissimes. Chouette ambiance et service endiablé.

🍽 **Trattoria Sabatino** *(plan détachable A4, 151)* **:** via Pisana, 2 r.

SAN FREDIANO

☎ 055-22-59-55. ♿ *Un peu excentré, tt à côté de la porta San Frediano. Fermé sam-dim et j. fériés. Congés : août. Repas 15-20 €.* Petite *trattoria* familiale et populaire, sans prétention aucune, mais qui offre un bon petit choix de plats typiques toscans. Il n'y a qu'à voir les habitués défiler pour s'en rendre compte. Ici pas de chichis, ni dans le service, ni dans la déco, ni dans l'assiette ! On s'attable (où il y a de la place) pour un plat de pâtes du jour ou un tiramisù maison. Et basta !

🚃 *Vico del Carmine (plan détachable A3-4, 138) :* via Pisana, 40 r. ☎ 055-228-10-06. ● brunocarmine59@hot mail.it ● ♿ *À 30 m de la porta San Frediano. Ouv ts les soirs sf lun. Résa vivement conseillée. Congés : août. Pizze à partir de 8 €.* Un lieu quelque peu excentré mais réputé pour ses bonnes pizzas napolitaines. Tout provient de la région de la Campanie, du pizzaiolo à la mozzarella en passant par les tomates. Et les *pizze* ? Légères et savoureuses, un régal ! Les Florentins s'y pressent en famille, entre amis, rejoints par les touristes de plus en plus nombreux. C'est plein comme un œuf à partir de 20h30. Hop, hop, hop ! Faut que ça tourne !

Prix moyens

|●| *Trattoria Il Guscio (plan détachable A4, 152) :* via dell'Orto, 49. ☎ 055-22-44-21. ● info@il-guscio.it ● *Tlj sf sam midi et dim tte la journée. Congés : 15 j. en août. Menu le midi 15 € ; carte 35 € (sans la boisson). Trattoria* familiale dirigée par Francesco, sommelier de métier, et sa femme Elena. La *mamma* de Francesco, Sandra, officie en cuisine. Ici, les plats font honneur aux produits de saison. Le poisson occupe une large place dans la carte. Tout est fait maison, des *antipasti* aux desserts en passant par les pâtes fraîches. Évidemment, une belle sélection de vins. Accueil prévenant et service charmant.

🚃 |●| ♟ *Vivanda Gastronomia (plan détachable B4, 115) :* via Santa Monaca, 7 r. ☎ 055-238-12-08. ● vivandafirenze@gmail.com ● *Tlj sf mar.* Une adresse bio et pour locavores. Pratique le midi pour une assiette de légumes grillés ou de charcuterie accompagnée d'un verre de vin... bio, naturellement. On mange avec des couverts biodégradables et on fait le tri des déchets à la fin du repas. Également des *panini* à emporter.

|●| *Trattoria del Carmine (plan détachable B4, 129) :* piazza del Carmine, 18 r (à l'angle de Borgo San Frediano). ☎ 055-21-86-01. *Congés : août. Carte 25-30 €. Digestif offert sur présentation de ce guide.* Cette *trattoria* d'habitués est réputée pour sa cuisine simple et goûteuse (mention spéciale pour sa *bistecca* et pour le *cremino al cioccolato*). Aux beaux jours, préférer la petite terrasse ombragée, plus agréable que l'intérieur. Prix honnêtes et service efficace.

|●| *Al Tranvai (plan détachable B4, 124) :* piazza T. Tasso, 14 r. ☎ 055-22-51-97. ● info@altranvai.it ● *Fermé dim. Congés : 1 sem en août. Résa conseillée. Repas 25 €. Trattoria* minuscule nichée au cœur du quartier populaire de San Frediano. La déco évoque l'intérieur d'un tram (d'où son nom), celui-là même qui parcourait autrefois les rues de Florence. La carte change tous les jours pour satisfaire les nombreux habitués, mais on retrouve les spécialités toscanes comme la *pappa al pomodoro*, la ribollita (en hiver) et la *panzanella* (en été). Le tout se déguste au coude à coude dans une atmosphère conviviale, très agitée selon le moment.

De chic à plus chic

|●| *Alla Vecchia Bettola (plan détachable A4, 132) :* viale Vasco Pratolini, 3-5-7. ☎ 055-22-41-58. ♿ *Fermé dim-lun. Congés : 10 j. en août et 10 j. Noël-Jour de l'an. Repas complet 35-40 € (sans la boisson). CB refusées.* 📶 *Café offert sur présentation de ce guide.* Décor d'*osteria* d'antan (carreaux de faïence aux murs, vieux zinc en marbre, présentoir chargé de charcuteries alléchantes...), ambiance conviviale caractéristique de ce quartier populaire (favorisée par les tablées communes) et nourriture florentine traditionnelle de qualité constante. On vous recommande, entre autres, les *penne alla bettola* (sauce tomate,

crème de lait, poivre et vodka). Sinon, les amateurs d'abats ne seront pas déçus. Un repaire bien connu des Florentins, qui apprécient le joli coin terrasse aux beaux jours.

|●| Trattoria Napoleone (plan détachable B4, **131**) : piazza del Carmine, 24 r. ☎ 055-21-07-56. ● info@ trattorianapoleone.it ● Tlj sf j. fériés 19h-1h. Menus à partir de 25 €; repas 30-35 €. Café offert sur présentation de ce guide. Cette adresse a rapidement conquis le cœur et l'estomac des Florentins gourmands. La maison a en effet de sérieux atouts en main : déco branchée (patchwork réussi de meubles vieillis et de bibelots amusants) et spécialités variées (pâtes, pizzas, viandes...). Elles sont cuisinées avec de bons produits, joliment présentées et secondées par une carte des vins aguichante. Pour servir le tout, l'équipe arbore un sourire des plus chaleureux. Terrasse aux beaux jours (dommage qu'elle donne sur le parking).

|●| ♟ Enoteca Le Barrique (plan détachable B4, **135**) : via del Leone, 40 r. ☎ 055-22-41-92. ♿ Fermé lun. Congés : 3 sem en août. Compter 15 € pour une assiette de charcuterie ou de fromage et 30-45 € pour un repas complet. 🛜 Beau choix de vins italiens et étrangers (français, chiliens, sud-africains...) conseillés par le patron, qui ne pousse pas à la consommation (ça mérite d'être souligné). À déguster : les suggestions du jour et d'appétissantes spécialités de la cuisine florentine (tagliatelles aux courgettes, raviolis au vin, poulpe, filet de mérou...). Et, dès les premiers rayons de soleil, on répartit les tables entre la jolie salle chic et un jardin tranquille à l'ombre d'une treille. Accueil absolument charmant.

|●| Ristorante Pane e Vino (plan détachable B4, **150**) : piazza di Cestello, 3 r. ☎ 055-247-69-56. ● panee vino@yahoo.it ● Tlj sf dim 19h30-1h. Congés : 1 sem en hiver et aux env du 15 août. Menus 35-45 € ; repas complet à la carte 45-50 €. Ne vous fiez pas à l'entrée peu avenante avec ses néons verts et rouges. À l'intérieur, c'est beaucoup plus cosy avec ses poutres et sa grande verrière. Pour plus d'intimité, les amoureux choisiront la mezzanine. Bonne cuisine toscane revue, avec quelques envolées originales comme la crème brûlée au parmesan ou la baccalà in brandade all'antica. On apprécie les conseils œnologiques du maître des lieux, qui ne force pas le porte-monnaie... Accueil prévenant.

Où savourer de bonnes glaces ?

♟ Gelateria La Carraia (plan détachable B4, **166**) : piazza N. Sauro, 25 r. ☎ 055-28-06-95. Juste en face du ponte alla Carraia. Tlj 11h-22h30. Vaste choix de parfums maison pour ce glacier très apprécié des Florentins, donc plutôt bon signe ! Mention spéciale au parfum cookies.

Autre adresse : via dei Benci, 24.

♟ La Sorbettiera (plan détachable B4, **178**) : piazza Tasso, 11 r. ☎ 055-12-03-36. ● lasorbettiera@gmail. com ● On est prêt à tout pour traverser la ville et goûter ces sorbets légers, 100 % naturels ! Une bonne adresse rafraîchissante.

Où boire un verre ? Où écouter de la musique ?

♟ Bar Hemingway (plan détachable B4, **183**) : piazza Piattellina, 9 r. ☎ 055-28-47-81. ● info@hemingwayflorence. it ● Tlj jusqu'à 1h (2h ven). Congés : juilaoût. Une poignée de fauteuils en osier, un divan et quelques photos évoquant la vie aventureuse du célèbre écrivain américain composent un décor des plus cosy dans ce charmant petit café. Atmosphère relax, idéale pour savourer l'une des spécialités de café ou de chocolat de la maison. Bel éventail de cocktails, comme il se doit.

♟ ♪ Libreria Café La Cité (plan détachable B4, **210**) : borgo San Frediano, 20 r. ☎ 055-21-03-87. ● info@

SAN FREDIANO

lacitelibreria.info ● *Tlj 10h30-1h. Brunch dim.* Un concept original avec une librairie le jour qui s'anime gentiment en salle de concerts (de jazz bien souvent) une fois le soir venu. Fort de son succès, l'endroit ne désemplit pas.

Y |●| **Aurora** *(plan détachable A4, 198) :* viale Vasco Pratolini (angle de la piazza Tasso). ☎ 055-22-40-59. ● *info@circoloaurorafirenze.it* ● *Tlj 18h30-minuit.* Par son histoire, cet ancien lieu de rendez-vous, dans les années 1960, de la course cycliste Firenze-Viareggio est un café comme on les aime, où il fait bon vivre. Avec le soleil, on profite des chaises extérieures ou de la petite terrasse du 1er étage, ou bien on s'installe dans la salle principale, colorée et hétéroclite. Ici, on refait le monde, on dîne entre amis ou on profite du buffet à l'heure de l'*aperitivo*. Humeur joyeuse.

Y ♪ **Dolce Vita** *(plan détachable B4, 153) :* piazza del Carmine, 6 r. ☎ 055-28-45-95. *Tlj sf lun 17h-2h (3h ven-sam).* Le *Dolce Vita* doit son succès à une bonne alchimie : une déco néorétro mêlant avec aplomb un bar translucide, un mobilier design et une antique mob, une terrasse irrésistible et une bonne dose de musique électronique servie par un DJ derrière ses platines. Chaude ambiance à 50 m des fresques pieuses de Masolino et Masaccio !

À voir

⚜⚜⚜ Chiesa Santa Maria del Carmine et cappella Brancacci *(plan détachable B4) :* piazza del Carmine. *Église ouv 7h30-12h, 17h-18h30. Chapelle ouv 10h (13h dim et j. fériés)-17h. Fermé mar ainsi que les 1er, 3e et 5e lun du mois. Résa obligatoire au* ☎ *055-276-82-24/85-58. Accès limité à 30 pers max pour un délai de 15 mn. Entrée : 6 € (avec un film de 40 mn sur l'œuvre de Masaccio inclus dans le prix).* À droite du transept, la fabuleuse *chapelle Brancacci,* demeurée miraculeusement intacte après l'incendie de 1771, est entièrement décorée de fresques de Masolino, Masaccio et Filippino Lippi (XVe s). Thèmes du Péché originel et de la vie de saint Pierre. Depuis leur restauration, la nudité d'Adam et Ève est à nouveau dévoilée, débarrassée du feuillage ajouté pudiquement par Cosme III au XVIIe s. Masolino, à qui l'on avait commandé l'ensemble des fresques en 1424, s'était probablement fait seconder dès le début du chantier par son jeune élève Masaccio. On mesure d'ailleurs toute la modernité de la peinture de Masaccio, aux visages expressifs débordant de vie, comparée au style plus sage et élégant de Masolino. Chez Masaccio, les corps sont tout en volume, fruit d'une étude poussée de l'anatomie et de l'application des règles de la perspective. L'homme devient ici le sujet central des compositions. Le chantier sera abandonné suite à la mort (l'assassinat selon certains) de Masaccio, jusqu'à ce que Lippi termine à sa manière ce cycle de fresques 50 ans plus tard. Sous la voûte, trompe-l'œil impressionnant.

Situé dans l'Oltrarno, Santo Spirito est le quartier où bat le véritable cœur de la ville, un quartier plus populaire, un peu à l'écart des circuits touristiques (quand bien même il connaît un beau succès). Il faut parcourir ce réseau sombre de rues étroites qui débouchent sur des places et des églises pittoresques. Prenez votre temps pour flâner, être à l'affût des échoppes d'artisans et des nobles portails blasonnés des palais. Les fêtards se rejoindront sur la piazza Santo Spirito qui s'anime dès la tombée de la nuit. Les amateurs de pierre et d'art se retrouveront au *Palazzo Pitti,* un bâtiment aux dimensions architecturales impressionnantes. Il renferme trois musées dont la galerie Palatine avec la plus grande collection de peinture des Médicis. Un quartier particulièrement attachant.

Où dormir ?

Camping

☒ *Camping Internazionale :* via San Cristofano, 2, 50029 **Bottai-Impruneta.** ☎ 055-237-47-04. ● interna zionale@florencecamping.com ● flo rencecamping.com ● À 6 km au sud de la ville. De l'autoroute A 1, sortir à « Autosole Firenze-Certosa ». De la ville, emprunter la route de Sienne et de la Certosa del Galluzzo ; bien indiqué. Sinon, bus n° 37 (le jour) et n° 68 (21h-minuit). Ouv tte l'année. Compter 35 € pour 2 avec tente et voiture, douches et électricité gratuites ; mobile homes (4 pers) 60-80 € et chalets (2-4 pers) 50-115 € selon saison. ☐ Vaste camping avec piscine, situé pratiquement en face de la chartreuse de Galluzzo. Situation hyper pratique pour aller dans le centre de Florence ou pour faire une excursion dans le Chianti. Les emplacements ombragés tapissent une petite colline d'où l'on perçoit toutefois le ronronnement de l'*autostrada* voisine (mais rien de gênant). Propre et bien équipé (épicerie, resto, piscine...), mais hélas surpeuplé en saison. Et comme les emplacements ne sont pas délimités,

on a vite l'impression de se retrouver comme des sardines dans une boîte !

Institution religieuse

🛏 *Foresteria C.S.D. Istituto Gould* (plan détachable B4, **24**) : via dei Serragli, 49. ☎ 055-21-25-76. ● foresteria firenze@diaconiavaldese.org ● istituto gould.it ● ♿ Réception tlj sf sam ap-m ; fermé dim et j. fériés ; ou sur rdv. Ici, pas de souci pour le soir, car la maison remet les clés. Résa conseillée. Dortoir (4 lits) 23 €/pers ; doubles avec sdb commune ou privée 50-80 € ; avr-oct, petit déj possible 6 €. Parking (payant). Un bel établissement protestant tenu avec sérieux : chambres sobres, très propres, confortables et bien finies. Préférez celles qui donnent sur le paisible jardin intérieur (un poil plus chères). Pour info, il s'agit d'un organisme caritatif qui consacre ses bénéfices au soutien éducatif d'enfants en difficulté. Et en plus, on fait une bonne action !

Prix moyens

🛏 *Florence Old Bridge* (plan détachable C4, **77**) : via Guicciardini, 22 n.

☎ 055-265-42-62. ● info@florenceoldbridge.com ● florenceoldbridge.com ● Doubles 65-95 € ; petit déj 6 €, à prendre à la pâtisserie Maioli, en face. Même propriétaire que La Scaletta, situé de l'autre côté de la rue (voir ci-dessous). C'est d'ailleurs lui qui vous accueillera, cet hôtel n'ayant pas sa propre réception. Un coup de sonnette et le voilà ! Les chambres, réparties aux 2ᵉ et 3ᵉ étages, sont sobres et classiques, meublées d'armoires anciennes, mini-TV et AC. Un très bon rapport qualité-prix à mi-chemin entre le Ponte Vecchio et le Palazzo Pitti.

🛏 **Pensione Annalena** (plan détachable B5, **29**) : via Romana, 34. ☎ 055-22-24-02. ● reception@annalenahotel.com ● annalenahotel.com ● Doubles 60-80 €. Parking payant. 📶 Après avoir abrité Annalena (fille adoptive de Cosme de Médicis) qui s'y retira après la mort de son mari et celle de son fils, puis Caroline Bonaparte (sœur de Napoléon), le lieu devint un pensionnat de jeunes filles puis un bordel de luxe, avant de devenir définitivement une pension en 1919. De nombreux voyageurs connus et moins connus y posèrent leurs valises : Eugenio Montale, prix Nobel de littérature en 1930, l'écrivain juif Carlo Levi en 1944, et dans les années 1960 Vittorio Gassman et Ugo Tognazzi. Au fil du temps, l'hôtel s'est un peu défraîchi mais il a conservé ses fresques et ses sols d'époque. Les 22 chambres sont toutes différentes, avec des meubles chinés ici et là. Elles sont rénovées petit à petit à tour de rôle. Quelques-unes possèdent un petit balcon donnant sur le jardin, au calme. Un petit coin tranquille au charme suranné. Accueil à l'identique.

🛏 **Convitto della Calza** (plan détachable B5, **30**) : piazza della Calza, 6. ☎ 055-22-22-87. ● calza.it ● Doubles 94-120 €, 70 € en basse saison. 📶 Une adresse pratique qui pourra dépanner ceux qui veulent bénéficier de tranquillité et de confort à deux pas du bouillonnant centre-ville. Cet ancien couvent transformé en hôtel a l'avantage de posséder une quarantaine de chambres plus grandes que la moyenne. Lors de la résa, demandez bien s'il n'accueille pas de congrès ou de groupes, charme en moins assuré, c'est certain !

Chic

🛏 **Palazzo Guadagni** (plan détachable C4, **79**) : piazza Santo Spirito, 9. ☎ 055-265-83-76. ● info@palazzoguadagni.com ● palazzoguadagni.com ● À partir de 150 € la double. 📶 Au dernier étage de cet imposant palais, un hôtel très agréable avec des chambres spacieuses, confortables, joliment meublées à l'ancienne et d'une propreté irréprochable. L'atout de cet hôtel reste sans conteste sa merveilleuse loggia d'où la vue sur les collines du Chianti est fabuleuse. 4 chambres au 1ᵉʳ étage sont disponibles : pour ceux que ça intéresse, elles sont moins chères. Accueil professionnel et charmant.

🛏 **Hotel La Scaletta** (plan détachable C4, **78**) : via Guicciardini, 13 n. ☎ 055-28-30-28. ● info@hotellascaleta.it ● hotellascaletta.it ● Doubles à partir de 130 € (moins cher en basse saison), petit déj en sus. Parking payant. 📶 Apéritif maison offert sur présentation de ce guide. Hôtel convivial situé dans une vénérable demeure du XVᵉ s, garantissant une petite touche d'authenticité. Une vingtaine de chambres, de style toscan et très propres, toutes équipées de double vitrage. 3 d'entre elles offrent même une jolie vue sur les jardins de Boboli (les nᵒˢ 20 à 22). Mais le must, ce sont les 3 extraordinaires terrasses fleuries sur les toits, avec une vue formidable sur la ville et les contreforts de la campagne toscane.

Où manger ?

Sur le pouce

|●| 🍕 **Gustapizza** (plan détachable C4-5, **134**) : via Maggio, 46. ☎ 055-28-50-68. Tlj 11h30-15h, 19h-23h. Fermé 3 sem en août. Pizzas 4,50-8 €. Après le succès familial de l'ex-Gustapanino transformé en Gusta Osteria, située à deux pas (voir plus

loin), l'un des frères a eu la bonne idée de s'installer dans cet endroit grand comme un mouchoir de poche. Les pizzas sont savoureuses, légères et croustillantes. Idéal pour une pause salée le midi. Attention, le week-end, la file d'attente déborde sur le trottoir, succès oblige... Préférer alors la vente à emporter.

◢ 🍴 🍷 *Mama's Bakery* (plan détachable B5, 154) : via della Chiesa, 34 r. ☎ 055-21-92-14. ● info@mamasbakery.it ● Lun-ven 8h-17h, sam 9h-15h. Fermé dim. Nostalgique de l'Amérique, cette adresse est pour vous ! À vous les *brownies*, les *muffins* et les *cupcakes* ! La dégustation peut se faire dans la jolie salle claire aux tons gris et blanc, à moins que vous ne préfériez le petit coin de pelouse du jardin attenant. Également des *bagels* et des salades à emporter ou à manger sur place. C'est le rendez-vous des étudiants anglo-saxons de Florence (et ils sont nombreux !).

Bon marché

|●| 🍷 *Cuculia* (plan détachable B-C4, 157) : via dei Serragli, 1-3 r. ☎ 055-277-62-05. ● info@cuculia.it ● Mar-dim 10h30-minuit, fermé lun. Brunch le dim 12h30-15h30 10 €. Plat unique le midi 8 €. 🛜 Café offert lors d'un repas le soir sur présentation de ce guide. Un concept original qui concentre resto, espace librairie et lecture et activités enfants. Dans ce lieu immaculé aux lignes résolument design, on peut à toute heure prendre un verre tout en piochant un des nombreux ouvrages sur les étagères. Belle sélection de livres de voyages, de cuisine, d'art et d'architecture dans la langue de Dante ou de Shakespeare. Une ambiance légère et aérienne. Ô temps, suspends ton vol...

◢ |●| 🍷 *Caffè degli Artigiani* (plan détachable C4, 87) : via dello Sprone, 16 r (angle piazza della Passera). ☎ 055-29-18-82. 8h-1h. Fermé 2 sem en nov. En-cas, pâtes et salades env 5-8 €. Endroit charmant situé dans un coin calme à deux pas du Palazzo Pitti. Agréable petite salle aux murs tapissés de grimaces, où l'on grignote

un sandwich frais ou une *piadina calda*, sorte de crêpe salée fort nourrissante. Quelques tables dans la ruelle ou un comptoir pour avaler d'un trait son *espresso*. Également une bonne petite sélection de vins. Voir « Où boire un verre ? ».

|●| *Tamero Pasta Bar* (plan détachable C4-5, 121) : piazza Santo Spirito, 11. ☎ 055-28-25-96. Compter 20-25 € le repas. 🛜 Vous l'aurez compris, on vient ici surtout pour les pâtes fraîches préparées sous vos yeux. Un lieu résolument tendance où les serveurs virevoltent dans des salles dont la déco ressemble plus à une salle de concert qu'à un resto classique ! Dommage, pas de résa possible, il faut arriver tôt. Également des plats de pâtes à emporter. Aux beaux jours, on sort les tables sur la place. Attention, accueil parfois en dents de scie...

◢ *Gusta Osteria* (plan détachable C4, 88) : via Michelozzi, 13 r. Tlj sf lun 10h30-23h. Fermé en août. Sandwich 4 € env. Compter 8-12 € le plat. L'ex-*Gustapanino* s'est agrandi et s'est offert le luxe de racheter le *Civaie Morganti* (précédente enseigne et grainetier d'origine). D'ailleurs, il a conservé l'enseigne en façade et jusque dans le nom du menu ! On peut encore se sustenter d'une *piadina* ou d'une *focaccia* composées à la commande. Produits frais, pain chaud et moelleux... Mais on peut désormais s'asseoir dans une des belles salles fraîches à la déco campagnarde et colorée pour y avaler une salade, un hamburger maison ou des pâtes fraîches. Bon accueil.

Prix moyens

|●| *Toscanella Osteria* (plan détachable C4, 240) : via Toscanella, 36 r. ☎ 055-28-54-88. ● info@toscanellaosteria.com ● Dans une petite rue qui mène au Palazzo Pitti. Belle et vaste pièce qui a conservé des éléments historiques comme les colonnes en marbre, le pavement ou les grosses portes en bois typique de la Renaissance. Fabrizio Gori (à la vie artistique bien remplie) perpétue en parallèle la tradition familiale, à savoir : la cuisine. Ici, honneur aux plats toscans typiques

et bien dans leur jus. D'ailleurs les habitués ne s'y trompent pas ! Service prévenant et en français.

I●I *Trattoria La Casalinga* (plan détachable C4, *120*) : via dei Michelozzi, 9 r. ☎ 055-21-86-24. ● lacasalingua@ freeinternet.fr ● Fermé dim. Congés : Noël et 3 sem en août. Compter 20 € pour un repas. Cantine bien typique des petits budgets de l'Oltrarno. N'hésitez donc pas à entrer dans cette 1re salle sans charme, ou celle du fond aux allures de réfectoire, et prenez place dans ce brouhaha incessant (ça crie en salle comme en cuisine). Ici, on mise sur l'assiette et son contenu. Les classiques italiens (y compris les fameuses *trippe alla fiorentina*) figurent sur la carte. Plats copieux, service rapide.

I●I **Y** *Caffè Pitti* (plan détachable C5, *186*) : piazza Pitti, 9. ☎ 055-239-98-63. ● info@caffepitti.it ● Jusqu'à 2h. En face de l'imposant palais Pitti. En fait, cet endroit est autant un resto qu'un bar, mais on le mentionne pour sa terrasse idéalement située et son cadre chic agréable. Découvrez les petits recoins où l'on s'installe pour trinquer à l'écart des dîneurs.

I●I *Trattoria da Ruggero* (hors plan détachable par B5, *126*) : via Senese, 89 r. ☎ 055-22-05-42. Bus n° 33, arrêt Piazzale di Porta Romana. Fermé mar-mer. Congés : de mi-juil à mi-août. Résa conseillée. Compter env 30 €. Cette adresse *slow food* vaut le détour. Les plats faits maison sont mitonnés à base de produits frais : *arista di maiale, braciola della casa, tartuffo al cioccolato*... Un air de campagne qui se retrouve aussi dans le décor. Sans oublier le chianti de la maison, 12 € la bouteille. On oublierait presque le temps qui passe. Après le déjeuner,

vous serez requinqué pour faire une longue promenade dans le jardin de Boboli, tout à côté. Accueil empreint de gentillesse.

De chic à très chic

I●I **Y** **⊛** *Olio & Convivium* (plan détachable C4, *133*) : via di Santo Spirito, 4 r. ☎ 055-265-81-98. ● olio.convi vium@conviviumfirenze.it ● Fermé dim et lun soir. Assiettes variées de char-cuteries et fromages 15-25 € ; plat du jour 15 € ; compter 35 € le soir. Les espérances sont grandes lorsqu'un traiteur de renom se lance dans la restauration. Et *Olio* ne déçoit pas ! Sélection irréprochable des meilleurs produits toscans. D'ailleurs, la maison n'a pas rompu avec la tradition : dans la partie épicerie fine, 25 huiles d'olive sont proposées en dégustation, et les rayonnages chargés de fromages, *prosciutto* ou pâtes incitent à faire ses emplettes en sortant de table. À condi-tion toutefois d'avoir trouvé une place dans la jolie salle, accaparée par les habitués.

I●I *Trattoria Cammillo* (zoom déta-chable C4, *137*) : borgo San Jacopo, 57 r. ☎ 055-21-24-27. ● cammillo@ momax.it ● Fermé mar-mer. Congés : août et de mi-déc à mi-janv. Compter 50 €. Digestif offert sur présentation de ce guide. Un restaurant de renom bien connu par des générations de Floren-tins. Cadre classique bon teint et sans extravagance avec ses 3 salles voûtées en enfilade, ornées de tableaux et de luminaires discrets. Pour l'ambiance, nappes blanches et serveurs en nœud pap' sont de rigueur. Bref, une cuisine toscane de bon goût, travaillée dans le respect de la tradition et sans gluten ! Pour les portefeuilles bien garnis.

Bars à vins *(enoteche)*

Y **I●I** **⊛** *Le Volpi e l'Uva* (plan déta-chable D4, *146*) : piazza dei Rossi, 1 r. ☎ 055-239-81-32. ● info@levolpieluva. com ● Sur une petite place à deux pas du Ponte Vecchio. Compter 10-15 € pour un repas. Tlj sf dim 11h-20h. Un endroit très chaleureux, avec un grand bar fait de barriques aux lignes

rebondies prometteuses... et son mur garni de bouteilles. Belle sélection de vins rouges et blancs (secs ou liquo-reux) privilégiant les petits producteurs (Pian Cornello, notamment, pour les vins de Montalcino, ou bien encore le producteur du Terra di Ripanera). Côté cuisine : délicieuse charcuterie. Un bon

SANTO SPIRITO

plan si près du centre. Accueil jovial des patrons.

Il Santino (plan détachable C4, **149**) : via di Santo Spirito, 60 r. ☎ 055-230-28-20. Tlj. Fermé 2 sem en août. Compter 10-15 €. Petite annexe du Santo Bevitore, tout à côté. Minuscule salle où charcutailles toscanes et fromages italiens font bon ménage avec un verre de chianti à l'heure de l'aperitivo. Bien sûr, plus on avance dans la nuit, plus le trottoir déborde de monde...

Il Santo Bevitore (plan détachable C4, **130**) : via di Santo Spirito, 64-66 r. ☎ 055-21-12-64. ● info@ ilsantobevitore.com ● Fermé dim midi. Congés : 10 j. en août. Résa conseillée. Menu 12 € servi le midi en sem ; carte env 25 €, sans le vin. Une cuisine toscane de bonne qualité, avec toujours une pointe d'originalité (comme le soufflé di caprino e porri su coulis di pere speziate) et des détours dans différentes régions italiennes, comme l'assiette de fromages sardes. Le cadre n'est pas en reste : des salles propices au papotage entre amis. Accueil bien souriant et service impeccable dans cette œnothèque gastronomique, où des conseils avisés sont prodigués quant au choix du vin.

Où savourer de bonnes glaces ?

Gelateria della Passera (plan détachable C4, **169**) : via Toscanella, 15 r. ☎ 055-29-18-82. ● cinotri@alice.it ● Tlj 12h-minuit. Même proprio que le Caffè degli Artigiani, juste en face. Situé dans un minuscule local, ce glacier est réputé pour élaborer ses glaces avec des arômes naturels soigneusement sélectionnés. La glace à la fraise (de saison bien sûr), celle à la pistache de Sicile ou encore celle au chocolat à l'orange confite ont épaté nos papilles ! Beaucoup de douceur dans ces glaces délicieuses et crémeuses. On en redemande !

Où boire un verre ?

Volume Café (plan détachable C4, **191**) : piazza Santo Spirito, 5. ☎ 055-238-14-60. ● hello@volume.fi.it ● Tlj 11h30-1h30. Aperitivo 19h-22h30. Petite adresse à l'emplacement d'un ancien atelier de menuiserie. D'ailleurs, les nouveaux occupants ont conservé de nombreux outils (ciseaux, tenailles, marteaux...) aux murs ainsi que des sculptures en bois exposées sur les étagères. Joyeux bazar (bien organisé soit dit en passant) avec le coin bibliothèque, les expos temporaires, les objets en bois sculptés... et le café. Nul doute que vous trouverez bien une petite place dans les confortables canapés pour boire un verre ou encore manger leurs crêpes maison dont la (bonne) réputation n'est plus à faire ! Le soir, c'est une autre ambiance, plus festive mais tout aussi conviviale, avec musique live, DJ et concerts. Une petite adresse comme on les aime.

Golden View (plan détachable D4, **193**) : via dei Bardi, 58 r. ☎ 055-21-45-02. Tlj 11h30-2h. Un concept qui fait à la fois restaurant, winebar, lieu de concert jazz (vendredi soir), aperitivo, cave à vins, pizzeria, sushi bar et, de surcroît, face à l'Arno... Bref, il y en a pour tout le monde et pour tous les goûts ! Idéal le soir pour profiter de l'appétissant aperitivo. Pour y déjeuner et dîner, mieux vaut réserver pour profiter des meilleures tables avec vue sur le fleuve et le Ponte Vecchio. Le soir, ambiance de sortie de bureau de jeunes cadres dynamiques florentins sur fond de musique branchée.

Caffè degli Artigiani (plan détachable C4, **87**) : via dello Sprone, 16 r (angle piazza della Passera). ☎ 055-29-18-82. Fermé dim. Congés : 2 sem en nov. Un petit bar idéal qui a gardé intacte son authenticité. Ici, pas de chichis, et à l'heure de l'aperitivo, les esprits s'échauffent, les jeunes et moins jeunes affluent... et refont le monde dans une ambiance bon enfant. Idéal dans la journée pour un plat rapide (voir plus haut « Où manger ? »).

SANTO SPIRITO

À voir

Piazza Santo Spirito *(plan détachable C4) :* à découvrir à la tombée de la nuit, elle s'anime lorsque les jeunes se retrouvent sur les marches de l'église. Le jour, c'est un endroit frais et reposant.

Chiesa Santo Spirito *(plan détachable C4) :* piazza Santo Spirito. *Tlj sf mer ap-m et sam mat 10h-12h, 16h-17h30 (mais horaires peu fiables !).*

Là encore, un projet de Brunelleschi (1440), mais celui-ci resta en partie inachevé, l'architecte étant mort avant la fin des travaux. Ses successeurs n'osèrent pas terminer la façade et la laissèrent à nu. À l'intérieur, on retrouve toutefois les harmonieuses proportions chères à Brunelleschi. Quant aux œuvres exposées, elles sont d'une telle richesse qu'elles mériteraient de figurer en bonne place dans les galeries des meilleurs musées florentins ! Superbes retables des autels latéraux, œuvres de Filippino Lippi (très belle *Vierge à l'Enfant* encadrée

DIS, DESSINE-MOI UNE ÉGLISE...

La façade de l'église ne fut jamais terminée. Le patron de la Gelateria Ricchi, située sur la piazza Santo Spirito, eut une idée géniale. Il demanda à tous les artistes qu'il connaissait de dessiner un projet de décoration pour la façade de l'église. Tous les dessins et peintures qui en résultèrent sont exposés dans une petite salle de la gelateria (fermée le dimanche). N'hésitez pas à allumer la lumière pour les admirer.

de saint Martin et sainte Catherine, avec en toile de fond une reproduction très précise du quartier de San Frediano), Andrea Sansovino (retable en marbre), Alessandro Allori et de bien d'autres artistes florentins. Mais la vraie perle de Santo Spirito est sans conteste cet émouvant christ en bois sculpté par Michel-Ange, exposé dans la sacristie. L'artiste n'avait que 18 ans lorsqu'il a modelé le visage si délicat du Christ, lui donnant un corps d'adolescent aux proportions parfaites. Il l'a offert au prieuré de Santo Spirito en remerciement des dessins anatomiques. À gauche de la façade de l'église se trouve le petit **musée San Spirito** *(sam-lun 10h-16h slt).* Pour les passionnés seulement. Quelques sculptures d'époques romaine et lombarde. Sculptures siennoises par Tino di Camaino et Jacopo della Quercia. Surtout, à droite en entrant, une *Crucifixion* du *Trecento* par Orcagna et Nardo di Cione.

Palazzo Pitti *(plan détachable C5) :* piazza Pitti. ☎ 055-238-87-60. *Tlj sf lun 8h15-18h50.* Plusieurs tarifs. Pas évident de se retrouver dans les possibilités d'entrée. Pour vous aider : 12 € pour la galerie Palatine, les appartements royaux et la galerie d'Art moderne ; 10 € pour le jardin de Boboli, le jardin Bardini et les musées du Costume, de l'Argenterie et de la Porcelaine ; 22 € pour la totale. Audioguide (5,50 €, 8 € les 2).

Avec une façade de plus de 200 m dominant une vaste place surélevée, le palais Pitti est l'un des monuments les plus impressionnants de Florence. Sa construction a débuté en 1458, sur des plans de Brunelleschi, pour le compte du banquier Pitti. Mêlés à la conspiration des Pazzi, les Pitti furent décimés et le chantier abandonné. Ce qui n'empêcha pas Cosme Ier de s'installer en 1560 chez l'ancien rival de sa famille... après avoir tout de même agrandi le palais et fait réaliser le passage le reliant au Palazzo Vecchio ! En revanche, c'est à son épouse Éléonore de Tolède que l'on doit l'aménagement des beaux jardins de Boboli. Installé sur la pente d'une colline, le palais servit dès lors de résidence aux Médicis, puis aux Habsbourgs-Lorraine qui leur avaient succédé en 1736. Marie de Médicis, qui y passa sa jeunesse, s'inspira de cette noble demeure lorsqu'elle fit construire le palais du Luxembourg à Paris (aujourd'hui le Sénat).

Le palais abrite plusieurs galeries, dont la célèbre *galerie Palatine* (voir ci-après) qui rassemble toutes les œuvres acquises par les Médicis. Les collections comprennent principalement des peintures des XVIe, XVIIe et XVIIIe s, ce qui fait de la galerie un complément idéal des Offices.

✗✗✗ Galleria Palatina (dans le Palazzo Pitti) : ☎ 055-238-86-11. Tlj sf lun 8h15-18h50.

Impossible, bien sûr, de tout détailler. Voici donc, dans le désordre, les principales œuvres. Et n'oubliez pas de lever la tête pour admirer les fresques, moulures et autres décorations flamboyantes qui ornent ces anciens appartements princiers. Présentation des tableaux à l'ancienne, la lumière laisse parfois à désirer, mais quelle richesse ! Finalement, la meilleure façon d'en profiter est de se laisser guider par ses yeux, sans vouloir systématiquement identifier l'auteur...

– **Salle Castagnoli** (salle 3) : noter la superbe table des Muses marquetée de pierre polychrome (technique de la pierre dure développée par les Médicis).

– **Galerie Poccetti** (salle 16) : Martyre de saint Barthélemy de Ribera ; Le Duc de Buckingham de Rubens.

– **Salle de Prométhée** (salle 17) : Madone à l'Enfant (La Vierge à la grenade) de Filippo Lippi. Noter le remarquable équilibre dans la composition des personnages situés au premier plan (mais aussi des scènes se déroulant derrière, à différents niveaux de profondeur). La délicatesse du visage annonce Botticelli, dont il fut le maître. On peut d'ailleurs s'en convaincre en détaillant le Portait d'un jeune homme, œuvre méconnue de Botticelli exposée dans la même salle. Autres œuvres notables : Sainte Famille de Luca Signorelli ; Martyre des onze mille martyrs de Pontormo.

– **Salle de la Justice** (salle 19) : le Tintoret, nombreux Titien dont le Portrait de Tommaso Mosti, remarquable pour la finesse des traits du personnage.

– **Salle de Flora** (salle 20) : Cigoli, Véronèse et une Vierge à l'Enfant d'Alessandro Allori, composition caractéristique des œuvres peintes à l'époque de la Contre-Réforme.

– **Salle des Putti** (salle 21) : peintres flamands, comme Jacob Jordaens, ou Les Trois Grâces de Rubens.

– **Salon d'Ulysse** (salle 22) : Vierge de l'Impannata de Raphaël ; Alessandro Allori, Andrea del Sarto ; Ecce Homo de Cigoli (son œuvre maîtresse) ; le Tintoret... Suivi de la salle de bains aménagée pour Napoléon Ier, de style Empire évidemment.

– **Salle de l'Éducation de Jupiter** (salle 24) : Van Dyck, Véronèse ; Le Duc de Guise par Clouet ; L'Amour endormi du Caravage.

– **Salle du Poêle** (salle 25) : splendide carrelage et fresques figurant Les Quatre Âges du monde par Pierre de Cortone.

– **Salle de l'Iliade** (salle 27) : Vélasquez, Andrea del Sarto, Titien, Van Dyck, Sustermans et Artemisia Gentileschi (une des rares femmes peintres de l'époque) ; La Gravida de Raphaël ; Portrait de Catherine de Médicis par l'école française du XVIe s.

– **Salle de Saturne** (salle 28) : une orgie sublime de Raphaël avec la célèbre Madonna della Seggiola (La Vierge à la chaise). Tout s'y inscrit en rond, renforçant la tendresse et l'intimité de la scène. Également, Madeleine Doni (où Raphaël plagie carrément la pose de la Joconde) et Angelo Doni ; autres célèbres portraits, la Madone du grand-duc (car c'était l'œuvre préférée de Ferdinand III de Médicis) et la Madone du baldaquin. Déposition du Pérugin, San Sebastiano d'Il Guercino.

– **Salle de Jupiter** (salle 29) : ancienne salle des audiences. Au plafond, Le Couronnement de Cosimo III (placé entre Jupiter et Hercule) réalisé par Pierre de Cortone. Les Trois Âges de l'homme, chef-d'œuvre de Giorgione ou la maîtrise totale du fondu de couleurs ; la célèbre Femme au voile (La Velata) de Raphaël ; Sainte Famille de Rubens ; Madone et Quatre Saints d'Andrea del Sarto ; Christ mort de Fra Bartolomeo (sa dernière œuvre) ; La Vierge au sac du Pérugin. Noter le raffinement extrême des visages de la Vierge et de l'ange.

– **Salle de Mars** (salle 30) : Luigi Cornaro du Tintoret ; Murillo, Luca Giordano ; Andrea Vesalio de Titien ; Le Conseguenze della Guerra, fantastique parabole contre la guerre, de Rubens. La vie s'y exprime par la lumière, la sensualité, la couleur, et la guerre par le chaos des corps et des ténèbres. De Rubens encore,

Galleria Palatina (galerie Palatine)
1 Antichambre des Palefreniers
2 Galerie des Statues
3 Salle Castagnoli
4 à 14 Quartier du Volterrano
15 Salle de Musique
16 Galerie Poccetti
17 Salle de Prométhée
18 Corridor des Colonnes
19 Salle de la Justice
20 Salle de Flora
21 Salle des *Putti*
22 Salle d'Ulysse
23 Salle de bains de Napoléon
24 Salle de l'Éducation de Jupiter
25 Salle du Poêle
27 Salle de l'*Iliade*
28 Salle de Saturne
29 Salle de Jupiter
30 Salle de Mars
31 Salle d'Apollon
32 Salle de Vénus

Giardino

Grotta di Mosè

CORTILE DELL' AMMANNATI

Galleria Palatina

Les Quatre Philosophes (le personnage de gauche n'est autre que l'artiste lui-même). Belle et douce *Madone* de Murillo.

– **Salle d'Apollon** *(salle 31)* **:** *Sainte Famille* et *Déposition* d'Andrea del Sarto ; *Vincenzo Zeno* du Tintoret ; *Marie-Madeleine* où Titien effectua un admirable travail sur la chevelure, renforçant la sensualité du personnage ; *Charles Ier d'Angleterre* et *Henriette de France* par Van Dyck.

– **Salle de Vénus** *(salle 32)* **:** magnifique *Concert* nimbé de lumière où éclate la complicité des musiciens, et *La Bella,* par Titien ; rare paysage de Rubens *(Paysans rentrant des champs)*. Noter le délirant décor du plafond.

Les pièces du fond en enfilade (salles des *Allégories,* des *Beaux-Arts,* de l'*Arche,* d'*Hercule,* de l'*Aurore,* de *Bérénice,* de *la Renommée*) ne révèlent finalement que des œuvres mineures, à part *Bataille* de Salvatore Rosa, quelques Cigoli, Giovanni San Giovanni, Lorenzo Lippi et L'Empoli.

– **Corridor :** petite galerie renfermant une collection d'œuvres mineures d'artistes hollandais et flamands.

🍴 Les plus robustes feront un tour dans les **appartements royaux** *(appartamenti reali ; inclus dans le prix d'entrée, fermés janv),* juste en face dans l'autre aile du

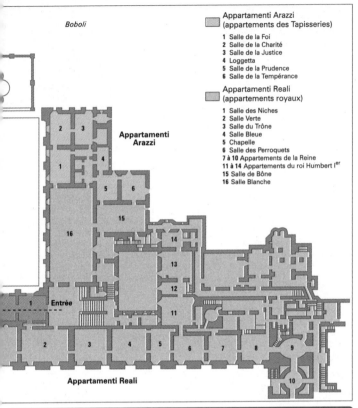

Boboli

Appartamenti Arazzi
(appartements des Tapisseries)

1 Salle de la Foi
2 Salle de la Charité
3 Salle de la Justice
4 Loggetta
5 Salle de la Prudence
6 Salle de la Tempérance

Appartamenti Reali
(appartements royaux)

1 Salle des Niches
2 Salle Verte
3 Salle du Trône
4 Salle Bleue
5 Chapelle
6 Salle des Perroquets
7 à 10 Appartements de la Reine
11 à 14 Appartements du roi Humbert Ier
15 Salle de Bône
16 Salle Blanche

Appartamenti Arazzi

Entrée

Appartamenti Reali

PALAZZO PITTI

palais, occupés successivement par les Médicis, les Habsbourgs-Lorraine et les Savoie. Riche décoration intérieure : fresques, stucs et mobilier d'époque...

🎨🎨 *Galleria d'Arte Moderna* (dans le Palazzo Pitti) : ☎ 055-238-86-16. Tlj sf lun 8h15-18h50. Sculptures, peintures et objets décoratifs du XVIIIe s aux années 1920 sont exposés dans un ordre chronologique au fil des 30 salles que compte cette galerie. Les œuvres de *Benvenuti* et *Bezzuoli* y ont leur place. Et si vous avez le mal du pays, *Victor Hugo* (sculpté par *Gaetan Trentanove*) vous donne rendez-vous dans la salle n° 17, de même que Napoléon Ier, auquel est consacrée la salle n° 2. Encore quelques beaux plafonds : penser à lever le nez !

🎨🎨 *Galleria del Costume* (dans le Palazzo Pitti) : ☎ 055-238-87-13. Tlj 8h15-16h30 (19h30 selon saison). Fermé les 1er et dernier lun du mois. C'est un peu l'histoire de la mode qui s'expose ici, des tenues grandioses portées par les nobles au XVIIIe s jusqu'à la haute couture d'aujourd'hui, en passant par les styles légers des années 1960 ou de la Belle Époque. Les accessoires (ombrelles, sacs à main, bijoux...) ne sont pas oubliés. Curiosité : une salle expose les vêtements que portaient Cosme Ier, son épouse Éléonore de Tolède et un de leurs fils, lors de leur inhumation au XVIᵉ s. Ils ont été exhumés en 1947 et sont aujourd'hui présentés à l'abri de la lumière du jour après 10 ans de restauration ! Bien sûr, la peinture est présente dans cette galerie, aux murs comme au plafond. Des expositions thématiques s'y tiennent tous les 6 mois.

🎭🎭 Museo degli Argenti (dans le Palazzo Pitti) : ☎ 055-238-87-09. Tlj 8h15-16h30 (19h30 selon saison). Fermé les 1ᵉʳ et dernier lun du mois. De belles salles ornées d'imposantes fresques et trompe-l'œil. Et un festival de coupes ciselées, de reliquaires sertis de pierres précieuses, ou de délicates compositions en ambre ou ivoire. Ne pas manquer le trésor, au premier étage : collection de joyaux ayant appartenu aux grands noms de l'histoire florentine.

🎭🎭 🚶 Giardino di Boboli (plan détachable C5) : ☎ 055-238-87-60. Nov-fév 8h15-16h30 (17h30 mars-oct, 18h30 avr, mai et sept, 19h juin-août). Fermé les 1ᵉʳ et dernier lun du mois. Autour du palais Pitti, une merveilleuse promenade du dimanche, que ne ratent jamais familles et amoureux. Voir la *grotte artificielle* de Buontalenti, réalisée en 1583 (à droite quand on fait face au palais depuis les jardins). Ce genre de décor était très à la mode au XVIᵉ s. Le gouffre est orné de fresques et de statues, parmi lesquelles moutons et bergers semblent se fondre littéralement dans l'environnement. En revenant vers le palais, la grotesque *fontaine de Bacchus* représente en réalité l'un des nains favoris de Cosme, à cheval sur une tortue. Faire aussi un saut au *piazzale dell'Isolotto,* un jardin aquatique avec, au centre, un îlot sur lequel s'élève la *fontaine de l'Océan* de Giambologna : monstre marin, rochers et eaux donnent à cet ensemble inspiré du théâtre maritime d'Hadrien, à Tivoli, toute sa poésie. À deux pas du bassin, la *porta Romana,* ex-porte de la ville fortifiée.

🎭 Museo della Porcellana (dans le Giardino di Boboli) : ☎ 055-238-86-05. Tlj 8h15-16h30 (19h30 selon saison). Fermé les 1ᵉʳ et dernier lun du mois. Dans ce pavillon qui domine le jardin sont rassemblés de beaux services provenant des plus grandes manufactures d'Europe (Sèvres, Vienne, Berlin...). De l'extérieur, belle vue sur le paysage florentin.

🎭 Chiesa Santa Felicità (plan détachable C-D4) : piazza dei Rossi, sur la via Guicciardini. Tlj 9h-12h30, 15h-18h sf dim ap-m. Œuvres les plus célèbres de Pontormo, peintes entre 1525 et 1528 pour Ludovico Capponi : la *Déposition,* dont les couleurs acides et la déstructuration de l'espace en font un chef-d'œuvre du maniérisme, et *L'Annonciation,* influencée par Michel-Ange ; ici, l'artiste a tenu compte de l'éclairage naturel de l'église.

🎭 Chiesa San Felice in Piazza (plan détachable C5) : piazza di San Felice. Au sixième autel, *Vierge en trône* de Ridolfo Ghirlandaio. La chapelle principale (le chœur) est de Michelozzo, avec, au centre, un grand *Crucifix* de Giotto, récemment restauré et très peu connu.

🎭 La via dei Bardi (plan détachable D4-5) est une petite rue bordée de vieux palais, parallèle au lungarno Torrigiani. Visiter l'atelier artisanal de reliure et du travail du papier, au nº 17, *Il Torchio (fermé août).* Tenu uniquement par des femmes sympas et volubiles. Une vitrine expose un très beau travail. Vente au détail.

🎭🎭🎭 🚶 Giardino Bardini (plan détachable D5) : via dei Bardi, 1 r, ou Costa S. Giorgio, 2 (entrée possible aussi par le jardin de Boboli). ☎ 055-263-85-99 ou 055-234-69-88. Fermé les 1ᵉʳ et dernier lun de chaque mois. Billet combiné avec la Galleria del Costume, la Galleria degli Argenti e della Porcellana et le Giardino di Boboli : 10 €.
Ce jardin renaît de ses cendres après de longues années à l'abandon. Après avoir connu successivement plusieurs propriétaires, c'est à l'antiquaire Stefano Bardini que revint l'acquisition de ce jardin idéalement situé. Il le transforma et l'embellit de manière visible sans pour autant altérer sa structure originale. Au contraire, il

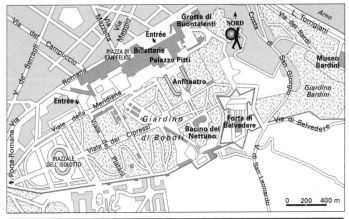

GIARDINO DI BOBOLI

y ajouta sa touche personnelle, originale pour son époque (fin XIXe). De nouveau à l'abandon en 1965 à la mort de son fils, le jardin a rouvert ses portes depuis peu, grâce à l'aide de financements privés et publics. On peut admirer le superbe escalier baroque qui permet de rejoindre le belvédère. De là, une vue spectaculaire sur la ville (l'une des plus belles sans doute avec celle de la *Chiesa San Miniato Al Monte*). Des fontaines glougloutantes où il fait bon se poser, des variétés de fleurs par centaines (roses, iris, hortensias) et de plantes qui font de ce jardin un des plus beaux de Florence, sans compter la magnifique pergola de glycines, les bosquets à l'anglaise, l'allée d'hortensias, les plantations de menthe, de lavande, de romarin... Bref, une explosion d'odeurs et de couleurs à découvrir absolument. À l'intérieur du jardin, la villa Bardini, datant de 1641, a été également entièrement rénovée. Elle abrite, entre autres, une salle de conférence, des expos temporaires et le *Museo Pietro Annigoni* (mer-dim 10h-16h, 18h en été).

QUARTIER DE SAN NICCOLÒ

Installé au-delà de l'Arno, ce quartier est l'un des moins fréquentés de Florence mais est très agréable car il a lui aussi son lot d'adresses et d'endroits typiques. Un quartier délimité par les remparts et ses trois portes (San Niccolò, San Miniato et San Giorgio), le fort du belvédère, le piazzale Michelangelo et l'Arno. Ici, à 10 mn à peine du Ponte Vecchio et du Duomo, on respire déjà une atmosphère plus tranquille. Un quartier qui met aussi en péril des artisans qui tentent de résister à la hausse des loyers (via San Niccolò). Beaucoup ont déjà baissé le rideau en raison d'un pas-de-porte trop onéreux. Malgré quelques opérations coups de poing, la mairie semble sourde à toute négociation...
Le soir venu, le quartier s'anime pour le plus grand plaisir des noctambules. Au pied de la porte San Miniato, on y trouve bars et restos pour s'amuser ou faire de belles rencontres... Et pour profiter de la vue sur Florence, ne pas hésiter à grimper les marches pour atteindre l'église *San Miniato al Monte* qui surplombe la ville... un panorama à couper le souffle vous attend. Un de nos quartiers préférés.

Où dormir ?

Camping

⛺ *Camping Michelangelo* (plan détachable F5, **20**) : viale Michelangiolo, 80. ☎ 055-681-19-77. ● michelangelo@ecvacanze.it ● ecvacanze.it ● Pour s'y rendre, prendre le bus n° 12 à la gare centrale. Compter 35 € pour 2 avec tente et voiture. Également tente à louer équipée pour 2 (sommier et matelas) env 38 €. 🖳 📶 Beaucoup de monde en haute saison, ce qui contraint les campeurs à s'entasser. Résultat : une atmosphère communautaire... et très bruyante. La vue sur la ville est superbe depuis les emplacements en escalier ou la terrasse du bar. Bien équipé : laverie, bar-resto, magasins, aire de jeux pour les enfants et... même l'ombre des oliviers. Difficile de faire plus central ! Malheureusement, cette situation de monopole n'incite pas toujours la direction à faire du zèle.

Chic

🏠 *Silla Hotel* (plan détachable E5, **81**) : via dei Renai, 5. ☎ 055-234-28-88. ● hotelsilla@hotelsilla.it ● hotelsilla.it ● Doubles à partir de 98 €. 🖳 📶 Un des rares hôtels dans ce quartier, installé dans un palais du XVe s. Situation idéale avec quelques chambres qui ont vue sur l'Arno. Chambres au papier peint fleuri équipées de tout le confort, mais il faut s'y prendre tôt. Aux beaux jours, profiter de l'immense terrasse arborée donnant sur le fleuve pour prendre le petit déj. Magique. Pour ne rien gâcher, l'accueil est sympathique et le personnel très prévenant.

Où manger ?

Sur le pouce à bon marché

|●| *ZEB – Zuppa e Bollito* (plan détachable E5, **139**) : via S. Miniato, 2. Ts les midis sf mer ; le soir slt jeu, ven, sam. Compter 10-15 € pour un repas. Également plats à emporter. On aime cet endroit pour sa vitrine discrète comme

sa déco résolument tendance. Mais c'est dans l'assiette que tout se passe : *sformato di melanzane, lampredotto, torta al limone...* On peut aussi choisir ses ingrédients pour une salade (préparée sous nos yeux) en toute simplicité et la savourer assis sur des tabourets, accoudé au bar en bois clair qui entoure l'officine. Pâtes fraîches faites maison. Le soir, un poil plus cher. Une halte reposante et gourmande pour ceux qui ont prévu la montée vers San Miniato.

🔖 **I Tarocchi** *(plan détachable D-E5, 123)* **:** via dei Renai, 14 r. ☎ 055-234-39-12. Tlj sf lun, sam et dim midi. Compter env 15 € ; pizza moins de 8 €. Un établissement convivial propice aux retrouvailles entre copains. Cuisine sans chichis, généreuse et de bonne tenue, à l'image des belles (et bonnes) pizzas propres à satisfaire les plus gros appétits ! Aux beaux jours, terrasse agréable sur une rue tranquille. Belle surprise au dessert avec le *cheese-cake.* Ambiance conviviale assurée par un contingent d'habitués.

I●I **Antica Mescita San Niccolò** *(plan détachable E5, 127)* **:** via di San Niccolò, 60 r. ☎ 055-234-28-36. Tlj sf dim. Congés : 1re quinzaine d'août. Au déj, formule buffet 10 € ; plats 9-14 €. Les tables en bois et les carreaux de faïence tapissant les murs conviendront parfaitement aux habitués des *osterie* traditionnelles florentines. Sinon, en cas de forte chaleur, tentez la salle voûtée du sous-sol qui n'est autre que la crypte de l'église attenante ! Une bonne la cuisine du terroir qui ne déçoit pas. Assortiments de *crostini* en guise d'entrées. Incontournables – et tellement bonnes – *zuppe* et *minestre* (*pappa al pomodoro, ribollita,* etc.). Bonnes viandes, à commencer par le *coniglio briaco* (cuit dans du vin), et excellents *contorni.*

🔖 I●I **La Beppa Fioraia** *(plan détachable E5, 211)* **:** via dell'Erta Canina, 6 r. ☎ 055-234-76-81. Située juste après l'embranchement avec l'Enoteca-bar Fuori Porta. Tlj, tte l'année. Compter 25 € pour un repas. Une institution à Florence où on retrouve la population locale de tous âges venue se délecter d'une bonne pizza ou d'un bon plat de pâtes au frais, en hauteur de la ville, noyé dans la verdure. Évidemment, beaucoup de monde et la résa est plus que conseillée, surtout en haute saison. Accueil jeune et dynamique.

Chic

I●I **Lungarno 23** *(plan détachable D4-5, 158)* **:** lungarno Torrigiani, 23. ☎ 055-234-59-57. ● info@lungarno23. it ● Tlj sf parfois dim (mais cela reste exceptionnel). Résa conseillée le soir. Compter 35 €. Les amateurs de viande rouge seront comblés, d'autant que l'emplacement tranquille le long du fleuve est délicieux. La spécialité de la maison ? Des *burgers* de la fameuse viande bovine de race Chianina, venant des pâturages d'Arezzo. Pour les autres, salades, soupes et fromages. Carte des vins longue comme le bras. Belle terrasse, agréable aux beaux jours (un poil trop chaud l'été).

I●I **Trattoria Omero** *(plan Escapade pédestre dans le Sud Florentin B3)* **:** via Pian dei Giullari, 47. ☎ 055-22-00-53. Compter 40 € le repas. À l'extérieur de la ville. Pour les courageux, ça sera la marche à pied (la journée seulement, le soir c'est nettement moins agréable), pour les autres le taxi proposé par la maison quand vous réservez. Située juste en face de la *casa Galileo* (Galilée), c'est un véritable havre de paix, surtout si vous avez pris soin de réserver une table près de la fenêtre, ou mieux encore sur la terrasse aux beaux jours. Et dans l'assiette ? À l'image du cadre : fraîcheur, produits du terroir et belle carte des vins. Service stylé. Une adresse sans fausse note.

Bars à vins *(vinai, enoteche)*

🍷 I●I ⊛ **Enoteca-bar Fuori Porta** *(plan détachable E5, 147)* **:** via del Monte alle Croci, 10 r. ☎ 055-234-24-83. ● info@fuo riporta.it ● À côté de la porte San Miniato et des remparts de la ville.

Tlj 12h30-minuit. Env 20-25 € pour une bonne assiette de charcutailles et de fromages. Le rendez-vous des œnophiles du quartier : pas loin de 600 étiquettes d'Italie ou d'ailleurs, négociées à un tarif raisonnable. Un vrai bonheur de s'installer sur la terrasse en regardant les passants tout en buvant un *nobile* ou un *brunello* accompagné de *crostini* ou de *bruschette.* On peut étoffer le menu avec un plat de pâtes ou une salade. Les salles sont toutes aussi agréables avec les tables au milieu des rayonnages. Le soir, venir tôt pour prendre de vitesse les nombreux habitués !

♟ |●| Bevo Vino *(plan détachable E5, 148) :* via di San Niccolò, 59 r. ☎ 055-200-17-09. ● *bevovino.enoteca@gmail. com* ● *Tlj 12h-1h. Compter 20-25 € pour un repas complet, vin compris.* À deux pas de la porta San Miniato, on le manquerait presque, ce petit bar à vins au mobilier de bois clair. Ambiance bon enfant pour avaler quelques plats bien ficelés tout en dégustant de nombreux crus toscans, choisis avec soin par le patron. Une adresse de connaisseurs. Accueil charmant et conseils avisés. Plus animé en soirée.

Où savourer de bonnes glaces ?
Où siroter un jus de fruits frais ?

♟ Il Gelato di Filo *(plan détachable E5, 175) :* via San Miniato, 5 r. ☎ 055-248-06-17. *Tlj sf lun 12h30-20h30.* Une adresse qui propose d'excellents sorbets de fruits de saison et des glaces crémeuses à souhait. Peu de parfums, ce qui garantit la qualité et la fraîcheur ! Servies copieusement et moins chères que celles vendues dans le centre historique ! Idéalement placé pour prendre des forces pour la grimpette jusqu'à San Miniato al Monte (et il en faut...).

♟ Cantina del Gelato *(plan détachable D4, 177) :* via dei Bardi, 31. ☎ 055-050-16-17. On pourrait presque le rater, ce glacier, à mi-chemin du Ponte Vecchio et du quartier San Niccolò. Un choix restreint (mais fameux) de glaces *home made.* Spécialité de la maison ? La *Buontalenti,* sorte de crème à la saveur douce et sucrée, mais les autres sont tout aussi excellentes, d'autant que la gentillesse est au rendez-vous.

☕ Isola Verde *(plan détachable D4, 171) :* lungarno Torrigiani, 11 r. ☎ 055-263-85-16. *Tlj 10h-22h. Fermé nov-mars.* Voilà un endroit qui plaira aux amateurs de fruits et de smoothies. À la demande, on vous fait ce que vous voulez : mélange de fruits et légumes aux vertus énergisantes toniques, diététiques. Accueil agréable et pêchu.

Où boire un verre en écoutant de la musique ?

♟ ♪ Zoe *(plan détachable E5, 199) :* via dei Renai, 13 r. ☎ 055-24-31-11. Petite rue parallèle au lungarno Serristori (qui longe l'Arno). *Tlj 9h-3h. Le midi, compter 15-20 €. Aperitivo 18h-22h.* L'un des endroits branchés du quartier qui, le soir, regorge de monde jusque sur le trottoir. Terrasse attenante débordante de jeunes et de (un peu) moins jeunes. À l'intérieur, déco design en noir et blanc, épurée, où se retrouvent de belles créatures florentines. Petites expos temporaires de jeunes artistes italiens accrochées aux murs.

♟ ♪ Negroni *(plan détachable E5, 200) :* via dei Renai, 17 r. ☎ 055-24-36-47. *Lun-ven 9h-3h (10h, sam-dim). Aperitivo 8 € avec un monde fou, 19h-22h. À côté de la précédente adresse.* DJs aux platines en fin de semaine et musique lounge le reste du temps. L'une des bonnes étapes du Florence *by night !* La salle cosy aux lignes modernes accueille quelques petites expos temporaires, mais c'est en terrasse que les jeunes s'éparpillent volontiers dès le printemps. La journée, il est aussi sympa d'y boire son café en terrasse ou d'y déjeuner un plat chaud.

♟ High Pub Bar *(plan détachable E5, 202) :* via dei Renai, 27 a. ☎ 055-23-47-082. Un endroit qui ne paie pas de mine mais ô combien sympathique pour une bonne mousse au moment de l'*aperitivo*. Le midi, des petits plats sans prétention mais d'un bon rapport qualité-prix. Accueil jovial et plein d'allant. Une bonne adresse dans le quartier.

♦ ♪ ♫ *Flo Gallery* (plan détachable F5, 195) : piazzale Michelangelo, 84. ☎ 055-65-07-91.Tlj en hte saison 19h-4h du mat, le reste de l'année slt jeu-sam. À 20 mn à pied du centre et tt à côté du Camping Michelangelo. Un incontournable des nuits florentines. On commence par un *aperitivo* et on termine en se déhanchant sur la piste de danse... Tenue correcte recommandée.

À voir

🗡 *Chiesa San Niccolò* (plan détachable E5) : *à priori ouverte slt le mat. Petite offrande bienvenue.* Une église peu mise en valeur de par sa situation encaissée. À l'intérieur, ambiance un tantinet austère où on trouve quelques peintures du XVIe et du XVIIe s. Demander qu'on vous éclaire l'église... Pousser jusqu'à la sacristie pour admirer un triptyque de Fabriani, récemment restauré (un peu trop à notre goût car les couleurs sont un peu agressives), avec les portraits de Marie, saint Côme et saint Damien.

🗡🗡 *Museo Bardini* (plan détachable D-E5) : via dei Renai, 37. ☎ 055-226-40-42. *Ouv slt ven-lun 11h-17h. Entrée : 6 € (10 € avec l'accès au jardin de Boboli).*
Stefano Bardini (1836-1922) est l'un des plus grands collectionneurs et antiquaires italiens. On l'appelait « le prince des antiquaires ». Peintre à l'origine, il est devenu au fil des ans un grand collectionneur. Il achète tout, il s'intéresse à tout : du papier mâché, des cadres, des armes, des dessins en passant par des tapis, des coffres de mariage... Il récupère et achète les palais de la ville en pièces détachées. En effet, au XIXe s, on a beaucoup détruit de palais en centre-ville pour faire de grandes percées (à la manière du baron Haussmann à Paris). Sa clientèle est russe, américaine et même française comme les Jacquemart-André (leur nom vous dit quelque chose, non ?). Il utilise son palais (qu'il a racheté aux Mozzi, une riche famille florentine) comme un *showroom*. Il regroupe les objets par thème. D'ailleurs, à sa mort, quand il lègue son palais à la ville, on a du mal à comprendre le mélange des genres, les copies et les originaux. Après un testament et un héritage bien complexes, c'est à l'État italien que revient la totalité des œuvres du collectionneur. Le vœu de ce dernier a été respecté : conserver les pièces exposées aux murs bleus (à la manière russe), ainsi que l'agencement de ses œuvres. On peut être surpris en effet par le musée en lui-même. Il faut le regarder dans son ensemble et non comme une somme d'œuvres individuelles. De ses nombreux voyages en Europe et en Amérique, Stefano Bardini a réuni une riche collection éclectique.
– *Au rez-de-chaussée.* La première salle à gauche est dédiée aux statues antiques, mais l'œuvre majeure est le tableau de Tino di Camaino, *La Carità,* montrant une femme allaitant ses deux enfants. On y admire aussi des chapiteaux corinthiens, des portails, une tombe en marbre d'Arnolfo di Cambio. Toujours au rez-de-chaussée, le célèbre *Porcellino* de Pietro Tacca, offert par le pape Pio IV à Cosimo Ier en visite à Rome en 1560. Cosimo II en a commandé une copie en bronze pour le Palazzo Pitti, transférée aux Offices. Également une copie dans l'actuelle Loggia del Mercato Nuovo (vous suivez ?). Après avoir monté le majestueux escalier en marbre (jeter un œil au *Poséidon*), belle collection de tapis perses du XVIIe s aux murs. Par ailleurs une collection unique de dessins au crayon de Tiepolo. Quelques œuvres d'art comme la *Madonna dei Cordai* de Donatello ou encore le *San Michele Archangelo* de Pollaiolo. Salle d'armurerie assez impressionnante. Admirer au passage les magnifiques plafonds à caissons du palais. Un bel endroit qui mérite la visite.

🗡🗡 *Giardino delle Rose* (jardin des Roses ; plan détachable E5) : viale Giuseppe Poggi. GRATUIT.

Agréable jardin qu'on peut désormais visiter toute l'année. Coincé entre la *chiesa San Miniato al Monte* et la *porta San Miniato,* on y accède par la via di San Salvatore al Monte. Inauguré en 1865, le jardin était connu pour sa magnifique roseraie. Plus d'un siècle après (en 1998), en partenariat avec Kyoto, la Ville de Florence a enrichi le site d'un jardin japonais.

Depuis septembre 2011, on peut admirer une dizaine de sculptures du célèbre artiste belge Jean-Michel Folon disséminées dans le parc. Celui-ci affectionnait l'Italie et particulièrement Florence. Admirer *La Valise* dans laquelle on voit une vue panoramique de la ville, le gros *Chat* couché dans l'herbe, ou l'imposante *Méditerranée* avec son bateau penché. Pour l'anecdote, les plus âgés se souviendront que Folon avait créé les fameux petits bonhommes bleus qui s'envolent pour le générique d'Antenne 2 à la fin des années 1970, début des années 1980.

La cerise sur le gâteau c'est tout de même la vue magnifique sur Florence... Une halte reposante, loin du tumulte du centre-ville... Quant à la roseraie, l'idéal est de la voir en mai. Mignonne, allons voir si la rose...

★★★ *Chiesa San Miniato al Monte (hors plan détachable par E-F5) : via del Monte alle Croci.* ☎ 055-234-27-31. *On y accède facilement à pied des ponts San Niccolò et alle Grazie (mais ça grimpe !) ou en bus (n° 13). Tlj 8h-20h en été ; 8h-13h, 15h30-19h le reste de l'année.*

Une des plus belles réussites du roman florentin : façade incrustée de marbre de Carrare et de marbre vert de Prato, décorée d'une mosaïque. À l'intérieur, décoration à base de marbres polychromes et parement du XIIIᵉ s, une partie de celui-ci représentant les signes du zodiaque. Le plafond est de toute beauté, tout en étant sobre. Pavement du XIIIᵉ s. Devant le chœur, *chapelle du Crucifix,* œuvre de Michelozzo (1448). Bas-côté gauche, chapelle du cardinal du Portugal, au

> ## COUP DE PUB
>
> *L'aigle représenté au sommet de l'église est l'emblème des marchands florentins. Celui-ci tient dans ses serres un* torsello, *petit sac qu'on utilisait au Moyen Âge pour transporter des échantillons d'étoffes. On y cousait le logo de la corporation. À l'époque, les riches marchands finançaient en grande partie la construction des églises. Voir le logo permettait, à coup sûr, un bon coup de pub pour les corporations citées.*

riche décor Renaissance. Admirer le travail de marqueterie en marbre sur la clôture du chœur. Dans l'abside, belle mosaïque du XIIIᵉ s. Enfin, jeter un œil aux fresques de la sacristie. Une de nos églises préférées.

Jouxtant l'église, le *cimetière de San Miniato.* Immense et magnifique, ce cimetière, propriété communale depuis 1911, offre plusieurs styles, du néoclassique en passant par une inspiration russe ou encore Art déco. Plusieurs chapelles et sépultures méritent le détour. À noter que l'auteur de Pinocchio, Carlo Lorenzini (« Collodi »), Libero Andreotti, Frédérick Stibbert ou encore Vasco Pratolini, pour ne citer qu'eux, y sont enterrés. Profitez-en, les touristes ont tendance à oublier cet endroit (à tort).

★ *San Salvatore al Monte (plan détachable F5) : juste en dessous de San Miniato. 6h30-12h30, 15h-19h.* À pied, ça grimpe dur pour atteindre cette petite église qui domine Florence. On vous conseille de monter par le jardin des roses qui longe la via del Monte alle Croci. L'église en elle-même, d'une grande sobriété, avec de solides murs et une charpente en bois, ne présente guère d'intérêt.

★★★ En revanche, ne manquez pas le *coucher de soleil* sur tout Florence à partir du piazzale Michelangelo sous l'église *San Salvatore al Monte.* Très touristique, certes, mais les reflets sur l'Arno et les couleurs du Ponte Vecchio valent d'affronter le monde. Inoubliable !

LES ENVIRONS DE FLORENCE

Après avoir arpenté le pavé florentin, pourquoi ne pas vous échapper une journée pour parcourir la campagne florentine, l'une des plus belles régions de Toscane. Les collines entourant la ville offrent des points de vue magnifiques, le tout dans une très grande sérénité. Les cyprès et les villas accentuent cette atmosphère exceptionnelle, à l'écart du tumulte touristique. À pied, c'est idéal !

ESCAPADE PÉDESTRE AU SUD DE FLORENCE

Aventurez-vous du côté des collines au sud de l'Arno, que (trop) peu de visiteurs prennent le temps de découvrir. Cette enclave aux portes de la capitale toscane mérite bien une petite escapade d'une demi-journée. En l'espace de quelques instants, le flâneur se retrouve dans la quiétude d'un charmant faubourg résidentiel aux allures de village toscan. Ici, comme dans les arrière-plans des tableaux des maîtres de la Renaissance, tout est fait pour maintenir l'homme en harmonie avec son environnement et le rendre heureux. Les arbres contribuent à l'enchantement et au raffinement : cyprès élégants comme des flammes vertes, oliviers noueux et pacifiques à l'éternel feuillage vert argenté, jardins secrets et villas anciennes noyées dans la belle végétation du Sud.

➢ La randonnée fait une bonne dizaine de kilomètres. Compter 3h sans vous presser. Prévoir des lunettes de soleil (en été), de bonnes chaussures et, surtout, de l'eau.

Proposition d'itinéraire

Le départ et l'arrivée de cette balade se font du célèbre **Ponte Vecchio.** De là, prendre à gauche la via dei Bardi, admirer la piazza de Mozzi, n° 4, de superbes décorations à grafiton où on observe de belles allégories en excellent état, juste en face du musée Bardini. Puis contourner pour prendre la via dei Renai. À votre droite, la *Chiesa San Niccolò* (ouverte à priori le matin) et prendre à droite la via San Miniato pour passer sous la **porta San Miniato.** Cette belle porte médiévale marque les limites de la vieille ville, encore ceinturée ici par une longue section intacte de remparts datant de 1258. Continuer quelques mètres par la via dei Monte alle Croci (en direction de l'église San Miniato) et prendre la deuxième à droite, la via dell'Erta Canina, juste en face de l'entrée du très mignon Giardino delle Rose. L'abandonner 50 m plus loin pour suivre la voie de droite à la fourche. On passe devant la pizzeria *La Beppa Fioraia,* une adresse bien connue des locaux. On est déjà à la campagne, loin du bruit et de la foule. On laisse sur la gauche, 400 m plus loin, un petit jardin public abritant des jeux pour enfants et quelques tables de pique-nique sous les frondaisons. Puis, on s'achemine alors vers une petite route qui mène au tennis-club de Florence. Là, il faut suivre à droite l'allée principale de cyprès qui monte en se faufilant au creux d'un vallon très vert. On y aperçoit les toits ou une partie de façades de belles villas et de leurs jardins que l'on devine joliment entretenus. Environ 300 m après ce jardin public, on tombe sur un petit croisement. Ignorer les petites allées secondaires et suivre sur la gauche le chemin sinueux sur le flanc de la colline, qui traverse un quartier résidentiel de maisons cossues.

Au bout de ce chemin, une porte métallique réservée aux marcheurs permet d'accéder au **viale Galileo.** Marcher environ 10 mn en direction du piazzale Galileo. Ce n'est pas la partie la plus intéressante de la balade, car vous retrouvez la route circulaire de Florence où un bon nombre de voitures roulent à vive allure. Certes, c'est un axe passant, mais les larges trottoirs pavés sont bordés d'arbres. En route, sur votre droite, superbes points de vue sur les jardins en contrebas et Florence au loin, dans le fond de la vallée.

Vous arrivez au carrefour du viale Galileo et de la **via di San Leonardo.** De là, prendre la direction d'Arcetri (via S. Leonardo) et de Pian dei Giullari en suivant les rues de gauche aux bifurcations. Même si l'atmosphère redevient instantanément sereine après le viale Galileo un peu agité, se méfier toutefois des riverains qui conduisent parfois rapidement (l'absence de trottoirs n'arrange rien !). Sur ce chemin étroit en pente, on passe à côté de l'observatoire d'astrophysique (**Osservatorio astrofisico di Arcetri,** rens et résas : ☎ 055-27-52-280 ou sur ● richiesta_visita@arcetri.stro.it ●) et on traverse le village d'**Arcetri,** sorte de « Beverly Hills de la Renaissance italienne », poumon vert de la banlieue sud de Florence. Avec un peu de chance, vous apercevrez peut-être les belles demeures cachées derrière des hauts murs débordant de fleurs et de plantes grimpantes. Dissimulée aussi, la villa Caponi possède des jardins considérés parmi les plus beaux de Florence.

À partir du croisement avec la via della Torre del Gallo, prendre à droite via Pian dei Giullari, où les hauts murs cèdent la place à de larges ouvertures livrant de beaux panoramas sur la campagne toscane. À **Pian dei Giullari,** la **maison de Galilée** se trouve au n° 42 de la rue principale, sur la droite en venant d'Arcetri. Cette maison bourgeoise n'est pas ouverte au public. Dans une niche sur le mur de façade, un buste représente le célèbre astronome Galilée. Juste en face, un resto d'une grande renommée (Trattoria Omero, voir plus haut dans le quartier de San Niccolò dans la rubrique « Où manger ? »). Une belle halte culinaire avant de reprendre le chemin inverse. Si vous avez un peu de temps, pousser jusqu'au centre du village de Pian dei Giullari, l'arrêt du bus n° 38 se trouve sur un petit carrefour fort tranquille. De celui-ci part un étroit chemin creux, le **viuzzo di Monteripaldi,** bordé de murs tapissés de plantes grimpantes. Le suivre jusqu'au bout. On débouche à 200 m environ au village de **San Michele a Monteripaldi.** De là, vue superbe et étendue sur les collines toscanes, où l'on distingue à l'ouest l'imposante Certosa del Galluzzo (chartreuse de Galluzzo). Le village, très modeste (une église et quelques maisons), se tient sur une colline en forme de crête.

Pour le retour, emprunter la via di San Michele a Monteripaldi, qui contourne la colline escaladée précédemment, puis tourner à droite vers le carrefour du bus n° 38 et suivre exactement le même chemin à l'envers jusqu'au carrefour. On conseille de redescendre à Florence par la **via di San Leonardo,** étroite, dallée et bordée de vieilles maisons cossues (c'est tout droit). On passe sous la **porta San Giorgio,** la porte la plus ancienne de Florence (1260), et on continue à descendre par la **costa di San Giorgio.** Au n° 2 de cette rue, on peut accéder au **Giardino Bardini** (entrée payante), même si l'entrée principale se situe via di Bardi, 1. On poursuit son chemin avec un petit arrêt au passage devant la façade du n° 19, où Galilée habita un temps. Les derniers mètres de cette randonnée ont quelque chose d'un « toboggan urbain » se glissant entre les murs anciens et resserrés, pour nous ramener au plus vite vers la via dei Bardi et le Ponte Vecchio.

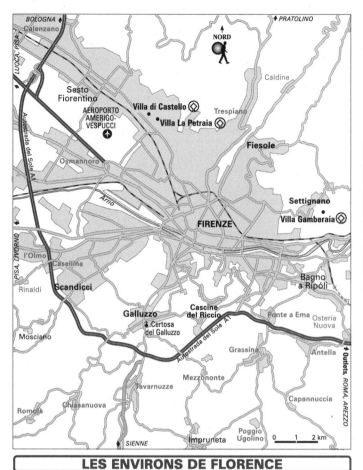

LES ENVIRONS DE FLORENCE

LES ENVIRONS DE FLORENCE

LA CAMPAGNE FLORENTINE

Il est possible d'effectuer une très belle balade à travers les collines entourant Florence (environ 6 km). Cette promenade est connue sous le nom de *viale dei Colli,* avenue conçue au XIXe s par l'architecte Giuseppe Poggi.

Départ de la piazza Ferrucci, près du pont San Niccolò. Arrivée à la porta Romana (extrémité des jardins de Boboli). Cette promenade prend trois noms différents : viale Michelangelo (jusqu'à la place du même nom) ; viale Galileo (partie centrale) ; viale Machiavelli (dernière partie, jusqu'à la porta Romana). Elle offre de somptueux panoramas sur la ville. On peut encore, de la porta San Frediano, près du pont Amerigo Vespucci (dans l'Oltrarno), prendre la *via Monte Olive,* qui mène en 30 mn de marche sur une colline surplombant Florence. Villas magnifiques et superbes jardins sur la route. Balade agréable car peu connue des touristes.

◎ *LES VILLAS MÉDICÉENNES* (ville medicee)

Le principe de la villa (attention aux faux amis, le terme *villa* en italien ne désigne pas seulement une habitation mais un domaine rural au sens large du terme) date des Romains, qui inventèrent la résidence secondaire. Après une éclipse de plusieurs siècles, les villas redevinrent à la mode grâce à la famille Médicis qui commanda à ses architectes de somptueuses résidences et jardins. Les villas de campagne étaient un lieu de repos où les riches familles pouvaient échapper au tumulte de la cité, mais elles étaient surtout un lieu de délectation artistique et intellectuelle tel que la pensée humaniste pouvait le concevoir. Ces villas constituées de beaux jardins (très nombreuses dans les environs proches de Florence) n'ont pas toujours très bien traversé les siècles ; certaines de ces propriétés méritent toutefois le déplacement.

🎨 *Villa La Petraia :* via della Petraia, 40. Située à **Castello**, à 7 km au nord-ouest du centre de Florence, non loin de l'aéroport. Prendre le bus n° 28 (direction Sesto Fiorentino). Mars-oct, jardins ouv 8h15-18h30 (19h30 juin-août) ; ferme à 16h30 le reste de l'année. Visites guidées de la villa ttes les 45 mn env. Fermé les 2e et 3e lun du mois. Il s'agissait ni plus ni moins du château des Brunelleschi, famille du grand architecte de Florence, passé aux mains des Médicis en 1575. Buontalenti fut chargé de rénover la villa au goût du jour, tandis que Tribolo, l'architecte paysagiste des jardins de Boboli, dessinait un parc à l'italienne aux parterres géométriques dans lequel Jean de Bologne inscrira une *Florence sortant des eaux*. Un grand chassant l'autre, ce fut le tour de la maison de Savoie de prendre possession de cette demeure historique... en y apposant sa marque. Victor-Emmanuel II en fit sa résidence d'été et s'empressa de faire couvrir la cour intérieure pour la transformer en une vaste salle de bal. Même si la nouvelle décoration n'a pas laissé grand-chose du temps des Médicis, la petite chapelle et les appartements richement décorés donnent une idée du faste de ces villas.

🎨 *Villa di Castello :* via di Castello, 46. À env 1 km de la villa La Petraia. ☎ 055-200-12-78. ● ● accademiadellacrusca@cscsigma.it ● Visites guidées sur rdv mer 9h-13h, 15h-18h et jeu 9h-13h ; ainsi que le 1er dim du mois 10h-13h. GRATUIT. C'est actuellement le siège du Conservatoire de langue italienne dont les origines remontent aux années 1570. Également dessiné par Tribolo, ce vaste jardin Renaissance, rythmé de parterres bien ordonnés et de nombreuses statues, s'étage sur le flanc d'une colline. Les allées conduisent vers un grand bassin, où patiente un monstre de bronze, et une grotte ornée de fausses roches parmi lesquelles s'affaire un peuple d'animaux. Les appartements, en revanche, ne se visitent pas.

🎨 *Villa di Poggio a Caiano :* piazza dei Medici, 12 ; bourg situé à 18 km à l'ouest, sur la route de Pistoia par la N 66. ☎ 055-87-70-12. Prendre un autobus Cap ou Copit, départ piazza S. M. Novella ttes les 30 mn. La villa se situe au centre du village, en haut de la

UN COU FATAL

Offerte à Laurent de Médicis en 1486 par un sultan mamelouk en guise de cadeau diplomatique, la girafe des Médicis fit grande impression lorsqu'on la promena dans les rues de Florence. Malheureusement l'animal se brisa le cou, peu de temps après son arrivée dans l'écurie qu'on avait spécialement aménagée pour elle dans la villa de Poggio a Caiano. Il a fallu attendre 1826 pour qu'une girafe repointe le bout de ses cornes en Europe, en l'occurrence à Marseille. Elle gagna Paris en compagnie de trois vaches la nourrissant au lait, le tout escorté par les gendarmes !

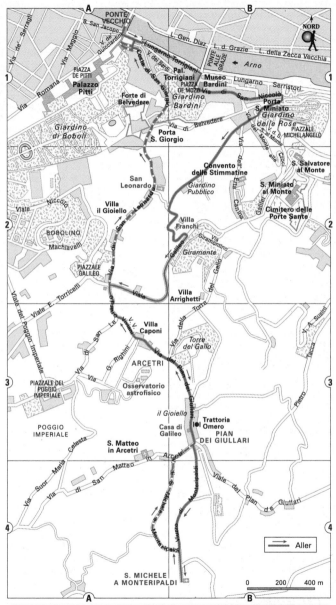

ESCAPADE PÉDESTRE DANS LE SUD FLORENTIN

colline. Tlj mars-oct, 8h15-17h30 (18h30 juin et sept, 19h30 juil-août). Ferme à 16h30 le reste de l'année. Fermé les 2ᵉ et 3ᵉ lun du mois. Visites guidées de la galerie de peintures sur résa.

Ce fut Laurent le Magnifique qui chargea l'architecte Giuliano da Sangallo des travaux de reconstruction. Posée sur un embasement à arcades, la villa se démarque de ses consœurs par son péristyle surmonté d'une frise d'Andrea Sansovino et d'un fronton de temple grec. Cette référence inédite à l'Antiquité est une commande du pape de la famille, Léon X. Malheureusement, les occupants successifs de la villa ont sérieusement mis à mal les décorations héritées des Médicis. Les Bonaparte ouvrent le bal sous la houlette d'Élisa, alors grande-duchesse de Toscane. Les fresques, qui ne sont pas à son goût, sont revues et corrigées sans pitié. Puis ce sera au tour de Victor-Emmanuel II de participer à ce grand nettoyage de printemps ! À l'arrivée, les 60 pièces de la demeure sont l'occasion d'une promenade instructive, on y admire des fresques d'Andrea del Sarto, de Pontormo et d'Alessandro Allori. Une palette de choix !

Cette villa fut la plus célèbre des villas médicéennes, notamment pour ses réceptions auxquelles participaient de nombreux humanistes (dont Montaigne). C'est ici d'ailleurs qu'en 1587 François Iᵉʳ de Médicis et son épouse Bianca Capello moururent dans des conditions demeurées mystérieuses. La villa abrite, depuis 2007, le plus grand musée de la Nature morte en Europe, regroupant plus de 200 œuvres et peintres italiens, flamands et hollandais dont notamment Bartolomeo Bimbi et Brueghel l'Ancien.

🏃 *Villa Medicis di Fiesole :* via Beato Angelico, 2 (Fra Giovanni Da Fiesole detto *l'Angelico), Fiesole.* ☎ 055-594-17. Fax : 055-239-89-94. Accès par le bus nᵒ 7 *(voir plus loin la rubrique « Arriver – Quitter » à Fiesole). Lun-ven 9h-13h. Visite sur résa. Entrée : 6 €.* C'est la première véritable villa Renaissance, construite entre 1458 et 1461 pour Cosme l'Ancien. Il s'agit malheureusement d'une propriété privée, et seuls les jardins, suspendus comme ceux de Babylone, sont ouverts au public (magnifique panorama).

LA CERTOSA DEL GALLUZZO (chartreuse de Galluzzo)

🏃🏃 *Via di Colleramole, 11. À 6 km de Florence. Bus nᵒˢ 36 et 37 de la piazza Santa Maria Novella (en face de la gare) ou de la porta Romana. En voiture, suivre la via Senese depuis la porta Romana (panneaux).* ☎ 055-204-92-26. ● certosadi firenze@cistercensi.info ● *Tlj sf lun. Visites guidées obligatoires slt à 9h, 10h, 11h, 15h, 16h et 17h (en hiver, cette dernière heure de visite est supprimée), le dim à 15h, 16h et 17h. Compter 45 mn de visite (en italien, en anglais et en français).*

Dressée sur une éminence à la sortie du bourg, cette vaste chartreuse fondée au XIVᵉ s abrite depuis 1958 des cisterciens... qui vous proposeront tout de même de délicieuses liqueurs. On ne perd pas les bonnes habitudes !

À voir : la pinacothèque (fresques de la Passion, de Pontormo), l'église gothique (stalles délicatement ciselées du XVIᵉ s) et les bâtiments conventuels. Dans la salle capitulaire, s'attarder sur la belle *Crucifixion* d'Albertinelli. Le grand cloître, décoré de médaillons des della Robbia, renferme un cimetière dont les tombes ne portent ni nom ni date, par souci d'humilité et dont le nombre est strictement égal à celui des cellules moines qui le bordent, c'est-à-dire 18. Leur extrême simplicité et leurs jardinets privés rappellent que les chartreux vivaient en reclus dans le silence et le recueillement, ne partageant que les principaux offices et les repas de fêtes. Le Corbusier, qui le visita à deux reprises en 1907 et 1911, s'en inspira pour la construction du couvent de Sainte-Marie-de-la-Tourette, près de Lyon.

SETTIGNANO

À 8 km à l'est de Florence. Prendre le bus nᵒ 10 de la piazza San Marco. Charmant village coiffant une colline, célèbre pour avoir accueilli plus d'un illustre résident : Michel-Ange, D'Annunzio et Berenson. Beaucoup de magnifiques villas dans ce coin qui inspira de nombreux sculpteurs. Michel-Ange y passa d'ailleurs une partie de sa jeunesse, dans la villa Buonarroti. C'est quand même une référence...

%&% *Villa Gamberaia :* via del Rossellino, 72. ☎ 055-69-72-05. ● info@villagamberaia. it ● *Seul le jardin se visite. Tlj 9h-19h (dernière entrée à 18h). Entrée : 10 €.* Principalement dessiné au XVIIIe s, ce somptueux jardin s'est vu attribuer quatre bassins formant un beau parterre d'eau à la fin du XIXe s, avant que la baronne Van Ketteler n'en affirme le côté formel en multipliant les topiaires au début du XXe s. Ils donnent sur un mur de cyprès percé d'arcades, fenêtres ouvertes sur un magnifique panorama. Une autre partie abrite des grottes renfermant quelques statues dont celle de Neptune évidemment.

FIESOLE

(50014)   15 000 hab.

Perchée au sommet d'une colline (à 300 m d'altitude) au nord-est de la capitale toscane, cette petite cité autrefois très puissante offre un panorama extraordinaire sur Florence. Son versant nord, en revanche, marque le début de l'arrière-pays avec de belles échappées sur les douces collines plantées de cyprès et d'oliviers. Ce paysage bucolique, tout en nuances de vert, inspira la plume de nombreux auteurs. Boccace (XIVe s) y situait le refuge des héros du *Décaméron.* Proust y rêvait du printemps « qui couvrait déjà de lis et d'anémones les champs de Fiesole et éblouissait Florence de fonds d'or pareils à ceux de L'Angelico... ». Tandis que dans les années 1930, Gide y contemplait la « Belle Florence » couchant à Fiesole une partie des *Nourritures terrestres.*
Allez-y sans tarder, car ce gros bourg jalonné de villas cossues a su préserver sa taille humaine. On y croise beaucoup de monde en été, bien sûr, mais également chaque premier dimanche du mois, quand se tient la grande braderie des antiquaires...

Arriver – Quitter

En bus

🚌 De Florence, prendre le bus no 7 à l'arrêt situé piazza San Marco. Ts les horaires sur ● ataf.net ●
➢ *De Florence à Fiesole :* bus ttes les 20 mn env 6h-0h40. Le dim, ttes les 20-30 mn env 6h30-18h20.
➢ *De Fiesole à Florence :* bus ttes les 20 mn env 5h30-1h. Le dim, ttes les 20-30 mn env 6h20-18h40.

Adresse utile

🛈 *Office d'information touristique (plan A1) :* via Portigiani, 3-5. ☎ 055-596-13-11. ● comune.fiesole.fi.it ● *Avr-sept, tlj 10h-16h30 (horaires d'hiver restreints, téléphoner avt).* Compétent et bien documenté. Plan du centre historique de Fiesole avec le commentaire en français. Assure également la billetterie du Museo Civico.

Où dormir ?

Camping

⚕ *Camping panoramico Fiesole (hors plan par B1, 11) :* via Peramonda, 1. ☎ 055-59-90-69. ● panoramico@florencecamping.com ● ♿ *À 7 km du centre de Florence. Bus no 7 depuis Florence jusqu'à Fiesole, puis navette* gratuite tlj 8h-12h, 14h-17h (19h en été) ou 20 mn à pied. Compter 33-38 € pour 2 avec tente et voiture. Mobile homes 2-4 pers 40-70 €, ou chalets pour 4 pers avec petite cuisine (apporter sa vaisselle !) et sdb 100-125 € selon saison (draps fournis). 🛜 (payant). Un beau camping à flanc de colline.

Bonnes prestations, piscine *(juin-sept)* bien entretenue, resto *(avr-oct)*, supérette, machines à laver... Emplacements bien ombragés mais un tantinet caillouteux pour les tentes. Sanitaires propres. Vue imprenable sur Florence. Excellent accueil. Surpeuplé en haute saison, cela va sans dire !

De prix moyens à chic

🏠 *Il Burattino Country House (hors plan par B2, 12)* : via del Salviatino, 12. ☏ 338-481-89-93. ● *ilburattino. com* ● *Sortie Florence-sud, puis suivre Fiesole, continuer via Lungo L'Affrico jusqu'au bout, puis à droite via del Salviatino sur env 500 m ; c'est à gauche, juste avt un virage à droite (indiqué). Ouv tte l'année. Doubles 80-100 €.* 📶 Blottie au pied de Fiesole, face à la Chiesa San Francesco, que l'on aperçoit au loin, une vénérable demeure de campagne avec tomettes, poutres en chêne et sous-pente en terre cuite typiquement toscans. Ici vit Ranieri, qui propose 3 chambres très propres, dont la déco, encore à l'état minimaliste, ne cède en rien à l'envie de bien faire. 2 d'entre elles se partagent la même salle de bains. Autrement, beau petit coin TV, excellent petit

déj et le chant des oiseaux au réveil. Accueil gentil et très attentionné.

🏠 *Pensione Bencistà (hors plan par B2, 13)* : via Benedetto da Maiano, 4. ☏ 055-591-63. ● *info@bencista. com* ● *bencista.com* ● *En contrebas du bourg en arrivant de Florence (panneaux). Congés : 1er janv-14 mars et 16 nov-31 déc. Résa impérative. Compter 160 € la double, env 190 € la quadruple.* 📶 Remise de 10 % sur le prix de la chambre sur présentation de ce guide. Une allée bordée de cyprès et d'oliviers conduit à ce vieux manoir toscan, agrippé à flanc de colline et entouré d'un jardin paisible. C'est aujourd'hui un hôtel de charme à l'atmosphère délicieusement surannée avec une quarantaine de chambres cossues. Il plane ici une bonne odeur de café, et dans les couloirs, parmi lithos et vieilles gravures, on entendrait presque grésiller la radio de Marconi. De la terrasse, tout habillée de glycine, Florence s'évanouit dans la brume. Côté confort, les plus fortunés choisiront les n°s 18 et 21 pour leurs balcons plongeant sur la plaine. Idéal aussi, pour les familles, qui opteront pour les quadruples. Aussi spa, massage, jacuzzi et piscine. Une belle tranche de Toscane, en somme...

Où dormir dans les environs ?

Prix moyens

🏠 *Casa Palmira* : via Faentina, loc. Feriolo, 50030 *Polcanto (Firenze)*. ☏ 055-840-97-49. ● *info@casapalmira. it* ● *casapalmira.it* ● *À 9 km de Fiesole, en direction de Borgo San Lorenzo par la SR 302. La maison se situe à Feriolo, à droite dans une descente quelques km après le croisement de la route d'Olmo. Fermé de mi-janv à début mars. Doubles 85-115 € avec sdb ; 125 € pour l'appart La Casina. CB refusées.* 📶 Une belle demeure traditionnelle toscane, isolée

dans un environnement superbe. Déco lumineuse et printanière, depuis les chambres cossues jusqu'aux confortables salons agrémentés de meubles anciens chinés chez les antiquaires, avec de beaux tapis marocains. Ceux qui veulent s'isoler choisiront *La Casina*, avec son accès indépendant sur le jardin et sa cuisinette. Accueil très attentionné et en français des proprios – tendance écolo-chic –, qui assurent un copieux petit déjeuner et proposent toutes sortes d'activités. Cerise sur le gâteau : jacuzzi et piscine.

Où manger ?

Prix moyens

|●| 🍴 *I Giuggiolo (hors plan par B2, 21)* : viale Righi, 3 a, 50137 Firenze.

☏ 055-60-62-40. ● *info@iguiggiolo. com* ● *À la limite de Florence et de Fiesole, à l'extrémité de la via Salvia-tino (juste en face de l'auberge de*

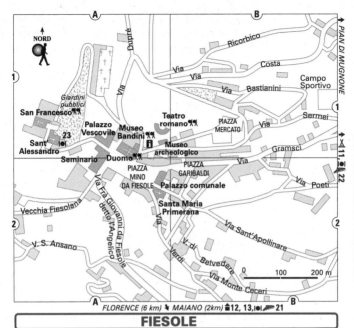

FIESOLE

■ **Adresse utile**

🛈 Office d'information touristique

⊠ 🛏 **Où dormir ?**

11 Camping panoramico Fiesole
12 Il Burattino Country House

13 Pensione Bencistà

|●| 🍴 **Où manger ?**

21 I Giuggiolo
22 Casa del Popolo
23 La Reggia degli Etruschi

---

jeunesse). Tlj midi et soir. Pizzas 5-8 €, plats 8-9 €. Tenue par des jeunes dynamiques, une auberge toscane reconstituée avec faux murs de brique et divers objets des champs. On y sert des pizzas si croustillantes qu'on dirait de la dentelle. Autrement une cuisine toscane qui se tient bien, comme le prouvent les nombreuses familles qui déboulent pour s'attabler ici dans la bonne humeur. Bons raviolis à la mortadelle et excellente glace à la pistache et aux pignons caramélisés.

|●| 🍴 **Casa del Popolo** (hors plan par B1, **22**) : via Matteotti, 25/27. ☎ 055-59-70-02. Prendre la route qui monte à gauche de la mairie, c'est env 400 m plus loin sur la gauche (parking fléché). Tlj 8h-23h, la cuisine fonctionne tlj 12h-14h30, sam-dim le soir slt. Pas de restauration en juil. Pizza 6 €. CB refusées. C'est le lieu convivial par excellence, loin, bien loin de Florence et des touristes. C'est ici que les aînés du quartier viennent se réchauffer. De la terrasse, le panorama est remarquable, on y prend volontiers un café. Sinon, la salle située juste en dessous propose une cuisine simple et bon marché. Accueil gentil.

|●| **La Reggia degli Etruschi** (plan A1, **23**) : via San Francesco, 18, 50137 Firenze. ☎ 055-59-385. ● info@lareggia.org ● En contrebas du couvent San Francesco. Tlj 11h-15h, 18h-23h. Plat 12 €, couvert 3 €, on dîne pour env 30-35 € sans les vins. Service souriant et plats raffinés dans ce resto panoramique

dont on aura pris soin de préciser « avec vue » lors de la réservation. La carte dépasse largement les classiques toscans : tartares ou carpaccios en entrée, *gnocchetti* sauce safranée, morue au brandy... Beau plateau de fromages et vins assortis. Endroit agréable et romantique à souhait.

À voir

🍴🍴 *Duomo di San Remolo* (plan A1-2) : *piazza della Cattedrale, 1. Tlj 7h30-12h, 15h-18h (8h-12h, 14h-17h l'hiver).* Construit au XIe s sur l'emplacement du forum antique, il fut modifié dans un premier temps au XIVe s et très restauré depuis. Magnifique campanile crénelé. À l'intérieur, architecture très austère de plan basilical, interrompue par un inhabituel chœur surélevé. Magnifique polyptyque de Bicci di Lorenzo (1450) sur l'autel. Fresque sur la voûte. À droite, en montant l'escalier : petite chapelle avec des fresques de Cosimo Rosselli et des sculptures de Mino da Fiesole.

🍴🍴 *Chiesa San Francesco* (plan A1) : *via San Francesco, 13. En haut de la colline. L'été, tlj 6h45-20h (interruption lors des offices sam 18h et dim 11h). Ferme à 18h l'hiver.*
C'est en montant vers San Francesco que vous aurez la plus belle vue sur la plaine florentine. Édifiée au XIVe s, cette église très simple est tout à fait adorable. Sous le porche d'entrée, petite fresque du XVe s représentant saint François, un peu dégradée, mais on devine sur l'ange la délicatesse du drapé. À l'intérieur, quelques primitifs religieux : *Immaculée Conception* de Piero di Cosimo (1510), gracieuse *Annonciation* de Raffaellino del Garbo, *Adoration des Mages* du XVe s. Dans la chapelle, *Nativité* de Luca della Robbia.
– Au sous-sol, un intéressant petit **Museo Etnografico della Missione Francescana** *(musée des Missions).* ☎ *055-591-75. En été, mar-sam 9h30-12h, 15h-19h (ouvre slt à 10h30 le sam, ferme à 17h en hiver). GRATUIT.* Un peu fourre-tout : porcelaine de Chine, estampes, gravures, artisanat, instruments de musique, petite section archéologique avec quelques objets étrusques et romains. Avant de quitter le site, jeter un coup d'œil au charmant cloître en retrait sur la droite de l'église. Rasséranant !

🍴🍴 *Teatro Romano e Museo Civico* (plan A1) : *via Portigiani, 1.* ☎ *055-596-12-93. Avr-fin oct, tlj 10h-19h ; 18h mars et oct et 14h le reste de l'année. Ticket combiné avec le musée Bandini et la chapelle San Jacopo (l'ancien oratoire du palais épiscopal où l'on trouve le Musée diocésain) : 10 € (2 € supplémentaires si expos temporaires).* Construit dans un endroit stratégique, le site de Fiesole fut occupé dès le VIe ou le Ve s av. J.-C. par les Étrusques. À leur tour, les Romains s'y trouvèrent mieux qu'en plaine, jugeant l'air nettement plus salubre, et recouvrirent la colline de bâtiments civils importants. Les vestiges de la zone archéologique témoignent de ce glorieux passé. Emblème du site, le beau théâtre romain du Ier s av. J.-C. donne une petite idée de la taille de la cité, avec une capacité de plus de 3 000 spectateurs. Bien restauré, il accueille différentes manifestations pendant l'été (concert de musique classique, ballets...). Moins bien conservés, les thermes datent de l'époque impériale et furent agrandis sous Hadrien, tandis que le soubassement d'un temple et un tronçon d'un puissant mur de fortification rappellent l'implantation étrusque. Le musée attenant rassemble des statues votives, stèles et autres urnes funéraires étrusques et romaines découvertes sur le site, ainsi qu'une très intéressante collection de céramiques attiques à figures rouges.
Le samedi, le même billet permet également d'aller découvrir les collections d'orfèvrerie liturgique de la petite chapelle *San Jacopo*, située via S. Francesco et dans laquelle on trouve une belle collection d'objets liturgiques témoignant du savoir-faire des artisans florentins.

🍴🍴 *Museo Bandini* (plan A1) : *via Dupré, 1.* ☎ *055-596-12-93. Fermé lun-jeu. Autrement ven-dim avr-fin oct 10h-19h (18h en oct, mais mieux vaut téléphoner avt). Tarifs : ticket combiné avec le théâtre romain 12 € ; sinon entrée simple 5 € ; réduc.* Ce petit musée présente une intéressante collection d'œuvres du Moyen Âge et de la première Renaissance italienne, ainsi qu'une sélection notable de terres cuites vitrifiées de la famille Della Robbia. Belles compositions de Bernardo Daddi, Taddeo Gaddi ou encore Lorenzo Monaco.

DANS LES ENVIRONS DE FIESOLE

Si vous passez dans les environs, n'hésitez pas à faire un crochet par le ***Convento del Monte Senario,*** sur la route de Bivigliano (au nord de Fiesole en direction de borgo San Lorenzo, puis Pratolino). Petit monastère occupant une position en nid d'aigle, sur un espace dégagé au sommet d'une colline ceinte d'une épaisse forêt... comme la tonsure d'un moine ! La visite vaut surtout pour la balade, empruntant de jolies routes étroites et sinueuses à flanc de colline, et pour la vue panoramique somptueuse sur la campagne florentine. Petite chapelle croulant sous les moulures dorées.

EN TRAIN

::

– Informations pour les trains italiens : un seul et unique numéro pour tte l'Italie : ☎ 89-20-21 (sur place, prix d'un appel local). Pour les horaires et les résas : ● trenitalia.com ●

🚉 ***Stazione Centrale Santa Maria Novella*** *(plan détachable B-C2) :* gare principale de Florence, située en plein centre-ville.

◼ ***Consigne à bagages*** *(deposito bagagli a mano ; plan détachable C2) :* le long du quai n° 16. ☎ 055-23-52-190. Tlj 6h-23h. Compter 5 € pour 5h, puis 0,70 € de la 6e heure à la 11e ; à partir de la 12e : 0,30 €.

🚉 ***Stazione F. S. Campo di Marte*** *(plan détachable G2) :* via Mannelli, 12. 2e gare de Florence, située à l'est, à quelques km du centre historique. Accueil et rens 7h-21h.

Liaisons intéressantes pour toutes les villes moyennes de l'Italie ainsi qu'un train direct pour Rome. Compter 1h20 de trajet.

Navettes plusieurs fois par heure pour rejoindre la gare centrale.

Attention, il n'y a pas de consigne à bagages dans cette gare.

EN BUS

::

Pour rejoindre Sienne, San Gimignano, Lucques, Grosseto, Volterra, Pienza et la Toscane en général...

◼ ***Busitalia Sita Nord*** *(plan détachable B2-3) :* point de vente principal, via S. Caterina da Siena, 17 r.

☎ 055-47-821. ● fsbusitalia.it ● Lun-sam 5h50-20h40, dim et j. fériés 6h20-20h30.

EN AVION

::

✈ ***Aeroporto Amerigo-Vespucci*** *(hors plan détachable par B1) :* via del Termine, 11 (Peretola). Petit aéroport régional situé à 5 km au nord-ouest du centre de Florence. ☎ 055-30-615 (infos 8h-23h30). Rens sur les vols : ☎ 055-30-61-300. ● aeroporto.firenze.it ●

✈ ***Aeroporto Galileo-Galilei :*** *à Pise (à env 80 km de Florence).* ☎ 050-84-91-11 (infos sur les vols). ● pisa-airport.com ●

➢ Il existe une navette directe, qui relie l'aéroport de Pise à la gare de Florence : Durée : 1h15. 6 liaisons/j. 6h-minuit. Aller : 7 €. Kiosque de vente à la gare de Santa Maria Novella face au quai légèrement à gauche en entrant.

– Également, la navette *Bus Express,* qui relie l'aéroport de Pise à la gare de Santa Maria Novella de Florence. Compter 1h10 de trajet. Aller : 5 € (A/R 10 €), réduc enfants. *Pour plus d'infos :* ● airportbusexpress.it ●

➢ Liaisons également par bus avec les sociétés *Terravision,* qui relie les 2 aéroports en passant par la gare Santa Maria Novella. Compter 6 € l'aller (10 € l'A/R) ; réduc enfants. Ticket à acheter au bureau d'informations à l'aéroport de Pise. Une quinzaine de liaisons/j. Pour plus d'infos : ● terravision.eu ●

— les ROUTARDS sur la FRANCE 2015-2016 —

(dates de parution sur • *routard.com* •)

Découpage de la FRANCE par le ROUTARD

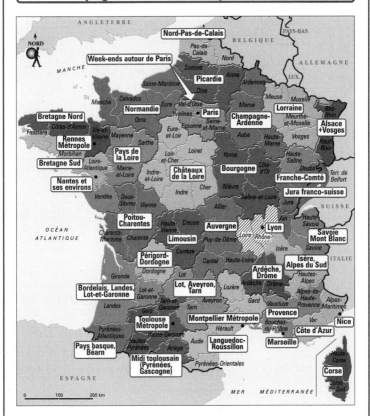

Autres guides nationaux

- La Loire à Vélo (février 2015)
- Les grands chefs du Routard
- Nos meilleurs campings en France
- Nos meilleures chambres d'hôtes en France
- Nos meilleurs hôtels et restos en France
- Nos meilleurs sites pour observer les oiseaux en France
- Tourisme responsable

Autres guides sur Paris

- Paris
- Paris à vélo
- Paris balades
- Restos et bistrots de Paris
- Le Routard des amoureux à Paris
- Week-ends autour de Paris

les ROUTARDS sur l'ÉTRANGER 2015-2016

(dates de parution sur • *routard.com* •)

Découpage de l'ESPAGNE par le ROUTARD

Découpage de l'ITALIE par le ROUTARD

Autres pays européens

- Allemagne
- Angleterre, Pays de Galles
- Autriche
- Belgique
- Budapest, Hongrie

- Crète
- Croatie
- Danemark, Suède
- Écosse
- Finlande
- Grèce continentale
- Îles grecques et Athènes
- Irlande
- Islande

- Madère (mai 2015)
- Malte
- Norvège
- Pologne
- Portugal
- République tchèque, Slovaquie
- Roumanie, Bulgarie
- Suisse

Villes européennes

- Amsterdam et ses environs

- Berlin
- Bruxelles
- Copenhague
- Dublin
- Lisbonne
- Londres

- Moscou
- Prague
- Saint-Pétersbourg
- Stockholm
- Vienne

— les *ROUTARDS sur l'ÉTRANGER* 2015-2016 —
(dates de parution sur • *routard.com* •)

Découpage des ÉTATS-UNIS par le ROUTARD

Autres pays d'Amérique

- Argentine
- Brésil
- Canada Ouest
- Chili et
  île de Pâques

- Équateur et les îles
  Galápagos
- Guatemala, Yucatán
  et Chiapas
- Mexique

- Montréal
- Pérou, Bolivie
- Québec, Ontario
  et Provinces maritimes

Asie

- Bali, Lombok
- Bangkok
- Birmanie (Myanmar)
- Cambodge, Laos
- Chine
- Hong-Kong, Macao,
  Canton

- Inde du Nord
- Inde du Sud
- Israël et Palestine
- Istanbul
- Jordanie
- Malaisie, Singapour
- Népal

- Shanghai
- Sri Lanka (Ceylan)
- Thaïlande
- Tokyo, Kyoto et environs
- Turquie
- Vietnam

Afrique

- Afrique de l'Ouest
- Afrique du Sud
- Égypte

- Kenya, Tanzanie et Zanzibar
- Maroc
- Marrakech

- Sénégal
- Tunisie

Îles Caraïbes et océan Indien

- Cuba
- Guadeloupe, Saint-Martin,
  Saint-Barth

- Île Maurice, Rodrigues
- Madagascar
- Martinique

- République dominicaine
  (Saint-Domingue)
- Réunion

Guides de conversation

- Allemand
- Anglais
- Arabe du Maghreb
- Arabe du Proche-Orient
- Chinois

- Croate
- Espagnol
- Grec
- Italien
- Japonais

- Portugais
- Russe
- G'palémo (conversation
  par l'image)

Le Routard Express

- Amsterdam (nouveauté)
- Barcelone
- Berlin
- Bruxelles (nouveauté)
- Florence (mars 2015)
- Istanbul (mars 2015)
- Lisbonne (nouveauté)

- Londres
- Madrid
- Marrakech (mars 2015)
- New York
- Prague
- Rome
- Venise

Nos 1200 coups de cœur

- France (nouveauté)
- Monde

Cour pénale internationale :
face aux dictateurs et aux tortionnaires,
la meilleure force de frappe,
c'est le droit.

L'impunité, espèce en voie d'arrestation.

Fédération Internationale des ligues des droits de l'homme.

www.fidh.org

RÉPARER LES VIES

**HANDICAP
INTERNATIONAL**

sur iPhone et iPad

Toutes les rubriques
du guide
dans 10 applis villes

4,49 €
l'appli ville

Géolocalisation
sans connexion Internet

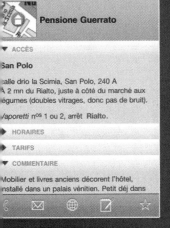

Disponibles
sur l'App Store :

Amsterdam   Marrakech
Barcelone   New York
Berlin   Paris
Bruxelles   Rome
Londres   Venise

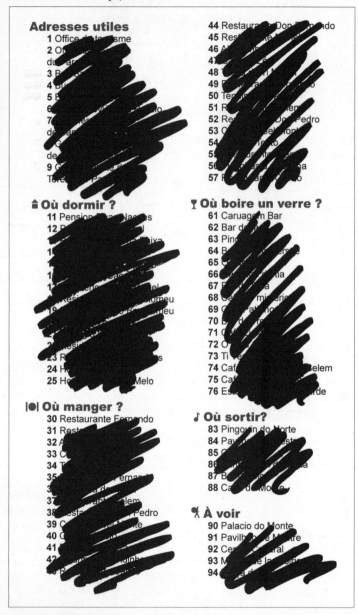

Adresses utiles
1 Office de tourisme
2 Of
du
3 B
4 Bu
5 B
6
7
de
9 C
Te

Où dormir ?
11 Pension   Nagoes
12
1
1
1
1
1   Bartolomeu
1   Bartolomeu
2
23 R
24 H
25 Ho   Melo

Où manger ?
30 Restaurante Fernando
31 Rest
32 A
33 C
34 T
35   erna
36   de
37   lem
38   Pedro
39 C
40 C
41
42
4

44 Restaurante Don Fernando
45 Res
46 A
47
48
49
50 Ter
51 R   em
52 Re   Don Pedro
53 C   ont
54   rto
55   fe
56   a
57 R   o

Où boire un verre ?
61 Caruagem Bar
62 Bar de
63 Ping
64 B
65 C
66   ila
67 F   a
68 Ca   mi   ri
69 C   no
70 D   e
71 C
72 O
73 Ti
74 Caf   elem
75 Caf
76 Es   de

Où sortir ?
83 Pingouin do Morte
84 Pav   est
85 C
86
87 B   a
88 Ca   Morte

À voir
90 Palacio do Monte
91 Pavilh   re
92 Cer   ral
93 M   e la
94 C   e d

Votre voyage
de A à Z !

CHOISIR

Trouvez la destination de vos rêves avec nos idées week-end et nos carnets de voyage.

ORGANISER

Préparez votre voyage avec nos 220 fiches destination, nos dossiers pratiques et les conseils de nos 530 000 membres.

RÉSERVER

Réservez avec les meilleurs partenaires votre vol, votre voiture, votre hôtel, votre location…

PARTAGER

Partagez vos expériences, photos, bons plans et avis d'hôtels avec 2.4 millions d'internautes chaque mois*.

routard assurance
Voyages de moins de 8 semaines

RÉSUMÉ DES GARANTIES*	MONTANT MAXIMUM DES GARANTIES
FRAIS MÉDICAUX (pharmacie, médecin, hôpital)	100 000 € U.E. / 300 000 € Monde entier
Agression (déposer une plainte à la police dans les 24 h)	Inclus dans les frais médicaux
Rééducation / kinésithérapie / chiropractie	Prescrite par un médecin suite à un accident
Frais dentaires d'urgence	75 €
Frais de prothèse dentaire	500 € par dent en cas d'accident caractérisé
Frais d'optique	400 € en cas d'accident caractérisé
RAPATRIEMENT MÉDICAL	Frais illimités
Rapatriement médical et transport du corps	Frais illimités
Visite d'un parent si l'assuré est hospitalisé plus de 5 jours	2 000 €
CAPITAL DÉCÈS	15 000 €
CAPITAL INVALIDITÉ À LA SUITE D'UN ACCIDENT**	
Permanente totale	75 000 €
Permanente partielle (application directe du %)	De 1 % à 99 %
RETOUR ANTICIPÉ	
En cas de décès accidentel ou risque de décès d'un parent proche (conjoint, enfant, père, mère, frère, sœur)	Billet de retour
PRÉJUDICE MORAL ESTHÉTIQUE (inclus dans le capital invalidité)	15 000 €
ASSURANCE RESPONSABILITÉ CIVILE VIE PRIVÉE	
Dommages corporels garantis à 100 % y compris honoraires d'avocats et assistance juridique accidents	750 000 €
Dommages matériels garantis à 100 % y compris honoraires d'avocats et assistance juridique accidents	450 000 €
Dommages aux biens confiés	1 500 €
FRAIS DE RECHERCHE ET DE SAUVETAGE	2 000 €
AVANCE D'ARGENT (en cas de vol de vos moyens de paiement)	1 000 €
CAUTION PÉNALE	7 500 €
ASSURANCE BAGAGES	2 000 € (limite par article de 300 €)***

* Nous vous invitons à prendre connaissance préalablement de l'ensemble des Conditions générales sur www.avi-international.com ou par téléphone au 01 44 63 51 00 (coût d'un appel local).

** 15 000 euros pour les plus de 60 ans.

*** Les objets de valeur, bijoux, appareils électroniques, photo, ciné, radio, mp3, tablette, ordinateur, instruments de musique, jeux et matériel de sport, embarcations sont assurés ensemble jusqu'à 300 €.

PRINCIPALES EXCLUSIONS* (communes à tous les contrats d'assurance voyage)
- Les conséquences d'événements catastrophiques et d'actes de guerre,
- Les conséquences de faits volontaires d'une personne assurée,
- Les conséquences d'événements antérieurs à l'assurance,
- Les dommages matériels causés par une activité professionnelle,
- Les dommages causés ou subis par les véhicules que vous utilisez,
- Les accidents de travail manuel et de stages en entreprise (sauf avec les Options Sports et Loisirs, Sports et Loisirs Plus),
- L'usage d'un véhicule à moteur à deux roues et les sports dangereux : surf, rafting, escalade, plongée sous-marine (sauf avec les Options Sports et Loisirs, Sports et Loisirs Plus).

**Souscrivez en ligne
sur www.avi-international.com
ou appelez le 01 44 63 51 00***

AVI International (SPB Groupe) - S.A.S. de courtage d'assurances au capital de 100 000 euros - Siège social : 40-44, rue Washington (entrée principale au 42-44), 75008 Paris - RCS Paris 323 234 575 - N° ORIAS 07 000 002 (www.orias.fr). Les Assurances Routard Courte Durée et Routard Longue Durée ont été souscrites auprès d'AIG Europe Limited, société de droit anglais au capital de 197 118 478 livres sterling, ayant son siège social The AIG Building, 58 Fenchurch Street, London EC3M 4AB, Royaume-Uni, enregistrée au registre des sociétés d'Angleterre et du Pays de Galles sous le n°01486260, autorisée et contrôlée par la Prudential Regulation Authority, 20 Moorgate London, EC2R 6DA Royaume-Uni (PRA registration number 202626) - Succursale pour la France : Tour CB21 - 16 place de l'Iris - 92400 Courbevoie.

routard assurance

Selon votre voyage :

routard
assurance
COURTE DURÉE

> Lieu de couverture : tout pays en dehors du pays de résidence habituelle.
> Durée de la couverture : 8 semaines maximum.

ROUTARD ASSURANCE COURTE DURÉE
pour un voyage de moins de 8 semaines

> **FORMULES**

Individuel / Famille** / Séniors

OPTIONS :
Avec ou sans franchise

Consultez le détail
des garanties

Souscrivez en ligne sur www.avi-international.com

routard
assurance
LONGUE DURÉE

> Lieu de couverture : tout pays en dehors du pays de résidence habituelle.
> Durée de la couverture : 2 mois minimum à 1 an (renouvelable).

ROUTARD ASSURANCE LONGUE DURÉE
« MARCO POLO »
pour un voyage de plus de 2 mois

> **FORMULES**
Individuel / Famille** / Séniors

> **SANS FRANCHISE**

> **NOUVEAUTÉS 2015**
Tarifs Jeunes 2015 - Bagages inclus
À partir de 40 € par mois

Consultez le détail
des garanties

Souscrivez en ligne sur www.avi-international.com

* Nous vous invitons à prendre connaissance préalablement de l'ensemble des Conditions générales sur www.avi-international.com ou par téléphone au 01 44 63 51 00 (coût d'un appel local).
** Une famille est constituée de 2 conjoints de droit ou de fait ou toutes autres personnes liées par un Pacs, leurs enfants célibataires âgés de moins de 25 ans vivant à leur domicile et fiscalement à leur charge. Par ailleurs, sont également considérés comme bénéficiaires de l'option Famille, les enfants de couples divorcés s'ils sont fiscalement à charge de l'autre parent.

SOUSCRIVEZ EN LIGNE ET RECEVEZ IMMÉDIATEMENT
TOUS VOS DOCUMENTS D'ASSURANCE PAR E-MAIL :

• votre carte personnelle d'assurance avec votre numéro d'identification
• les numéros d'appel d'urgence d'AVI Assistance
• votre attestation d'assurance si vous en avez besoin pour l'obtention de votre visa.

Toutes les assurances Routard sont reconnues par les Consulats étrangers en France comme par les Consulats français à l'étranger.

**Souscrivez en ligne
sur www.avi-international.com
ou appelez le 01 44 63 51 00***

AVI International (SPB Groupe) - S.A.S. de courtage d'assurances au capital de 100 000 euros - Siège social : 40-44, rue Washington (entrée principale au 42-44), 75008 Paris - RCS Paris 323 234 575 - N° ORIAS 07 000 002 (www.orias.fr). Les Assurances Routard Courte Durée et Routard Longue Durée ont été souscrites auprès d'AIG Europe Limited, société de droit anglais au capital de 197 118.478 livres sterling, ayant son siège social The AIG Building, 58 Fenchurch Street, London EC3M 4AB, Royaume-Uni, enregistrée au registre des sociétés d'Angleterre et du Pays de Galles sous le n°01486260, autorisée et contrôlée par la Prudential Regulation Authority, 20 Moorgate London, EC2R 6DA Royaume-Uni (PRA registration number 202628) – Succursale pour la France : Tour CB21 - 16 place de l'Iris - 92400 Courbevoie.

INDEX GÉNÉRAL

A

Acasamia 152
ABC de Florence 27
ACCADEMIA
  (Galleria dell') 160
Achats 32
Acquacotta |●| 152
Al Tranvai |●| 188
Albergo Firenze 🏠 120
Albergo Merlini 🏠 180
Albergo Paola 🏠 179
All'Antico Vinaio 🍴 Ⓨ 123
Alla Vecchia Bettola |●| 188
Amblé 🍴 Ⓨ 174
Angela Caputi ⊛ 113
Angela Salamone ⊛ 117
Angelo Vintage ⊛ 113
Antica Cuoiera ⊛ 115
Antica Dimora Firenze 🏠 ... 157
Antica Dimora Johlea 🏠 157

Antica Mescita
  San Niccolò |●| 203
Antica Torre di via
  dei Tornabuoni n° 1 🏠 ... 174
Antico Spedale del Bigallo 🏠 ... 186
Aprosio & Co ⊛ 114
Aquaflor ⊛ 117
ARCETRI 208
ARCHEOLOGICO (Museo) 🎭 .. 164
Archi Rossi Hostel 🏠 179
Argent, banques 31
ARGENTI (Museo degli) 🎭🎭 .. 200
Arno (le fleuve) 59
ARTE EBRAICI
  (Museo di) 🎭🎭 154
ARTE MODERNA
  (Galleria d') 🎭🎭 199
Aurora Ⓨ 190
Avant le départ 27

B

B & B Il Giglio d'Oro 🏠 156
B & B Le Stanze di Croce 🏠 .. 141
B & B Palazzo Galletti 🏠 150
B-Ice ♦ 182
Bacco Nudo ⊛ 112
BADIA FIORENTINA
  (chiesa) 🎭🎭 138
Bar Hemingway Ⓨ 189
BARDI (via dei) 🎭 200
BARDINI (giardino) 🎭🎭🎭 🏃 .. 200
BARDINI (Museo) 🎭🎭 205
BARGELLO (Museo del) 🎭🎭 ... 145
Bartolucci ⊛ 🏃 116
BASILICA DI SANTA

CROCE 🎭🎭🎭 🏃 147
BATTISTERO 🎭🎭🎭 126
Bellevue House 🏠 180
Bevo Vino Ⓨ |●| 204
BIBLIOTECA MEDICAE
  LAURENZIANA 🎭🎭 171
Bistro del Mare |●| 175
Biobistro
  Miso di Riso 🍴 Ⓨ 🍱 144
Bizzarri ⊛ 118
BOBOLI (giardino di) 🎭🎭 200
Boccadama |●| 143
Boissons 60
Borsalino ⊛ 114

Botteghina ⚜ 112
Boulangerie del Rifrullo 🥖 ... 175
Boutique Nadine ⚜ 113
BRANCACCI (capella) 🎥🎥🎥 .. 190
BRUNELLESCHI
  (cupola del) 🎥🎥🎥 125

Buca dell'Orafo 🍽 122
Budget............................. 33
BUONARROTI (casa) 🎥 149
BUONOMINI
  DI SAN MARTINO
  (oratorio dei) 🎥🎥 139

C-D

Café Gucci 🍽 122
Caffè degli
  Artigiani 🥖 🍽 🍷 ... 193, 195
Caffè Gioacosa 🍷 176
Caffè Letterario 🍷 🍽 154
Caffè Pitti 🍽 🍷 194
Caffè Roberto Cavalli 🍷 176
Caffè Sant'Ambrogio 🍷 🍽 ... 154
Caffetteria dell'Oblate 🍷 154
Caffetteria Le Terrazze
  della Rinascente 🥖 124
CAMPAGNE
  FLORENTINE (la)................ 209
CAMPANILE DI GIOTTO 🎥🎥 .. 125
Camping Internazionale ⛺ 191
Camping Michelangelo ⛺ 202
Cantina del Gelalo 🍦 204
Cantinetta Antinori 🍷 🍽 174
Cantinetta
  da Verrazzano 🍷 🍽 123
CAPPELLA
  BRANCACCI 🎥🎥🎥 190
CAPPELLE MEDICEE 🎥🎥 171
Carapina 🍦 123
CASA BUONARROTI 🎥 149
Casa del Vino 🍷 🍽 ⚜ 170
CASA DI DANTE 🎥 140
Casa Howard
  Guest House 🏠 181
Casa Santo Nome
  di Gesù 🏠 187
CASA VASARI 🎥 149
CASTELLO 210
CASTELLO (villa di) 🎥 210
CATTEDRALE
  SANTA MARIA DEL FIORE
  (Duomo) 🎥🎥🎥 🏃 🏃 125
CENACOLO DI
  SANT'APOLLONIA 🎥 165
CERTOSA
  DEL GALLUZZO 🎥🎥 212
Chiaroscuro 🍷 🥖 124

CHIESA BADIA
  FIORENTINA 🎥🎥 138
CHIESA DI OGNISSANTI 🎥 ... 185
CHIESA SAN FELICE
  IN PIAZZA 🎥 200
CHIESA SAN LORENZO 🎥🎥 .. 170
CHIESA SAN MARCO 🎥 163
CHIESA SAN MINIATO
  AL MONTE 🎥🎥🎥 206
CHIESA SAN NICCOLÒ 🎥 ... 205
CHIESA
  SANT'AMBROGIO 🎥 155
CHIESA SANTA FELICITÀ 🎥 ... 200
CHIESA SANTA MARIA
  DEI RICCI 🎥🎥 125
CHIESA SANTA MARIA
  DEL CARMINE 🎥🎥🎥 190
CHIESA SANTA MARIA
  NOVELLA 🎥🎥 183
CHIESA SANTA TRINITÀ 🎥 .. 177
CHIESA SANTISSIMA
  ANNUNZIATA 🎥🎥 163
CHIESA
  SANTO SPIRITO 🎥🎥 196
Cibreo Caffè 🍷 154
Cinéma 63
Cipolla Rossa 🍽 169
Città del Sole ⚜ 🏃 117
Climat 36
Colle Bereto 🍷 176
COLLI (viale dei) 209
CONVENTO DEL MONTE
  SENARIO (Fiesole)............. 217
Convitto della Calza 🏠 192
Coquinarius 🍽 122
COSTUME (Galleria del) 🎥🎥 ... 199
CRIPTA DI
  SANTA REPARATA 🎥 125
Cuculia 🍽 🍷 193
Cuisine............................. 64
Da Gherardo 🥖 187
Da Rocco 🍽 152

Dangers et enquiquinements..... 36
DANTE (casa di) 🎭 140
DAVANZATI (Palazzo) 🎭🎭 🏃.. 177
DAVID (Michel-Ange) 🎭🎭🎭 ... 161
Ditta Artigianale 🍷 144
Dolce Vita 🍸 🎵 190
Dolci e Dolcezze 🍴 153
Dolce & Gabbana Outlet 🛍 .. 114

Domus Florentiae 🏨 181
Dr Vranjes 🛍 118
DUOMO (cattedrale Santa
  Maria del Fiore) 🎭🎭🎭 🏃 125
DUOMO (piazza del) 🎭🎭🎭 ... 124
DUOMO (quartier du) 119
DUOMO (terrazze del) 🎭🎭 126

E-F

Eataly 🛍 🍽 🚅 ... 112, 121
Électricité................................ 37
Enfants 37
Enoteca Boccanegra 🍽 143
Enoteca Le Barrique 🍽 🍸 189
Enoteca Obsequium 🛍 113
Enoteca-bar Fuori
  Porta 🍸 🍽 🛍 203
ENVIRONS
  DE FLORENCE (les) 207
Fabriano Boutique 🛍 117
Falsi Gioielli 🛍 114
Fêtes et jours fériés 39
FIESOLE 213

FIESOLE (villa Médicis di) 🎭 ... 212
Firenze Suite 🏨 151
Flo Concept Store 🛍 113
Flo Gallery 🍸 🎵 🎵 205
Florence gratuit 40
Florence Old Bridge 🏨 191
Floroom 🏨 174
Focaccine Bondi 🚅 168
FONDAZIONE HORNE
  (Museo della) 🎭🎭 148
Foresteria C.S.D. Istituto
  Gould 🏨 191
Forno Becagli 🍽 183
Fratelli Zanobini 🍸 🛍 159

G-H

GALILEO (Museo) 🎭🎭 🏃 139
GALLERIA D'ARTE
  MODERNA 🎭🎭 199
GALLERIA DEGLI
  UFFIZI 🎭🎭🎭 128
GALLERIA DEL COS-
  TUME 🎭🎭 199
GALLERIA DELL'ACCA-
  DEMIA 🎭🎭🎭 160
Galleria
  del Chianti 🚅 🍸 123
GALLERIA DELLO SPEDALE
  DEGLI INNOCENTI 🎭🎭 163
GALLERIA PALATINA 🎭🎭🎭 .. 197
Gallery Art Hotel 🏨 120
GALLUZZO
  (Certosa del) 🎭🎭 212
GAMBERAIA (villa) 🎭🎭 213
Gelateria della Passera 🍦 195
Gelateria Carabe 🍦 159
Gelateria Il Gallo Ghiottone 🍦 .. 153

Gelateria La Carraia 🍦 189
Géographie.............................. 71
GIARDINO
  BARDINI 🎭🎭🎭 🏃 200
GIARDINI DEI SIMPLICI –
  ORTO BOTANICO 🎭🎭 🏃 165
GIARDINO DELLE ROSE 🎭🎭 .. 205
GIARDINO
  DI BOBOLI 🎭🎭 🏃 200
GIOTTO (campanile di) 🎭🎭 .. 125
Giubbe Rosse 🍸 🍷 124
Giulio Giannini 🛍 116
Golden View 🍽 🍸 195
Grand Hotel Minerva 🏨 181
Grevi 🛍 113
Grom 🍦 123
GUCCI (Museo) 🎭🎭 137
Gusta Osteria 🚅 193
Gustapizza 🍽 🚅 192
Hébergement........................... 41
High Pub Bar 🍸 204

Histoire 72
Horaires 44
HORNE (MUSEO DELLA
   FONDAZIONE) ⚔⚔ 148
Hotel Abaco 🏠 173
Hotel Accademia 🏠 166
Hotel Argentina 🏠 180
Hotel Axial 🏠 119
Hotel Azzi – Locanda degli
   Artisti 🏠 180
Hotel Balestri 🏠 141
Hotel Bavaria 🏠 141
Hotel Bigallo 🏠 120
Hotel Bodoni 🏠 150
Hotel Bretagna 🏠 174
Hotel Burchianti 🏠 167
Hotel California 🏠 158
Hotel Canada 🏠 119
Hotel Cardinal of Florence 🏠 .. 150
Hotel Casci 🏠 167

Hotel Cestelli 🏠 173
Hotel Cosimo de' Medici 🏠 .. 180
Hotel Dali 🏠 141
Hotel Davazanti 🏠 173
Hotel degli Orafi 🏠 120
Hotel dei Macchiaioli 🏠 167
Hotel Europa 🏠 157
Hotel Giada 🏠 166
Hotel Hermitage 🏠 120
Hotel Il Guelfo Bianco 🏠 167
Hotel La Scaletta 🏠 192
Hotel Lorena 🏠 166
Hotel Maxim 🏠 119
Hotel Mona Lisa 🏠 151
Hotel Pensione Elite 🏠 180
Hotel Por Santa Maria 🏠 119
Hotel Royal 🏠 157
Hotel Santa Maria Novella 🏠 .. 181
Hotel Scoti 🏠 173

I-J-K

I Due G. 🍽 182
I Fratellini 🍷🥪 123
I Mosaici di Lastrucci ✦ 116
I Tarocchi 🥖 203
Il Borro Tuscan Bistro 🍽 175
Il Cernacchino 🥪 121
Il Gatto e la Volpe 🍽 143
Il Gelato di Filo 🍦 204
Il Ghiro Guesthouse 🏠 179
Il Latini 🍽 176
Il Pizzaiuolo 🥖 152
Il Santino 🍷🍽 195

Il Santo Bevitore 🍷🍽 195
Il Torchio ✦ 116
Il Vegetariano 🍽 158
INO 🥪 121
Isola Verde 🍷 204
Istituto Oblate
   dell'Assunzione 🏠 150
J.K. Place 🏠 181
Jazz Club 🍷♪ 154
Kara Van Petrol ✦ 115
Kitsch 2 🍷♪ 159

L-M-N

La Beppa Fioraia 🥖🍽 203
La Bottega di Gepetto ✦ 117
La Bottega del Chianti ✦ 112
La Bottega dell'Olio ✦ 112
La Bottega di Rosa 🍽 122
La Botteghina Rossa 🥪 ... 187
La Bussola 🥖🍽 121
La Cucina del Garga 🍽 169
La Divina Pizza 🥖 152
La Mescita 🍽 158
La Milkeria 🍷✦🍦 144

La Sorbettiera 🍦 189
La Via del Tè ✦ 117
Langue 45
Le 18 Lune ✦🚶 117
Le Botteghe di Leonardo 🍦 ... 170
Le Parigine 🍦 159
Le Volpi e l'Uva 🍷🍽✦ 194
LECCIO REGELLO
   (The Mall) 114
LEONARDO DA VINCI
   (MACCHINE DI) ⚔⚔🚶 171

LEONARDO DA VINCI
(Museo) 🎥🎥 🕍 164
Leopoldo Procacci 🍴 174
Letizia Fiorini ⊛ 🕍 116
L'Ippogrifo ⊛ 116
Libreria Brac |◉| 🍷 143
Libreria Café La Cité 🍷 ♪ 189
Linguistique 86
Littérature 87
Livres de route 46
LOGGIA DEL MERCATO
NUOVO 🎥🎥 🕍 139
Lungarno 23 |◉| 203
L'Ultima Spiaggia 🍴 168
Macelleria Falorni 🍴 ⊛ ... 144
MACCHINE DI LEONARDO
DA VINCI 🎥 🕍 171
Mama's Bakery 🍴 ♪ 🍷 193
MARINO MARINI
(Museo) 🎥🎥 177
Mario Luca Giusti ⊛ 118
Médias 88
MEDICEE (cappelle) 🎥🎥 171
MEDICI RICCARDI
(Palazzo) 🎥🎥🎥 159
Médicis (famille) 89
MEDICIS (villa di ; Fiesole) 🎥 .. 212
MERCATO CENTRALE
DI SAN LORENZO 168
MERCATO DELLE CASCINE ... 182
MERCATO NUOVO
(loggia del) 🎥🎥 🕍 139
MERCATO
SANT'AMBROGIO 151
Molto Bene Caffè 🍴 🍷 124
MONTE OLIVE (via) 209
MONTE SENARIO (CONVENTO
DEL ; Fiesole) 217
MONTEVARCHI
(Space Prada) 115
Moyo 🍷 145
Mr My Resort 🏠 157
Musées et sites 90
MUSEO ARCHEOLOGICO 🎥 .. 164

MUSEO BARDINI 🎥🎥 205
MUSEO
DEGLI ARGENTI 🎥🎥 200
MUSEO
DEL BARGELLO 🎥🎥 145
MUSEO
DEL NOVECENTO 🎥 184
MUSEO DELL'ANTICA CASA
(MUSEO DI PALAZZO
DAVANZATI) 🎥🎥 177
MUSEO DELL'OPERA DI
SANTA MARIA
DEL FIORE 🎥🎥🎥 126
MUSEO DELL'OPIFICIO
DELLE PIETRE DURE 🎥 ... 164
MUSEO DELLA
FONDAZIONE HORNE 🎥🎥 148
MUSEO
DELLA PORCELLANA 🎥 ... 200
MUSEO DELLO SPEDALE
DEGLI INNOCENTI 🎥🎥 163
MUSEO DI PALAZZO
DAVANZATI
(MUSEO DELL'ANTICA
CASA) 🎥🎥 🕍 177
MUSEO DI SAN
MARCO 🎥🎥🎥 🕍 161
MUSEO DI SANTA MARIA
NOVELLA 🎥 183
MUSEO DI STORIA E ARTE
EBRAICI 🎥🎥 154
MUSEO GALILEO 🎥🎥 🕍 139
MUSEO GUCCI 🎥🎥 137
MUSEO LEONARDO
DA VINCI 🎥🎥 🕍 164
MUSEO
MARINO MARINI 🎥🎥 177
MUSEO SALVATORE
FERRAGAMO 🎥🎥 178
Mywalit ⊛ 115
N4U Guest House 🏠 119
Negroni 🍷 ♪ 204
NOVOCENTO
(Museo del) 🎥 184

O-P-Q-R

Obikà Mozzarella Bar |◉| 175
OFFICES (galerie des) 🎥🎥🎥 .. 128
OFFICINA PROFUMO

FARMACEUTICA
DI SANTA MARIA
NOVELLA 🎥🎥🎥 🕍 ⊛ .. 118, 184

OGNISSANTI (chiesa di) 🎥 ... 185
Oibó Café 🍷 145
Olfattorio 🌸 118
Olio &
  Convivium |●| 🍷 🌸 ... 113, 194
OPERA (Museo dell') 🎥🎥🎥 ... 147
OPIFICIO DELLE PIETRE
  DURE (Museo dell') 🎥 164
Ora d'Aria |●| 122
ORATORIO DEI BUONOMINI
  DI SAN MARTINO 🎥🎥 139
Organismes de voyages 16
Orientation 48
ORSANMICHELE 🎥🎥 137
Ostello della gioventù
  Villa Camerata 🏕 🏠 156
Ostello Gallo d'Oro 🏠 156
Ostello Santa Monaca 🏠 186
Ostello Tasso 🏠 186
Osteria de' Pazzi |●| 142
Osteria del Caffè Italiano |●| ... 144
Osteria I Buongustai |●| 🥖 .. 121
Osteria Pepò |●| 169
PALATINA (Galleria) 🎥🎥🎥 197
PALAZZO DAVANZATI
  (Museo di) 🎥🎥 🏃 177
Palazzo Guadagni 🏠 192
PALAZZO MEDICI
  RICCARDI 🎥🎥🎥 159
PALAZZO PITTI 🎥🎥🎥 🏃 196
PALAZZO STROZZI 🎥🎥 177
PALAZZO
  VECCHIO 🎥🎥🎥 🏃 135
Pegna 🌸 112
Peinture toscane
  (quelques notions de) 93
Pensione Annalena 🏠 192
Perchè No 🍦 123
Personnages célèbres 97
Personnes handicapées 48
Pesci che Volano 🌸 114
PETRAIA (La ; villa) 🎥🎥 210
PIAN DEI GIULLARI
  (maison de Galilée) 208
PIAZZA DEL DUOMO 🎥🎥🎥 .. 124
PIAZZA DELLA SANTISSIMA

ANNUNZIATA 🎥 163
PIAZZA DELLA
  SIGNORIA 🎥🎥🎥 🏃 134
PIAZZA DI SANTA
  CROCE 🎥🎥 146
PIAZZA SANTA TRINITÀ 🎥 ... 177
PIAZZA SANTO
  SPIRITO 🎥🎥 196
PITTI (Palazzo) 🎥🎥🎥 🏃 196
Pizzeria Centopoveri 🥖 182
Pizzicheria
  Guadagni 🥖 🌸 142
Plaz 🍷 154
Plus Florence 🏠 166
POGGIO
  A CAIANO (villa) 🎥🎥 210
POLCANTO 214
PONTE VECCHIO 🎥🎥 🏃 ... 138
PORCELLANA
  (Museo della) 🎥 200
Poste 48
Pourboire et taxes 48
Pugi 🥖 158
Quelle Tre 🌸 113
Relais Grand Tour 🏠 167
Residenza Castiglioni 🏠 180
Residenza d'Epoca Verdi 🏠 142
Residenza Il Carmine 🏠 187
Residenza Johlea 🏠 157
Restaurants 100
Rex 🍷 154
Ristorante Gastone |●| 143
Ristorante Il Cibreo |●| 153
Ristorante La Spada |●| 🥖 .. 175
Ristorante
  Le Carceri |●| 🥖 152
Ristorante Le Fate |●| 143
Ristorante Pane e Vino |●| 189
Ristorante Paoli |●| 122
Ristorante-pizzeria
  I Ghibellini |●| 🥖 142
Rivalta Café 🍷 |●| 176
Rivareno 🍦 144
Rivoire 🍷 ☕ 124
Roberto Cavalli 🌸 115
ROSE (giardino delle) 🎥🎥 205

S-T

Salumeria Verdi – Pino's
  Sandwiches |●| 🥖 142

SALVATORE FERRAGAMO
  (Museo) 🎥🎥 178

SAN FELICE IN PIAZZA
(chiesa) 🎥 200
SAN FREDIANO (quartier de)... 186
SAN LORENZO (chiesa) 🎥🎥 .. 170
SAN LORENZO (quartier de).. 166
SAN MARCO (chiesa) 🎥 163
SAN MARCO (Museo
di) 🎥🎥🎥 🕴️ 161
SAN MARCO (quartier de)..... 156
SAN MARTINO (oratorio dei
Buonomini di) 🎥🎥 139
SAN MICHELE
A MONTERIPALDI 208
SAN MINIATO
(cimetière de) 🎥🎥🎥 206
SAN MINIATO
AL MONTE (chiesa) 🎥🎥🎥 .. 206
SAN NICCOLÒ (chiesa)........ 205
SAN NICCOLÒ (quartier de).. 202
SAN SALVATORE
AL MONTE 🎥 206
SANT'AMBROGIO (chiesa) 🎥.. 155
SANT'AMBROGIO
(quartier de) 150
SANTA CROCE
(basilica di) 🎥🎥🎥 🕴️ 147
SANTA CROCE
(piazza di) 🎥🎥 146
SANTA CROCE
(quartier de)....................... 141
SANTA FELICITÀ (chiesa) 🎥 .. 200
SANTA MARIA DEI RICCI
(chiesa) 🎥🎥 138
SANTA MARIA DEL
CARMINE (chiesa) 🎥🎥🎥 ... 190
SANTA MARIA
DEL FIORE (cattedrale ;
Duomo) 🎥🎥🎥 🕴️ 125
SANTA MARIA NOVELLA
(chiesa) 🎥🎥 183
SANTA MARIA NOVELLA
(Museo di) 🎥 183
SANTA MARIA
NOVELLA (Officina
Profumo Farmaceutica
di) 🎥🎥🎥 🕴️ 🐚 118, 184
SANTA MARIA NOVELLA
(quartier de) 179
SANTA TRINITÀ (chiesa) 🎥 ... 177
SANTA TRINITÀ (piazza) 🎥 ... 177
Santé 49

SANTISSIMA ANNUNZIATA
(chiesa) 🎥🎥 163
SANTISSIMA ANNUNZIATA
(piazza della) 🎥 163
SANTO SPIRITO (chiesa) 🎥🎥 .. 196
SANTO SPIRITO (piazza) 🎥🎥 .. 196
SANTO SPIRITO (quartier de)... 191
Sbigoli Terrecotte 🐚 115
Scuola del Cuoio 🐚 115
Semel 🍞 152
Sermoneta 🐚 115
SESTO FIORENTINO
(Roberto Cavalli) 115
SETTIGNANO 212
Shopping 111
SIGNORIA
(piazza della) 🎥🎥🎥 134
Silla Hotel 🏠 202
SIMPLICI
(giardini dei) 🎥🎥 🕴️ 165
SINAGOGA E MUSEO
DI STORIA E ARTE
EBRAICI 🎥🎥 154
Sites inscrits au Patrimoine
mondial de l'Unesco 103
Sites internet 49
Space Electronic 🎵 183
Space Prada 🐚 114
SPEDALE DEGLI INNOCENTI
(Museo dello) 🎥🎥 163
STORIA E ARTE EBRAICI
(Museo di) 🎥🎥 154
STROZZI (Palazzo) 🎥🎥 177
Supermercato Conad 🐚 151
Syndrome de Stendhal.......... 103
Tabac 50
Tamero Pasta Bar 🍽️ 193
Teatro del Sale 🍽️ 153
Téléphone – Télécommu-
nications 51
Tenax 🎵 183
The J and J Historic House
Hotel 🏠 151
The Mall 🐚 114
TORNABUONI
(autour de la via dei).......... 173
TORRE DI ARNOLFO 🎥🎥🎥 .. 137
Toscanella Osteria 🍽️........... 193
Touch Ristorante 🍽️ 153
Tourist House 🏠 180
Tourist House Liberty 🏠 167

Transports intérieurs................ 53
Trattoria 13 Gobbi |●| 182
Trattoria Acqua al 2 |●| 143
Trattoria al Trebbio |●| 182
Trattoria Cammillo |●| 194
Trattoria da Nerbone |●| 168
Trattoria da Ruggero |●| 194
Trattoria del Carmine |●| 188
Trattoria Gargani |●| 175
Trattoria Guelfa |●| 182
Trattoria Il Cibreo |●| 153

Trattoria Il Contadino |●| 182
Trattoria Il Guscio |●| 188
Trattoria La Casalinga |●| 194
Trattoria Mario |●| 169
Trattoria Napoleone |●| 189
Trattoria Omero |●| 203
Trattoria Palle d'Oro |●| 169
Trattoria Sabatino |●| 187
Trattoria Sergio Gozzi |●| 169
Trattoria Tibero |●| 158
Tre Comari ➦ |●| 121

U-V

UFFIZI (Galleria degli) 🏛🏛🏛 .. 128
Urgences 57
VASARI (casa) 🏛 149
Vecchio Forno ➦ 168
VECCHIO
  (Palazzo) 🏛🏛🏛 🏃 135
VECCHIO (Ponte) 🏛🏛 🏃 138
Vecchio Vicolo |●| 121
Vestri ❦ ⚑ 144
VIA DEI BARDI 🏛 200
VIA MONTE OLIVE 209
VIALE DEI COLLI 209
Vico del Carmine ➦ 188

VILLA DI CASTELLO 🏛 210
VILLA DI POGGIO A
  CAIANO 🏛🏛 210
VILLA GAMBERAIA 🏛🏛 213
VILLA LA PETRAIA 🏛🏛 210
VILLA MEDICIS
  DI FIESOLE 🏛 212
VILLAS MÉDICÉENNES
  (les) ⊚ 210
Vivanda
  Gastronomia |●| ➦ ❦ 188
Volume Café ❦ 195

Y-Z

YAB 🎵 🎵 ❦ 124
ZEB – Zuppa e Bollito |●| 202

Zoe ❦ 204

OÙ TROUVER LES CARTES ET LES PLANS ?

● Escapade pédestre dans
  le Sud Florentin.................. 211
● Environs de Florence (les).. 209
● Fiesole 215
● Florence (plan d'ensemble),
  plan détachable .... recto
● Florence (zoom),
  plan détachable .... verso
● Florence (réseau de bus),

  plan détachable .... verso
● Zone piétonne (la)
  et la ZTL (trafic
  réglementé en voiture),
  plan détachable .... verso
● Florence (les environs de).. 209
● Giardino di Boboli.............. 201
● Palazzo Pitti................ 198-199

Les **Routards** parlent aux **Routards**

Faites-nous part de vos expériences, de vos découvertes, de vos tuyaux.
Indiquez-nous les renseignements périmés. Aidez-nous à remettre l'ouvrage à jour.
Faites profiter les autres de vos adresses nouvelles, combines géniales... On adresse
un exemplaire gratuit de la prochaine édition à ceux qui nous envoient les lettres
les meilleures, pour la qualité et la pertinence des informations. Quelques conseils
cependant :
– Envoyez-nous votre courrier le plus tôt possible afin que l'on puisse insérer vos
tuyaux sur la prochaine édition.
– N'oubliez pas de préciser l'ouvrage que vous désirez recevoir.
– Vérifiez que vos remarques concernent l'édition en cours et notez les pages du
guide concernées par vos observations.
– Quand vous indiquez des hôtels ou des restaurants, pensez à signaler leur
adresse précise et, pour les grandes villes, les moyens de transport pour y aller.
Si vous le pouvez, joignez la carte de visite de l'hôtel ou du resto décrit.
– N'écrivez si possible que d'un côté de la lettre (et non recto verso).
– Bien sûr, on s'arrache moins les yeux sur les lettres dactylographiées ou correc-
tement écrites !
En tout état de cause, merci pour vos nombreuses lettres.

Les Routards parlent aux Routards :
122, rue du Moulin-des-Prés, 75013 Paris

e-mail : ● guide@routard.com ●
Internet : ● routard.com ●

Routard Assurance 2015

Née du partenariat entre *AVI International* et le *Routard, Routard Assurance* est une
assurance voyage complète qui offre toutes les prestations d'assistance indispensables à l'étranger : dépenses médicales, rapatriement médical, caution et défense
pénale, responsabilité civile vie privée et bagages. Présent dans le monde entier,
le plateau d'assistance d'*AVI International* donne accès à un vaste réseau de médecins et d'hôpitaux. Pas besoin d'avancer les frais d'hospitalisation ou de rapatriement. Numéro d'appel gratuit, disponible 24h/24. *AVI International* dispose par
ailleurs d'une filiale aux États-Unis qui permet d'intervenir plus rapidement auprès
des hôpitaux locaux. *AVI International* est un courtier reconnu qui gère lui-même ses
dossiers et garantit une réponse rapide et simple. C'est aussi la filiale d'un groupe (SPB) présent à l'international. Pour toutes vos questions : ☎ 01-44-63-51-00
ou par mail ● routard@avi-international.com ● Conditions et souscription sur ● avi-
international.com ●

Édité par Hachette Livre (43, quai de Grenelle, 75905 Paris Cedex 15, France)
Photocomposé par Jouve (45770 Saran, France)
Imprimé par Lego SPA Plant Lavis (via Galileo Galilei, 11, 38015 Lavis, Italie)
Achevé d'imprimer le 19 janvier 2015
Collection n° 13 - Édition n° 01
31/2223/2
I.S.B.N. 978-2-01-002746-8
Dépôt légal : janvier 2015

PAPIER À BASE DE
FIBRES CERTIFIÉES

⊞ hachette s'engage pour
l'environnement en réduisant
l'empreinte carbone de ses livres.
Celle de cet exemplaire est de :
350 g éq. CO₂
Rendez-vous sur
www.hachette-durable.fr